組み合わせて楽しむ

昆布尚子の日々の手作り服

はじめに

小さいころから小柄で既成の服ではなかなか合うサイズが見つからず、サイズは合ってもデザインが合わないなど、おしゃれを楽しみたいのに残念に思うことが多かったのですが、実際に服を作るようになると、自分にぴったりのサイズ、好みのデザインが出来る喜びを知り、どんどんはまっていきました。

手作りなら、着られなくなっても分解して新しいものに変身させることができる、そういうところにたまらなくおもしろさを感じています。1つのパターンさえあれば、あらゆる方向へ展開でき、作る過程から着る楽しみまで味わうことができますから。「今度あの人とあそこに行くから、こういう服を着て行こう」

私はいつもこんなふうに、自分がおしゃれをするために服を作っています。

母に半ば無理やり行かされた洋裁教室でしたが、まさかこんな形で自分のデザインした服を皆さんに披露することになるとは露ほども思っていませんでした。

今回は恥ずかしながら、自分(身長153cm)で作品を着ているので、サイズ感や組み合わせの参考にしてください。少しでも皆さんに作る喜びが伝わり、作った服に合う新たな服を作って、どんどんおしゃれを楽しんでいただけたらうれしいです。

昆布尚子

自宅兼アトリエ。好きで集めた絵や小物に囲まれて、自分の時間に集中できる大切な空間です。

もくじ

part 1

ワンピース
セットアップ

気づいたら
いちばん多く作っているアイテムが
ワンピースでした。

01
ふんわりワンピース

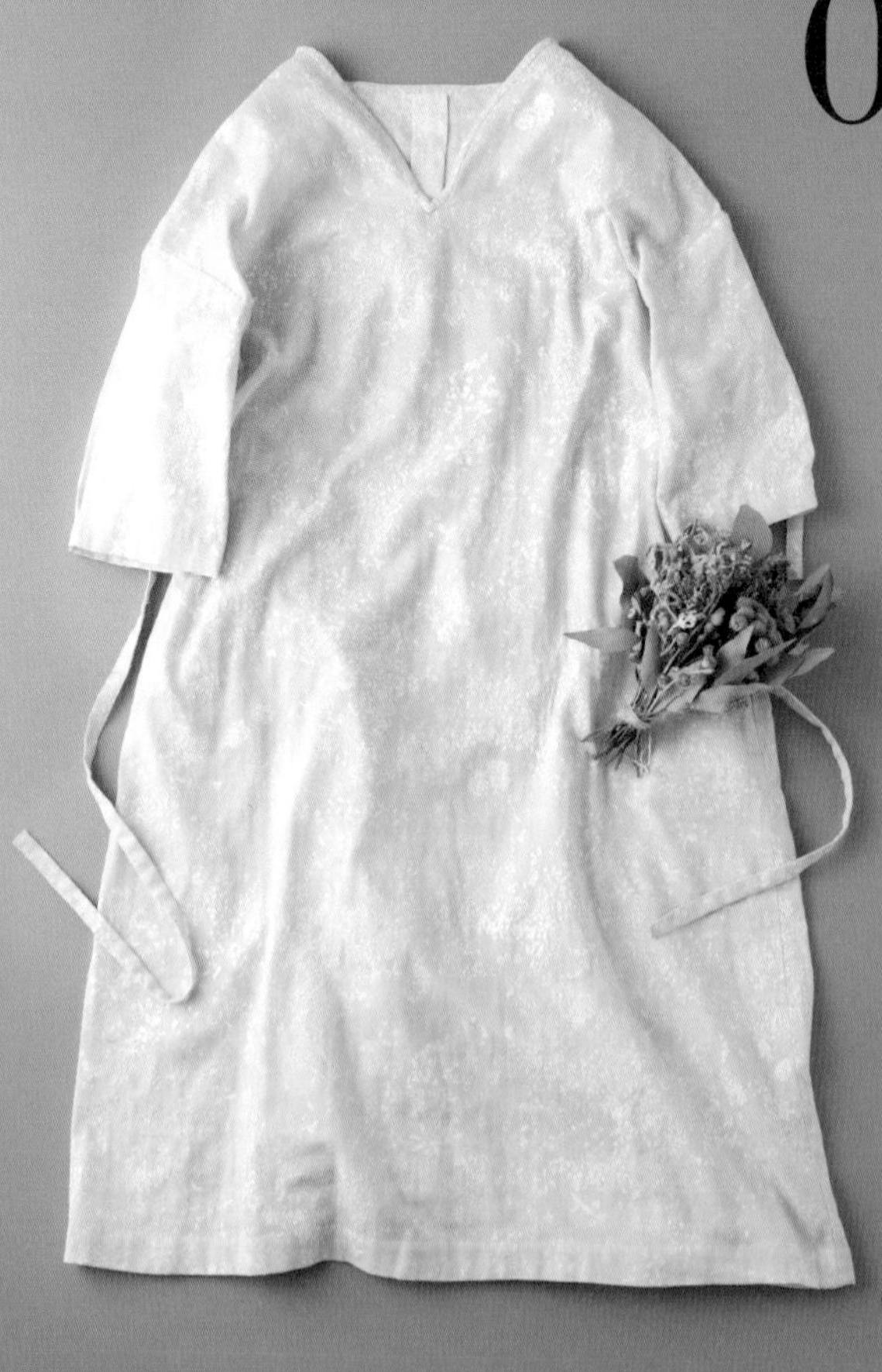

02
コートワンピース

03

三角ヘムのワンピース

04

フリルそでのワンピース

05

かっぽう着風ワンピース

06

セットアップ　チュニック＆パンツ

07

タック入りジャンパースカート

08

フェイクワンピース

09

セットアップ　ブラウス＆スカート

10

タックワンピース

01 ふんわりワンピース

すぽっとかぶれて着やすいワンピース。長めのチュニックとしてパンツと合わせても。丈は3サイズ展開しているので、身長や好みで選びましょう。写真は身長155㎝のもの。

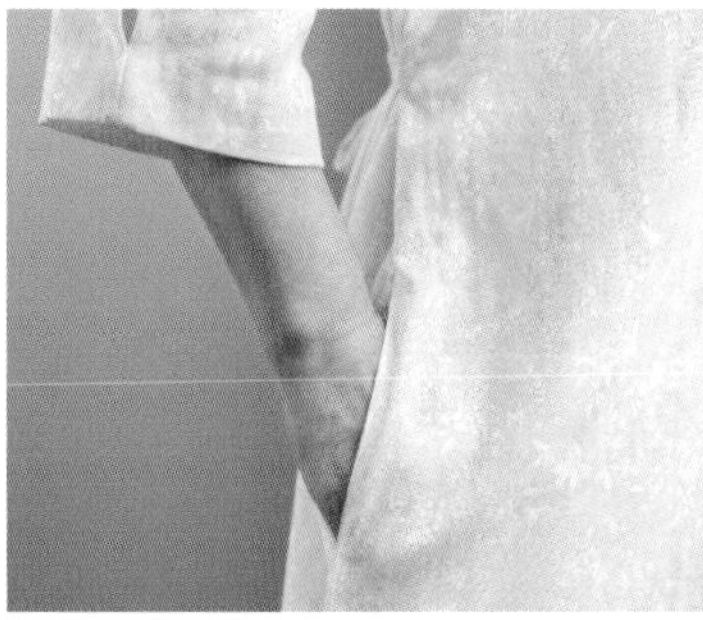

上／中そで口のタックと肩のスラッシュあきでかわいらしさをプラス。両わきにはポケットをつけました。下／腰のひもは、後ろでちょう結びに。

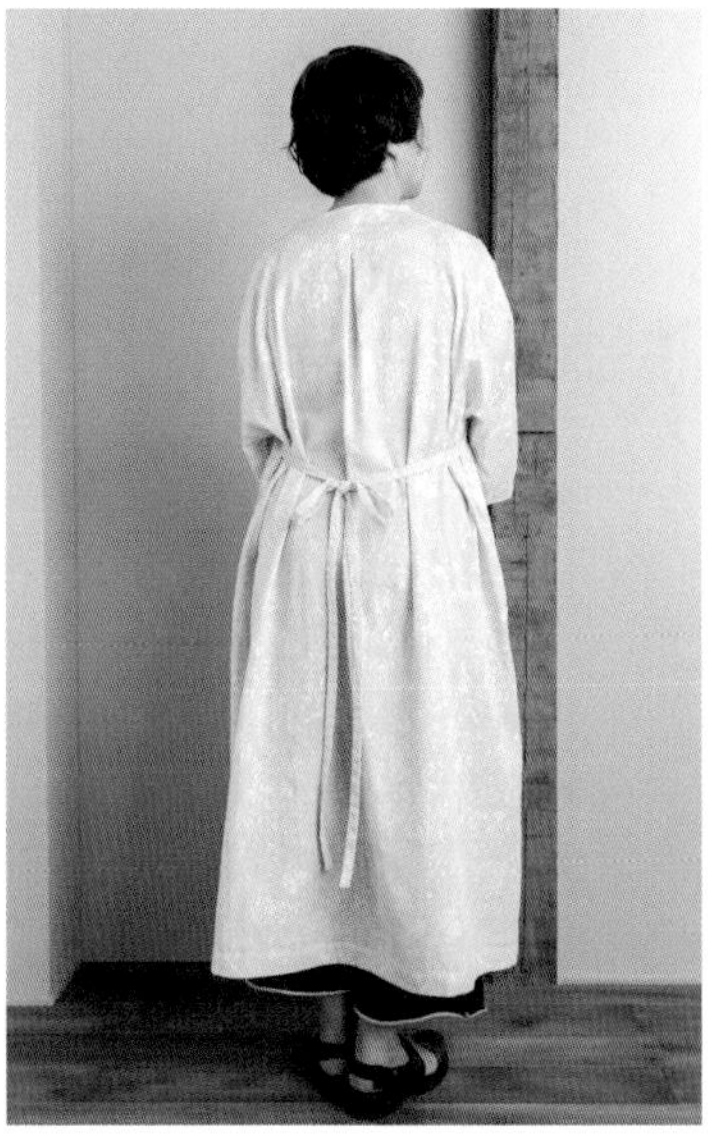

❖作り方64ページ

ふだんから
ワンピースを着ることに
憧れていたんです

結婚して住み始めた夫の実家は、義父の趣向を凝らした一風変わった造りの家でした。せまくて急な階段を上り下りする必要があったため、長い丈の洋服はけがの元。もっぱらふだん着はパンツスタイルでした。2年ほど前の引っ越しをきっかけに、自分の中に潜んでいたワンピースへの憧れが目覚めたのか、たびたび作るようになり、ようやくふだんでもワンピースを着るようになりました。

春夏用にダブルガーゼで作ってみましたが、肌触りがいいので、クタクタになるまで着たあとはパジャマにしようと思います。

秋冬用の布で作ってパンツと合わせると、防寒対策にもなりますよ。

02

コートワンピース

❖作り方54ページ

ギャザーのある服ってかわいいので好きです。でも分量が多すぎるとくどくなりがちなので、なるべく控えめに入れるようにしています。このワンピースは、わきに切り込みを入れてスカート側に少しギャザーを寄せ、さらにウエストにひもを通してギャザーの分量を調節できるようにしました。

前を閉じてワンピースとして。ウエストのひもを絞ってギャザーを好みの分量に調節できます。

02×18

前を開けてコートとして。合わせたのはTシャツと18のパンツの布違い。上にはおるだけでおしゃれ度がぐっとアップします。

年をとったからって、
ギャザーをあきらめなくてもいいですよね

寒くもなく暑くもない、あいまいな季節に着る〝合服〟は、着られる期間が短くてもとても大事。扱いやすいリネンなどの素材で、さっと着て出て行ける長めの丈のアイテムがあると便利です。

01のワンピースとコーディネート。丈が長いので体形も隠せるし、夏に家ではノースリーブを着ていても、出て行くときに上からはおれば様になります。

03 三角ヘムのワンピース

❖作り方56ページ

二の腕が気にならない半そでのワンピース。張りのあるリネンで作りました。すそのジグザグラインがポイントです。

手作りだからできる、目くらまし大作戦！

ワンピースは好きだけれど、1枚で着るときは脚の形や足首が気になるので、どうしてもパンツと合わせてしまいます。ところが、スカートのすその形をジグザグにしてみたら、そのデザインが目立ってカモフラージュになることに気がつきました！　これが手作りの醍醐《だいご》味《み》ですね。

ということで、さっそく1枚で着てみました。

この作品は張りのあるリネンで作ったので、パキッと見えますが、ジグザグのラインが柔らかく落ち感のある布で作ると、着たときにすその三角形の頂点が奥まり、自然なタックが生まれ、そのシルエットもきれいですよ。

前あきタイプなので、はおりものとしても。**16**のパンツのアレンジと合わせました。パンツのすその赤いステッチとよく合います。

04

フリルそでのワンピース

❖作り方68ページ

体形カバーの秘策は
切り替えなしとフリルそで

04 × 16

シャリ感のあるリネンで作りました。リネンは肌に密着しないので暑い夏におすすめ。
16のパンツのアレンジ（わきを裁って外表に縫っています）と合わせました。

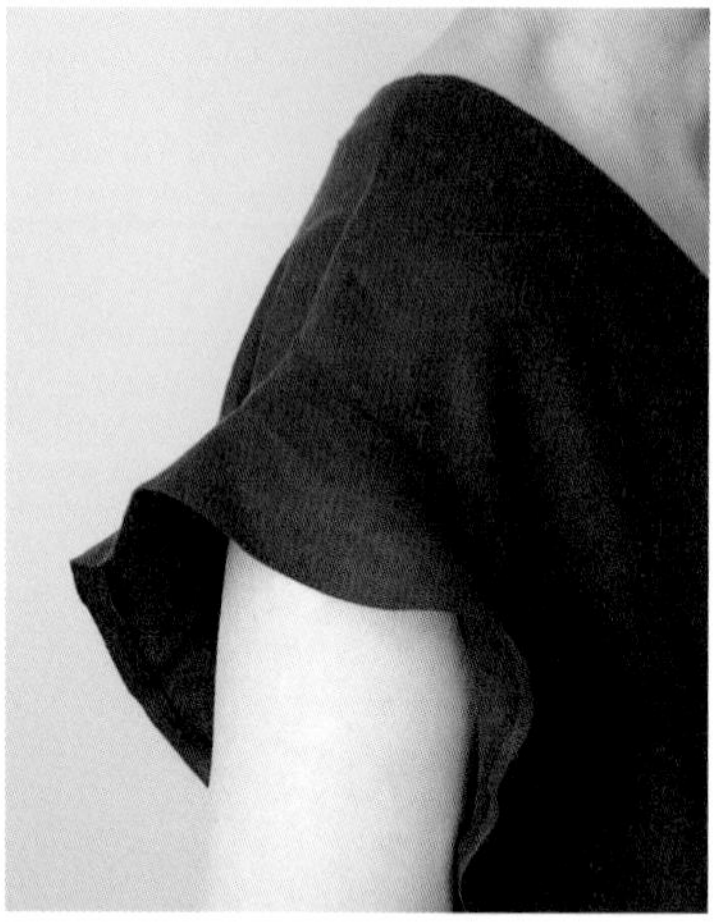

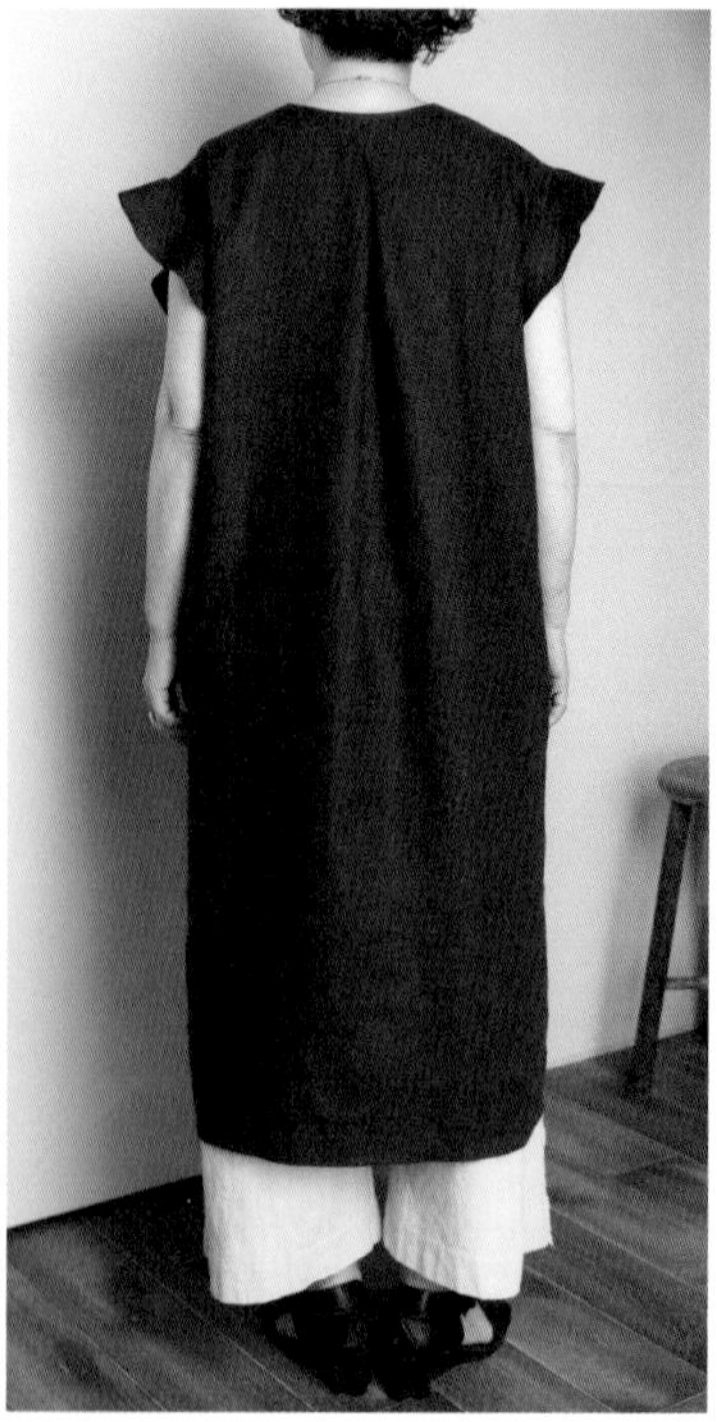

上／ドロップショルダーにフリルそでをつけて二の腕をカバー。
下／後ろ身ごろにタックを寄せてメリハリをつけつつゆったりと。

夏に1枚で着られてかわいらしいワンピースといえば、フランス映画の『幸福《しあわせ》』（内容はちっとも幸福ではない……）に出てくる、何てことないシンプルなワンピースが思い浮かびます。ウエストを切り替えてギャザーでふんわりさせたシルエットがかわいいのですが、何と言っても私には、着こなすのが難しいのです。

そこで、ウエストをマークしないでおなか回りをカバーし、そでにちょっぴり味つけを施して、二の腕を隠す策を考えました。

ノースリーブは抵抗があるし、二の腕が隠れるくらいのフレンチスリーブも好きですが、フリルそでのほうがより腕が細く見え、アクセントにもなります。

05

かっぽう着風ワンピース

❖作り方74ページ

上／前あきはステッチで押さえ、かぶりタイプに。
下／腕回りがもたつかない程度のドルマンスリーブがポイント。

かっぽう着は服作りや家事のときに便利なアイテムですが、ひもを結ぶのに背中に腕を回すのがきついときが多々あります(苦笑)。また、着たままちょっとそこまで、というわけにはいきません。

そんな悩みを解決しようと、後ろあきをなくし、さっとかぶれて作業がしやすいワンピースを作りました。

前中央は足さばきをよくするためにすそ側にあきを入れ、そで口は作業がしやすいようゴムを入れています。

外出用ならそで口のゴムは通さずに、開いたままにするとかわいいですよ。

たまには派手めな色を着るのもいいんじゃない？

夏は薄手のリネンで作りさらりと涼しく、冬は厚手の布で作り、寒さ対策としても大活躍。

06

セットアップ　チュニック&パンツ

❖作り方58ページ

チュニックは大きめ、パンツは細めなのでバランスよく着こなすことができます。チュニックのわきに入れた大胆なスリットは、すそまでのラインがまっすぐなので、着たときに広がりすぎず、シルエットがきれい。

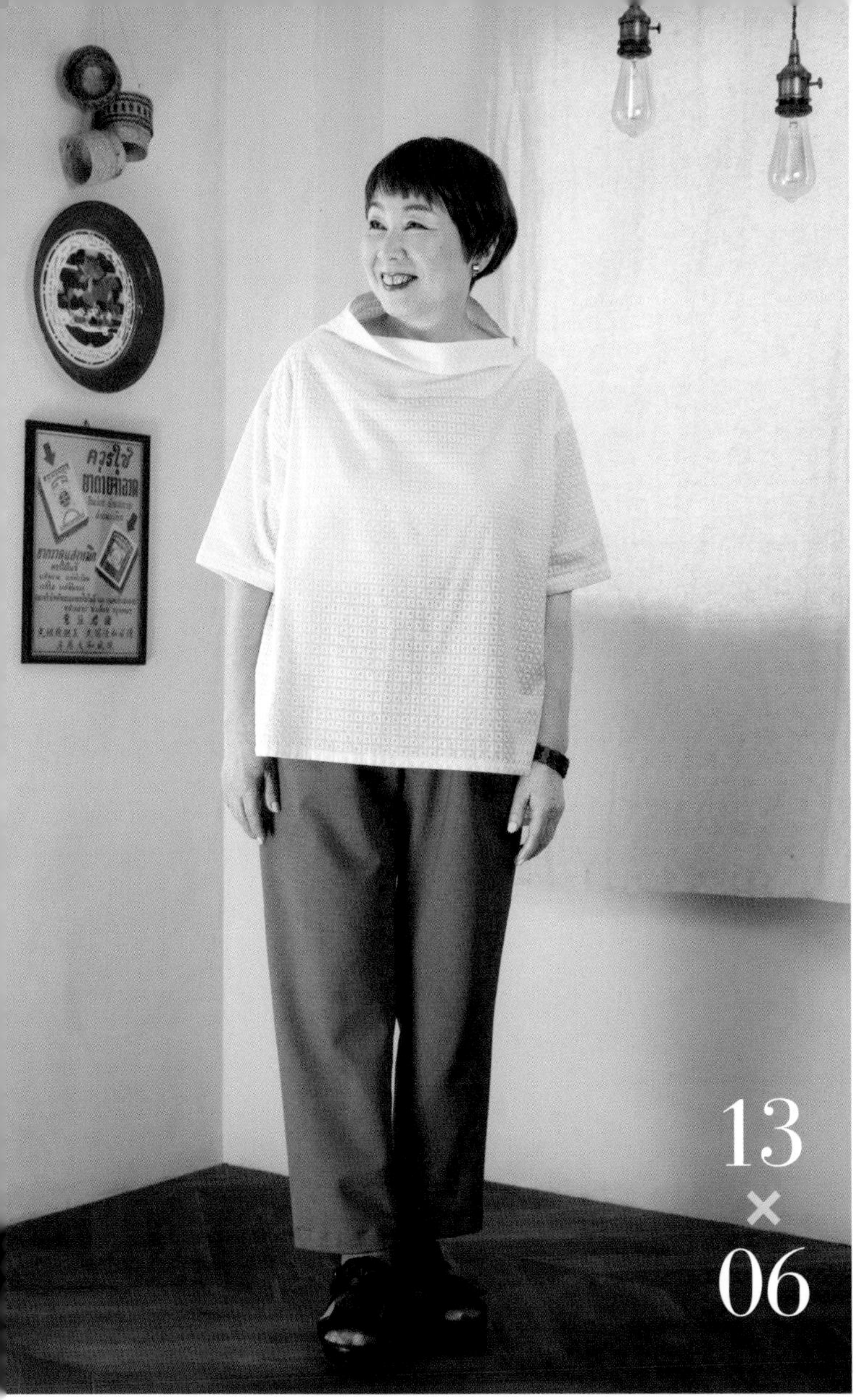

13のブラウスとパンツをコーディネートして爽やかに。パンツは脚をすっきりきれいに見せるテーパードタイプです。

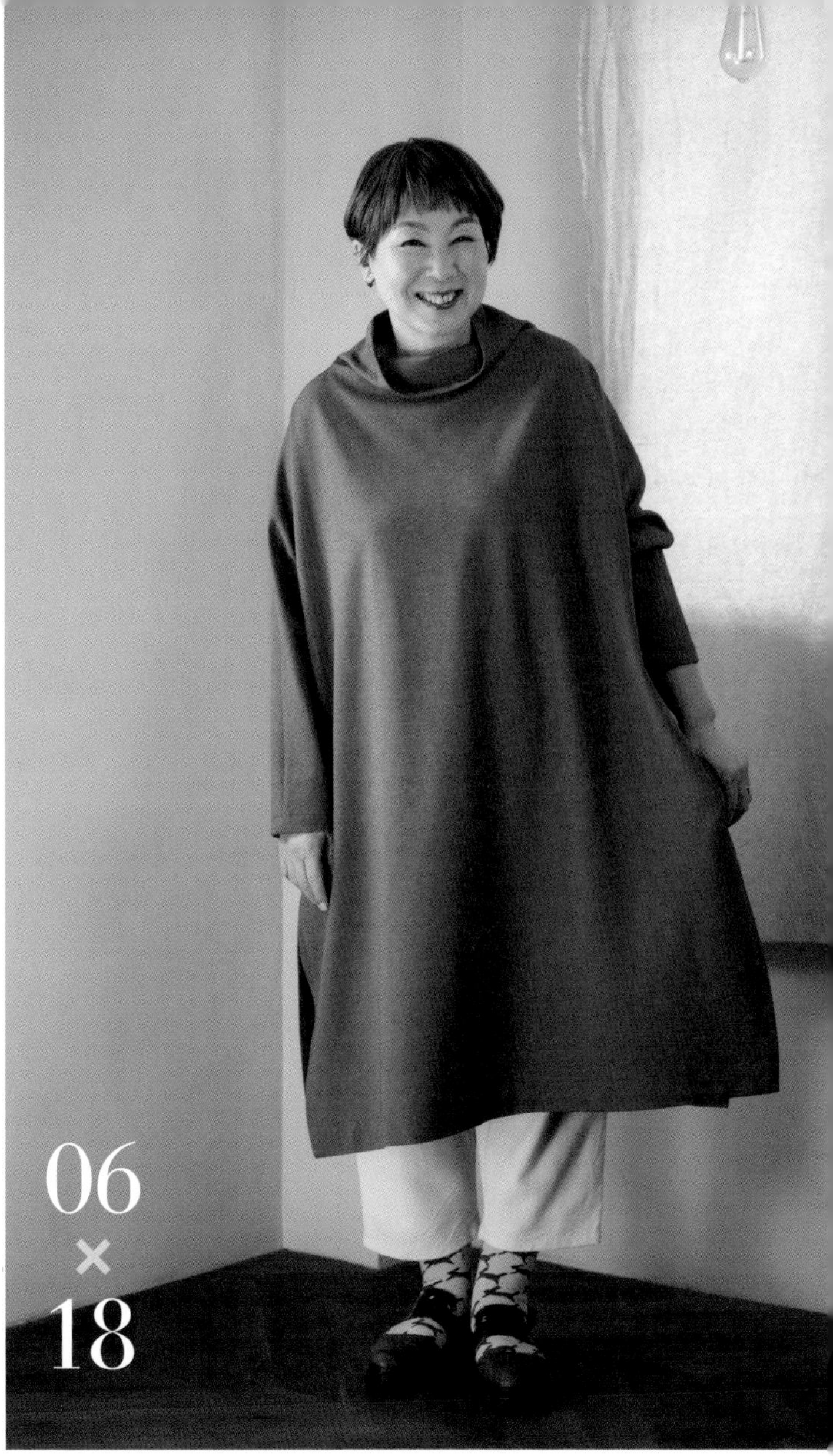

オーバーサイズ気味のチュニックは、パンツ幅を細めにアレンジした18のパンツにもぴったり。

ゆったり気分になれる
おしゃれな
リラックススタイルを目指して

　とにかくゆったりしたものが着たいとデザインしたのがこのチュニックです。ドルマンスリーブにして身幅を広くし、丈も長くして、体の気になるラインをほぼ隠すことに成功。安心して着ていられます。タートルネック部分も、首とあごの辺りが疲れないよう、垂れるくらいの長さにしました。

　リラックススタイルなので、布は伸縮性があり着心地のいいジャージー素材がおすすめです。

　えりなし、そでつけなしなので、作るのも簡単。パンツはベルト布をつけずに三つ折りにして、ゴムを通すだけの仕立てにしました。

　ポケットをつけるのは少々面倒かもしれませんが、上下を別々に着るときに便利なように、チュニックにもパンツにもつけています。

07 タック入りジャンパースカート

❖作り方69ページ

わきにタックを入れてすっきりと。

ジャンパースカートは、特に冬物と重ねると着太りするので、身幅のゆとりを保ちつつすっきり見えるように、わきにタックを入れました。そうすると、着たときにすそが広がりすぎず、コクーン形のようなシルエットになります。そではフレンチスリーブにして、セーターに重ねても肩のラインが目立たないように工夫しました。

　また、布を必要用尺より20cmほど多く用意し、残りの部分を生かして三角形に裁ち、ストールを作るのもおすすめです。たまにはおそろいの布でコーディネートを楽しむのもいいですね。

デザインするときは常に「体形隠し」とのせめぎ合い

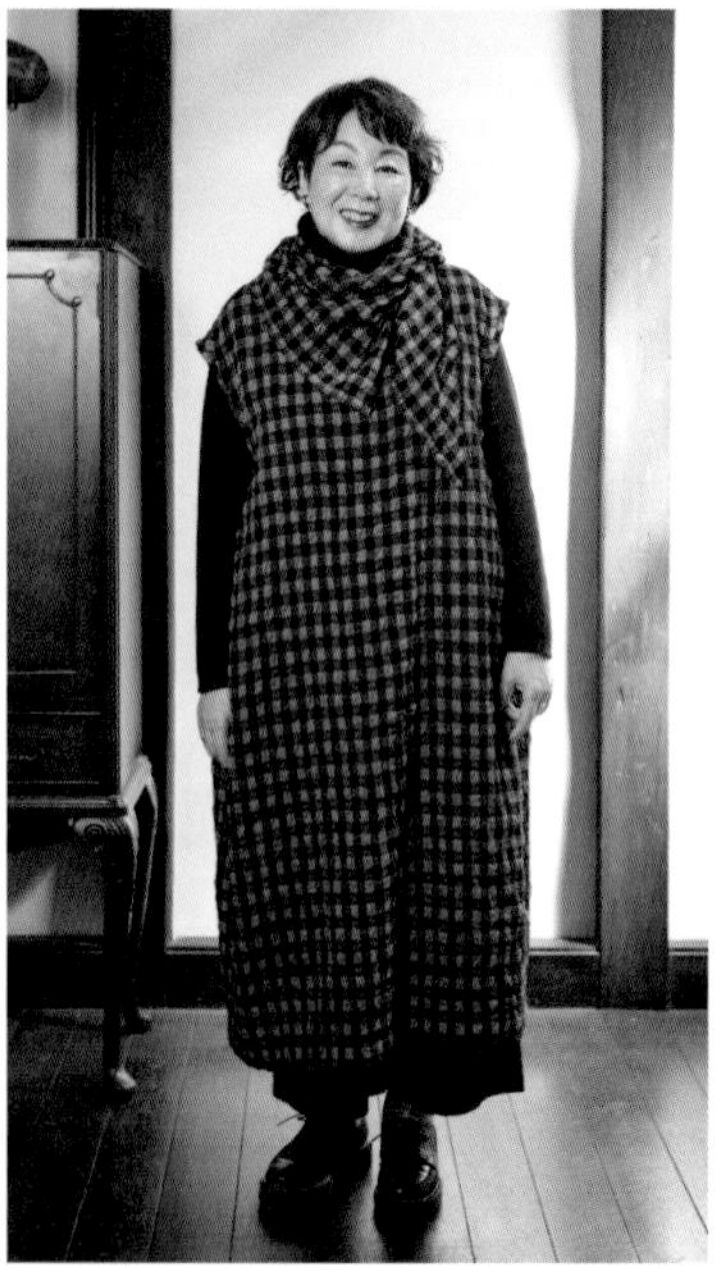

パンツと合わせてコーディネート。
共布で作った三角ストールを巻いて。

暗くなりがちな冬のコーディネートも差し色を効かせて明るく。ロングブーツとの相性もばっちり。

08

フェイクワンピース

❖作り方66ページ

これってアンサンブル？ と思った方、引っかかりましたね（笑）

きちんと感のあるデザインなので、お出かけに1枚あると重宝します。

えりの後ろ側が立ちえりのようになり、首元を品よく隠せます。

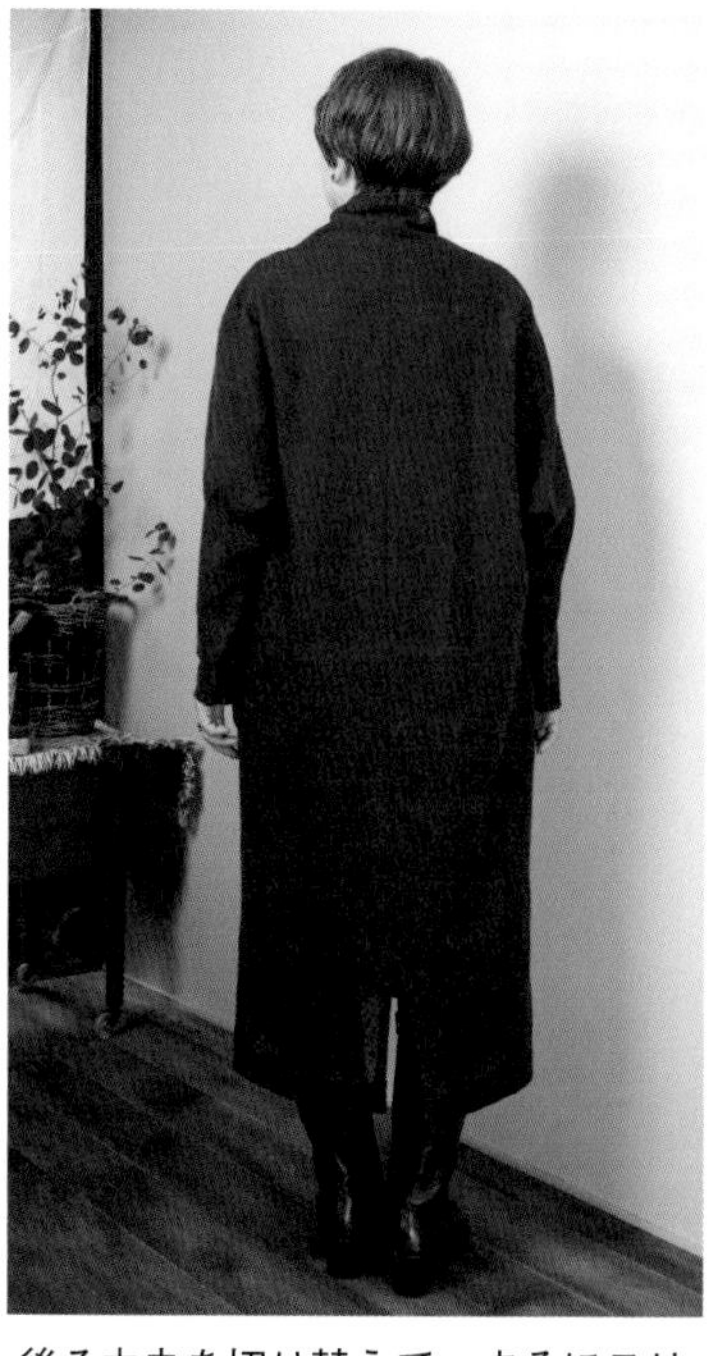

後ろ中央を切り替えて、すそにスリットを入れました。

実はこれ、一見、上に1枚はおっているように見せかけたワンピースなのです。前身ごろが一枚裁ちのワンピースは、素材やデザインにより、体のラインが気になるときがあります。そんなとき、少しでも装飾があると安心しますよね。そこで、前身ごろを切り替えて帯状のえりをはさみ込んでみました。

えりにもっとヒラヒラ感がほしい方は、えりを長めに裁ってギャザーを入れたり、用尺は必要になりますがバイアスで裁ったりしてもいいですね。

思いきってえり部分を省いて仕立てればボートネックのワンピースに、えりの幅を広くして前中央身ごろを外せばコートにもなる、アレンジしがいのあるパターンです。

09

セットアップ　ブラウス&スカート

❖作り方62ページ

上／後ろはヨーク仕立て。後ろ身ごろ側に寄せたギャザーが美しい。
下／そで口にはタックを入れ、ボタンでアクセントをつけました。

布の裏側の柄部分がアップリケのようでかわいかったので、表にして仕立てました。

布を見るとひらめき、ゴールまでは行ったり来たり

この作品の布は知人からいただいたもの。手にした瞬間、布のふんわりした雰囲気から「ボウ」と「ギャザー」が頭にふっと浮かびました。

ブラウスは、ボウがあると華やかになり、ギャザーとの相性もいい。長さは、ちょう結びにするとかわいすぎるので、垂らすタイプにしました。

スカートは、ウエストゴムでギャザーを寄せるだけだとおなかが膨らんで見えるので、タックを入れ、さらにラインを台形のすそ広がりにし、フレア感を出してすっきりと見せました。

こんな感じで私はいつも、布を見て思いついたデザインを仮縫いして調整を繰り返し、本番の布で縫いますが、縫ってはみたものの〝ちょっと違う〟と大胆にはさみを入れることもしばしば。原形がわからなくなることもあるんです。

10 タックワンピース

❖作り方71ページ

この作品のテーマは「ウエストを探そう」です。ここ数年、体形隠しを意識しすぎて、自分のウエストがどこにあるのかわからなくなってしまいました(笑)。ワンピースを作るときも身ごろとスカートを一体化させたものばかり作っていましたし、ウエストをマークする服を極力避けていたように思います。

このままではアカン！　と思い直して、思い切ってウエストに切り替えを入れました。

ウエストラインは上すぎても下すぎても、逆におなかが目立つので、1cmずつずらしながらバランスのいい位置を見つけていきました。

憧れのプリンセスラインとはいきませんが、ゆったりラインでもウエストに切り替えがあるだけでぐっとかわります。タックを入れるとより効果的です。

私なりの旅の終着点にたどり着きました。

ゆったりラインを保ちつつ ウエストを探す旅に出ました

そでをつけずに作ったら、フレンチスリーブのワンピースにもなります。

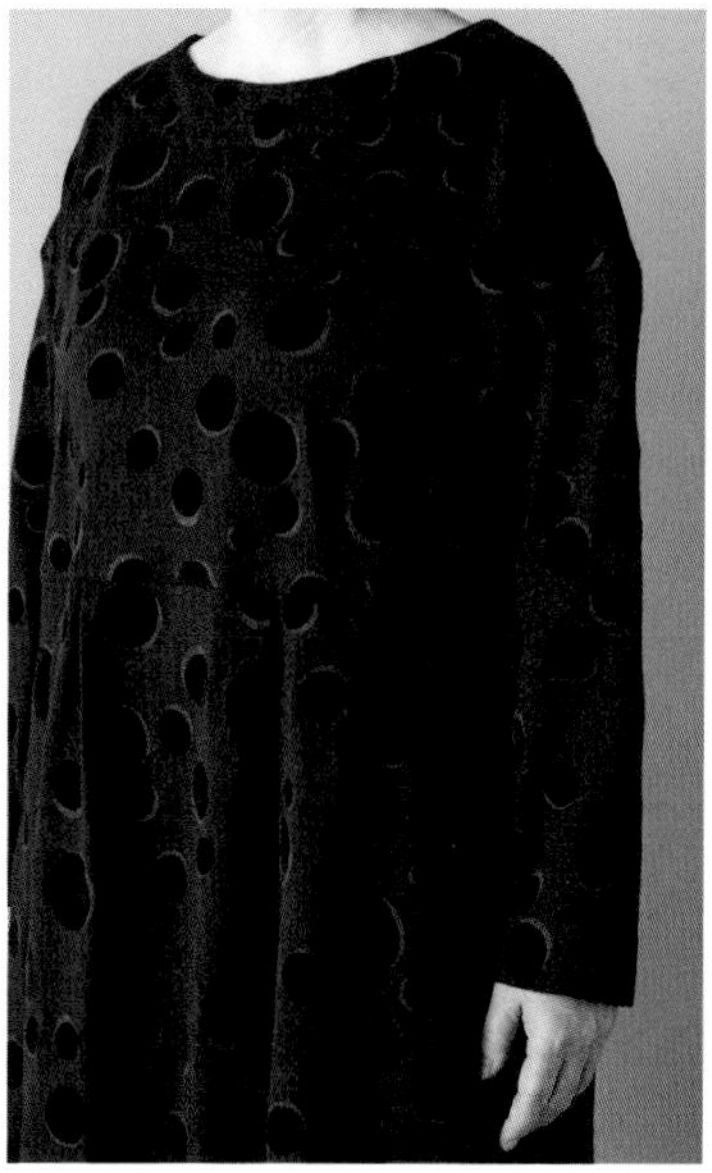

上／そではドロップショルダー。スカートにはタックを入れました。
下／後ろも前と同様、タックを入れてメリハリをつけています。

part 2

ブラウス プルオーバー

体形をうまく隠すのに悩む
ブラウスのデザイン。
えり、そで、着丈にこだわりました。

11

えりつきブラウス

12

ヨーク切り替えブラウス

13

半そでのブラウス

14

ボートネックのプルオーバー

15

マフラーえりのプルオーバー

えりとカフスをつけてきちんと感を出しました。18のパンツとも相性抜群。パターンのわき線を伸ばすとワンピースにもなりますよ。

11 えりつきブラウス

❖作り方50ページ

おなかもお尻も丸くなった肩も全部目立ちません！

ブラウスは、短かすぎるとおなかもお尻も丸見え、長すぎるとやぼったく見えるので、丈感がとても難しいのです。

とにかく丈を意識して、前身ごろはおなかが隠れるくらい、後ろ身ごろはお尻が隠れるくらいの長さにしました。

さらに、服作りの作業をしていると前傾姿勢になりがちで、ブラウスのえりが着物の抜きえりのようになってしまうので、それを解消するために背中にギャザーを入れて肩から背中に余裕を持たせました。

このようにして、年齢とともに気になる体形や姿勢も、服の細部に工夫を施すことで、楽しみながら受け入れています。

26 春待ちコートや **19** パーマネントパンツ、**20** サロペットなどのミニチュア作品。実物を忠実に再現しています。

小さいころ、着せかえ人形に夢中でした。お気に入りの人形に、想像に任せてお絵描きの延長でデザインした服を、自己流で縫っては着せかえて楽しんでいました。当時の高揚感を今でも覚えています。

童心に返って、この本に登場する作品のミニチュアを作ってみたのですが、あの時と同じようにわくわくしながら、コーディネートまで考えて、楽しく作っている自分がいました。

思い返すと私のソーイング人生はそのときから始まっていたような気がします。

小さいころから大好きだったお絵描きは、今のデザイン画を描くことにもつながっているのでしょうか。想像がどんどん膨らんで、これまでたくさん描きためてきました。

背中側のギャザーはちょっとだけ入れるのがポイント。入れすぎると膨らみすぎるし、アイロンをかけるのも大変！

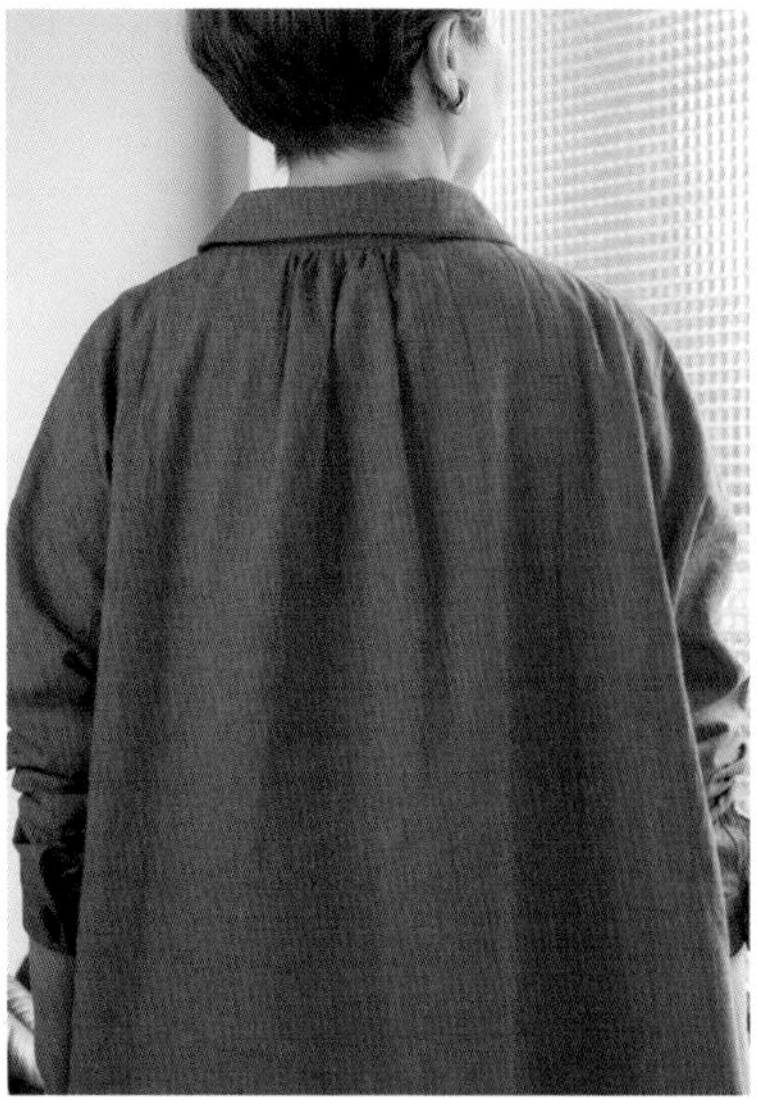

柔らかい布で作るとふんわりした雰囲気に。**19** のパンツのアレンジと合わせました。

12

ヨーク切り替えブラウス

❖作り方76ページ

ギャザーのふんわり感を楽しむために、インド綿を使いました。そのほか、柔らかい素材の綿ローンなどもおすすめ。パンツは、16の布違いです。

前と後ろ身ごろの両側にギャザーを入れてふんわりと。肩からそでまで続くヨークと身ごろの切り替えが、デザインのポイントです。

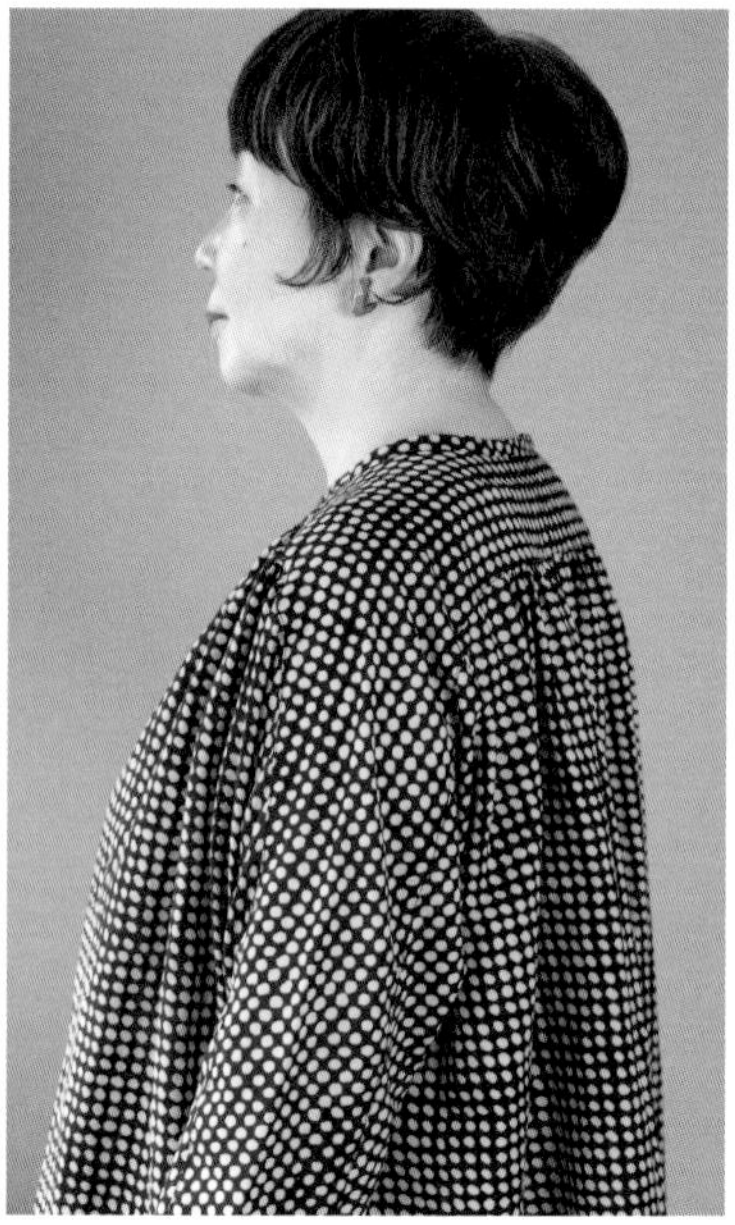

折りえりのシャツが似合わなくなってきたので……

もともとカチッとしたえりつきのシャツが大好きだったのですが、ここ数年、どうも顔映りがしっくりときません。そこで、シャツのえりを思いきって取り外し、スタンドカラーにアレンジしたところ、そちらのほうが違和感なく着られることを発見。以来、スタンドカラーの柔らかい印象のブラウスをよく作るようになりました。

　ときどき、夫が着なくなったシャツのえりとカフスを外してスタンドカラーにし、そで丈を短くするなど、自分仕様にリメイクして着用しています。

12 × 16

**ブラウスのわき線を
そのまま伸ばすと、
ワンピースに大変身！**

そで丈を短くし、**17**のスカートの布の色違いで作りました。**16**のパンツのアレンジと合わせて。

13 半そでのブラウス

❖作り方61ページ

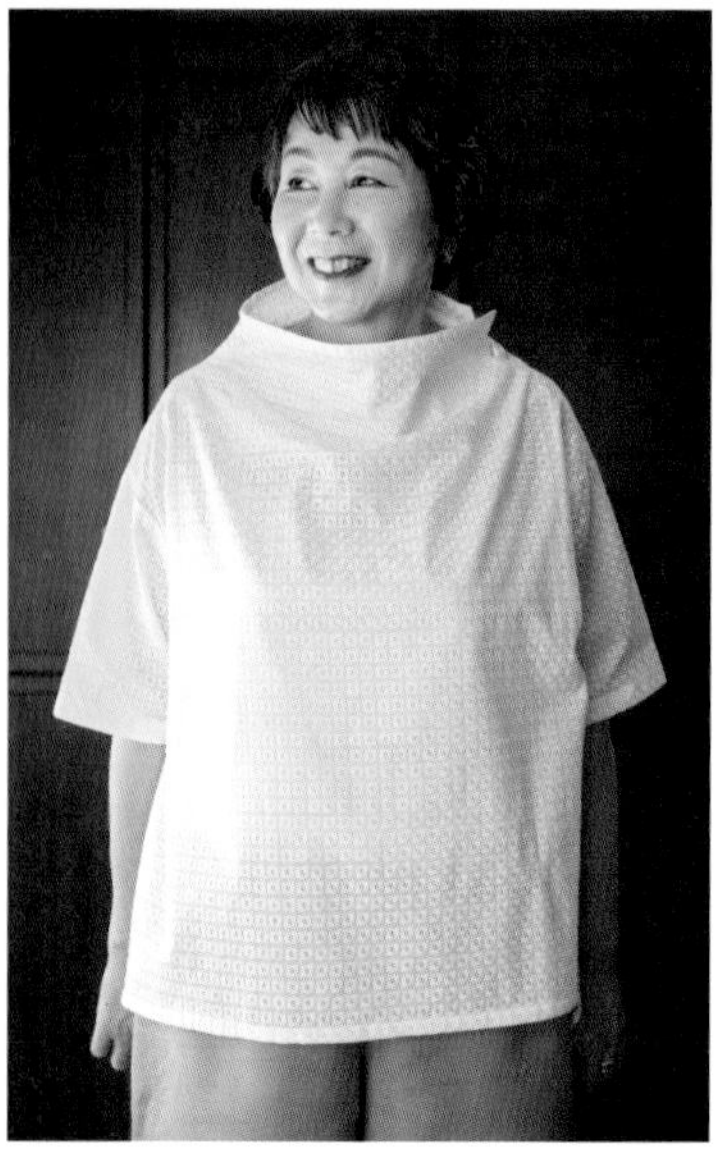

上／えりを立てた着こなし。
下／後ろ身ごろはお尻が隠れる長さ。

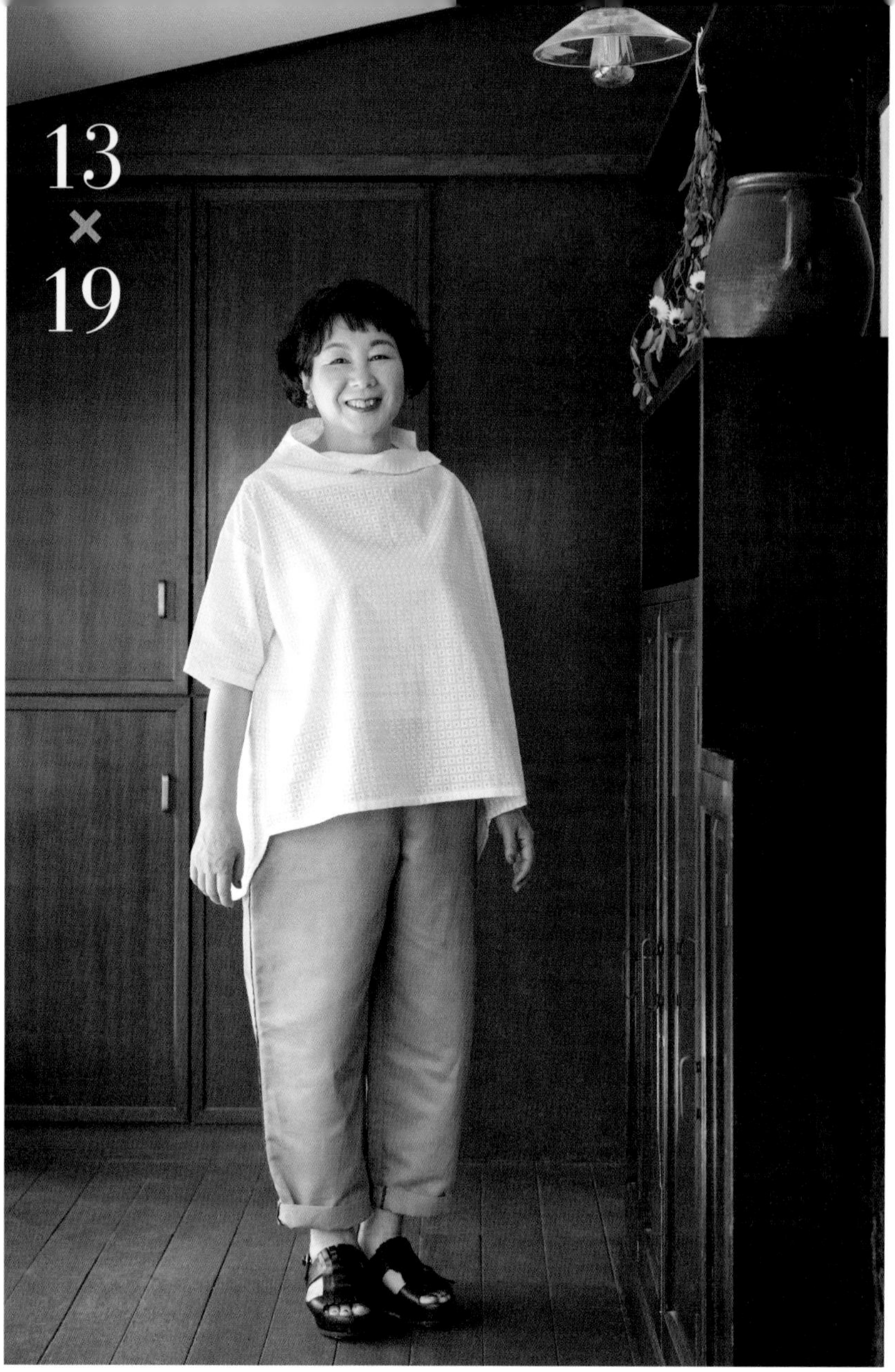

タートルネックのようなえりの片側を開けて、ボタンとループをつけたブラウス。**19**のパンツのアレンジと合わせました。前側のえりを斜めに倒してアシンメトリーな着こなしに。

Tシャツの丸首ではなく、首元に何かニュアンスがほしい

年齢とともに丸首のTシャツが似合わなくなってきて、首元にデザインのあるものを好むようになりました。

Tシャツは体のラインがわかるものが多いですが、このブラウスは身幅にゆとりを持たせておなか回りをカバー。半そでなので二の腕も気になりません。後ろ身ごろは長くして、お尻をすっぽり隠せるようにしました(風が吹きませんように)。これで、どこから見られても大丈夫です!

14 ボートネックのプルオーバー

❖作り方80ページ

15 マフラーえりのプルオーバー

❖作り方78ページ

トレンドと体形カバーを兼ねた、オーバーサイズ気味のシルエット。やや立ち上がりのあるボートネックで大人っぽさを出し、前上がりのウエストライン、お尻がすっぽり隠れる着丈にして、すっきりと見せました。

14

トレーナーのようにすぽっとかぶれて、1枚でも重ね着しても着られるようなデザイン。長めのそで丈は合わせる服によって、まくってもいいように。

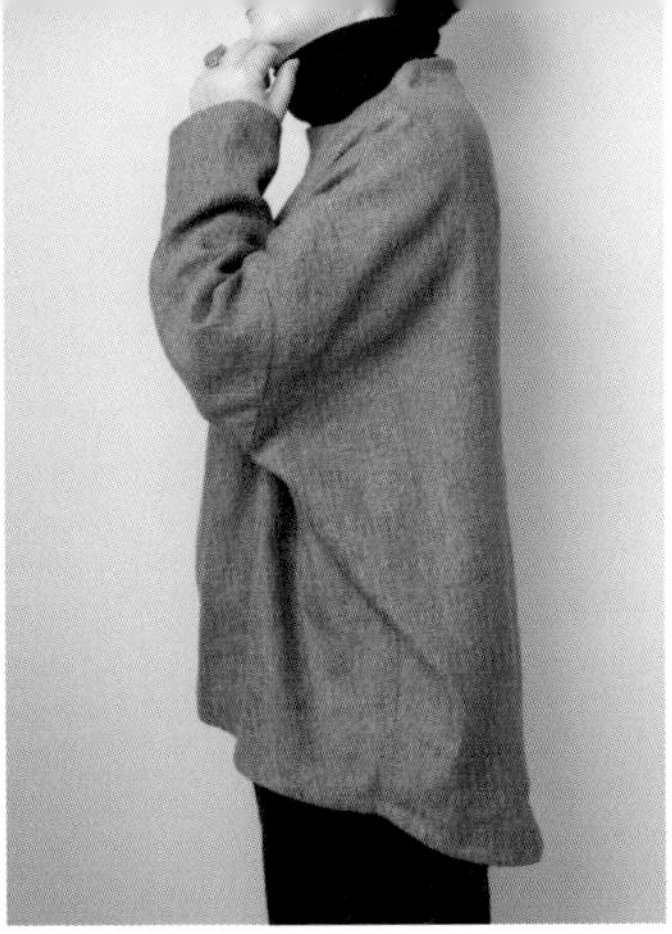

すそは前身ごろから後ろ身ごろにかけて斜めに下がるライン。

大人のプルオーバーは
着心地のよさ＋体形隠し＋ひとひねり

パーカーをちょっとおもしろくして、大人っぽく見せるためのデザインを考えていたところ、Vネックの服にマフラーを巻いたイメージが沸いてきて「いっそのこと、かぶる部分を取ってしまおう」と、フードのかわりに幅の広いえりをつけてフードっぽく見せるデザインを思いつきました。

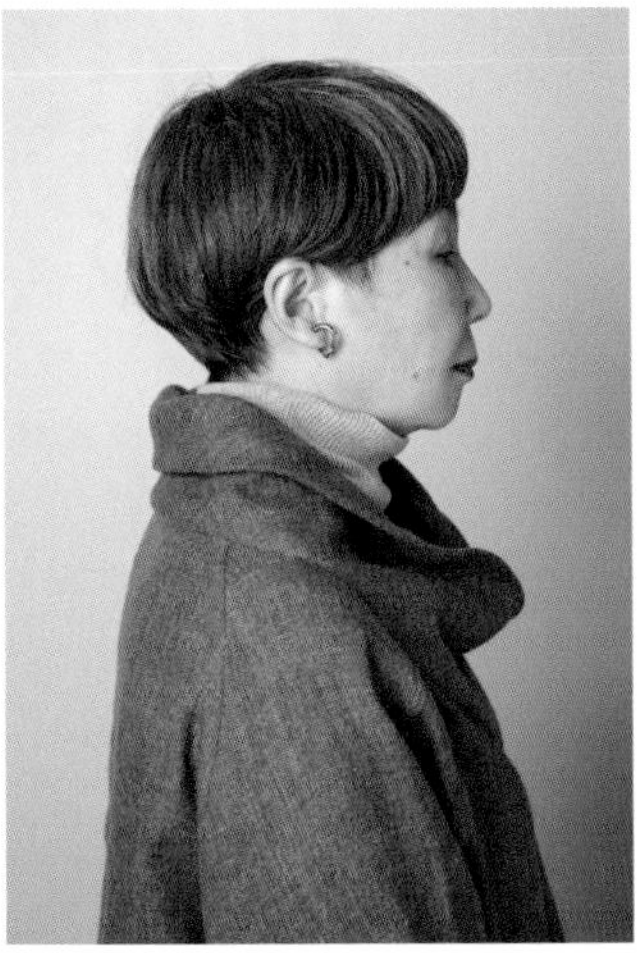

えりを半分に折っても立ててもOK。好みの着こなしを楽しんで。

15×18

フードつきの服が好き。そしてパーカーが好き。ただ、子どもっぽく見えたり、カジュアルすぎたりするのが難点。このデザインなら大人でも楽しめます。18のパンツのアレンジと。

part 3

パンツ
スカート

パンツはとにかくアレンジを
たくさん作っておくと、
組み合わせるのが楽しくなる＝出かけたくなる（笑）。

16
ワイドパンツ

17

巻きスカート風スカート

18

サルエル風パンツ

19

パーマネントパンツ

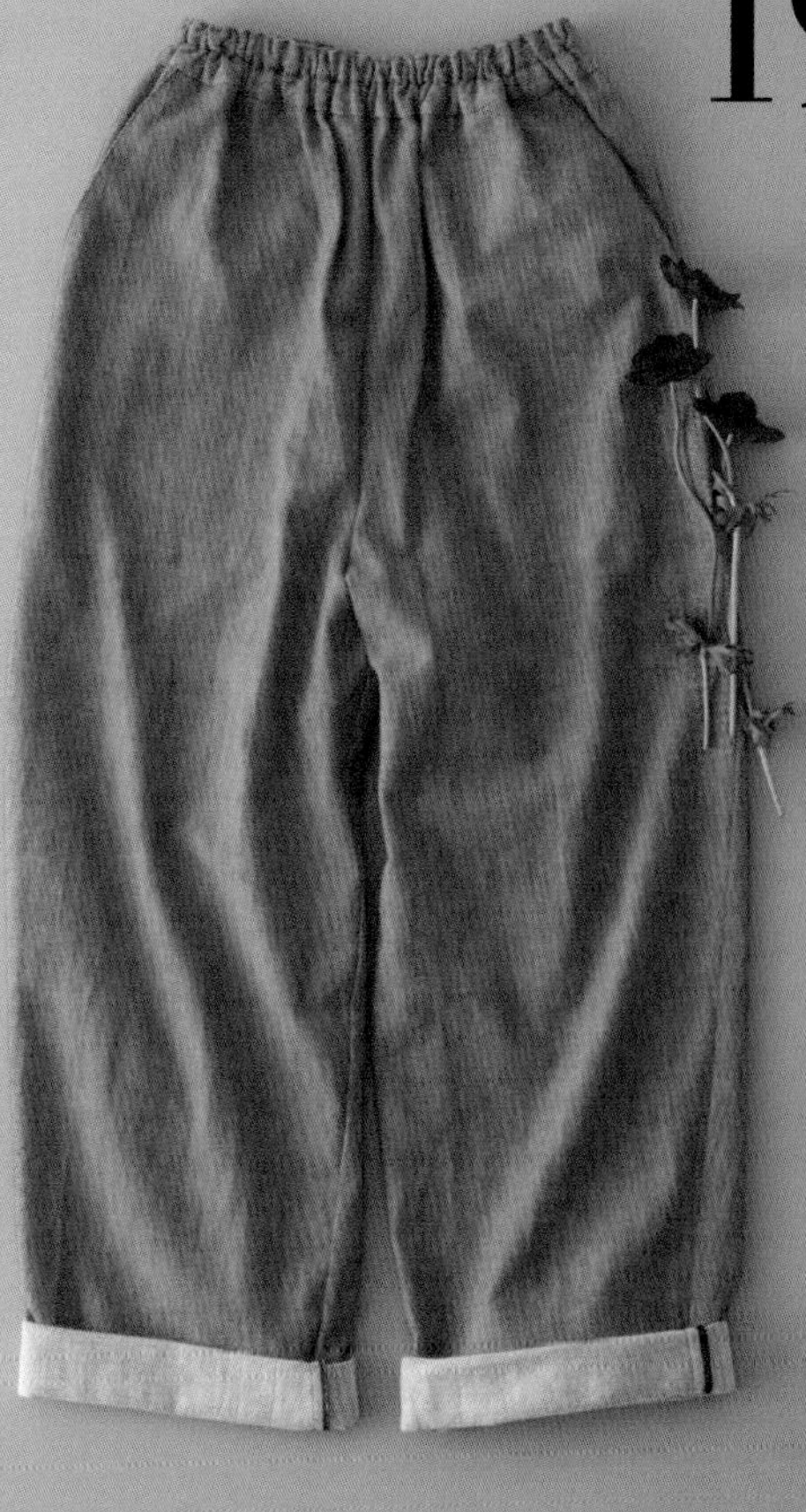

20

サロペット

16

ワイドパンツ

❖作り方81ページ

アレンジを加えて繰り返し作るのが私流

家の中で立ったり座ったりするのに動きやすく、脚の形が出ないデザインです。

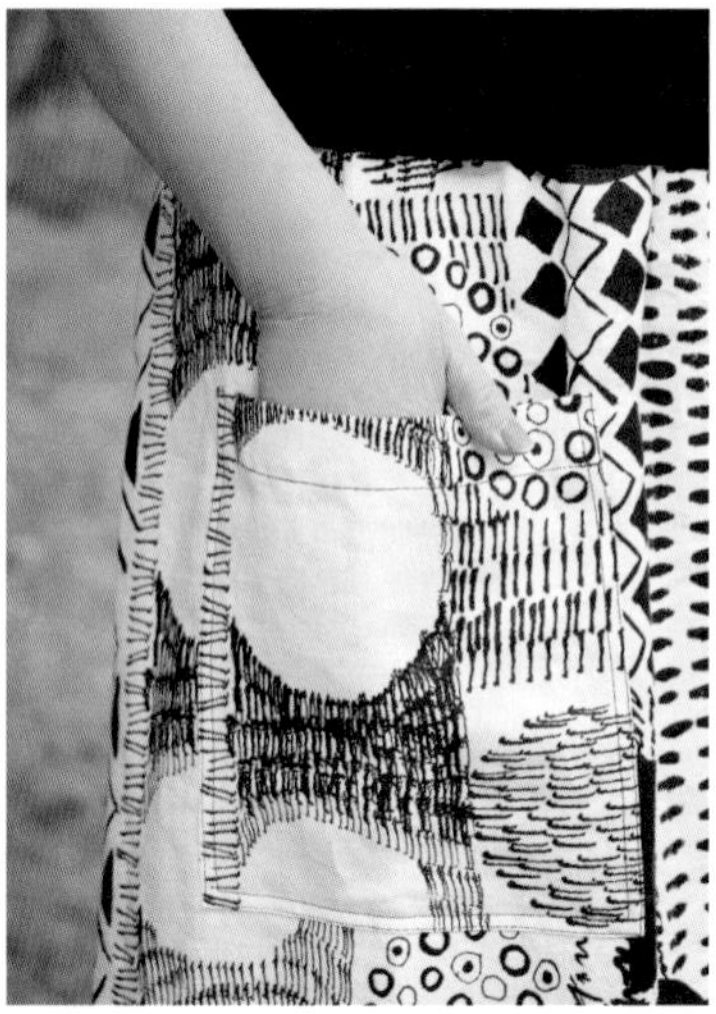

上／作りやすいよう、ポケットはパンツの上から縫いつけただけ。
下／右はリネンを使用。布のみみを生かしてすそは切りっぱなし。左はしっかりとした綿麻地で、わきポケットをつけました。

家に帰ると、すぐにはきかえたくなるほど、このパターンのパンツを愛用しています。母には「袴《はかま》みたい」、叔母には「忍者の衣装」と言われますが、またぐりの深さといい、パンツ幅の広さといい、大変はき心地がいいので、布をかえて変化をつけ、5、6着は作りました。

ウール地などの厚地はウエスト回りがゴロゴロするので、冬ならリネンウールや化繊の布を使うといいでしょう。寒がりの私は、分厚いタイツの上からこのパンツをはきますが、パンツ幅が広いのできつさを感じないのもポイントです。さまざまな素材で作り、年間を通して楽しんでいます。

17 巻きスカート風スカート

❖作り方82ページ

体に布を巻きつけて、打ち合わせを好きな角度で斜めにし、まち針で留めて、こんな感じかなと縫い上げたスカートが思いのほかよく出来たので、タック部分を調整して製図を起こしました。

巻きスカートは好きでよく作っていましたが、あるとき自転車に乗っていたらめくれ上がって大変なことに！　ピンで留めるなど対処しても、布にストレスがかかって破れ、悲しい思いをしたことも。そこで、めくれ防止のために打ち合わせを半分ほど縫い合わせ、巻きスカートのように見せるデザインを思いつきました。

微妙な丈の違いも自分に合う合わないがあります。このスカートの製図は長方形なので丈の調整も簡単。まずは縫ってみて、自分に合うスカート丈を見つけましょう。

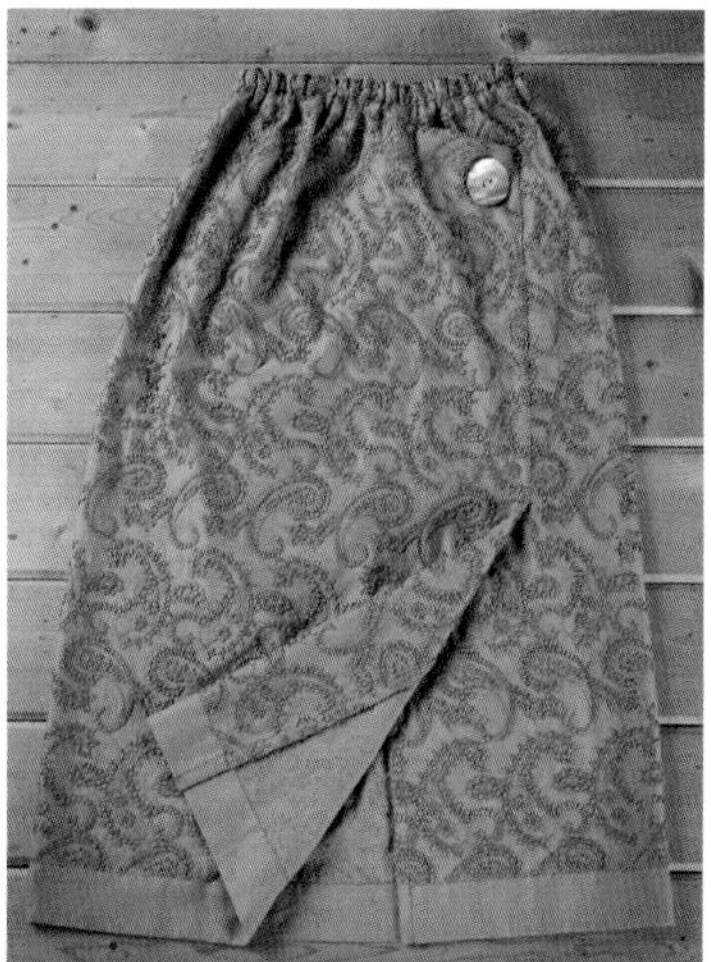

上／上半分を縫い合わせてめくれ防止に。
下／横方向に柄のある布を使うと、前端で柄が斜めに交差し、おもしろい印象に。

おもしろいと思ったら感覚的に縫ってしまう。合わない部分はどんどんかえていく

着丈を長めにして上品な印象に仕立てました。

18 サルエル風パンツ

❖作り方 **84** ページ

また上が深くてスカートのようにも見えるサルエルパンツは、正座をしても脚の形が出にくいので好きなのですが、自転車に乗りづらいのが悩みでした。そこで、パンツ幅は広いまま、また下を少し長くしてみたら、自転車にも乗りやすく歩きやすい、サルエルっぽいパンツが出来ました。

いわゆるサルエルパンツだとカジュアルになりすぎて、はいていく場所を選びますが、このくらいのまた上の深さであれば、トップスしだいできちんと感も出るので、お出かけのシーンでも活躍します。

サルエルパンツの雰囲気を残しながら、ほんの気持ち、きちんと感を出しました

さまざまな素材で作ってみましたが、おすすめは光沢感のあるレーヨンなどの滑らかな布。はくとドレープが出て、上品に見えますよ。

09のセットアップのブラウスと合わせました。パンツと同じような落ち感のある素材のトップスと合わせると、大人っぽい雰囲気になり、お出かけコーデに。

05のワンピースと同じ布で作ったパンツ。派手めな色も、モノトーンのブラウスと合わせたら、アート感のある着こなしに。

19

パーマネントパンツ

❖作り方85ページ

20年以上前のパンツが私のパーマネント（永遠の）パンツになりました

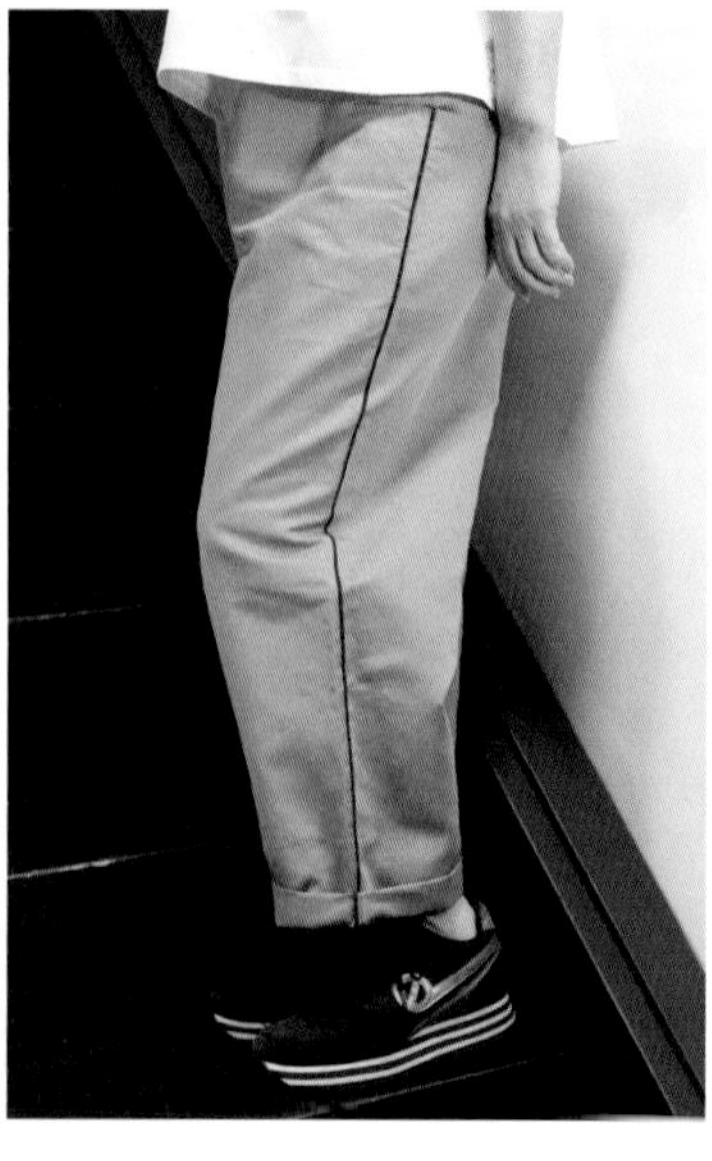

上／22のコートと同じ布で作りました。秋冬用に。
下／木綿地を使用。わきは、前と後ろパンツの縫い代を表で重ねてロックミシンで縫い合わせました。

12×19

12をかぶりタイプにアレンジしたブラウスと合わせました。パンツのすそをロールアップして軽やかに。

このパンツのパターンは、もう20年以上前に作ったもので、これまでにこのパターンでどれくらいの数のパンツを作ったかわかりません。型紙の原型がわからないほどボロボロになるまで、とにかく何本も作りました。

しばらくして好みがかわり、サルエルパンツやワイドパンツなど、別の種類のパンツを作っていたのですが、先日大掃除をしていたときに、なんと当時作ったパンツがひょっこり出てきたのです。試しにはいてみるとびっくりするほどはき心地がいい！　さっそく型紙を引っ張り出して3本作りました。

どんな布で作っても自分にいちばんなじむパターン。なぜか1本だけ残っていた昔のパンツが、じつは私の最強のパターンだったのです。

20

サロペット

❖作り方86ページ

このデザイン、実はマタニティー用だったんです

知人が妊娠したときに「こんな服を作ってほしい」と依頼されたのが、おなか回りがゆったりしたサロペットでした。

　私はさっそく、脱ぎ着しやすい肩ひもタイプで、バギーパンツのようにパンツ幅が広く、後ろ姿もかわいいシルエットのデザインを考案。

　でも実は、デザインして形になったのはずいぶんあとになってから。知人のおなかはすっかり大きくなって、試着をしたけど入らなかったのです……。

　まさかこんな形でリバイバルするとは(笑)。

上／両サイドにつけた大きめのボタンがポイント。
下／背中部分の三角形のデザインがおしゃれ。パッチポケットをつけてアクセントに。

落ち感のある素材で作るとシックな雰囲気に。分厚いセーターと合わせてもすっきりとまとまります。

part 4

はおりもの

作るのが難しいと思われがちな
アイテムですが、
素材や仕立て方を考え、
作りやすくしました。

21

ロングジレ

22

ハーフコート

23

ベージュのジャケット

24

からし色のジャケット

25

スプリングコート

気に入った布を見つけると、ついつい購入してしまいます。アトリエの桐たんすや戸棚、箱の数々に、素材や色で仕分けして収納しています。夫にはあきれられますが、布を見ているだけで私は幸せなのです。そして、この布はどんな風に変身させようか、いったん考え出すと、次から次へとアイデアが出てきて、今度は手を動かさずにはいられなくなるのです。

愛用しているミシンは数台あり、その時々で使い分けていますが、そのほかにアンティークのミシンが好きでコレクションもしています。

かわいいミシンに出会うと布と同じで、ついつい手が伸びてしまいます。

右／和装用の桐のたんすが布の収納庫。色合いで仕分けして、開けたときにわかりやすいよう並べています。
左／ピンク系の布を集めた収納箱。この箱がアトリエの棚に30個納まっていますが、収納庫はこのほかにも！

右／アンティークの大型ミシン。鉄の輝きと木目の艶《つや》やかさが美しく、豪華な家具のよう。
左／国内外のさまざまな骨とう品店で入手したアンティークミシン。いちばん手前の小さいミシンは帽子用。古くても、手を加えればまだ使えるものばかり。

26

春待ちコート

27

ひとえのコート

22 ハーフコート

❖作り方72ページ

22×18

仕立てやすいよう、前立てはつけていません。かわりに、前中央に縫いつけたグログランリボンにスナップをつけました。パンツは18のアレンジ。

わきの深いカーブがすっきりと見せるポイント。

わき線を平行に伸ばし、すそはまっすぐにしてロングコートに。切りっぱなしで使えるジャージー素材で作りました。ハーフコートと同じ布で作った19のパンツと合わせて。

22×19

布端の始末がいらない素材は いろいろ遊べて創意が広がります

圧縮ウールは冬の服作りによく使う素材です。縫い代の始末がいらないので仕立てが楽なのももちろんですが、アレンジの幅が広がるところに魅力を感じます。

例えば、布端を毛糸や刺しゅう糸でブランケット・ステッチするのもおもしろいですし、縁にロックミシンやジグザグミシンをかけてあえて見せるのもいいと思います。グログランリボンのかわりに、お気に入りの布に接着芯を貼って縫いつけても、ちらっと見えたときにおしゃれ。また、お好みでスナップ位置の表面に飾りボタンをつけてもいいでしょう。

21

ロングジレ

❖作り方52ページ

立体的でボリュームのあるえりが個性的なロングジレ。両サイドにはわきポケットをつけています。**20**のサロペットの上にさらりとはおりました。

21
×
06

06のセットアップとの組み合わせ。セットアップだけのコーディネートも、このジレをはおると違う雰囲気を楽しめます。

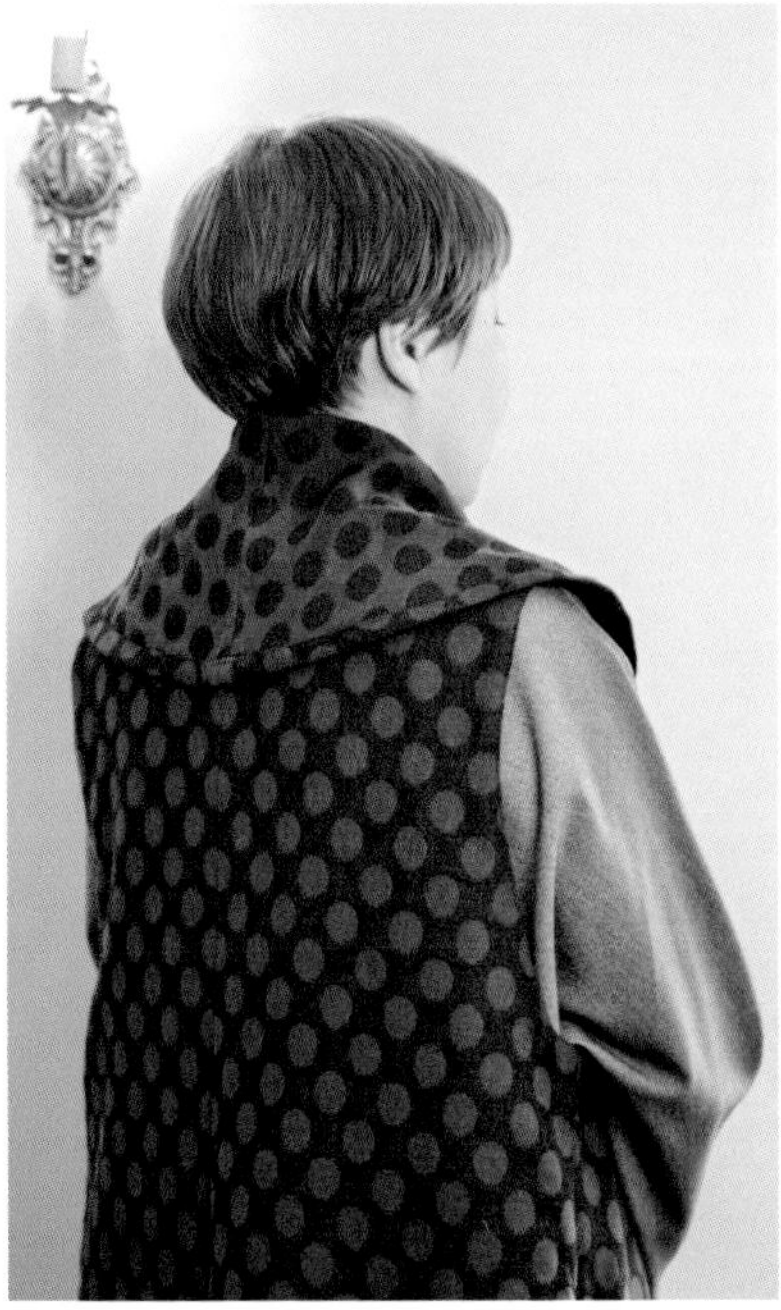

えりは裏側が折り返されて見えるので、表裏に色や柄の差のない布を選ぶのがポイントです。

何度も言いますが、やっぱり長いものって隠せるからいい

ワンピースもそうですが、丈の長い服って本当に便利。特にはおりものは、体のラインを隠してくれるうえ、何てことない服の上にさっとはおるだけでコーディネートが決まるので、何枚あっても重宝します。

このジレは、春秋にはカットソーなどの上にはおるだけでセンスアップができ、冬は上からコートを着ることもできるすぐれもの。3シーズン着回せるので、ぜひ作ってほしい一枚です。

23

ベージュのジャケット

❖作り方88ページ

えり元から前端のドレープがエレガント。**16**のパンツの布違いと合わせました。はおるだけで全体が引き立ちます。

上／前を閉じてブローチなどで留めてもおしゃれ。
下／後ろはお尻回りが隠れる長さ。

型紙を一度作ったら、それを使ってとことんアレンジを楽しみます。このジャケットでいうと、布をウール地にするだけでも冬ものに変貌します。特に圧縮ウールやスウェットなどの素材は、切りっぱなしで使えるので作りやすくておすすめ。布端はそのままにしても、少し内側に押さえステッチを入れてもいいですね。補強にも飾りにもなります。

ミシンで布端の三つ折りを縫うのが苦手な人は、手縫いでもいいですよ。

大胆にデザインをかえるなら、思い切ってそでをなくし、ベストにしても。

たくさん型紙を作るのは大変！ 1枚の型紙をどれだけ変身させるか、これを昆布流「ぐうたら洋裁」と呼びます(笑)。

24 からし色のジャケット

❖作り方89ページ

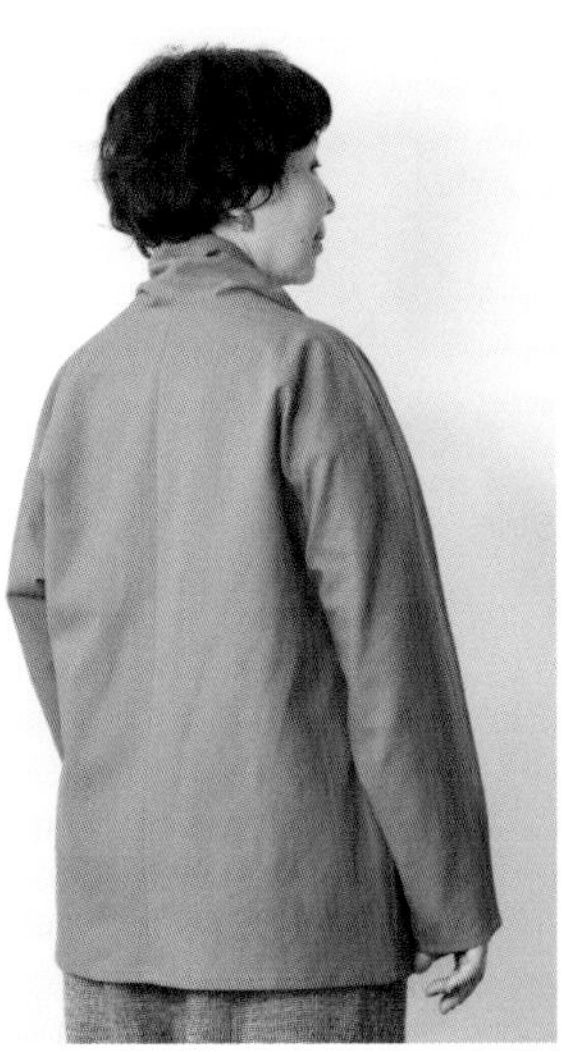

前身ごろから続くえりの後ろ中央を縫い合わせてえりを立たせ、上品な印象に。首回りの冷えも防ぎます。

寒がりの私は夏でも冷房の風が苦手なので、ストールやパッとはおれる上着をいつも持ち歩いています。このジャケットは、着ると首回りを覆いつつ前側にドレープが流れるようなデザインなので、巻きものを持ち歩かなくてもいいところがポイントです。

　家ではTシャツにカジュアルパンツ姿でも、ちょっとそこまで出るときに、麻地や木綿地で仕立てた上着をはおるときちんとした印象になります。パンツまではきかえなくてもバランスがとれるんです。もしパーカーなんてはおったら「運動してきたの?」って聞かれますからね。私くらいの年齢になると、いかにも家着じゃなくて、ちょっとおしゃれに見える上着があると便利なんですよね。

カジュアルになりすぎない上着って、すごく役に立つんです

24×16

えりの形に工夫を凝らしたジャケット。Tシャツの上にはおるだけできちんと感が出るのが魅力。前を閉めて、ブローチなどで留める着こなしもおすすめです。パンツは16のアレンジ。

24×12

12のブラウスに合わせて。着丈が腰の下まであるので、気になるウエスト回りもカバーできます。

25 スプリングコート

❖作り方90ページ

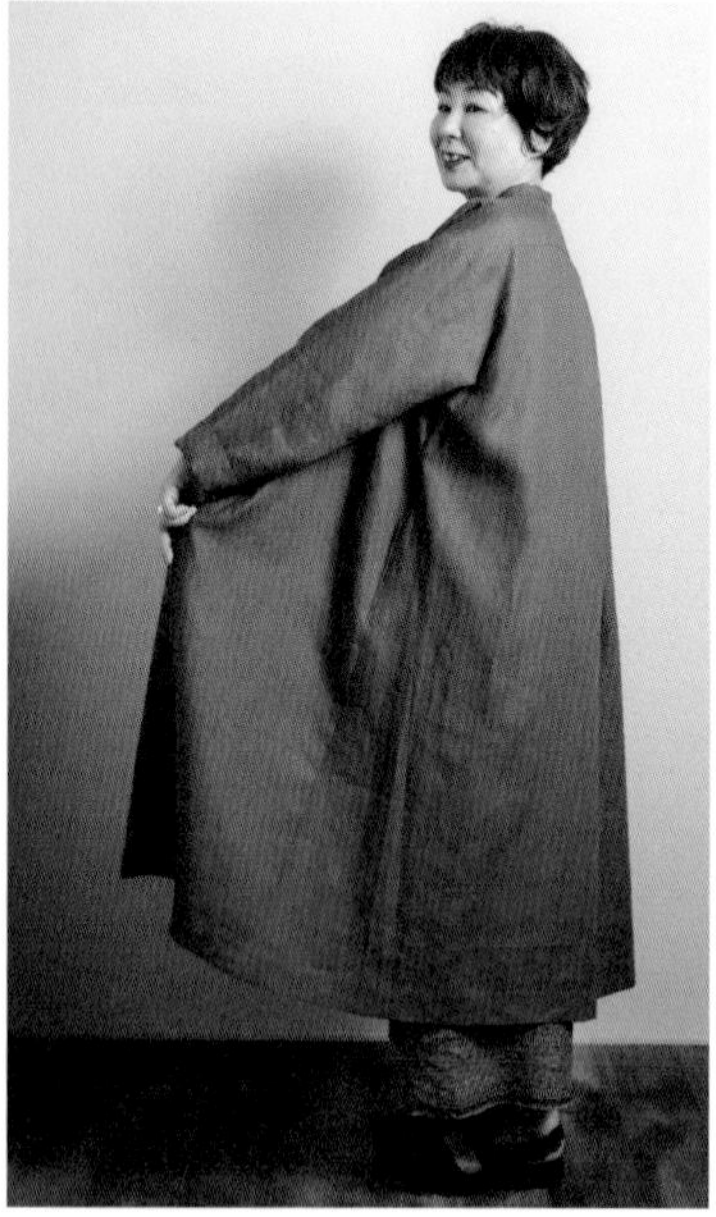

上／三角形のわきまちがポイント。前から見たときに膨らみすぎず、すっきりと見えます。
下／ボタンを留めてワンピースとして。わきまちの縫い目が身ごろ側に斜めに入り、コクーン形のシルエットに。

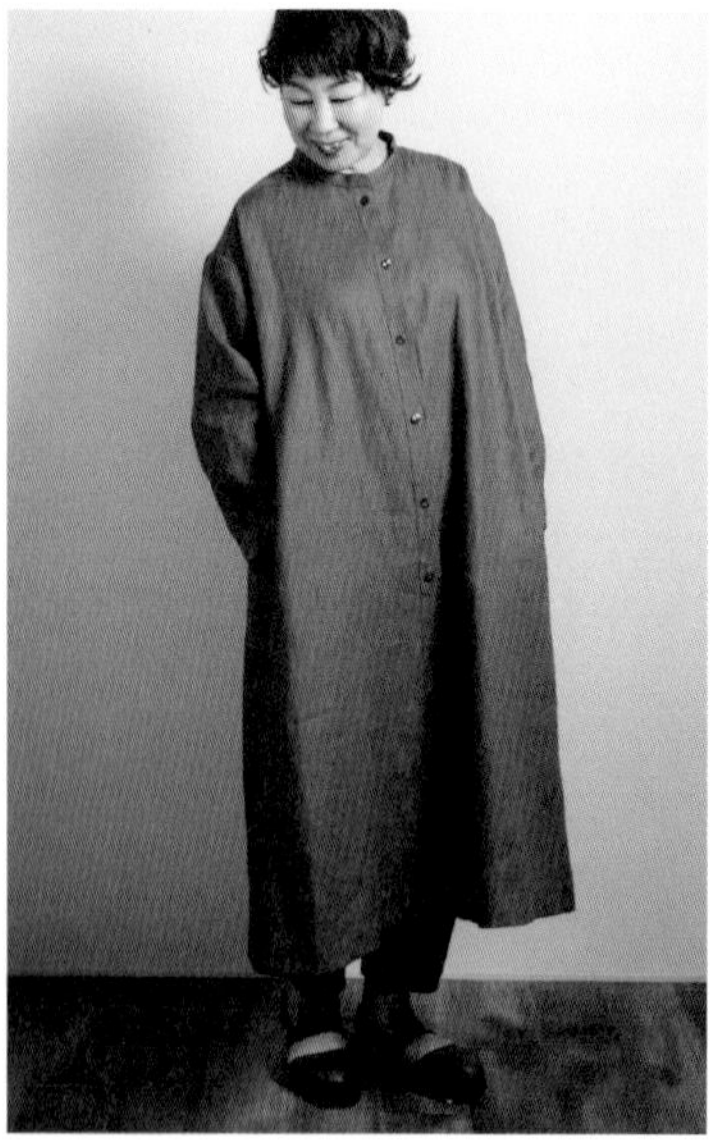

スタンドカラーは顔立ちをキリッと見せてくれるのがうれしい。前立ては表側に折り返して作るので、表裏に色の差のない布を選びましょう。**16**のパンツのアレンジと合わせて。

まだ肌寒いような、ちょっと暖かくなってきたような、そんな季節に、タートルネックのニットにも長そでのTシャツにも合うコートは便利です。

　コートは無地で作ることが多いので、どこかにポイントとなるデザインを加えると、メリハリがついておしゃれになります。このコートのポイントはわきに入れた三角形のまち。なくてもいいけれど、それだと市販のコートと同じ印象になってしまいます。少しスパイスを加えて変化をつけると、作るのも着るのも楽しくなります。

春って、どんなコートを着て出かけようかとわくわくします

26

春待ちコート

❖作り方92ページ

26×19

大きなえりとボタンが印象的。自転車に乗るときに巻き込まれないよう丈はやや短めにし、腕回りが可動しやすいようにラグランそでにしました。合わせたパンツは19の布違い。

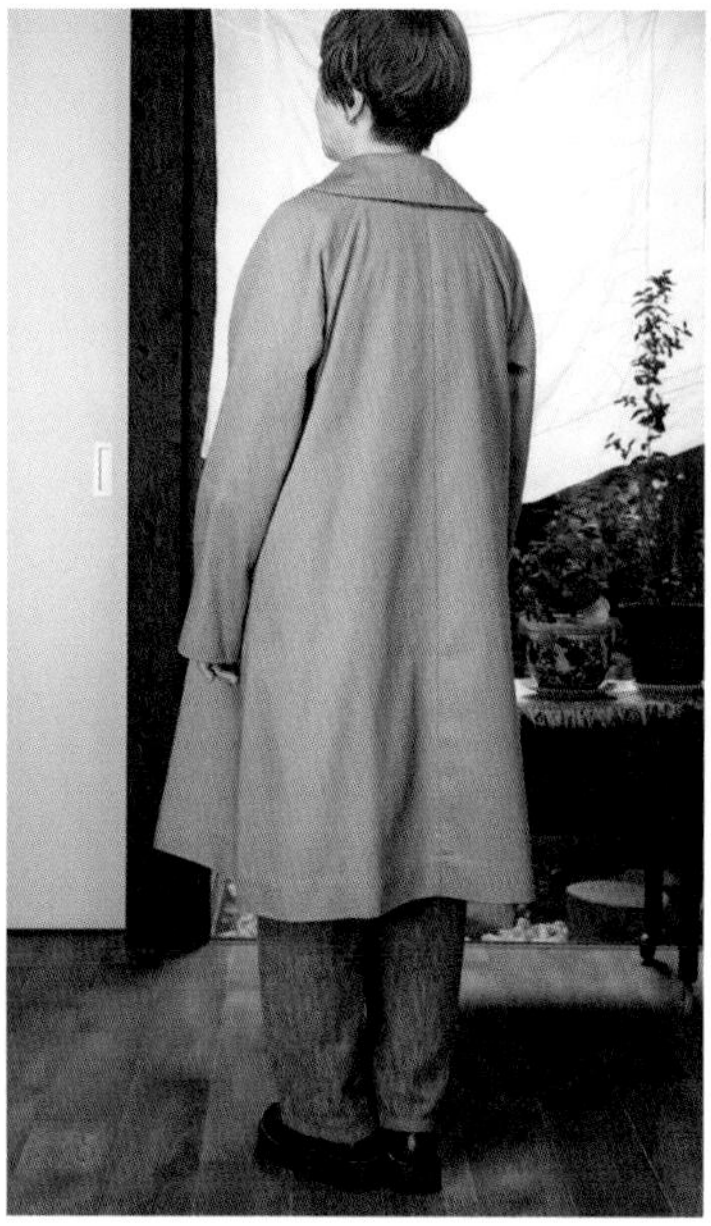

幅の広いえりと後ろ中央の縫い線がスタイルよく見せるポイント。

26×12

12のブラウスの上にはおり、大好きなスカーフをさらりと巻いて。

春に着るコートで憧れるのは、イギリス映画『さらば青春の光』で俳優たちが着ているコートや、フランスの女優カトリーヌ・ドヌーヴが着ていそうなトレンチコート。憧れに任せて街中のお店を探し回りましたが、自分に合うコートに出会うことはできませんでした……。

　それならいっそのこと作ってしまおう！　と、自分なりにフランスのエッセンスを取り入れて、着やすくデザインしたコートを作ってみました。

27 ひとえのコート

❖作り方94ページ

透け感のあるウールボイルで作りました。後ろえりがやや立ち上がり、キリッとした印象に。

上／えりの後ろ中央〜えり端〜前端のラインは直線ではなく、ややカーブを描いてフェミニンな印象に。
下／後ろ身ごろの後ろ中央にタックを入れてすっきりと。

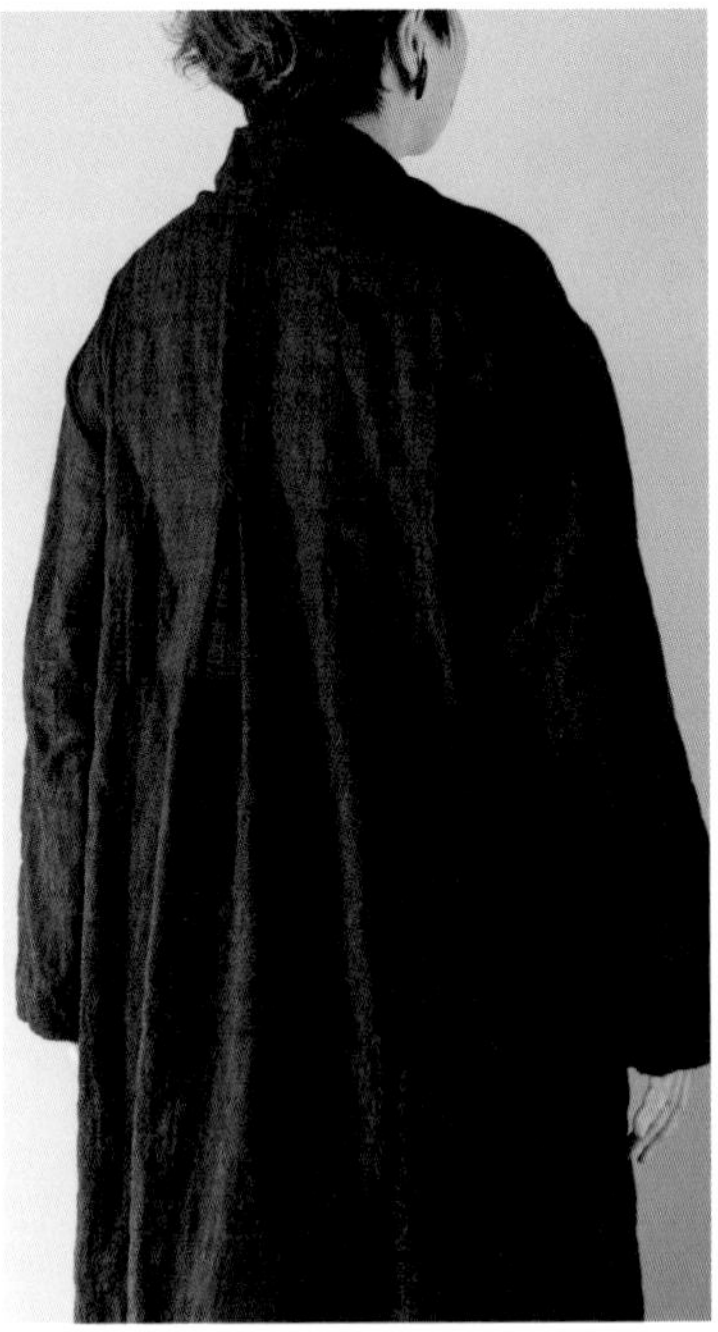

誕生月ということもあり、12か月の中で10月がいちばん好きな月です。夏は私にとって息を詰めて暮らす意地の季節。そんな蒸し風呂に入ったような夏が終わり、自然の風が心地よく感じられる季節になるうれしさから、ふわっとはおって外出したくなるコートを作りました。

ポイントは前身ごろと一体化した後ろえり。後ろ中央で縫い合わせて、はおったときにやや立ち上がるようにし、そこから前に向かって少し丸みを帯びたラインを引いて、シャープになりがちなVあきに柔らかい雰囲気を出しました。また、前端のラインをピシッと見せるために、接着テープは縫い代ではなく身ごろ側につけています。

秋めいたころに風をふわりとはらんでまといたくなるコートです

どんなコーディネートとも合わせやすいのが魅力。大柄で作った**16**のパンツともしっくりきます。

作品を作り始める前に

＊作り方図内の寸法の単位は「cm(センチメートル)」です。
＊本書には付録の実物大型紙が2枚ついています。
各作品の作り方ページに記してある実物大型紙の掲載面とパーツを確認し、別紙に写して型紙を作ってください(49ページ参照)。

一部の作品やパーツには製図をして型紙を作る(または直接布に印をつけて裁つ)ものもあります。
＊特に指定がない限り、ミシンの縫い始めと縫い終わりは2～3針返し縫いをしましょう。

糸・針について

・材料表記には糸は含まれていません。使用する布の色に合わせた糸を用意してください。一般的な布地の場合はポリエステルミシン糸60番とミシン針11番、薄手の布地の場合はポリエステルミシン糸90番とミシン針9番、伸縮性のあるニット地の場合はニット用ミシン糸50番とニット用ミシン針11番を使用します。
・ミシンの縫い目幅は使用布のはぎれで試し縫いをし、適切な縫い目幅に調節しましょう。

型紙の線と記号について

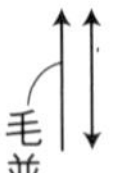

毛並みのある布の場合

布目線
布のたて地の方向を示す矢印線。布のみみと平行な方向がたての布目。

わに裁つ線
布を折ったときの折り山の位置。

合い印
パーツどうしを縫い合わせるときに合わせる印。

タック線
タックをとるときの方向を表す線。斜線の高いほうから低いほうへ布をたたむ。

地直しについて

・地直しとは裁断前の布を湿らせ、アイロンをかけて縦横の布目を整える作業です。これにより、仕立てたあとの型崩れや縮みを防ぐことができます。
・木綿や麻は布に水が浸透するまでつけ、軽く脱水して干し、生乾きの状態で布目のゆがみを整えながらアイロンをかけます。よこ糸を1本抜き､目安にするとよいでしょう。
・ウールは全体に霧を吹き、たたんで一晩ポリ袋に入れて、まんべんなく湿らせた状態でアイロンをかけて布目を整えます。

接着テープ・接着芯について

・接着テープは伸び止めテープとも呼ばれ、布の伸びや型崩れを防ぐために使用します。使う布の色になじむ色を選びましょう。
・接着芯は織布タイプ、不織布タイプ、編み地タイプなどさまざまな種類や厚さがあります。使う布の風合いや厚さに合わせて、適したものを選びましょう。
・接着テープ、接着芯は裁ち合わせ図に表示されたパーツや指定位置の裏面にアイロンで貼ります。見返しなどの小さなパーツに接着芯を貼るときは、型紙より少し大きめに布を粗裁ちし、布全体に接着芯を貼ってから、再度型紙を当てて裁断するときれいに仕上がります。

サイズについて

・作品によりサイズ展開をしています。下記の参考サイズ表と自分のヌード寸法を照合し、チュニックやブラウス、ワンピースはバスト寸法、パンツやスカートはヒップ寸法に合わせてサイズを選びましょう。
・各作品の出来上がり寸法や、お手持ちの服の寸法なども参考に比較してください。
・そでやすその長さを微調整したいときは、型紙の線を平行に引き直して加減するとよいでしょう。

参考サイズ表（ヌード寸法）　単位：cm

サイズ	M	L	LL
バスト	84	88	94
ヒップ	92	96	102

布について

布の使用量は表記した布幅で見積もっています。使用する布幅がかわると使用量もかわりますので、型紙と裁ち合わせ図を参考に加減しながら準備しましょう。また、麻などの縮みやすい布地やチェックなどの柄合わせを必要とする布地は、その分も考慮して用意しましょう。

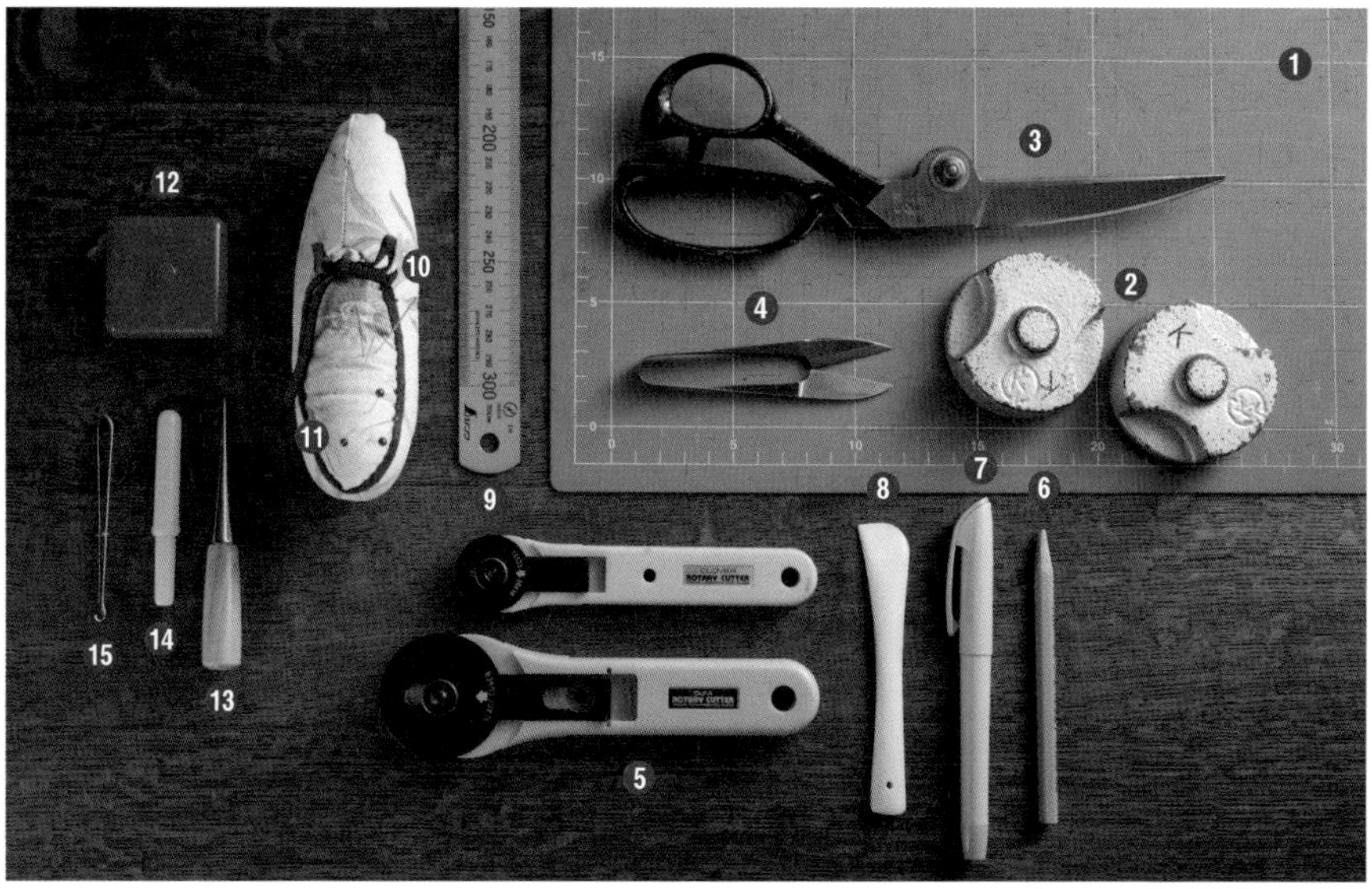

用具について

＊用具は、写真を参考に必要なものを用意しましょう。

❶カッターマット
❷おもし
❸裁ちばさみ
❹糸切りばさみ
❺ロータリーカッター
❻布用印つけ鉛筆
❼布用印つけペン
❽へら
❾定規
❿手縫い針
⓫待ち針
⓬メジャー
⓭目打ち
⓮リッパー
⓯ゴム通し

そのほかに、型紙用紙、手芸用両面・片面複写紙、鉛筆、蛍光ペン、ルレット、しつけ糸、ミシン、アイロン、アイロン台など

印のつけ方

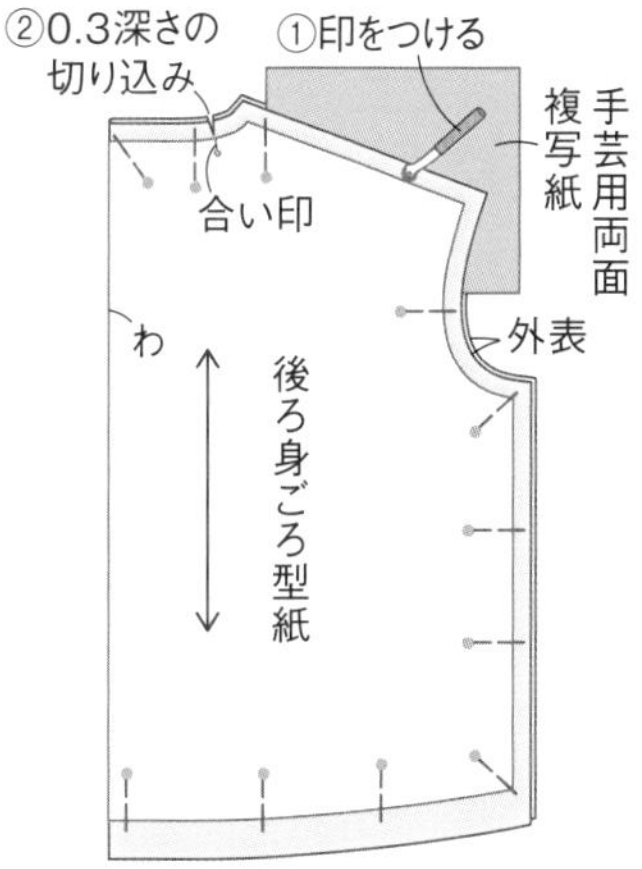

①出来上がり線の印をつける場合は、布を外表に合わせて、２枚の布の間に手芸用両面複写紙をはさみ、型紙に沿ってルレット(またはへら)で印をつける。
②出来上がり線の印を省く場合も、合い印、ギャザー止まり、タック位置、縫い止まり、ボタン・スナップ・ポケットつけ位置などの印は必ずつける。合い印はノッチ(布端に入れる0.3㎝程度の切り込み)でしるす。

布の裁ち方

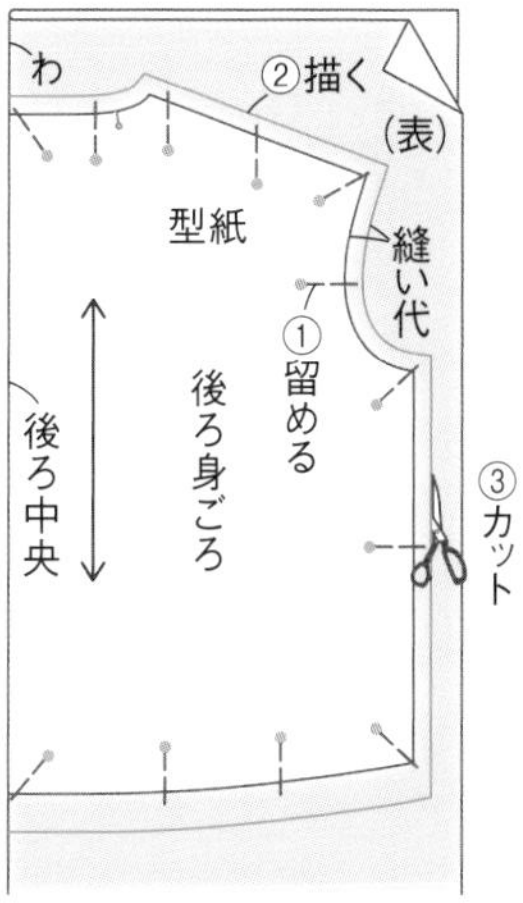

①布を外表に折り、裁ち合わせ図を参考に各パーツの型紙を布に配置して待ち針で留める。わで裁つ部分は布の折り山に型紙のわ側を合わせる。
②型紙の周囲に定規を使って縫い代線(寸法と縫い代の形は各作品の裁ち合わせ図を参照)を型紙と平行に描く。
③縫い代線どおりに布をはさみ(またはロータリーカッター)でカットする。

型紙の作り方

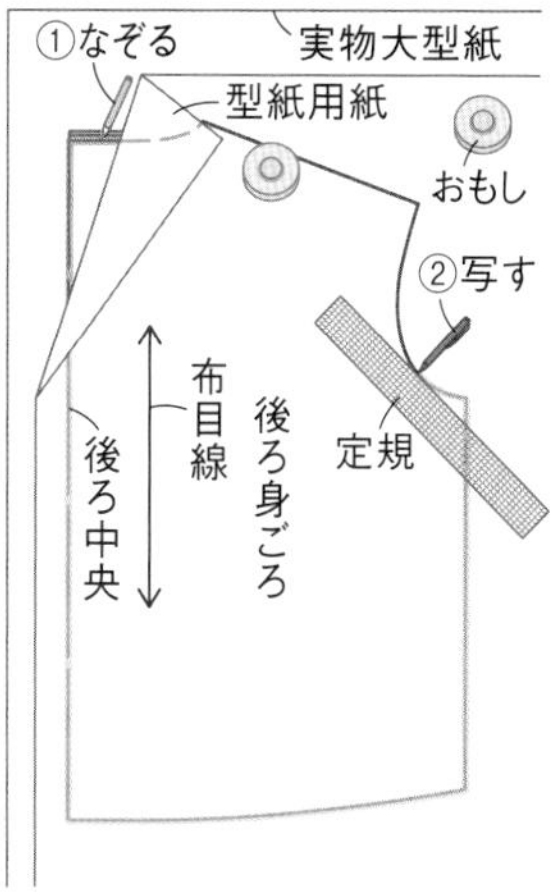

①実物大型紙の自分のサイズの線を蛍光ペン(摩擦で消せるタイプが便利)などでなぞる。
②①の上に型紙用紙を重ね、定規を使って線を写す。合い印、ギャザー止まり、タック線や縫い止まり、ボタン・スナップ・ポケットつけ位置などの印、布目線(長めに引く)も必ず写す。各パーツの名称も書いておくとよい。写した線(出来上がり線)どおりにカットする。

千鳥がけのしかた

糸を斜めに交差させるかがり方。見返し端やそで口、すその始末に使う。左から右へ図のように小さくすくい、縫い代側は縫い代だけをすくう。

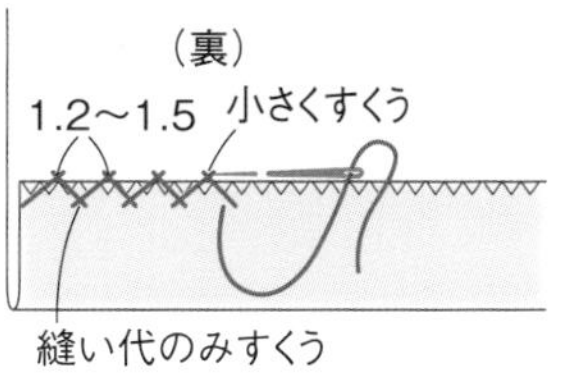

一定の縫い代幅で縫うためには

印つけをしないで縫い合わせる場合は、ミシンの針板の目盛りを目安にしたり、ステッチ定規を使ったりして縫いましょう。

作品❖p.22

11 えりつきブラウス

実物大型紙D面

前身ごろ、後ろ身ごろ、そで、表えり、裏えり、見返し、カフス

＊ループ用バイアス布、そであき用バイアス布は型紙を作らずに、裁ち合わせ図の寸法で直接布を裁つ。

出来上がり寸法

M…バスト146cm　そで丈47cm
着丈65cm

L…バスト150cm　そで丈48cm
着丈67.5cm

LL…バスト156cm　そで丈49cm
着丈70.5cm

材料

❶表布　刺しゅう布…150cm幅
M150cm／L・LL160cm

❷接着芯…70×30cm

❸ボタン…直径1.1cm　3個

下準備

1 裏えり、見返し、カフスの裏面に接着芯を貼る。

2 見返しのえりぐり以外の外回りにジグザグミシン(またはロックミシン)をかける。

3 前身ごろの前あき部分は表面にも印をつけておく。

縫い方順序

1 前身ごろを縫う
2 後ろ身ごろを縫う
3 肩を縫う
4 えりを作ってつける
5 そでをつける
6 そで下〜わきを縫う
7 すその始末をする
8 カフスをつける

裁ち合わせ図

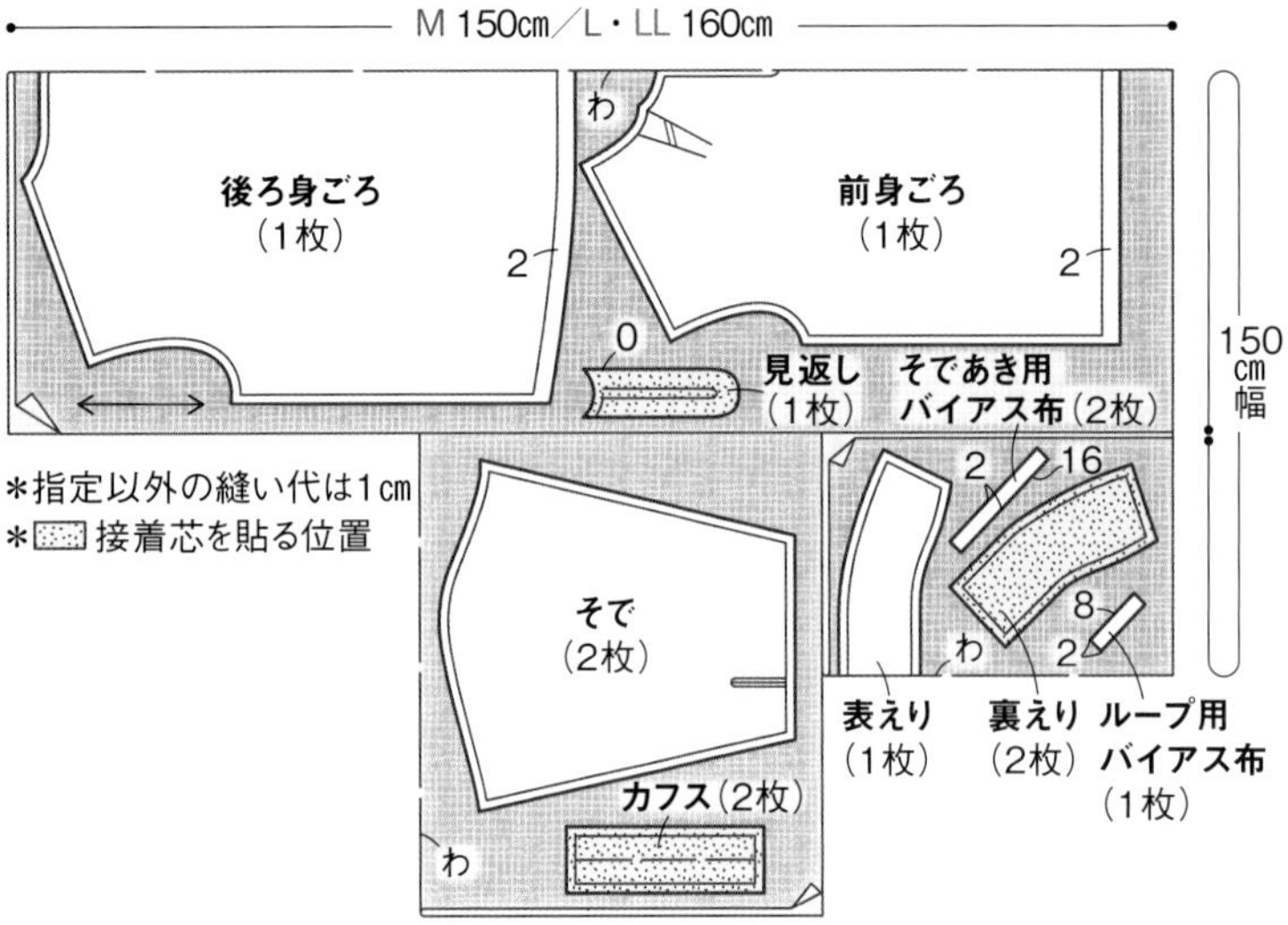

＊指定以外の縫い代は1cm
＊▒接着芯を貼る位置

1 前身ごろを縫う

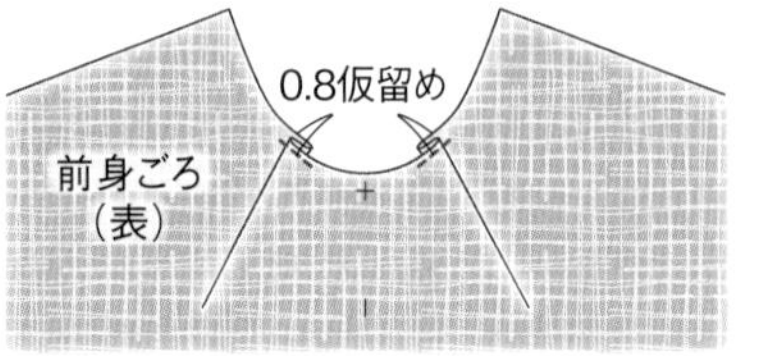

1 前身ごろのタックをたたみ、えりぐりの縫い代を仮留めする。

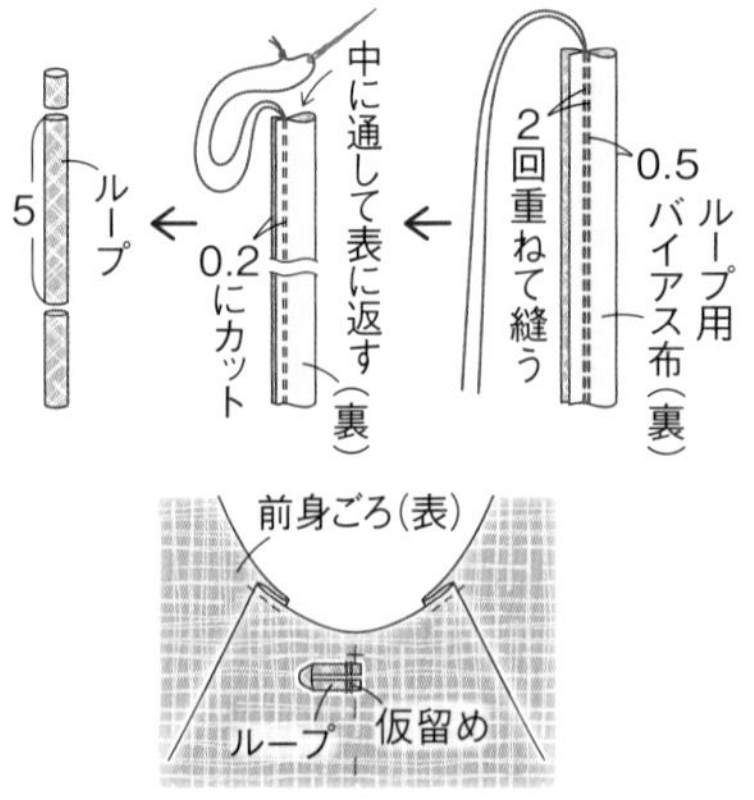

2 ループ用バイアス布でループを作り、右前身ごろ側の表面の前あきに仮留めする。

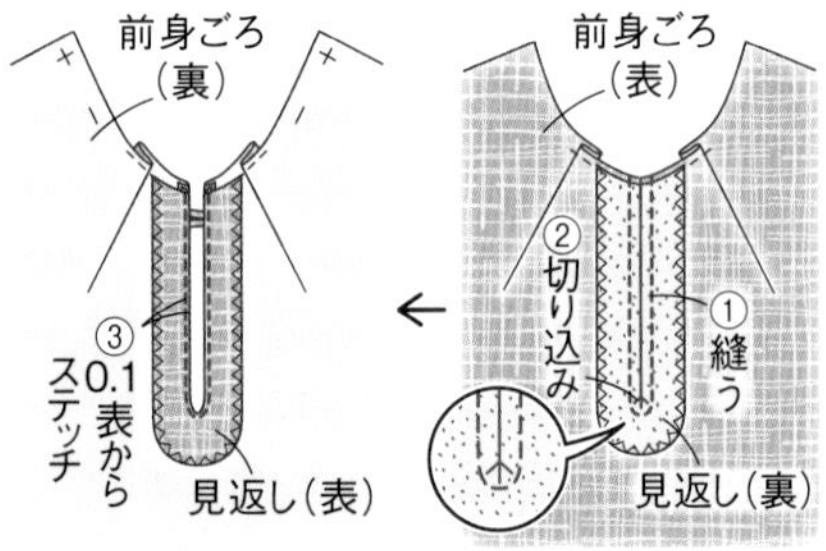

3 前身ごろのスラッシュあきに見返しを中表に合わせてあき部分をU字に縫い(①)、中央に切り込みを入れる(②)。見返しを前身ごろの裏面に返してアイロンで整え、表面からステッチをかける(③)。

2 後ろ身ごろを縫う

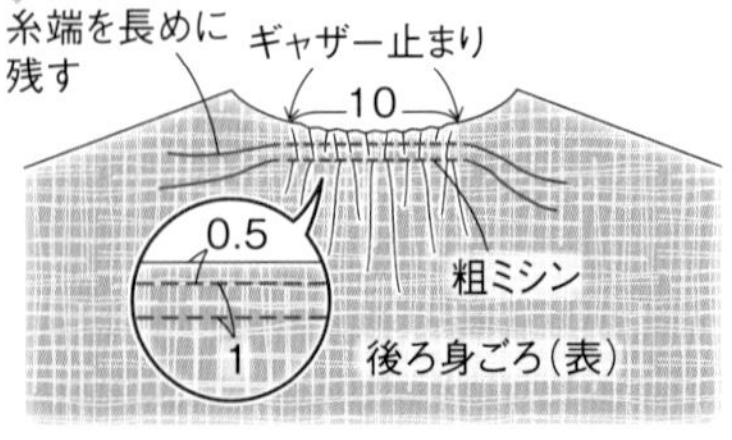

後ろ身ごろのえりぐりのギャザー止まり〜ギャザー止まりに返し縫いをしないで粗い針目で2本ミシンをかけ(粗ミシン)、表面の糸を2本一緒に引いてギャザーを寄せる。

3 肩を縫う

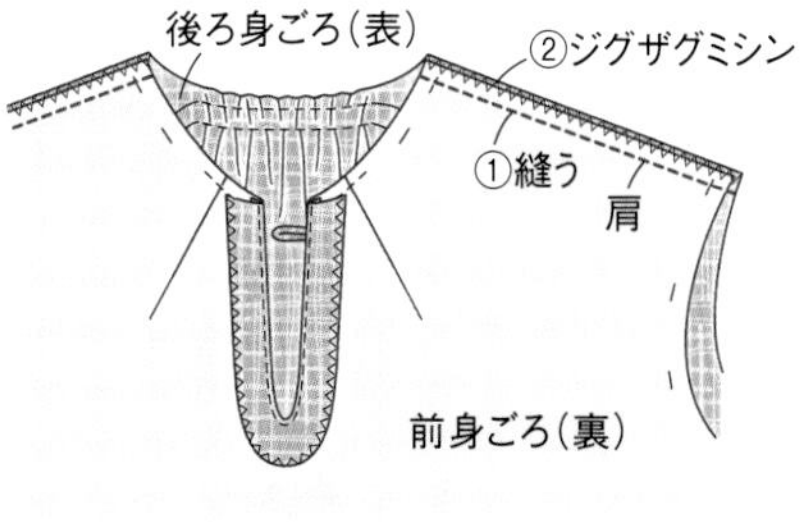

前身ごろと後ろ身ごろの肩を中表に合わせて縫う(①)。縫い代は2枚一緒にジグザグミシンをかけ(②)、アイロンで後ろ身ごろ側に倒す。

4 えりを作ってつける

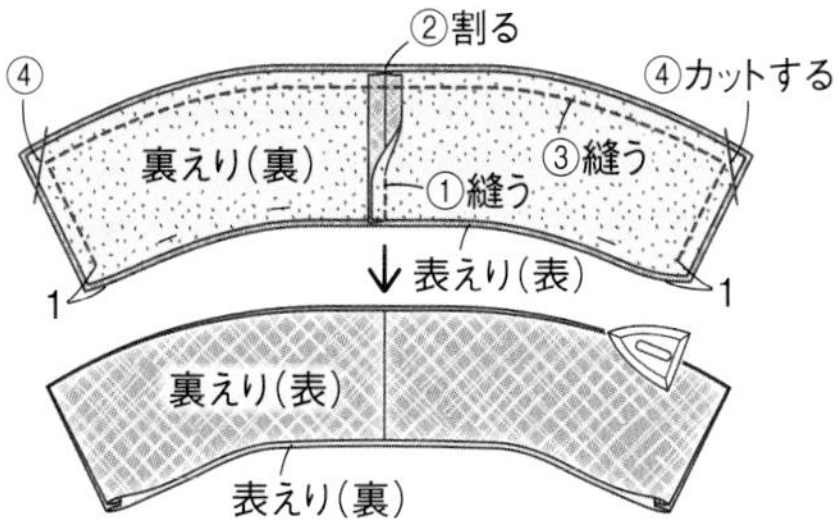

1 裏えりを中表に合わせて後ろ中央を縫い(①)、縫い代は割る(②)。表えりと裏えりを中表に合わせて印から印まで外回りを縫い(③)、えり先の角をカットする(④)。表に返してアイロンで整える。

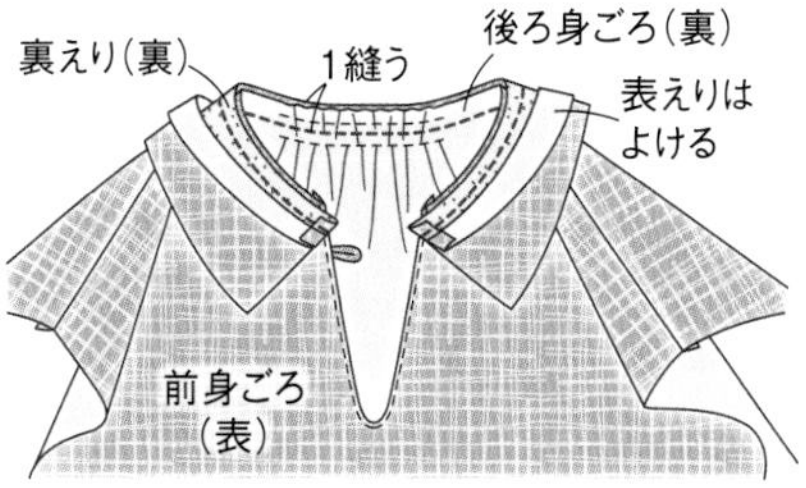

2 身ごろのえりぐりに裏えりを中表に合わせ、表えりをよけて縫う。

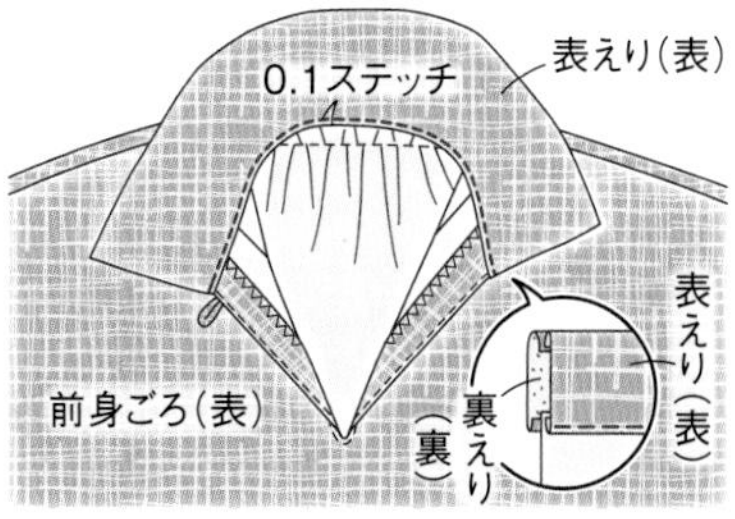

3 **2**の縫い代をえり側に倒し、表えりの縫い代を折り込んでえりぐりにステッチをかける。外側の粗ミシン糸を外す。

5 そでをつける

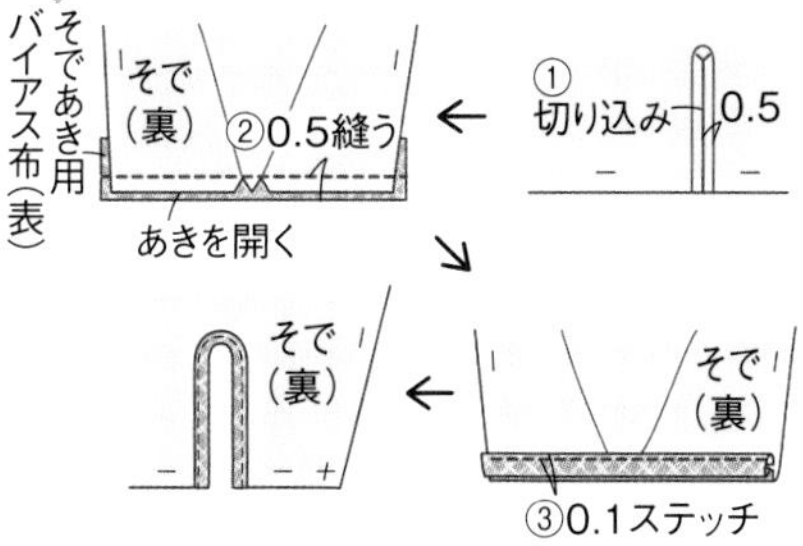

1 そで口側のスラッシュあきに切り込みを入れる(①)。そであき用バイアス布に中表に重ねて縫い(②)、縫い目から裏面に返して布端を折り込み、ステッチをかける(③)。

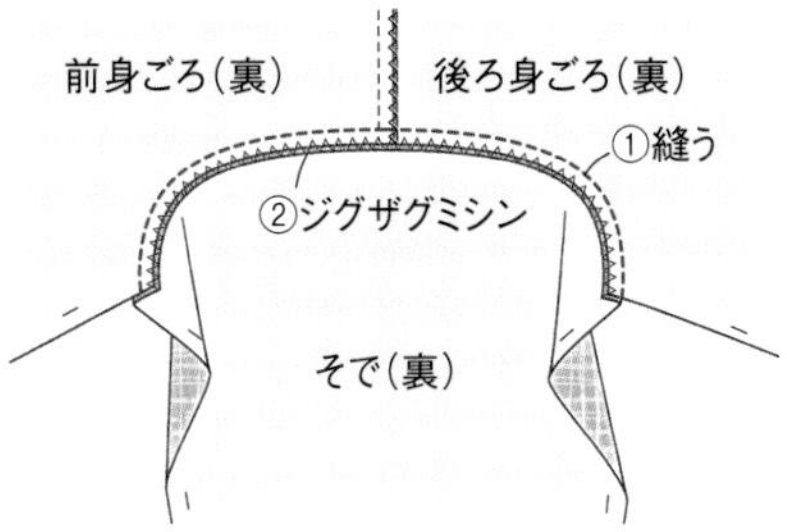

2 身ごろのそでぐりにそでを中表に合わせて縫い(①)、縫い代は2枚一緒にジグザグミシンをかけ(②)、そで側に倒す。

6 そで下〜わきを縫う

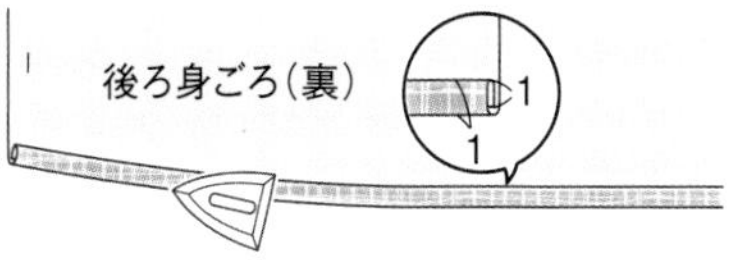

1 前・後ろ身ごろのすその縫い代をアイロンで1cm幅の三つ折りにする。

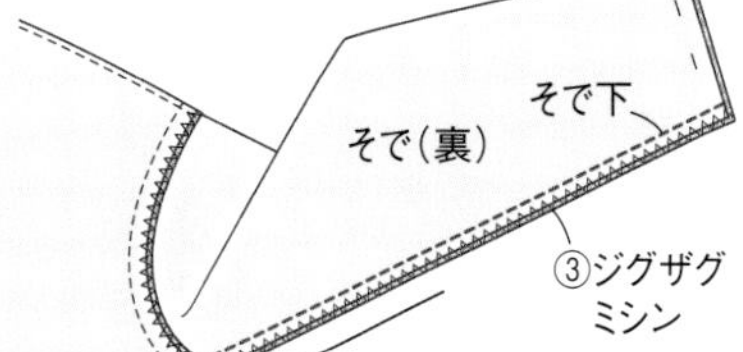

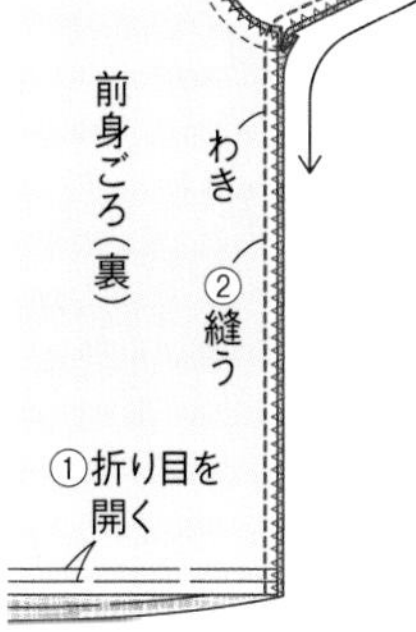

2 すその折り目を一度開き(①)、前身ごろと後ろ身ごろのそで下〜わきを中表に合わせて縫う(②)。縫い代は2枚一緒にジグザグミシンをかけ(③)、アイロンで後ろ身ごろ側に倒す。

7 すその始末をする

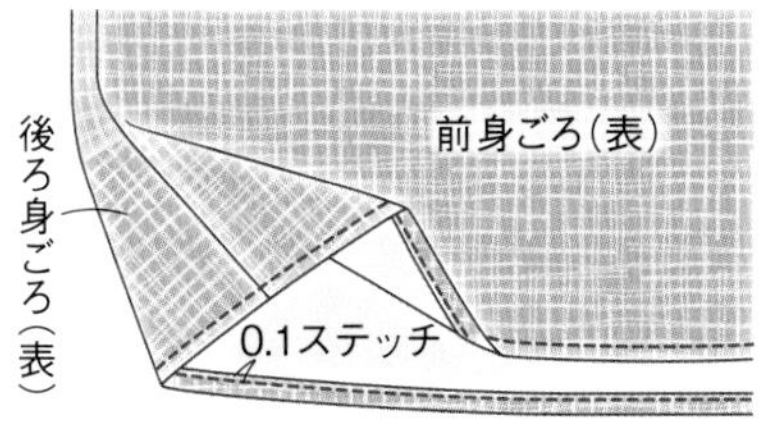

すその縫い代を再度整え、ステッチをかける。

8 カフスをつける

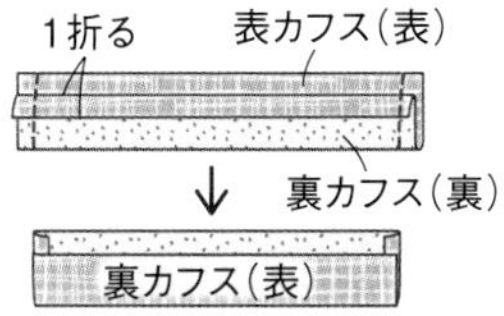

1 カフスの一方の長辺の縫い代を裏面に折り(裏カフスになる)、カフスを中表に二つ折りにする。両端を縫い、表に返す。

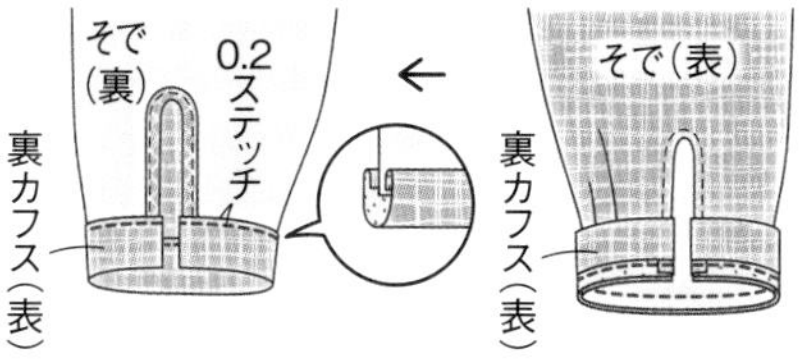

2 そでのそで口側に表カフスを中表に合わせて縫い、縫い代をカフス側に倒してステッチをかける。

3 ミシンのボタンホール機能を使ってカフスにボタンホールを作り、カフスと左前身ごろにボタンをつける。出来上がり。

21

作品❖p.40

ロングジレ

実物大型紙A面

前身ごろ、後ろ身ごろ、前そでぐり見返し、後ろそでぐり見返し、袋布

出来上がり寸法

M〜L…バスト127.5㎝　着丈102.2㎝
L〜LL…バスト133.5㎝　着丈107.7㎝

材料

❶表布　水玉ジャカード…150㎝幅
M〜L190㎝／L〜LL 200㎝
❷接着芯…50×40㎝
❸接着テープ…1.2㎝幅　660㎝
❹バイアステープ（両折りタイプ）　紺
…1.2㎝幅　50㎝

下準備

1 前身ごろの前端〜えり端とわき、後ろ身ごろと袋布のわきの裏面の縫い代端に接着テープを貼る。
2 前・後ろそでぐり見返しの裏面に接着芯を貼る。
3 後ろ身ごろの後ろ中央とわき、前身ごろと袋布のわきの縫い代端にジグザグミシン（またはロックミシン）をかける。

縫い方順序

1 えりの後ろ中央を縫う
2 後ろ身ごろを縫う
3 左肩〜後ろえりぐり〜右肩を縫う
4 そでぐりを縫う
5 わきを縫い、ポケットを作る
6 前端〜えり端、すその始末をする

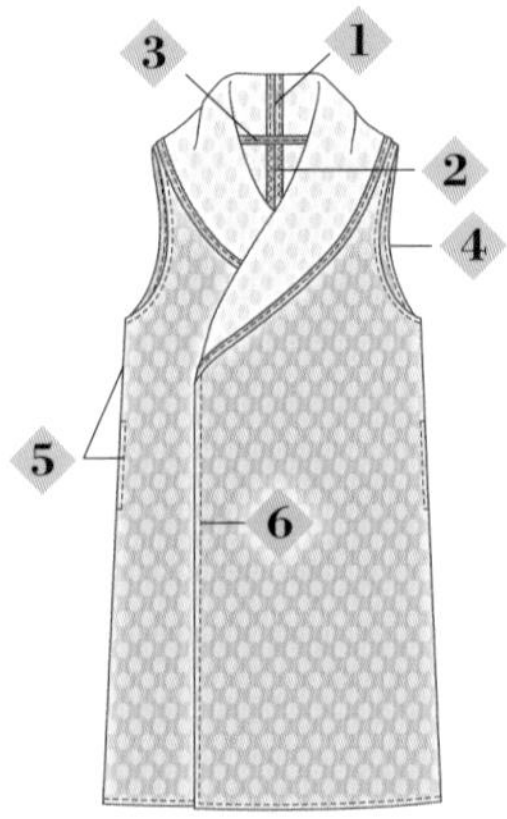

裁ち合わせ図

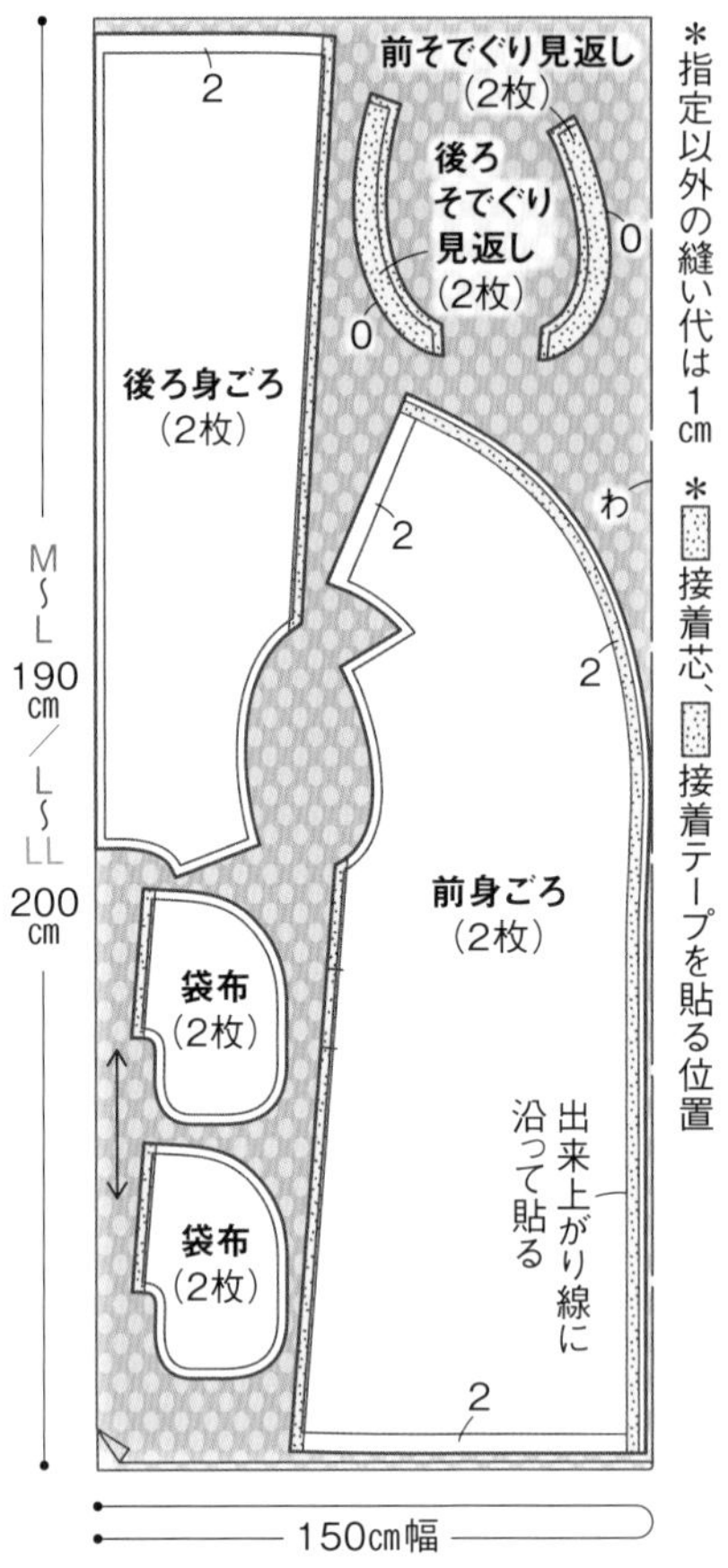

1 えりの後ろ中央を縫う

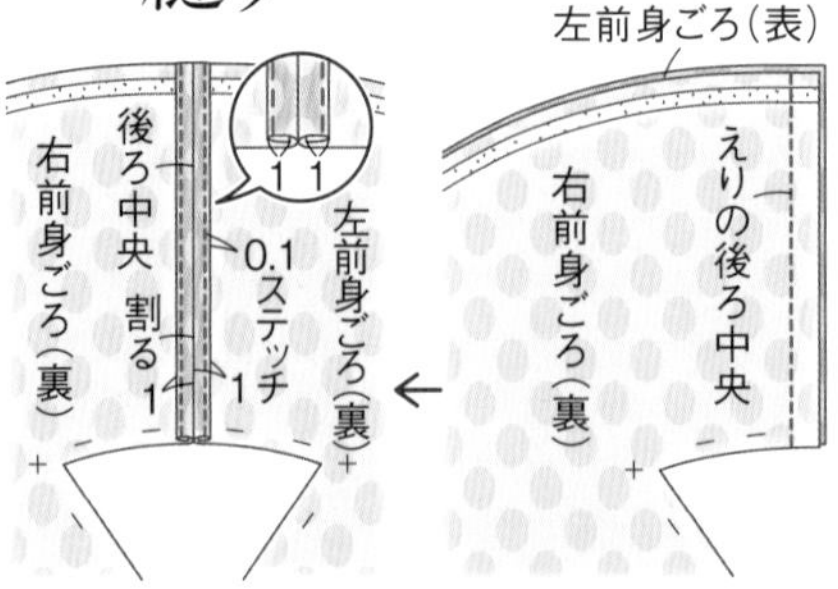

前身ごろ2枚を中表に合わせ、えりの後ろ中央を縫う。縫い代をアイロンで割り、縫い代幅を半分折り込んでステッチをかける。

2 後ろ身ごろを縫う

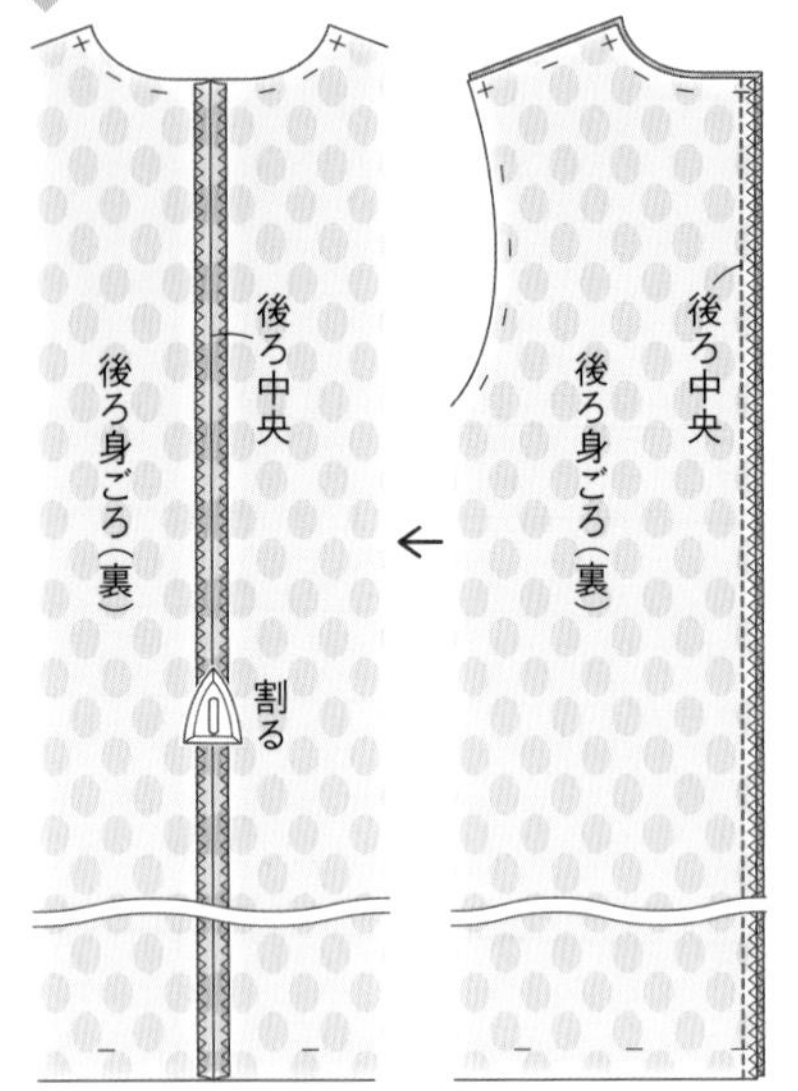

後ろ身ごろ2枚を中表に合わせ、後ろ中央を縫う。縫い代はアイロンで割る。

3 左肩〜後ろえりぐり〜右肩を縫う

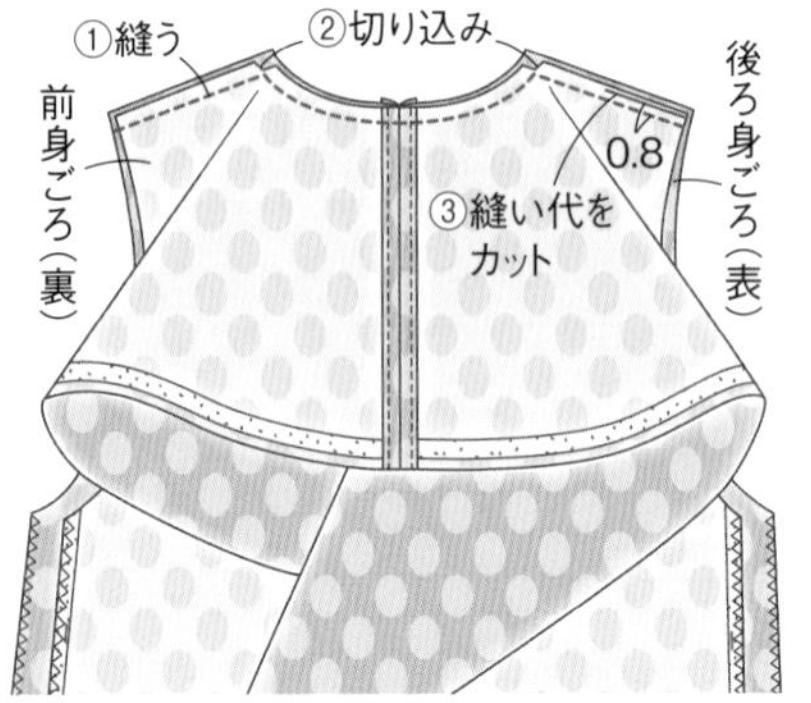

1 前身ごろと後ろ身ごろの肩とえりぐりを中表に合わせ、左肩〜えりぐり〜右肩を縫う（①）。途中、前身ごろの肩とえりぐりの角の縫い代に切り込みを入れ（②）、縫い代幅を0.8㎝にカットする（③）。

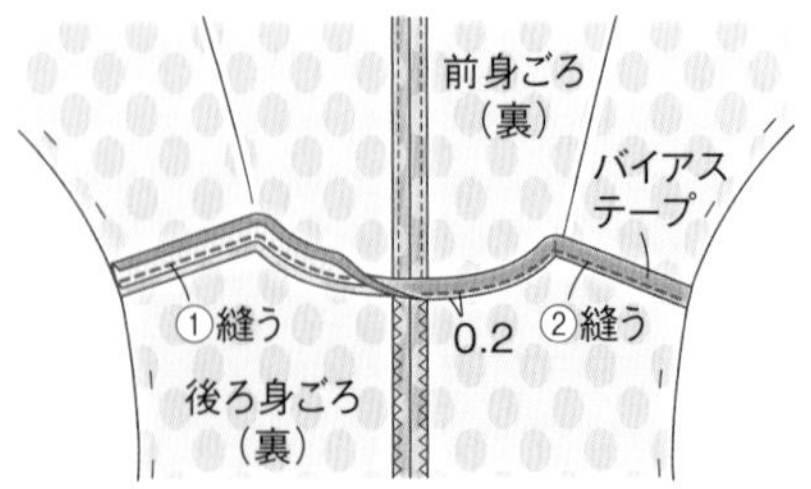

2 肩とえりぐりの縫い代にバイアステープの折り目を開いて中表に重ねて縫い（①）、縫い代をくるむように折って縫う（②）。

4 そでぐりを縫う

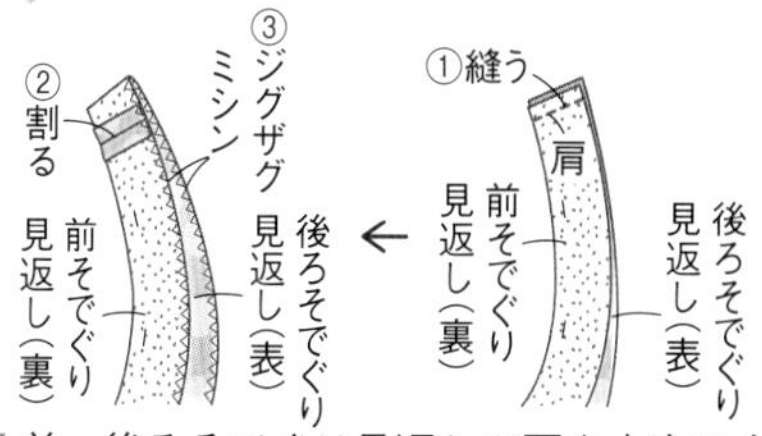

1 前・後ろそでぐり見返しの肩を中表に合わせて縫う(①)。縫い代をアイロンで割り(②)、わき以外の外回りにジグザグミシンをかける(③)。

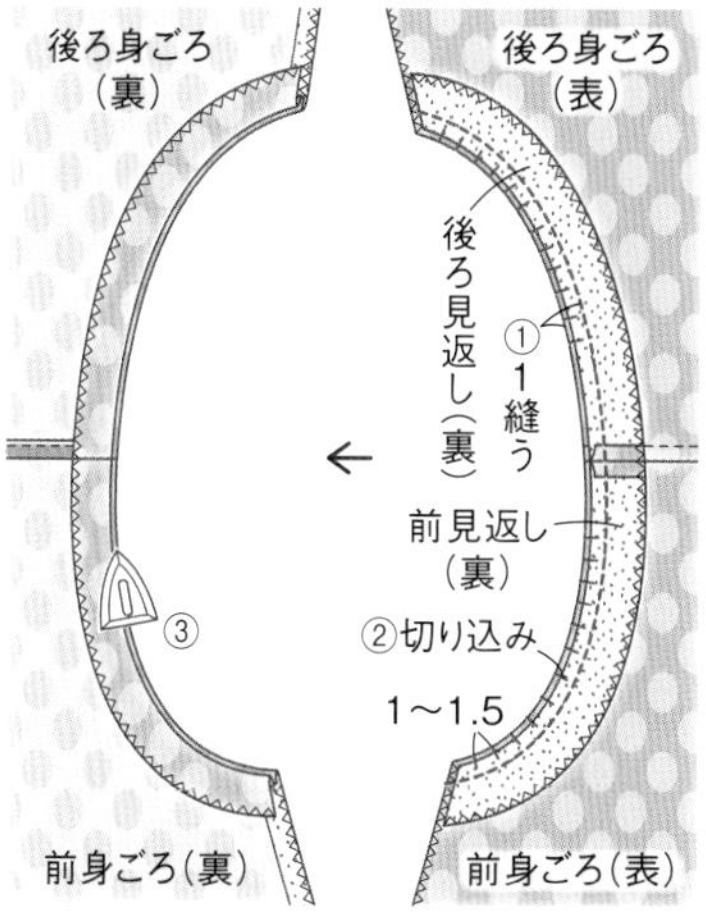

2 身ごろのそでぐりに見返しを中表に合わせてそでぐりを縫い(①)、縫い代に切り込みを入れる(②)。見返しを身ごろの裏面に返し、アイロンで整える(③)。

5 わきを縫い、ポケットを作る

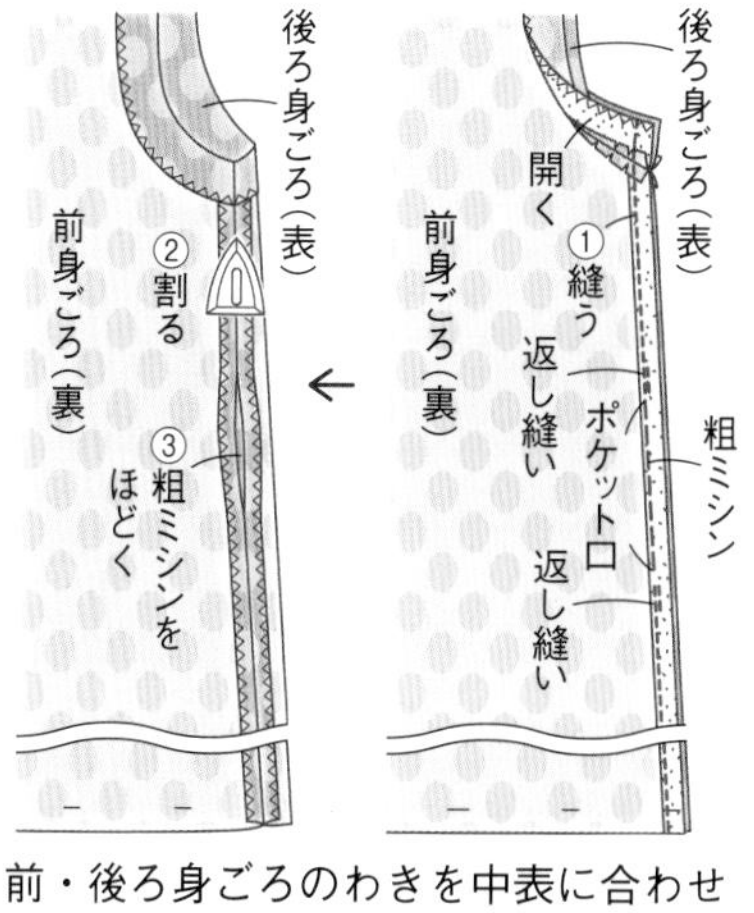

1 前・後ろ身ごろのわきを中表に合わせて見返しまで続けて縫う(①)。ポケット口の上下で返し縫いをし、ポケット口は粗い針目で縫う(粗ミシン)。縫い代をアイロンで割り(②)、粗ミシンの糸をほどく(③)。

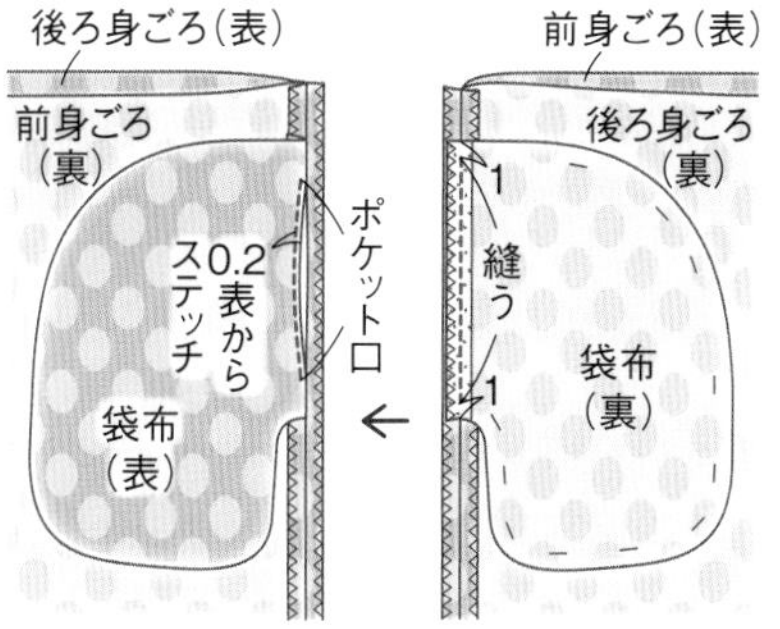

2 前身ごろのポケット口の縫い代に袋布のポケット口を中表に合わせてわきを印から印まで縫う。袋布を表に返して、前身ごろの表面からポケット口にステッチをかける。

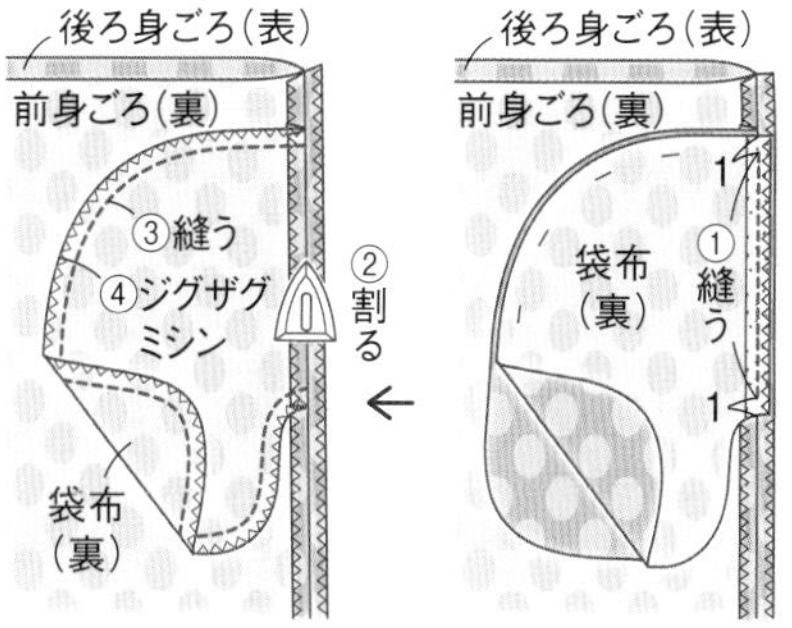

3 後ろ身ごろのポケット口の縫い代にもう1枚の袋布を中表に合わせてわきを印から印まで縫う(①)。縫い代を割り(②)、袋布の外回りを合わせて縫い(③)、2枚一緒に(わきの縫い代部分は4枚一緒に)ジグザグミシンをかける(④)。

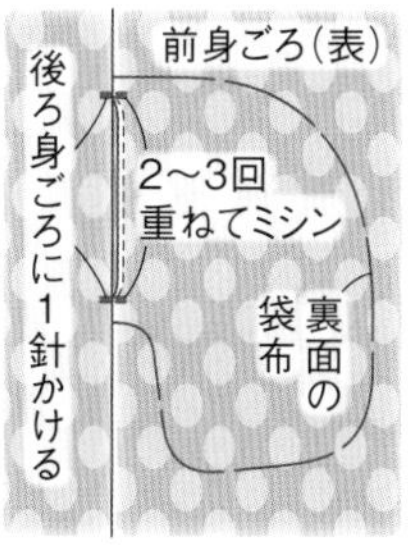

4 身ごろを表に返して袋布を前身ごろ側に倒し、ポケット口の上下に留めミシンを2〜3回重ねてかける。

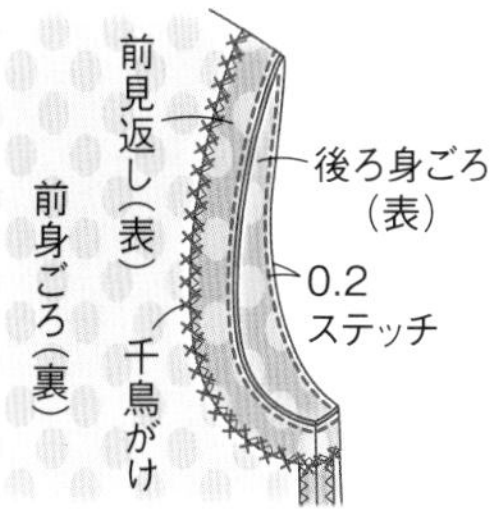

5 そでぐりにステッチをかけ、見返し端を千鳥がけで身ごろに縫い留める。

6 前端〜えり端、すその始末をする

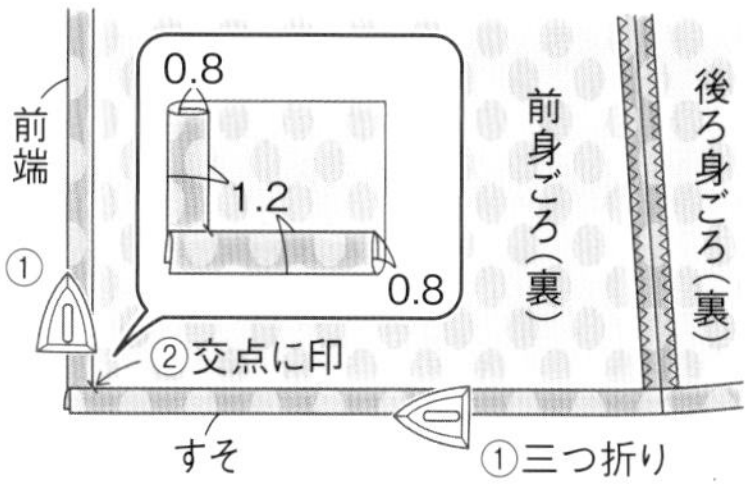

1 前身ごろの前端〜えり端〜反対側の前端〜すその縫い代をアイロンで三つ折りにする(①)。前端とすその折り山の交点に印をつける(②)。

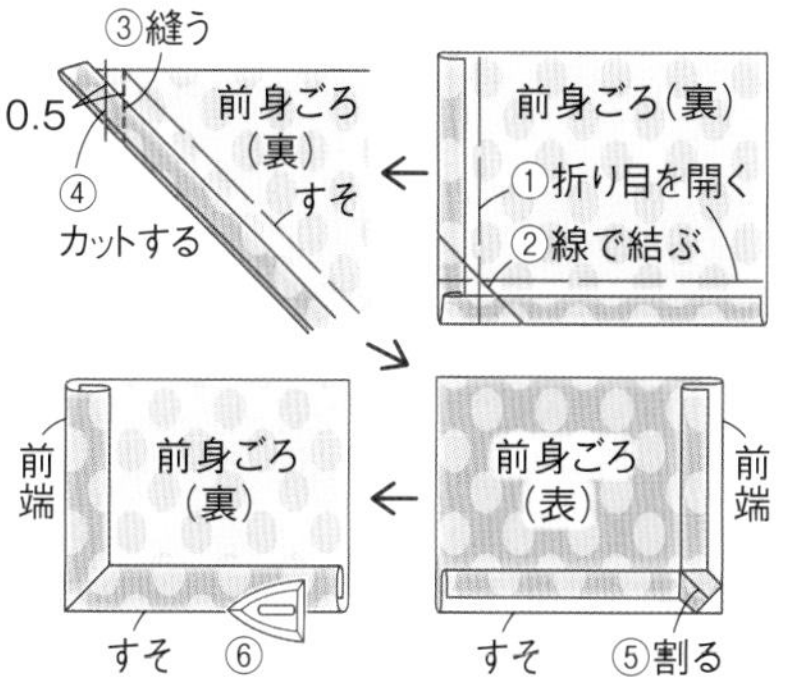

2 前端とすその三つ折りをひと折りだけ開き(①)、**1** でつけた印を線で結ぶ(②)。線を中表に合わせて二つ折りにして縫い(③)、縫い代を0.5㎝残してカットする(④)。縫い代を割り(⑤)、身ごろの裏面に返して三つ折りを再度アイロンで整え(⑥)、額縁仕立てにする。

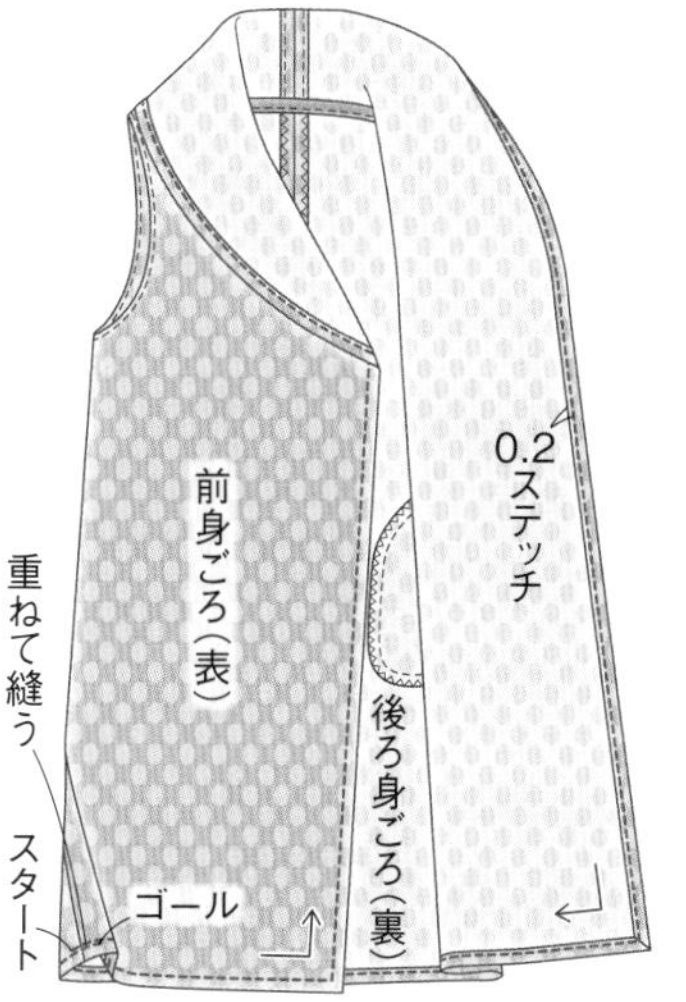

3 返し縫いをしないで、わきすそから縫い始め、すそ〜前端〜えり端〜反対側の前端〜すそにステッチをかける。出来上がり。

1 ウエストを縫う

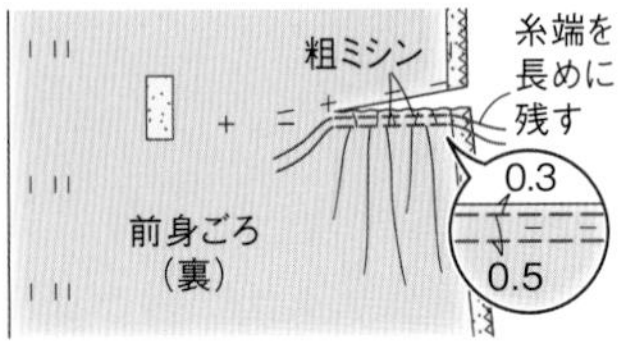

1 前身ごろのウエスト切り込みの下側のわき～ギャザー止まりに返し縫いをしないで粗い針目で2本ミシンをかけ（粗ミシン）、裏面の糸を2本一緒に引いて上側のギャザー止まりの寸法に合わせてギャザーを寄せる。

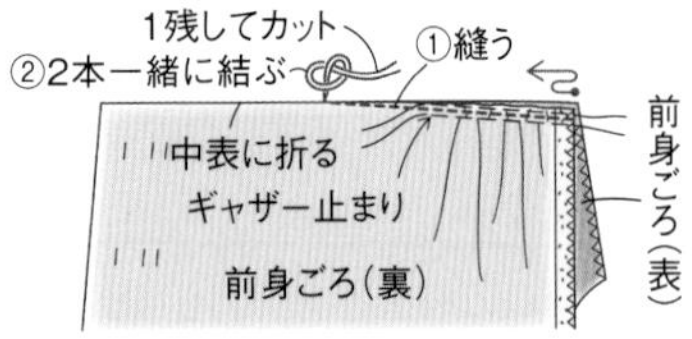

2 ウエスト切り込みを中表に合わせて縫う（①）。縫い始めは返し縫いをし、先端は糸端を長めに残して切り、2本一緒に結ぶ（②）。

3 縫い代は上側にアイロンで倒す（①）。後ろ身ごろも同様に縫う。ひも通し穴をミシンのボタンホール機能を使って作る（②）。外側の粗ミシン糸を外す。

4 前立てを縫う

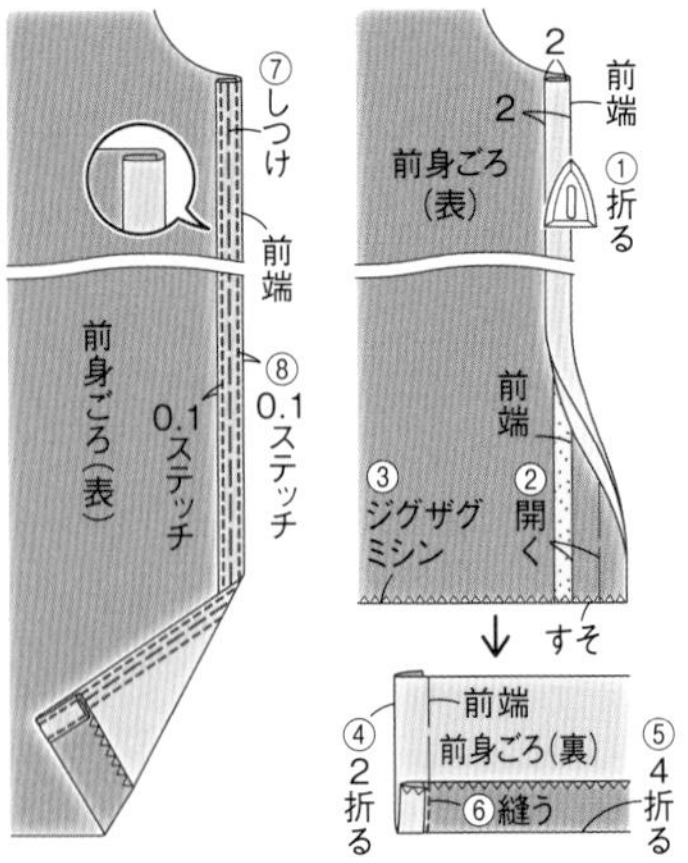

前立てをアイロンで表面に三つ折りにし（①）、折り目を開いて（②）、すその縫い代端にジグザグミシンをかける（③）。前立てを折り山でひと折りし（④）、すその縫い代を折って（⑤）、すその前端を縫う（⑥）。前立てを返し、三つ折りを整えてしつけをかけ（⑦）、ステッチをかける（⑧）。しつけを外す。

02

作品❖p.08

コートワンピース

裁ち合わせ図

＊指定以外の縫い代は1cm
＊▒接着芯、▒接着テープを貼る位置

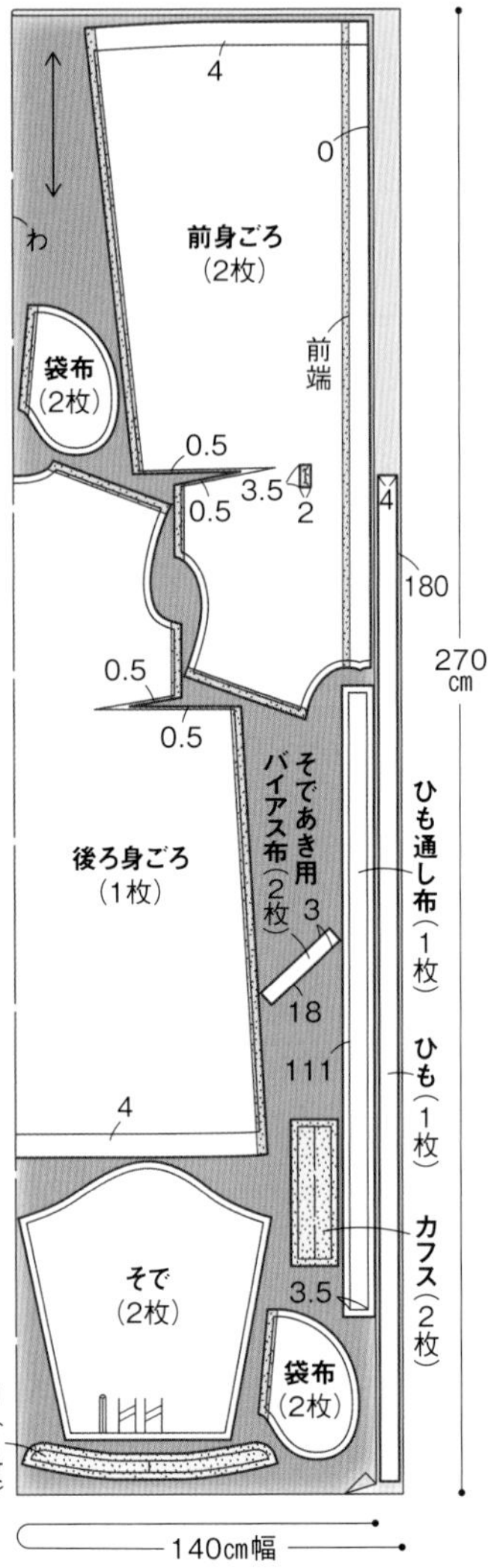

実物大型紙A面

前身ごろ、後ろ身ごろ、そで、えり、カフス、袋布

＊ひも通し布、ひも、そであき用バイアス布は型紙を作らずに、裁ち合わせ図の寸法で直接布を裁つ。

出来上がり寸法

M～LL…バスト120.5cm　そで丈51cm
着丈118cm

材料

❶表布　リネン…140cm幅　270cm
❷接着芯…70×30cm
❸接着テープ…1.2cm幅　800cm
❹ボタン…直径1.4cm　11個

作り方のポイント

前立ては前身ごろからそのまま表面に三つ折りにして作るため、布の裏面が表になる。布地は表、裏がわからないものや、布の裏面が出ても気にならないものを選ぶとよい。

下準備

1 えり、カフス、ひも通し穴の裏面に接着芯を貼る。

2 前・後ろ身ごろの肩、わき、袋布のわきの裏面の縫い代端、前身ごろ前端の身ごろ側の表面に接着テープを貼る。

3 前・後ろ身ごろの肩、わき、後ろ身ごろのすそ、そでのそで下、袋布のわきの縫い代端にジグザグミシン（またはロックミシン）をかける。

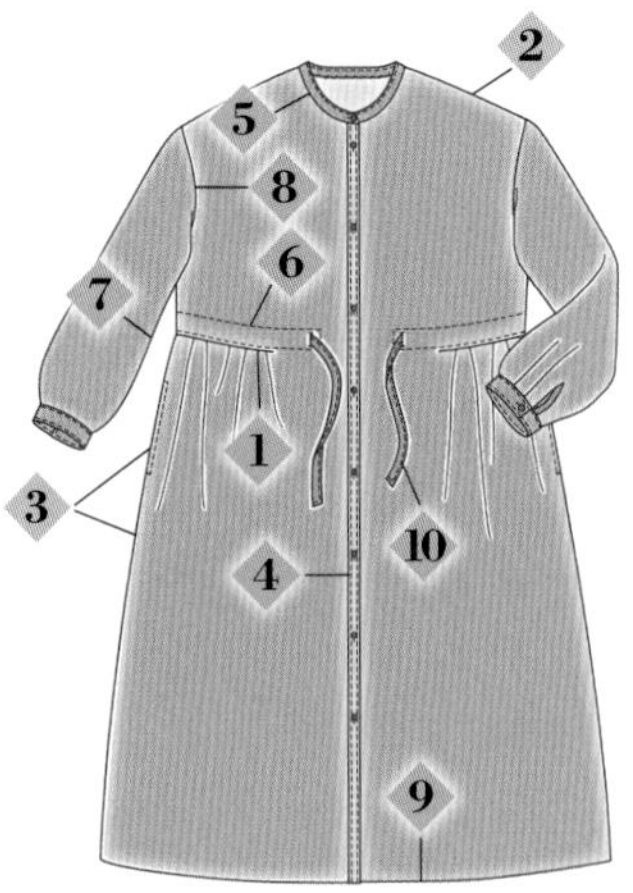

縫い方順序

1 ウエストを縫う
2 肩を縫う→p.68 2
3 わきを縫い、ポケットを作る
→p.53 5 1～4
4 前立てを縫う
5 えりを作ってつける
6 ひも通しを作る
7 そでを作る
8 そでをつける
9 すその始末をする→p.57 6 2
10 ひもを通して仕上げる

5 えりを作ってつける

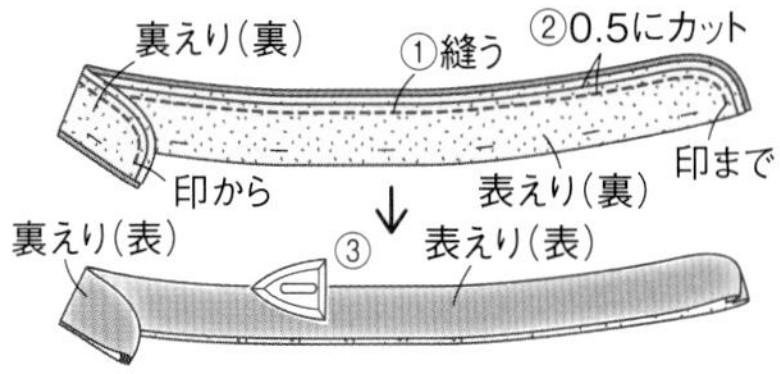

1 えり2枚を中表に合わせて印から印まで縫い(①)、縫い代を0.5cm幅にカットする(②)。表に返してアイロンで整える(③)。

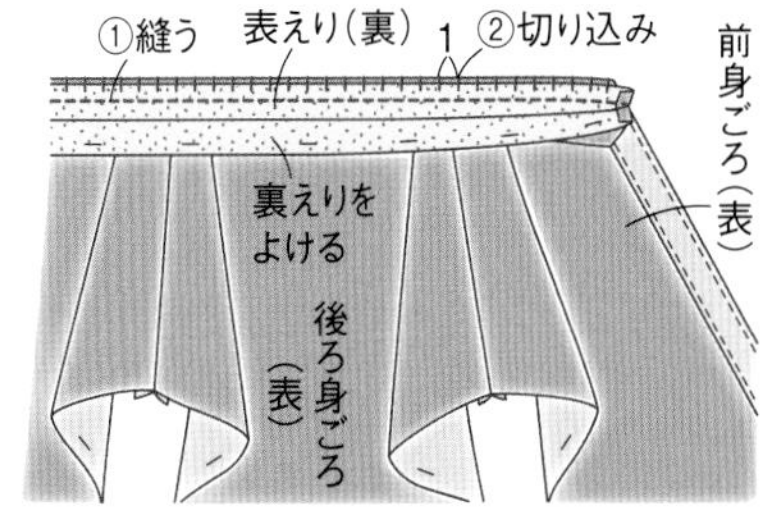

2 身ごろのえりぐりに表えりを中表に合わせ、裏えりをよけて縫う(①)。えりぐりの縫い代に切り込みを入れる(②)。

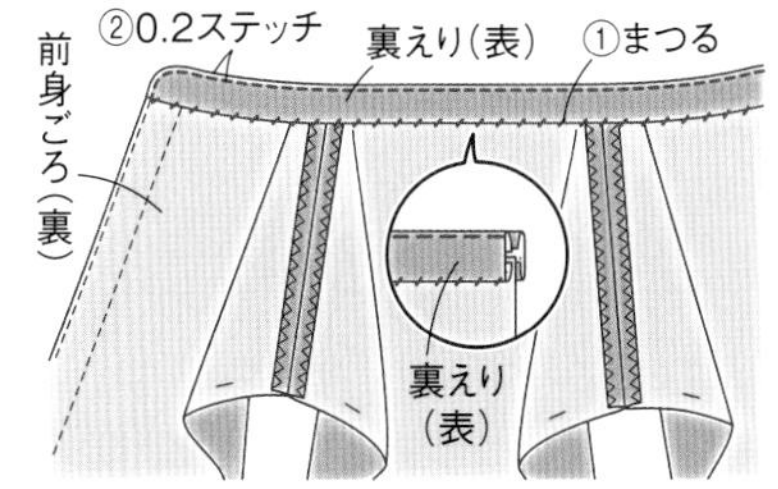

3 えりぐりの縫い代をえり側に倒し、裏えりの縫い代を折り込んでまつる(①)。外回りにステッチをかける(②)。

6 ひも通しを作る

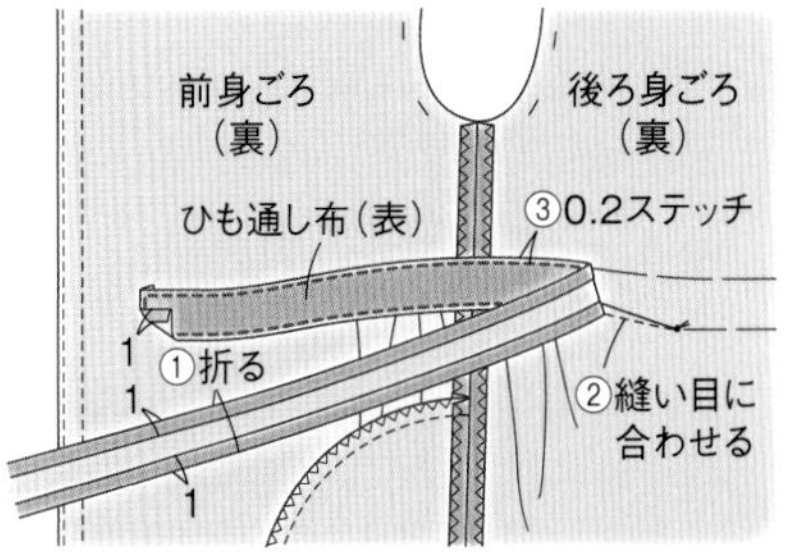

ひも通し布の周囲の縫い代を裏面に折る(①)。身ごろ裏面のひも通し位置に、ひも通し布をウエストの縫い目に合わせて重ね(②)、ステッチをかける(③)。

7 そでを作る

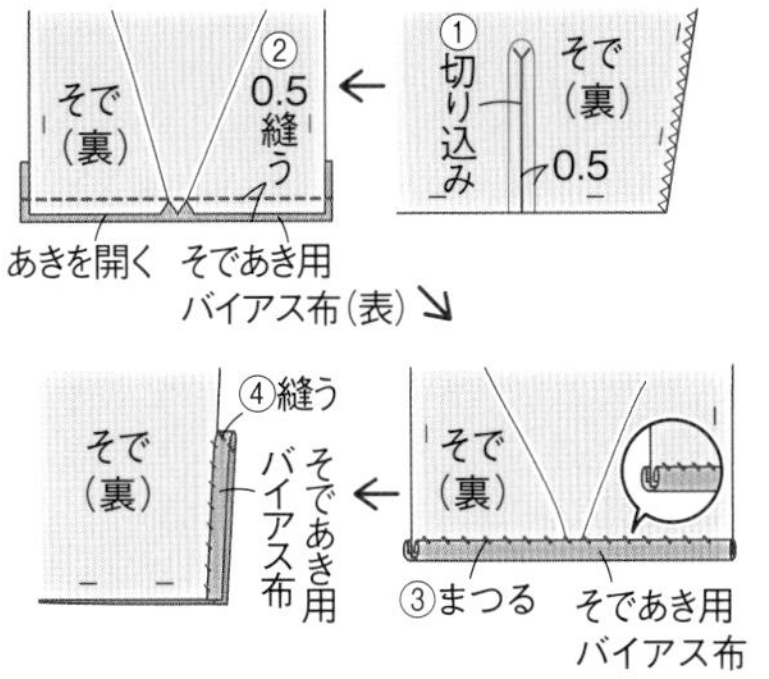

1 そで口のあきにＹ字に切り込みを入れ(①)、そであき用バイアス布に中表に重ねて縫い(②)、縫い代をくるむように裏面に返し、布端を折り込んでまつる(③)。バイアス布を二つ折りにして三角に縫う(④)。

2 そで口のタックをたたみ、縫い代に仮留めする。タック側のバイアス布を折る。

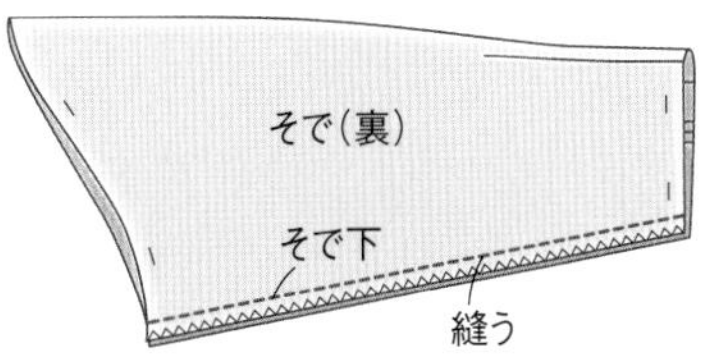

3 そでを中表に二つ折りにしてそで下を合わせて縫う。縫い代はアイロンで割る。

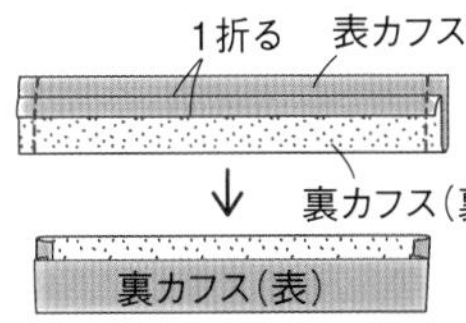

4 カフスの一方の長辺の縫い代を裏面に折り(裏カフスになる)、カフスを中表に二つ折りにする。両端を縫い、表に返す。

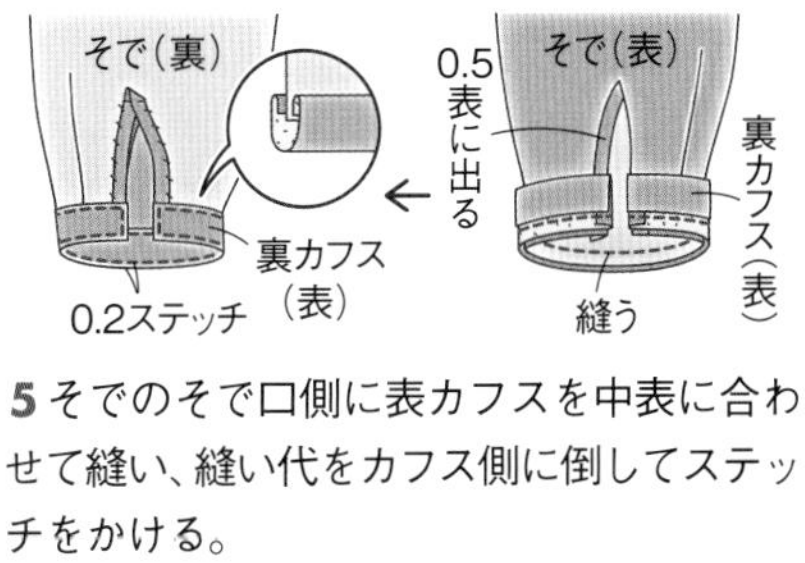

5 そでのそで口側に表カフスを中表に合わせて縫い、縫い代をカフス側に倒してステッチをかける。

8 そでをつける

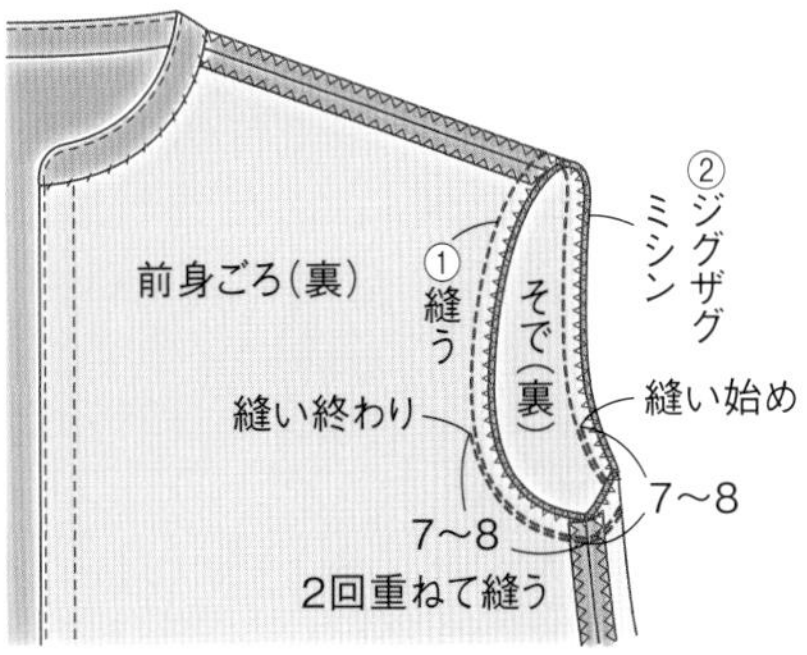

身ごろのそでぐりにそでを中表に合わせて縫う(①)。わきの前後7~8cmは2回重ねて縫う。縫い代は2枚一緒にジグザグミシンで始末する(②)。

10 ひもを通して仕上げる

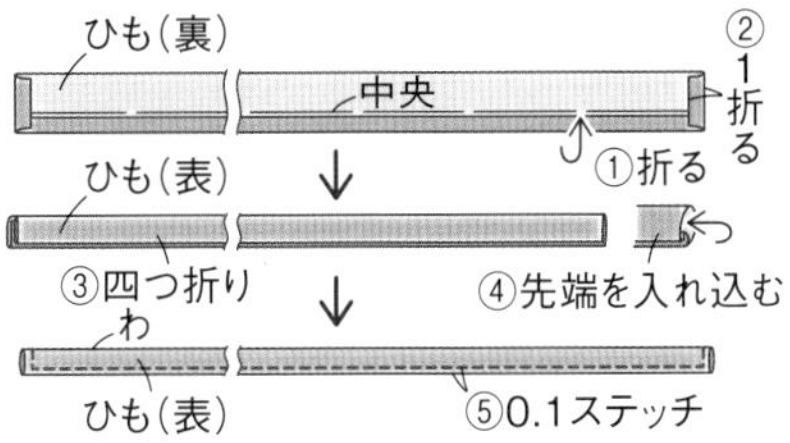

1 図の①~⑤の要領でひもを作る。

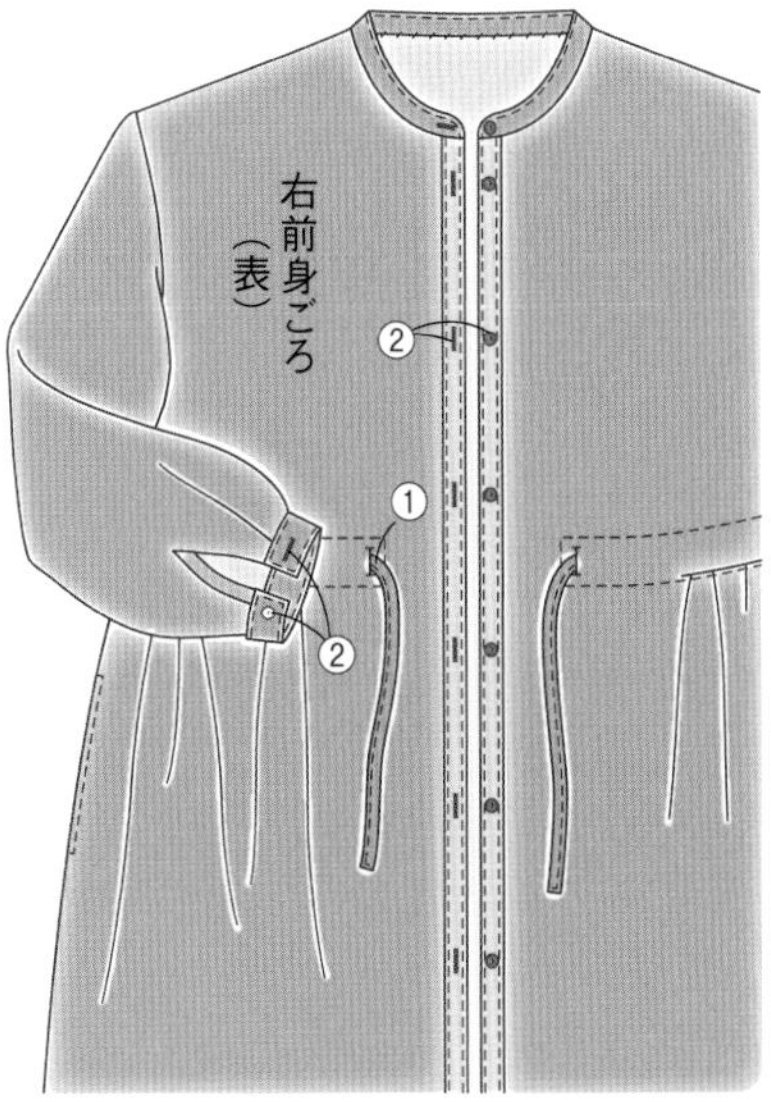

2 ひも通し穴からひもを通す(①)。ミシンのボタンホール機能を使って右前身ごろとカフスにボタンホールを作り、左前身ごろとカフスにボタンをつける。えりとカフスは横に、前立ては縦に作る(②)。出来上がり。

03

作品❖p.10

三角ヘムのワンピース

裁ち合わせ図

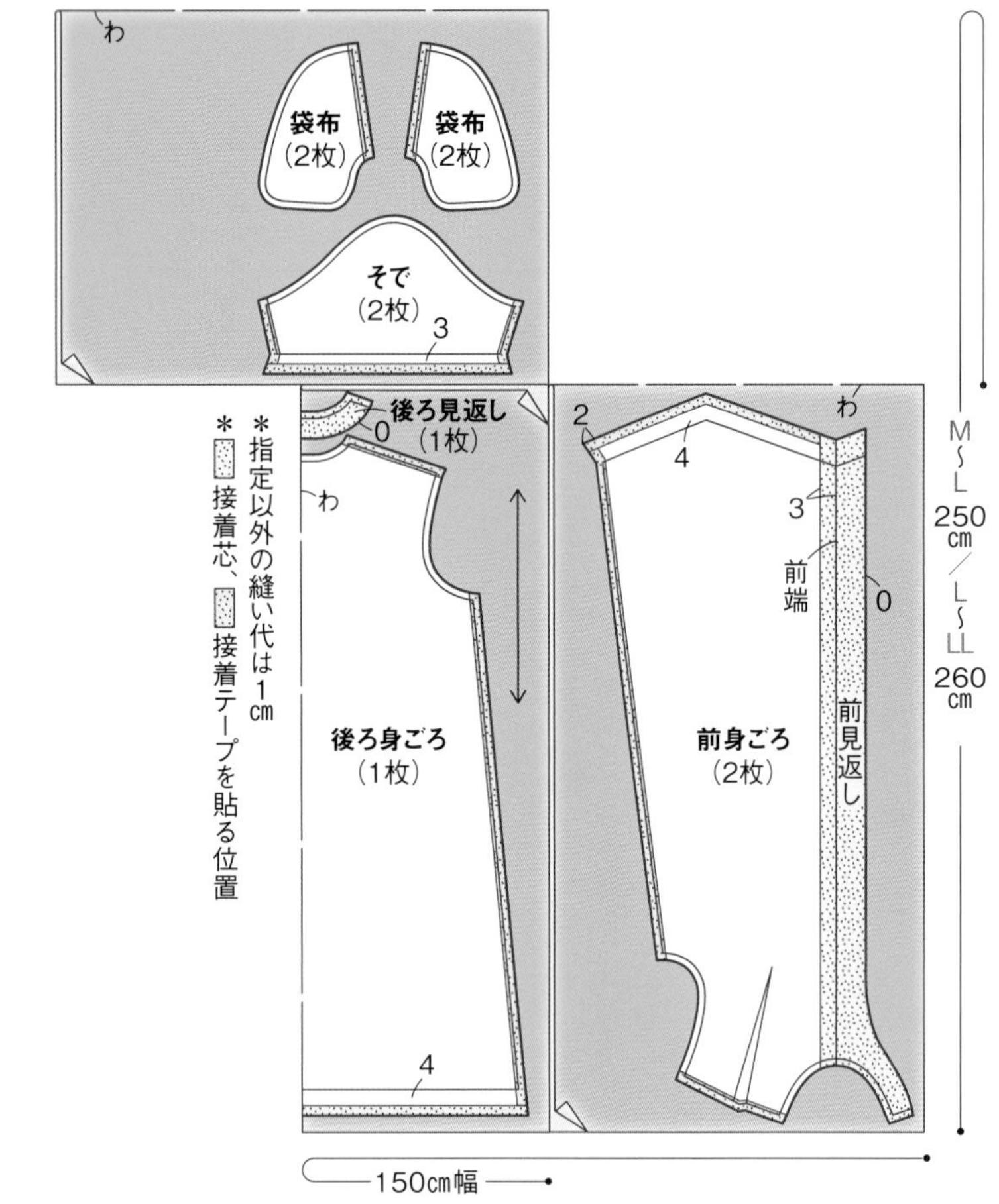

実物大型紙B面

前身ごろ、後ろ身ごろ、そで、後ろ見返し、袋布

出来上がり寸法

M～L…バスト116cm　そで丈22cm
着丈105.5cm
L～LL…バスト122cm　そで丈23cm
着丈110cm

材料

❶表布　リネン…150cm幅　M～L250cm／L～LL260cm
❷接着芯…50×130cm
❸接着テープ…1.2cm幅　850cm
❹ボタン…直径1.5cm　9個

作り方のポイント

前身ごろはすそのわき側を約2cm大きく粗裁ちする。

縫い方順序

1 ダーツを縫う
2 肩を縫う→p.68 2
3 えりぐりの始末をする
4 わきを縫い、ポケットを作る→p.53 5 1～4
5 そでを作ってつける
6 すその始末をする
7 ボタンホールを作り、ボタンをつける

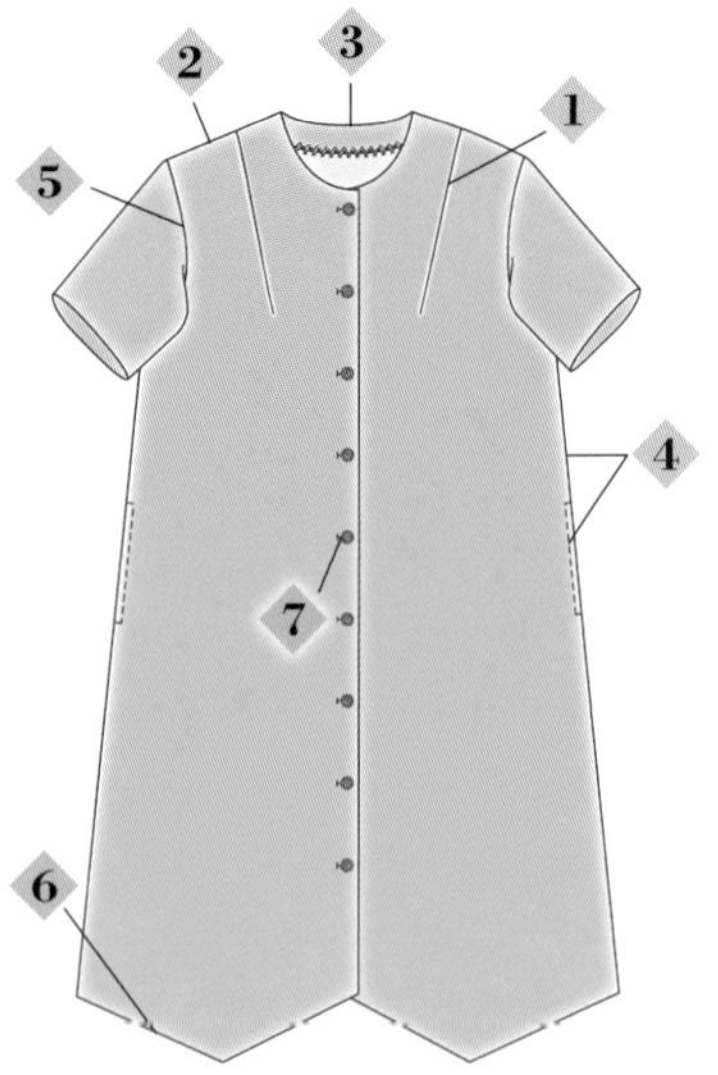

下準備

1前・後ろ身ごろの肩、わき、すそ、そでのそで下、そで口、袋布のわきの裏面の縫い代端に接着テープを貼る。

2前・後ろ見返しの裏面に接着芯を貼る。前見返しは前端から身ごろ側に3cm大きく貼る。

3前・後ろ身ごろの肩、わき、すそ、そでのそで下、そで口の縫い代端、前・後ろ見返しの肩以外の外回りにジグザグミシン（またはロックミシン）をかける。

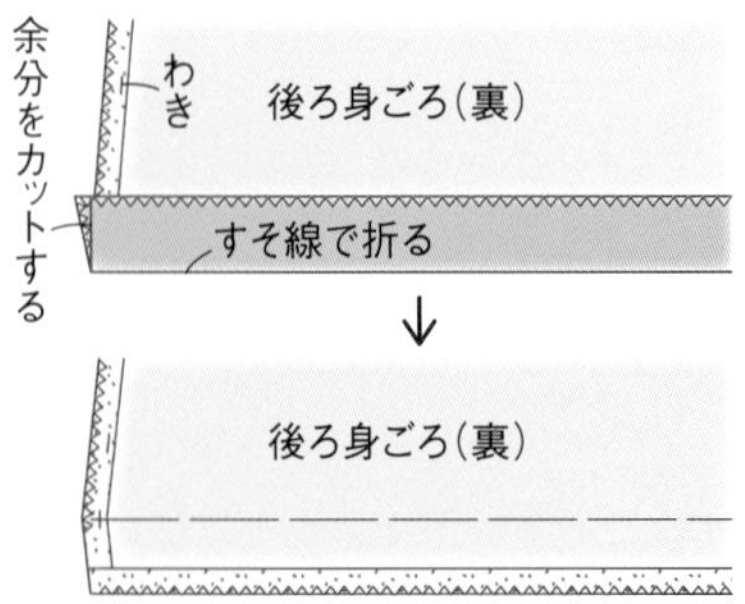

4後ろ身ごろのすその縫い代をアイロンで裏面に折り、わきの縫い代端に沿って余分をカットする。

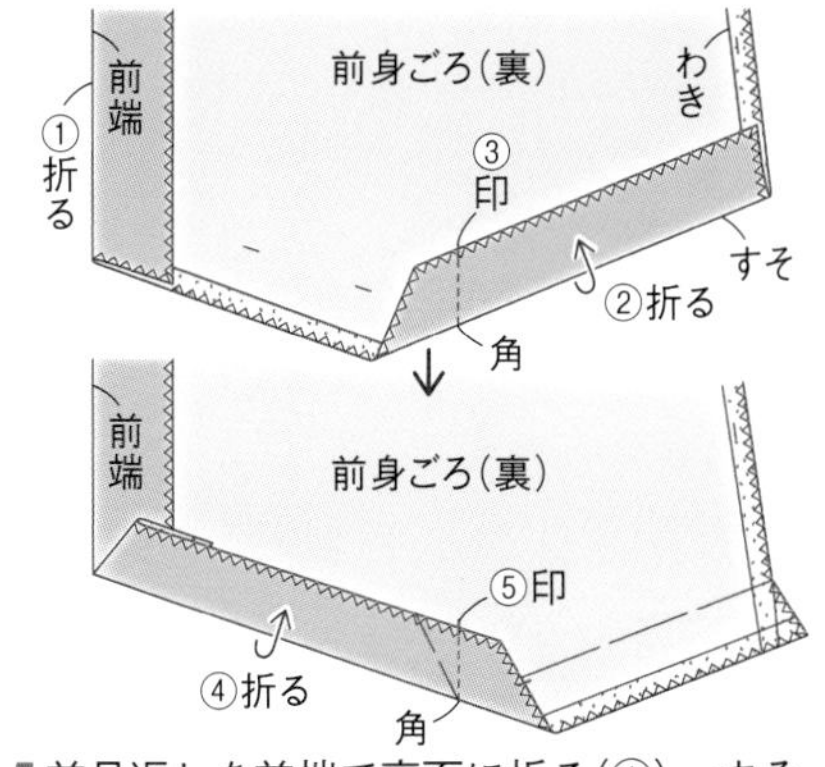

5 前見返しを前端で裏面に折る(①)。すその縫い代をアイロンで出来上がりに折り(②④)、角から垂直に上がった位置に印をつける(③⑤)。

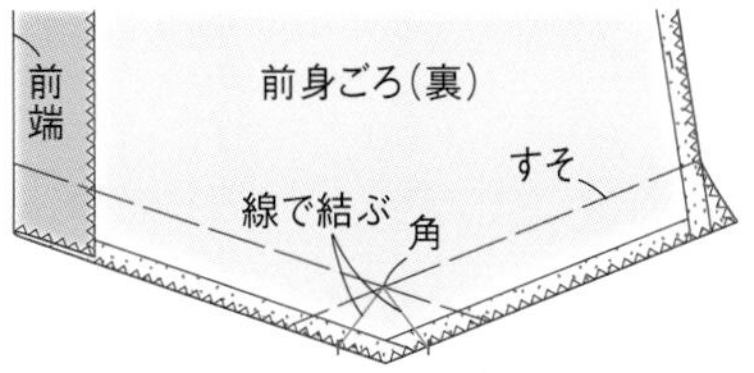

6 すその角と**5**でつけた印を線で結ぶ。

1 ダーツを縫う

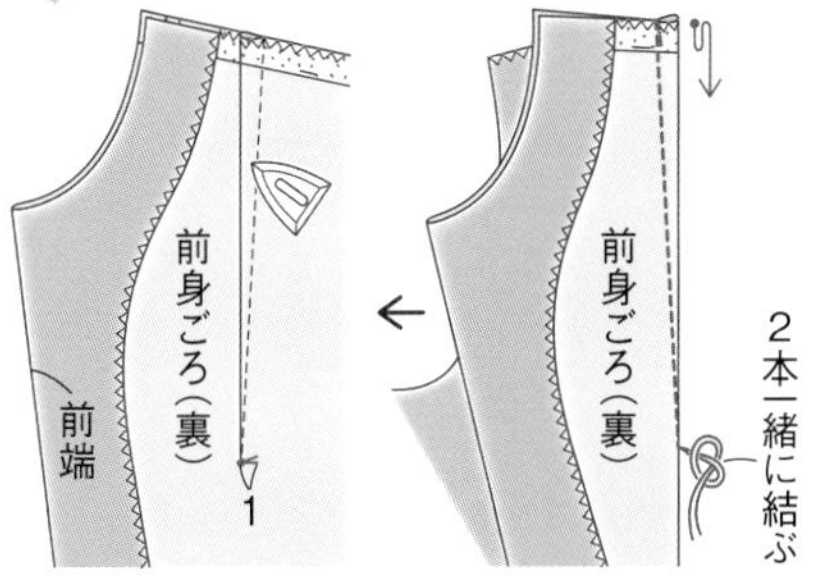

前身ごろの肩のダーツ分を中表に合わせ、布端からダーツの先端に向かって縫う。縫い始めは返し縫いをし、先端は糸端を長めに残して切って2本一緒に結び、糸端を1cm残してカットする。ダーツはアイロンで前端側に倒す。

3 えりぐりの始末をする

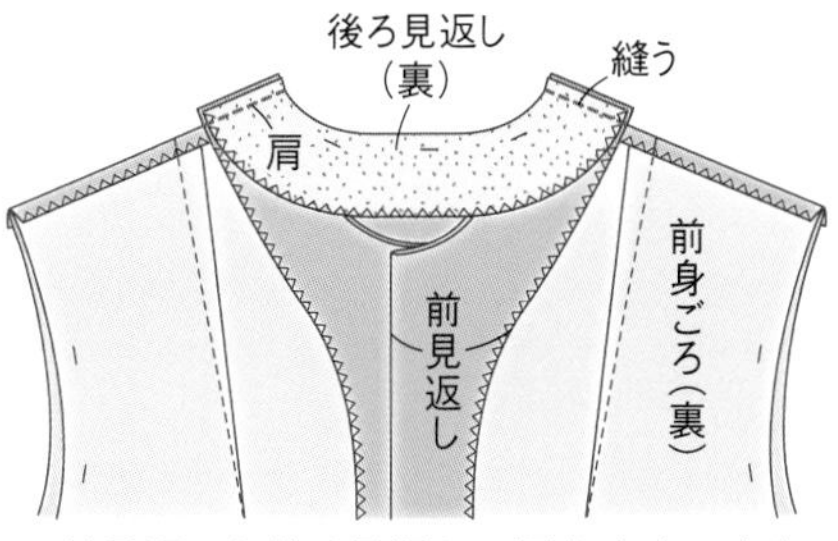

1 前見返しと後ろ見返しの肩を中表に合わせて縫い、縫い代はアイロンで割る。

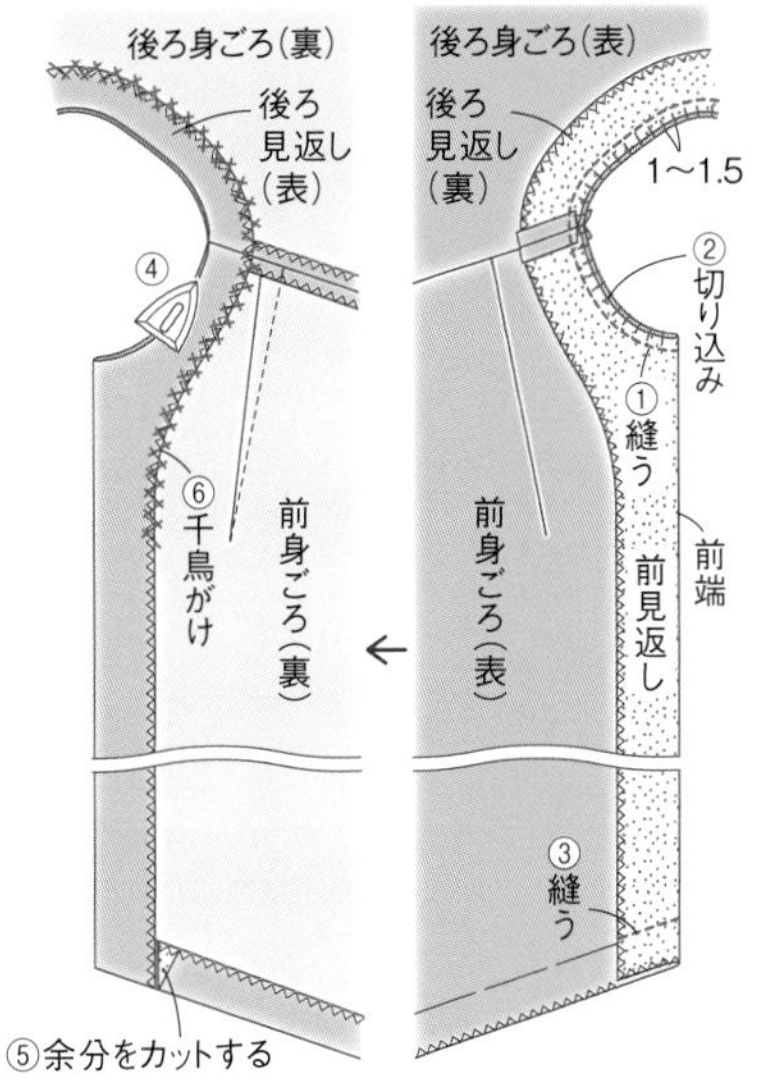

2 前見返しを前端で中表に折って身ごろと見返しのえりぐりを合わせて縫い(①)、縫い代に切り込みを入れる(②)。前すそを縫う(③)。見返しを身ごろの裏面に返してアイロンで整え(④)、すその縫い代の余分をカットする(⑤)。後ろ見返しと前見返しを千鳥がけで身ごろに縫い留める(⑥)。前見返しは前身ごろの2番めのボタンつけ位置くらいまで縫い留める。

5 そでを作ってつける

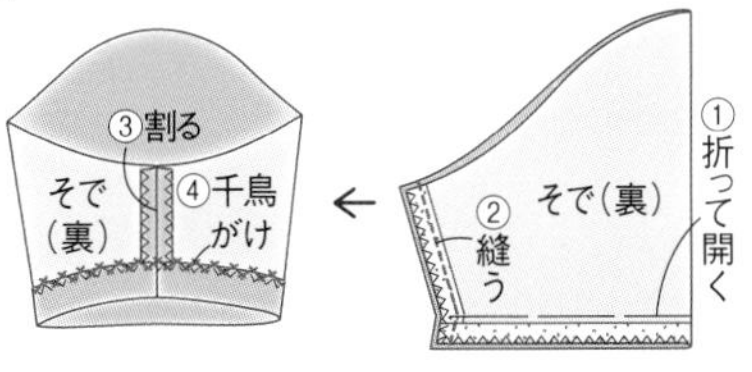

1 そで口の縫い代をアイロンで出来上がりに折って開く(①)。そでを中表に二つ折りにしてそで下を合わせて縫い(②)、縫い代を割る(③)。そで口の縫い代を再度裏面に折り、千鳥がけでそでに縫い留める(④)。

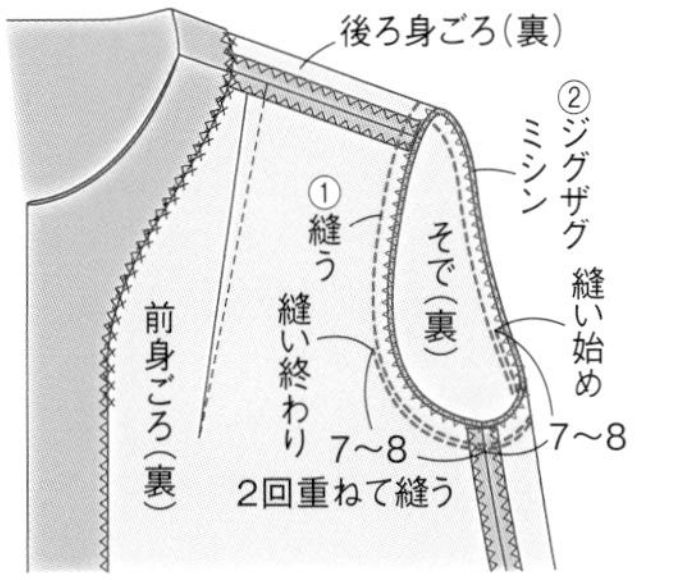

2 身ごろのそでぐりにそでを中表に合わせて縫う(①)。わきの前後7〜8cmは2回重ねて縫い、縫い代は2枚一緒にジグザグミシンで始末する(②)。

6 すその始末をする

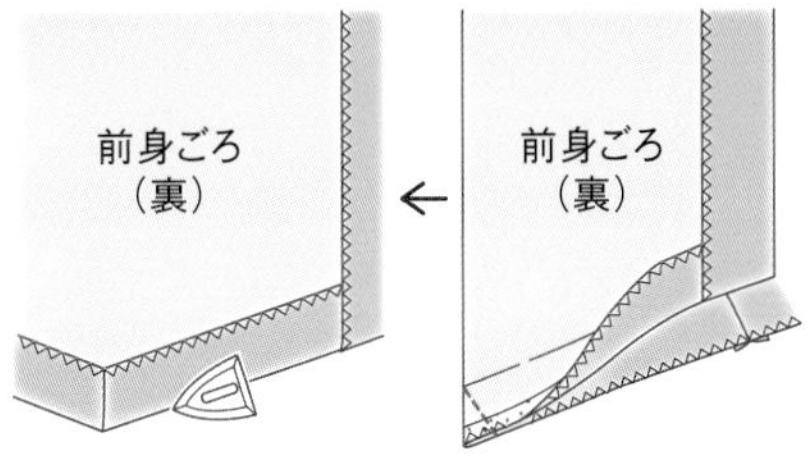

1 前すそ角の下準備**6**の線を中表に合わせて縫い、縫い代はわき側にアイロンで倒す。すその縫い代を再度折って整える。

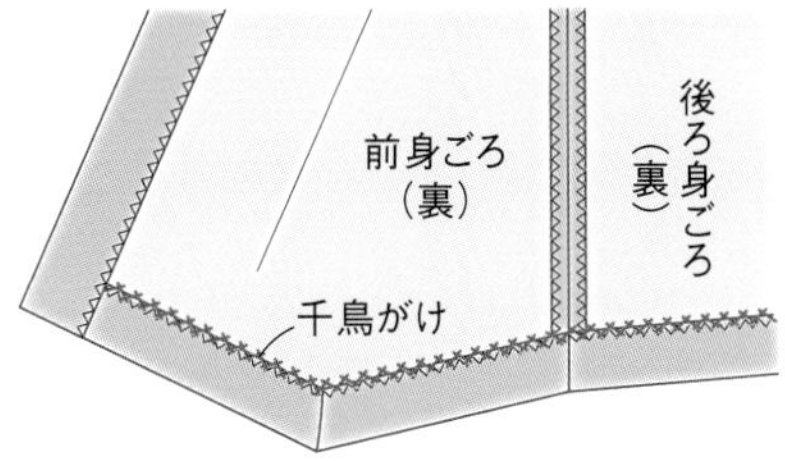

2 すその縫い代を千鳥がけで身ごろに縫い留める。

7 ボタンホールを作り、ボタンをつける

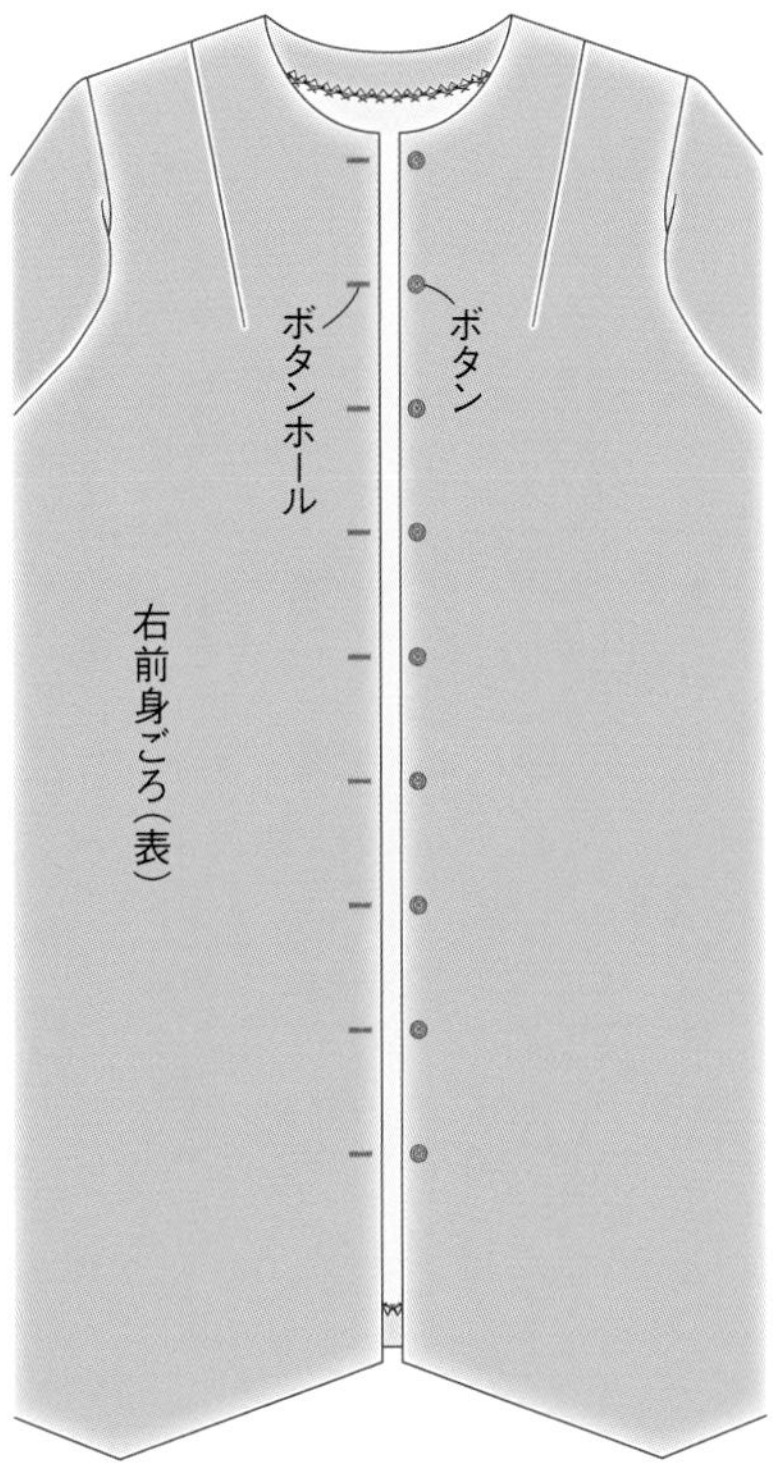

ミシンのボタンホール機能を使って右前身ごろにボタンホールを作り、左前身ごろにボタンをつける。出来上がり。

作品❖p.14

06

セットアップ チュニック&パンツ

裁ち合わせ図　パンツ

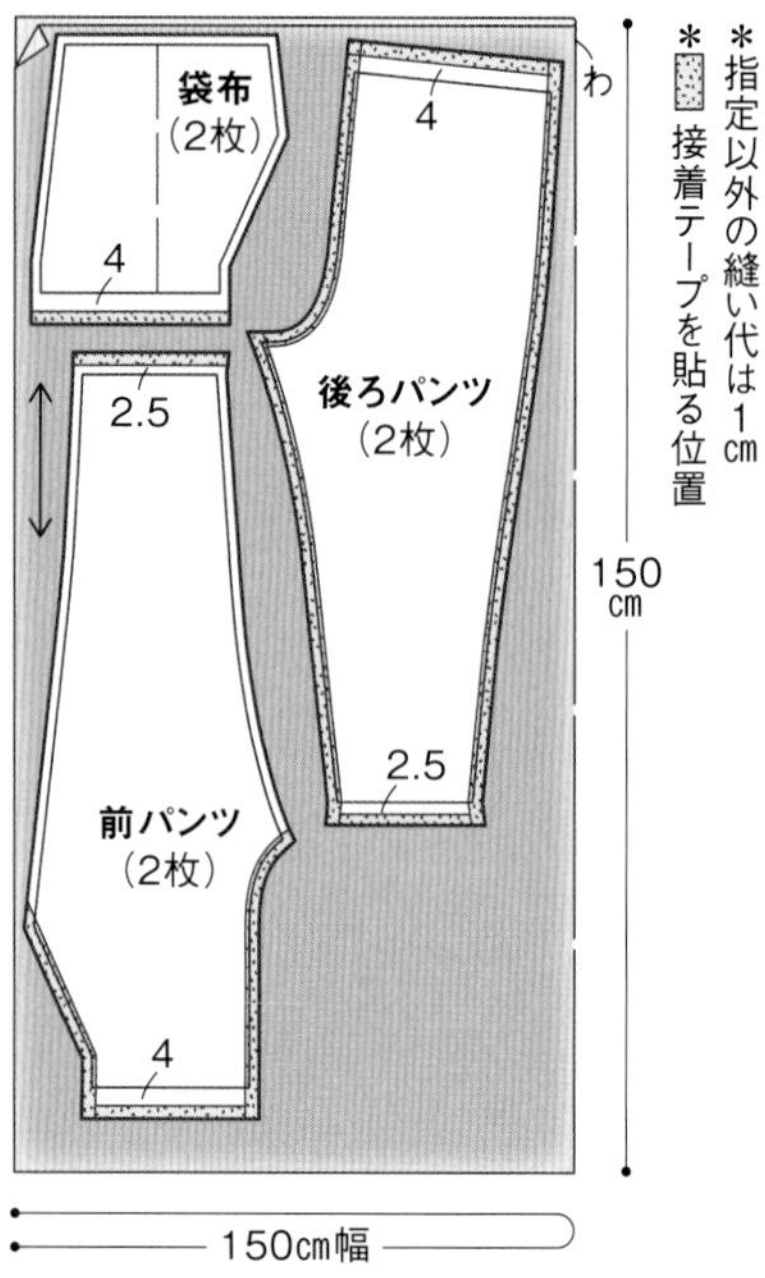

作り方のポイント
伸縮性のある素材を縫う場合、縫い合わせる箇所に接着テープを貼ることで、普通地用のミシン糸と針で縫うことができる。

裁ち合わせ図　チュニック

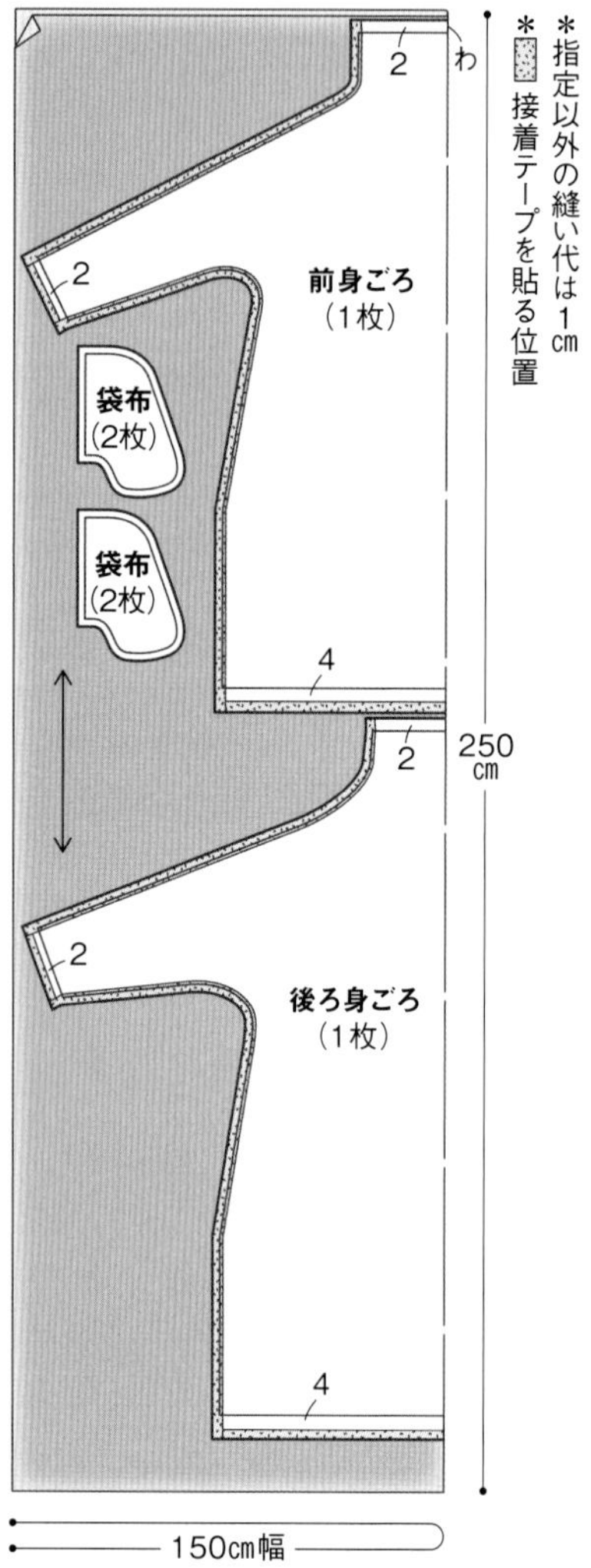

実物大型紙D面
チュニック　前身ごろ、後ろ身ごろ、袋布
パンツ　前パンツ、後ろパンツ、袋布

出来上がり寸法
チュニック
M〜LL…バスト130cm　ゆき丈75.5cm
着丈114.5cm
パンツ
M…ヒップ112cm　わき丈92cm
L…ヒップ116cm　わき丈95.5cm
LL…ヒップ122cm　わき丈99cm

チュニックの材料
❶表布　ジャージー…150cm幅　250cm
❷接着テープ…1.2cm幅　970cm

チュニックの下準備
1前・後ろ身ごろの肩、そで下〜わき、そで口、すその裏面の縫い代端に接着テープを貼る。
2前・後ろ身ごろの肩、そで下〜わき、すそ、袋布のわきの縫い代端にジグザグミシン(またはロックミシン)をかける。

チュニックの縫い方順序
1 肩を縫う
2 そで下〜わきを縫い、ポケットを作る
3 すそ、スリットあきを縫う
4 そで口、えりぐりの始末をする

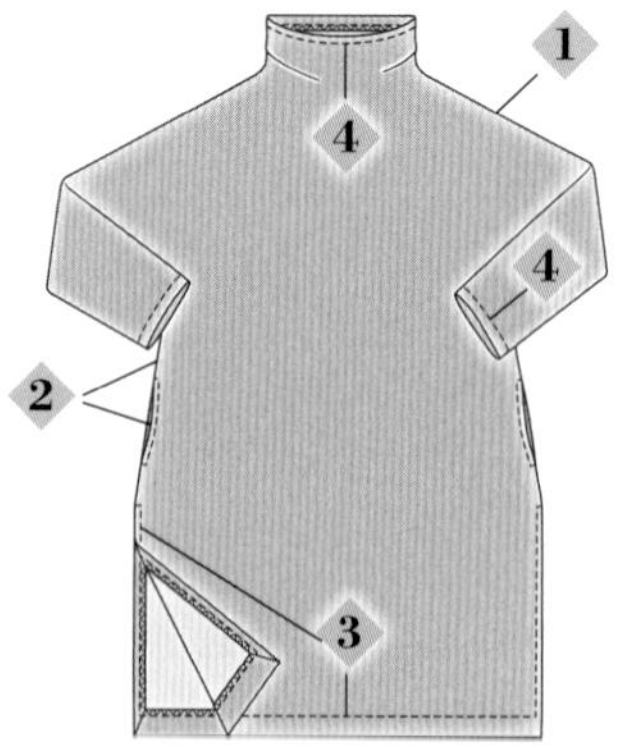

1 肩を縫う

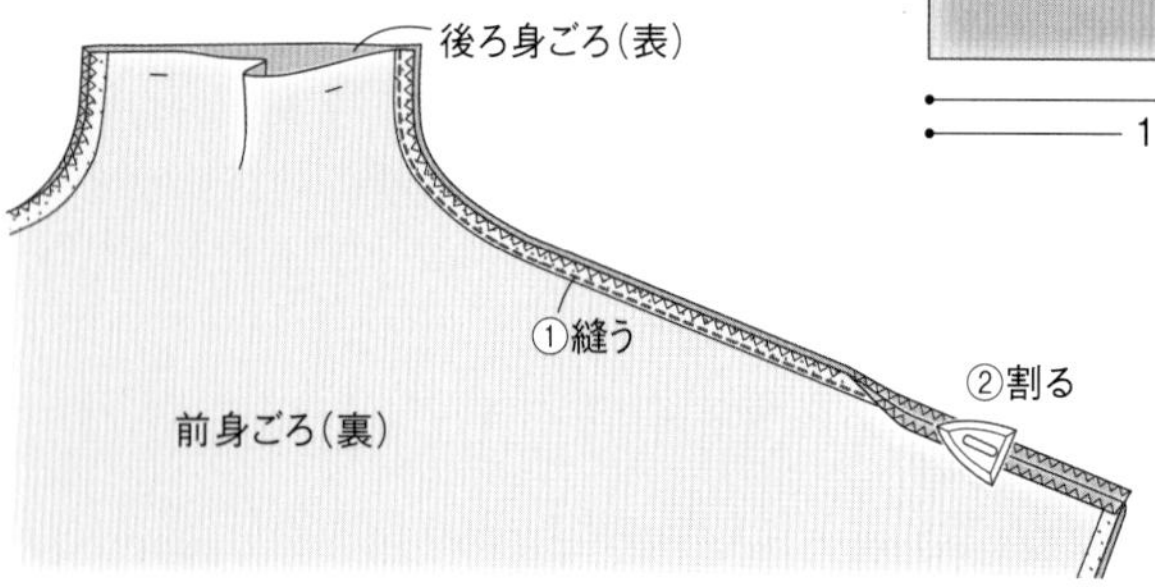

1前身ごろと後ろ身ごろの肩を中表に合わせて片側の肩を縫い(①)、縫い代をアイロンで割る(②)。

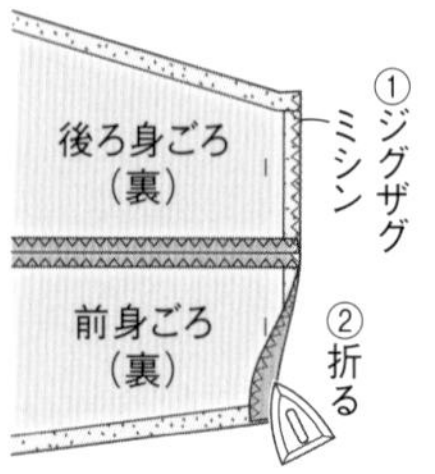

3そで口の縫い代端にジグザグミシンをかけ(①)、アイロンで出来上がりに折る(②)。反対側の肩も同様に縫う。

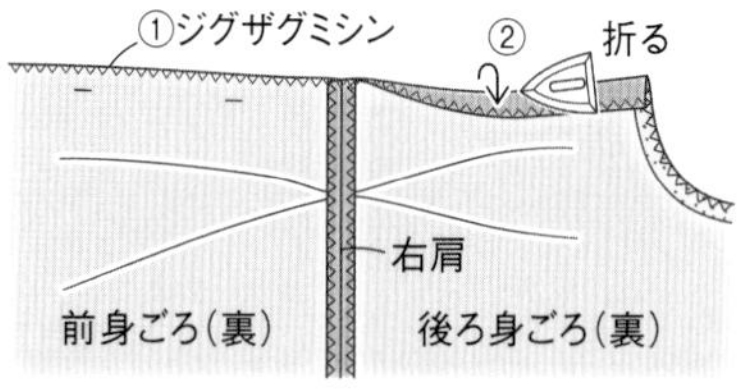

2えりぐりの縫い代端にジグザグミシンをかけ(①)、アイロンで出来上がりに折る(②)。

2 そで下〜わきを縫い、ポケットを作る

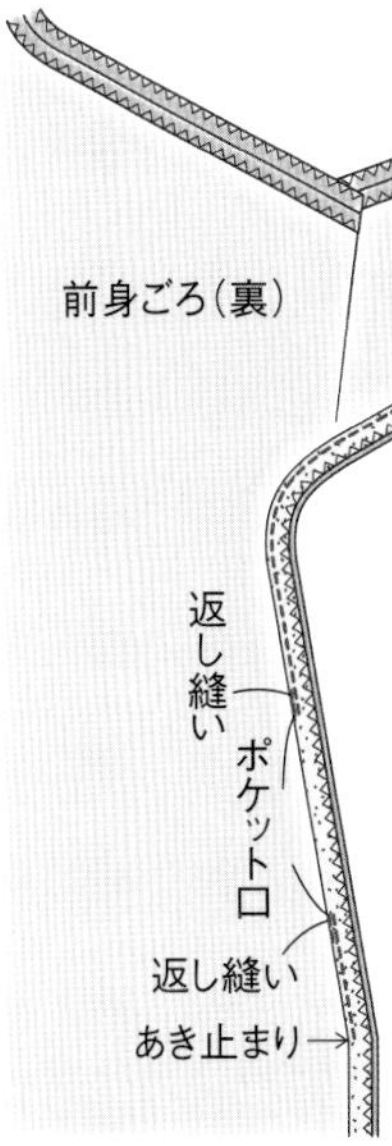

1 そで口の折り目を一度開き、後ろ身ごろと前身ごろのそで下〜わきを中表に合わせ、ポケット口を残してあき止まりまで縫う(①)。ポケット口の上下は返し縫いをする。縫い代はアイロンで割る(②)。

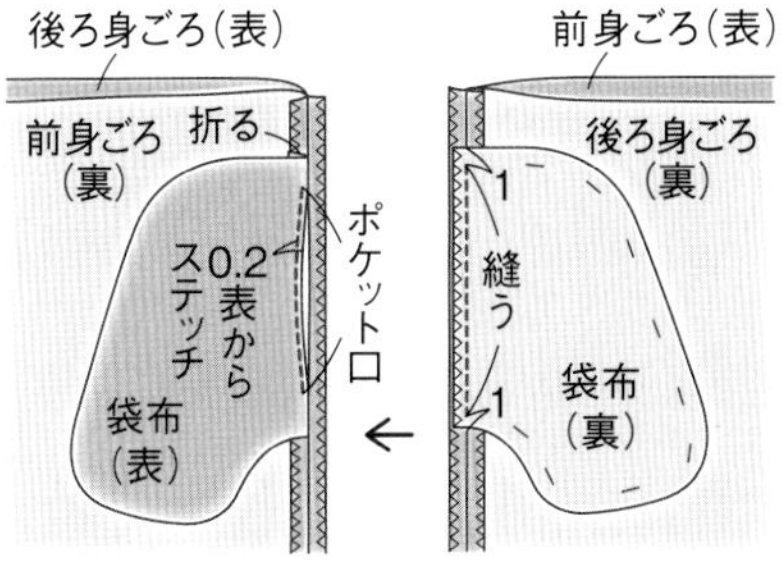

2 前身ごろのポケット口の縫い代に袋布のポケット口を中表に合わせてわきを印から印まで縫う。袋布を表に返して前身ごろの表面からポケット口にステッチをかける。

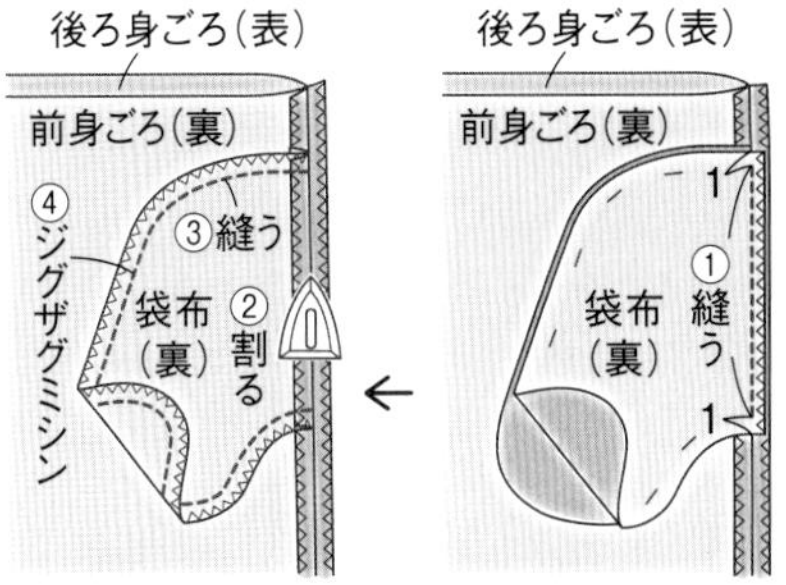

3 後ろ身ごろのポケット口の縫い代にもう1枚の袋布を中表に合わせてわきを印から印まで縫う(①)。縫い代をアイロンで割り(②)、袋布の外回りを合わせて縫い(③)、2枚一緒に(わきの縫い代部分は4枚一緒に)ジグザグミシンをかける(④)。

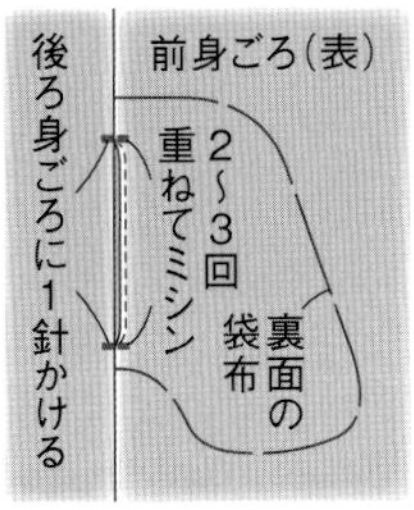

4 身ごろを表に返して袋布を前身ごろ側に倒し、ポケット口の上下に留めミシンを2〜3回重ねてかける。

3 すそ、スリットあきを縫う

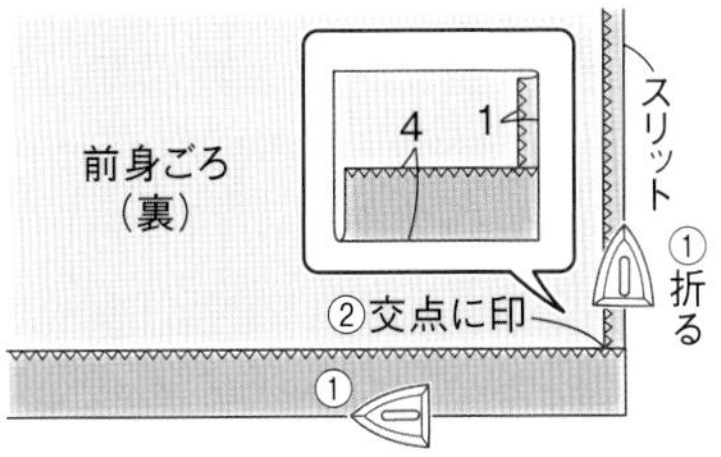

1 身ごろのスリットあき、すその縫い代をアイロンで裏面に折り(①)、縫い代の交点に印をつける(②)。

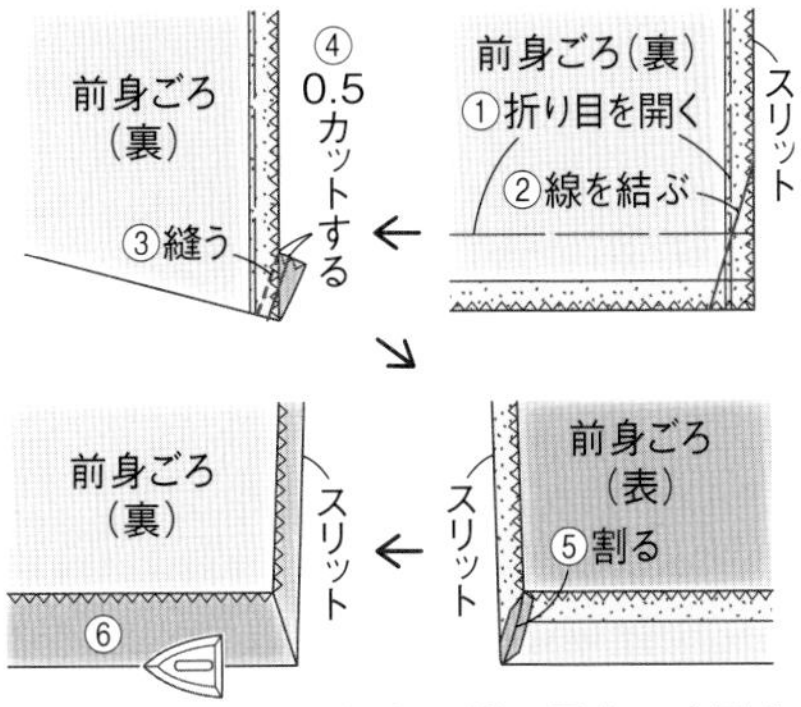

2 すそとスリットあきの折り目を一度開き(①)、**1**でつけた印を線で結ぶ(②)。線を中表に合わせて二つ折りにして縫い(③)、縫い代を0.5cm残してカットする(④)。縫い代を割り(⑤)、身ごろの裏面に返して縫い代を再度整え(⑥)、額縁仕立てにする。

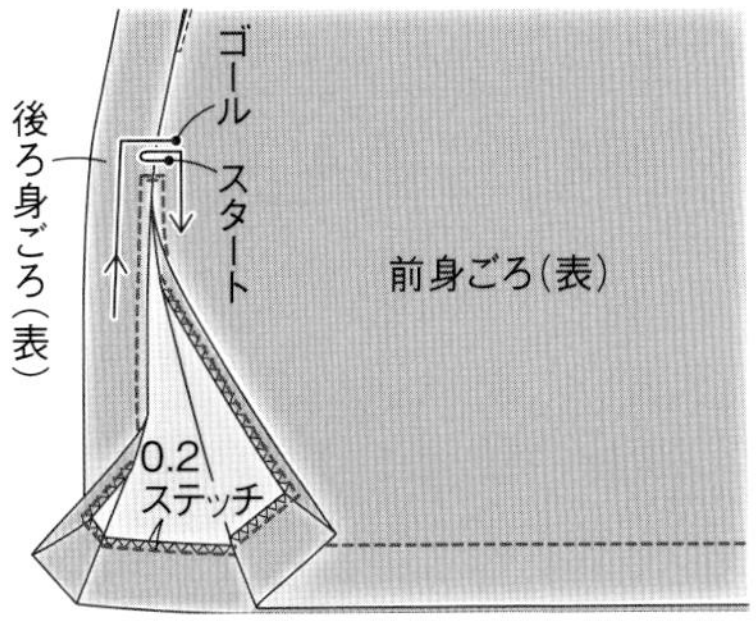

3 スリットあき止まりから縫い始め、スリット〜すそ〜反対側のスリットにぐるりとステッチをかける。

4 そで口、えりぐりの始末をする

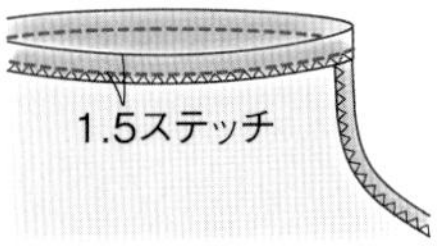

1 えりぐりの縫い代を再度整え、ステッチをかける。

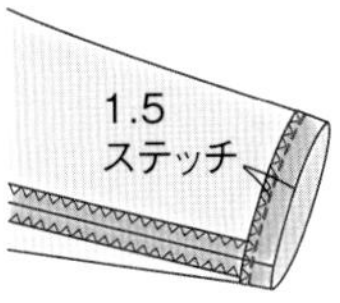

2 そで口の縫い代を再度整え、ステッチをかける。チュニックの出来上がり。

パンツの材料

❶表布　ジャージー…150cm幅　150cm
❷接着テープ…1.2cm幅
　M800cm／L840cm／LL880cm
❸ゴムテープ…2.5cm幅　適宜

パンツの下準備

前パンツのまたぐり、ポケット口、ウエスト、すそ、後ろパンツのまたぐり、わき、また下、ウエスト、すそ、袋布のウエストの裏面の縫い代端に接着テープを貼る。

パンツの縫い方順序

1 ポケットを作る
2 わき、また下を縫う
3 またぐりを縫う
4 ウエストの始末をする
5 すその始末をする

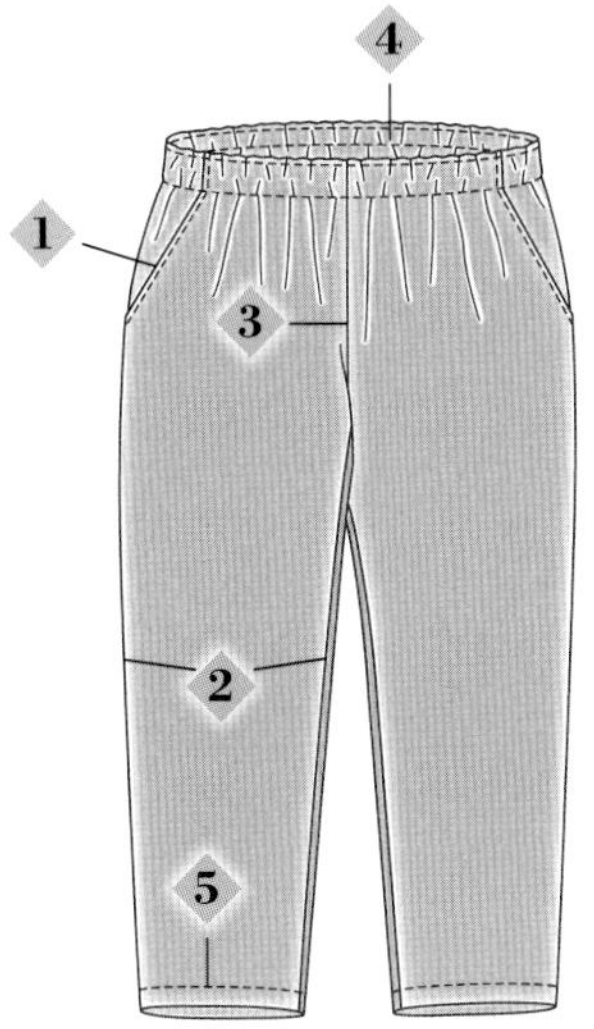

1 ポケットを作る

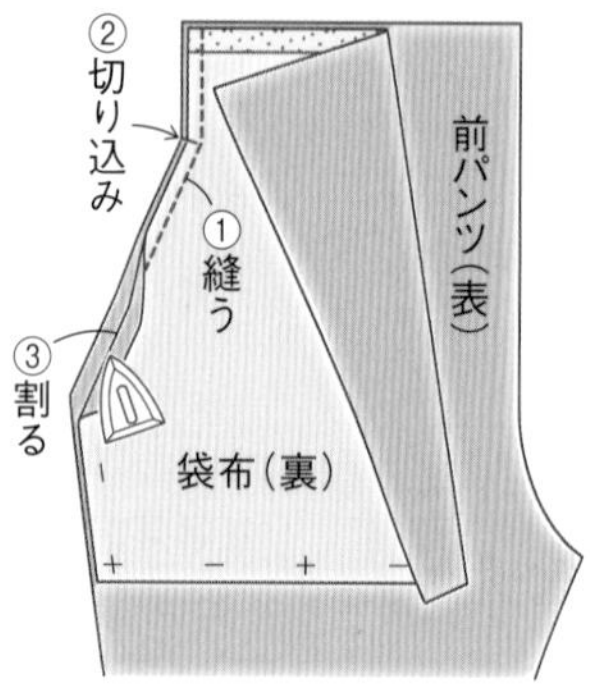

1 前パンツのポケット口に袋布のポケット口を中表に合わせて縫う（①）。ポケット口とウエストの角の縫い代に切り込みを入れ（②）、縫い代をアイロンで割る（③）。

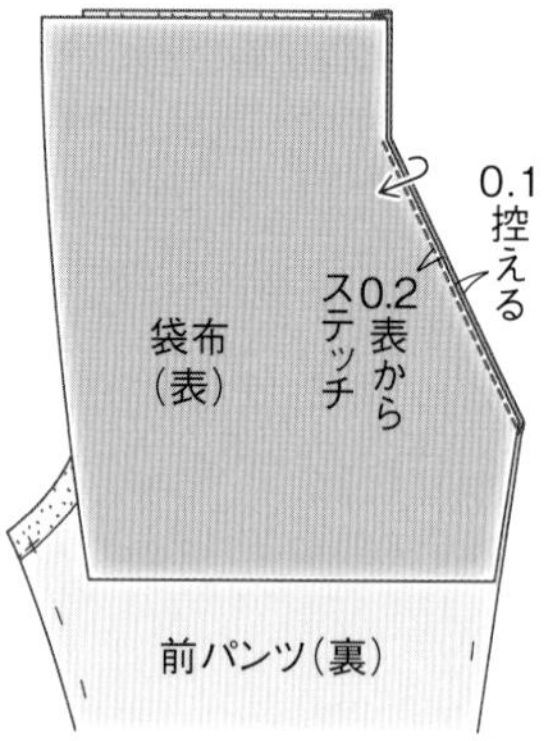

2 袋布を前パンツの裏面に返して、前パンツの表面からポケット口にステッチをかける。

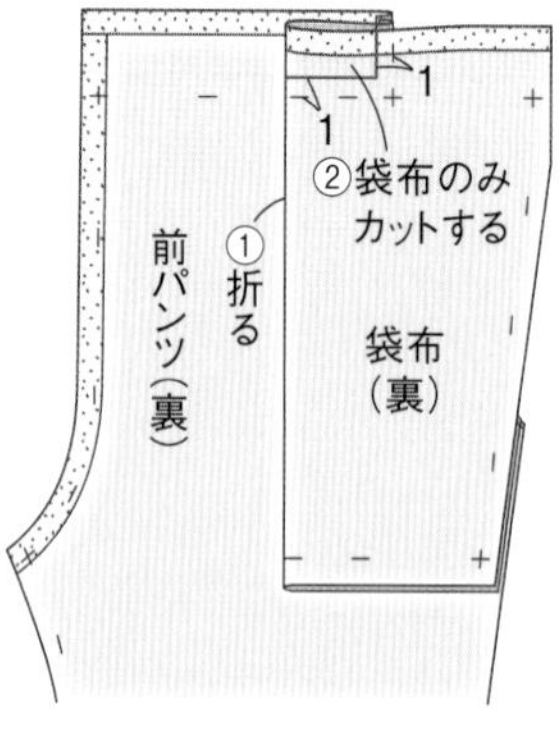

3 袋布を折り線で中表に折り（①）、袋布のウエスト縫い代をカットする（②）。

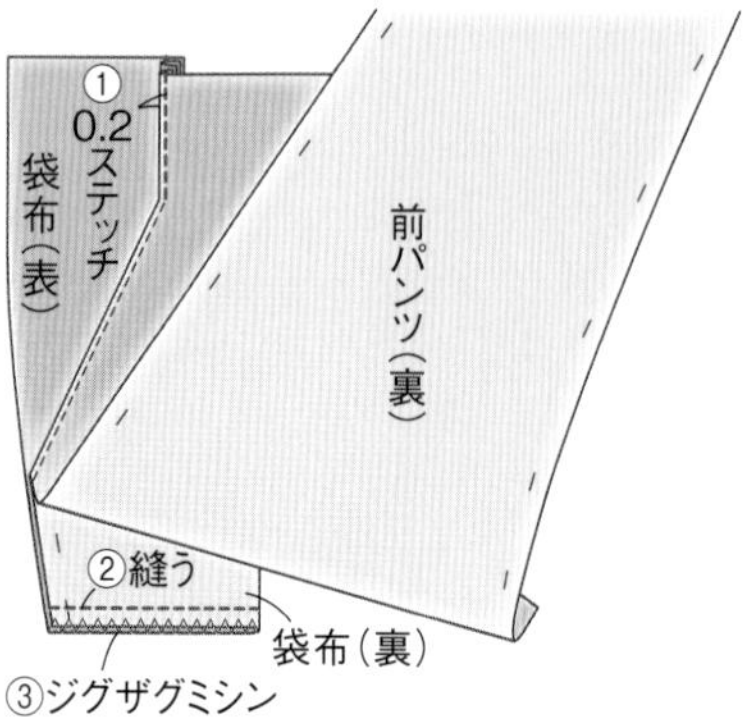

4 前パンツを表に返し、ウエスト部分に袋布まで通してステッチをかける（①）。前パンツをよけ、袋布の下側を縫い（②）、縫い代は2枚一緒にジグザグミシンをかける（③）。

2 わき、また下を縫う

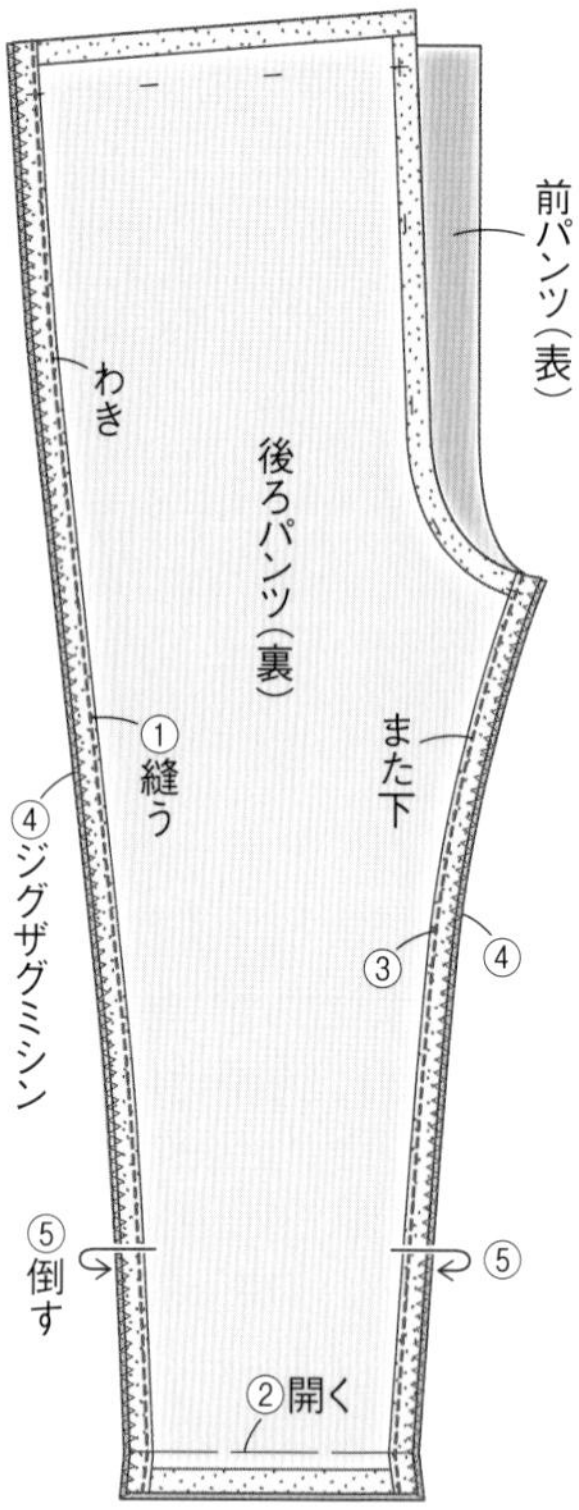

前パンツと後ろパンツを中表に合わせてわきを縫う（①）。すその縫い代をアイロンで出来上がりに折って折り目を一度開き（②）、また下を縫う（③）。縫い代は2枚一緒にジグザグミシンをかけ（④）、後ろパンツ側に倒す（⑤）。

3 またぐりを縫う

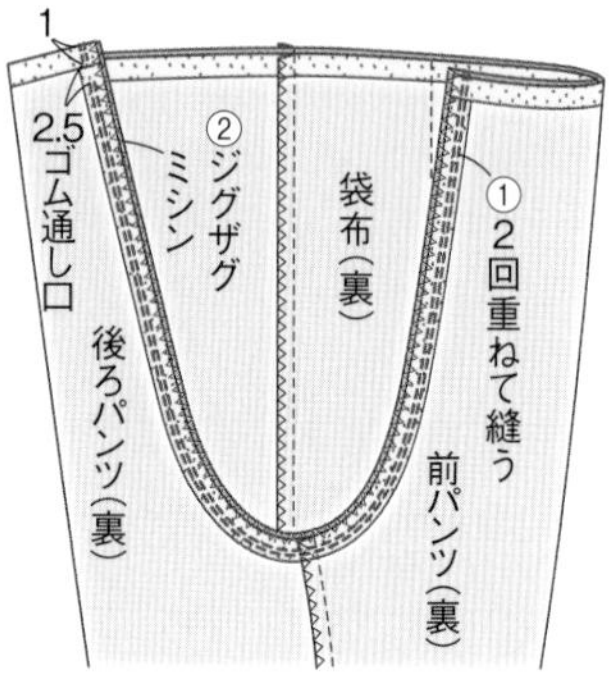

左パンツを表に返し、右パンツの中に入れ、またぐりを中表に合わせ、後ろウエストにゴム通し口を残して、2回重ねて縫う（①）。縫い代は2枚一緒にジグザグミシンをかけ（②）、左パンツ側に倒す。

4 ウエストの始末をする

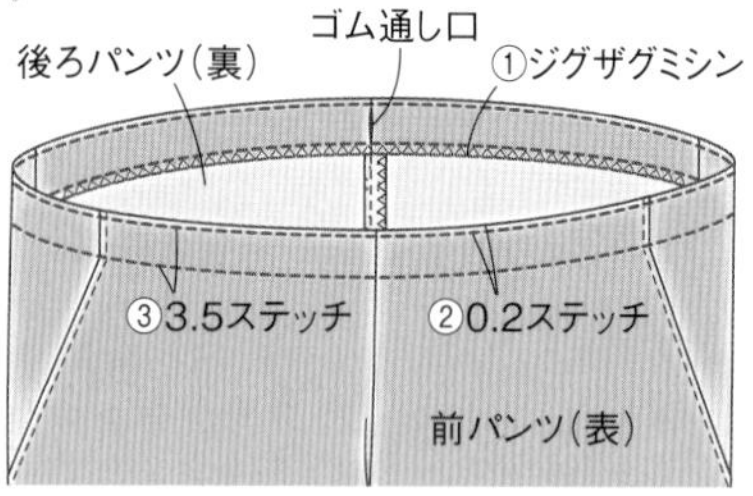

1 ウエストの縫い代端にジグザグミシンをかけ（①）、出来上がりに折って折り山にステッチをかけ（②）、ウエスト位置にゴム通しのステッチをかける（③）。

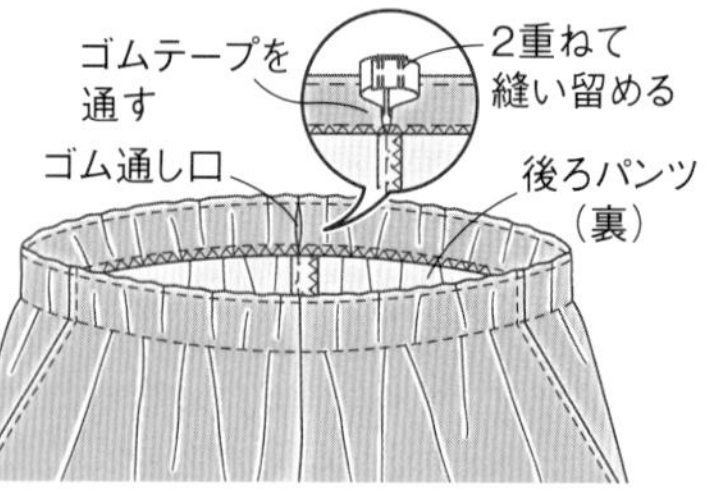

2 ゴムテープを後ろ中央のゴム通し口からステッチの間に通す。ゴムテープの長さは試着をして決め、端を2cm重ねて縫い留める。

5 すその始末をする

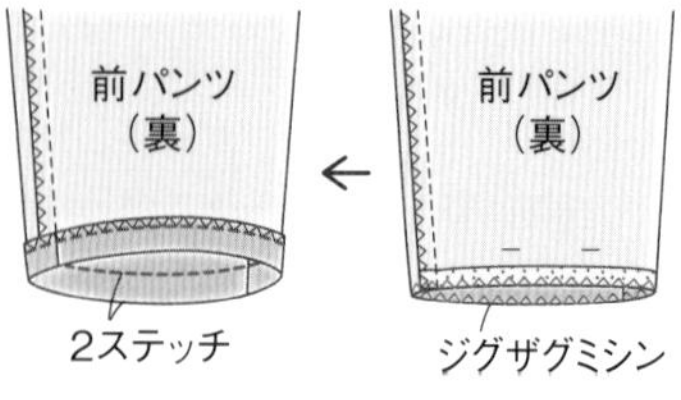

すその縫い代端にジグザグミシンをかけ、縫い代を再度整えてステッチをかける。パンツの出来上がり。

作品❖p.26

13

半そでのブラウス

実物大型紙A面

前身ごろ、後ろ身ごろ、前見返し、後ろ見返し、そで

＊ループ用バイアス布は型紙を作らずに、裁ち合わせ図の寸法で直接布を裁つ。

出来上がり寸法

M…バスト128㎝　そで丈21㎝
着丈74㎝

L…バスト132㎝　そで丈22㎝
着丈76㎝

LL…バスト138㎝　そで丈23㎝
着丈78㎝

材料

❶表布　木綿レース地…110㎝幅
M・L200㎝／LL210㎝

❷ボタン…直径1.3㎝　1個

縫い方順序

1 肩と見返しを縫う

2 ループを作る→p.50 1 2
※ただし、長さは6㎝

3 ループをはさんでえりぐりを縫う

4 そでをつける→p.51 5 2

5 そで口の縫い代をアイロンで三つ折りにする

6 すその始末をする→p.51 6 1、7

7 そで下～わきを縫う→p.51 6 2
※そで口の折り目は開いて縫い、わきすその縫い代は縫い留める

8 すそと同様にしてそで口の始末をする

9 ボタンをつける

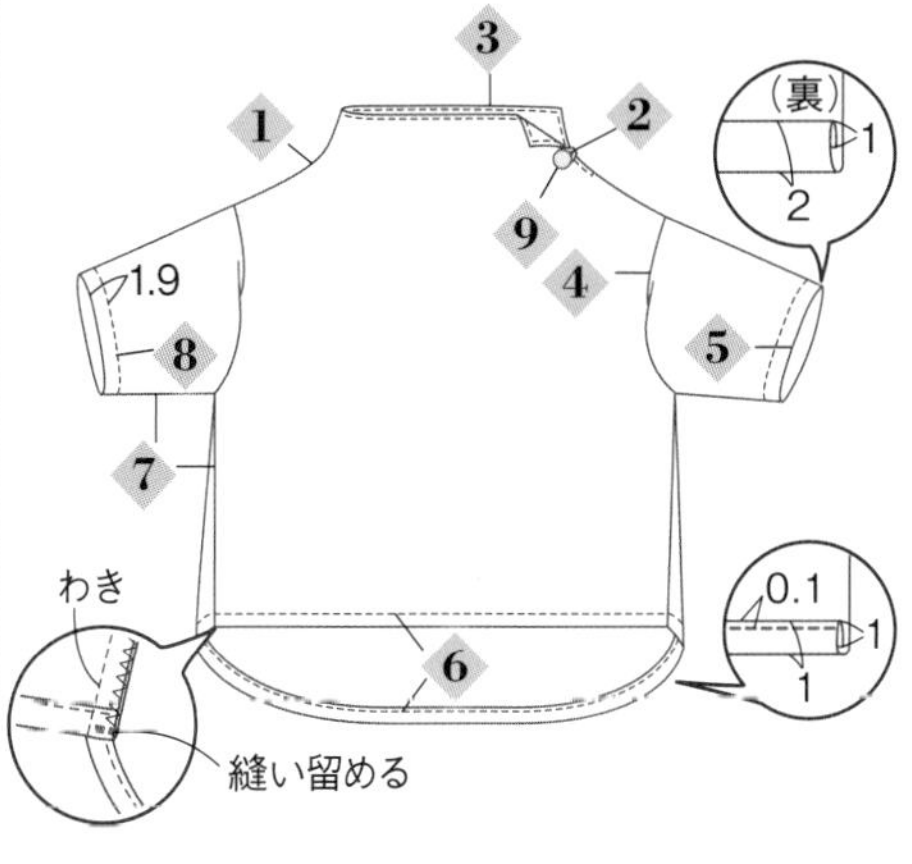

裁ち合わせ図

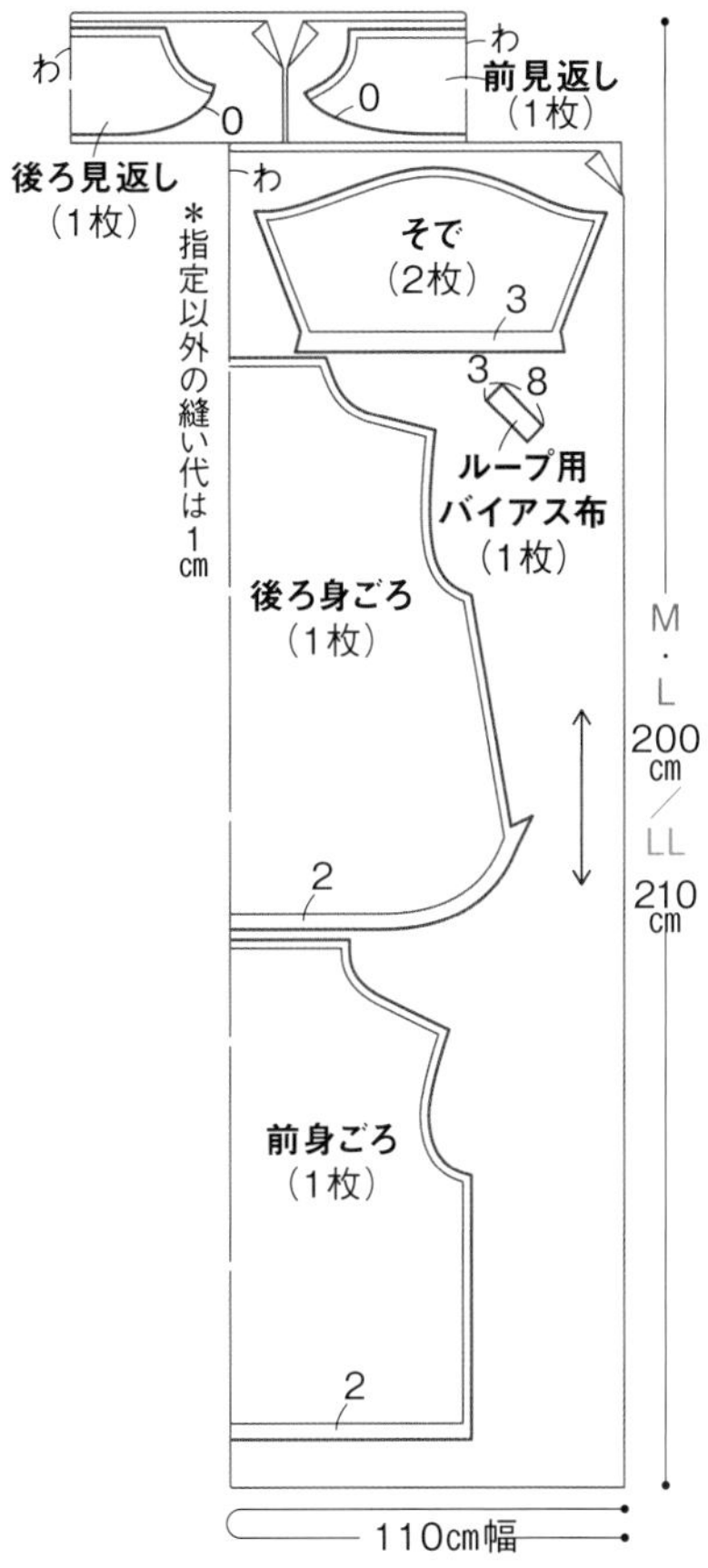

下準備

前・後ろ身ごろ、前・後ろ見返しの肩縫い代端にジグザグミシン(またはロックミシン)をかける。

1 肩と見返しを縫う

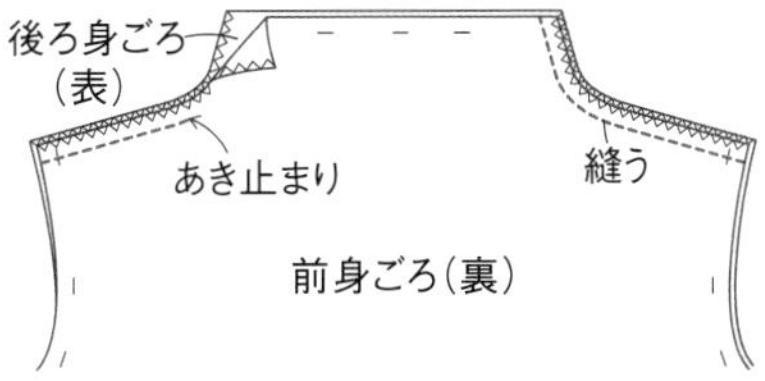

1前身ごろと後ろ身ごろの肩を中表に合わせ、右肩はえりぐりから肩先まで、左肩はあき止まりから肩先まで縫う。縫い代はアイロンで割る。

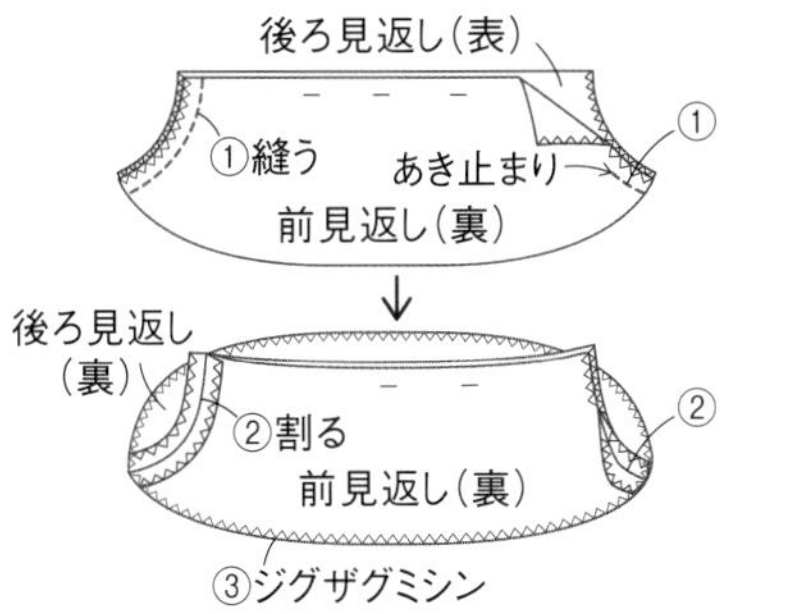

2前見返しと後ろ見返しを中表に合わせ、右肩はえりぐりから外回りまで、左肩はあき止まりから外回りまで縫う(①)。縫い代を割り(②)、外回りにジグザグミシンをかける(③)。

3 ループをはさんでえりぐりを縫う

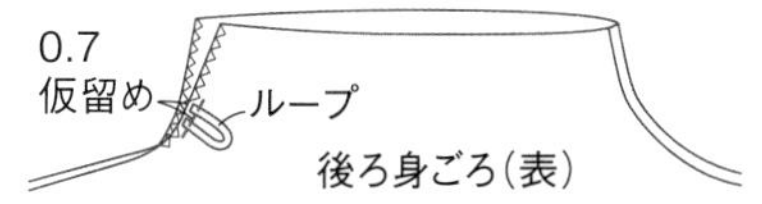

1身ごろを表に返し、**2**で作ったループを後ろ身ごろの左肩のループつけ位置に二つ折りにして仮留めする。

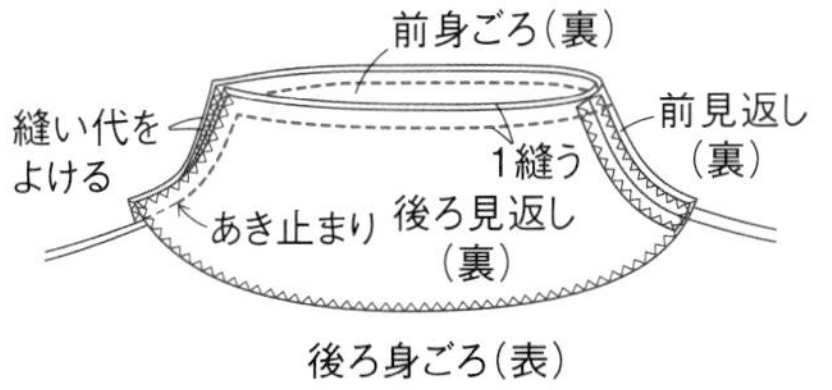

2身ごろと見返しを中表に合わせ、あき止まり～えりぐり～反対側のあき止まりを縫う。縫い代を割り、見返しを身ごろの裏面に返す。

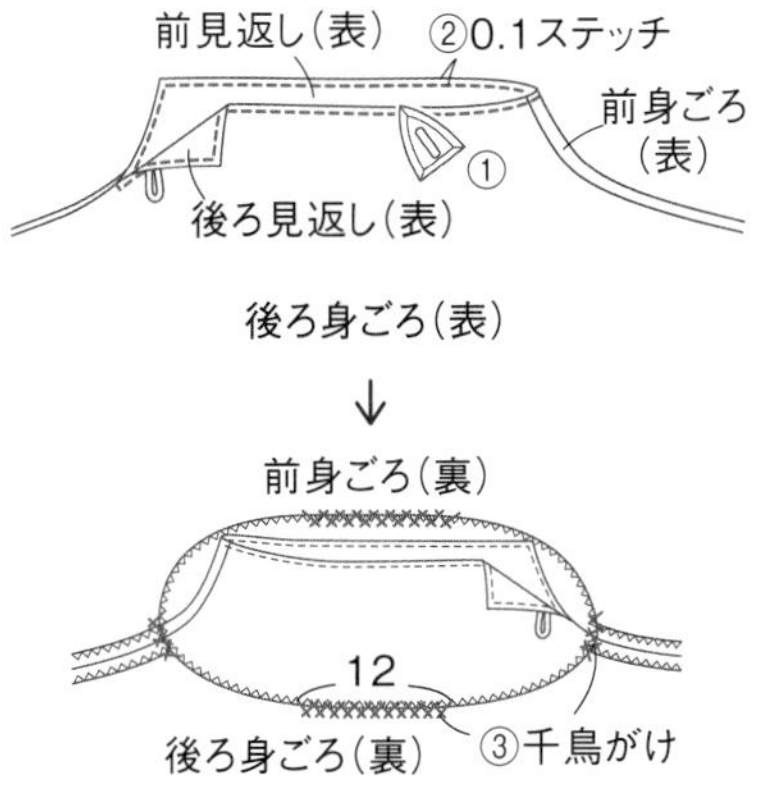

3あき止まり～えりぐりをきせをかけずにアイロンで整え(①)、身ごろの表面からステッチをかける(②)。見返し端を千鳥がけで身ごろと肩縫い代に縫い留める(③)。

09

作品❖p.18

セットアップ ブラウス＆スカート

実物大型紙D面

前身ごろ、後ろ身ごろ、ヨーク、見返し、えり、そで、前スカート、後ろスカート、ベルト布

出来上がり寸法

ブラウス

M〜L…バスト143cm
そで丈42.8cm　着丈56.8cm

L〜LL…バスト143cm
そで丈44.8cm　着丈56.8cm

スカート

M〜L…ヒップ106cm　スカート丈74.5cm

L〜LL…ヒップ110cm　スカート丈77.5cm

材料

❶表布　シルク混…112cm幅
M〜L 380cm／L〜LL 390cm

❷接着芯…10×20cm

❸接着テープ…1.2cm幅　770cm

❹ゴムテープ…0.8cm幅　適宜

❺ボタン…直径1.2cm　2個

裁ち合わせ図

＊指定以外の縫い代は1cm

＊▨接着芯、▨接着テープを貼る位置

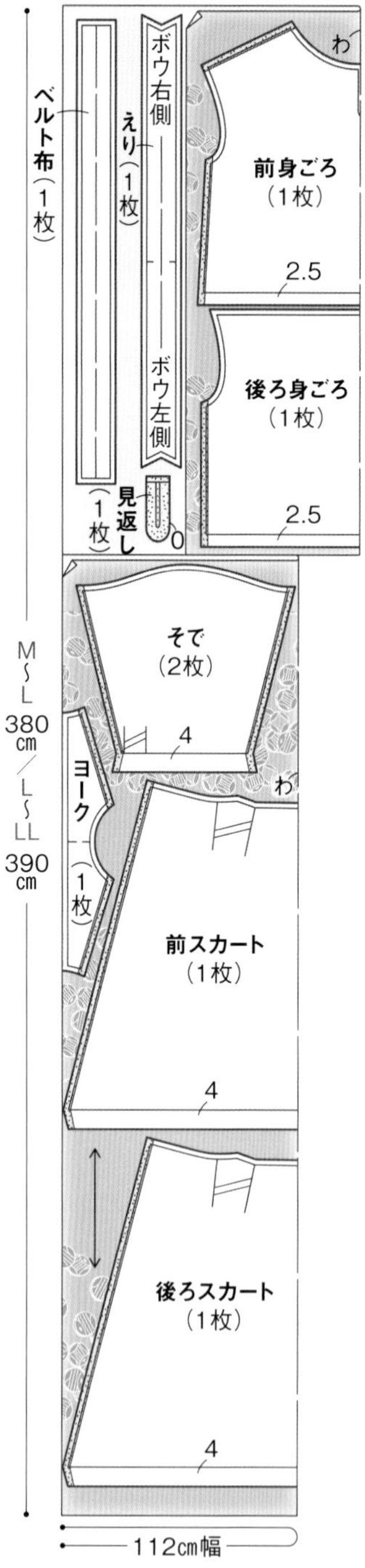

ブラウスの縫い方順序

1. ギャザーを寄せる
2. ヨークと後ろ身ごろを縫う
3. 前あきを作る→p.50 ❶❸
4. 肩を縫う→p.68 ❷
5. えりをつける
6. そでをつける
7. そで下〜わきを縫う→p.79 ❸
8. すその縫い代を再度整え、ステッチをかけて始末する
9. そで口にボタンホールを作り、ボタンをつける

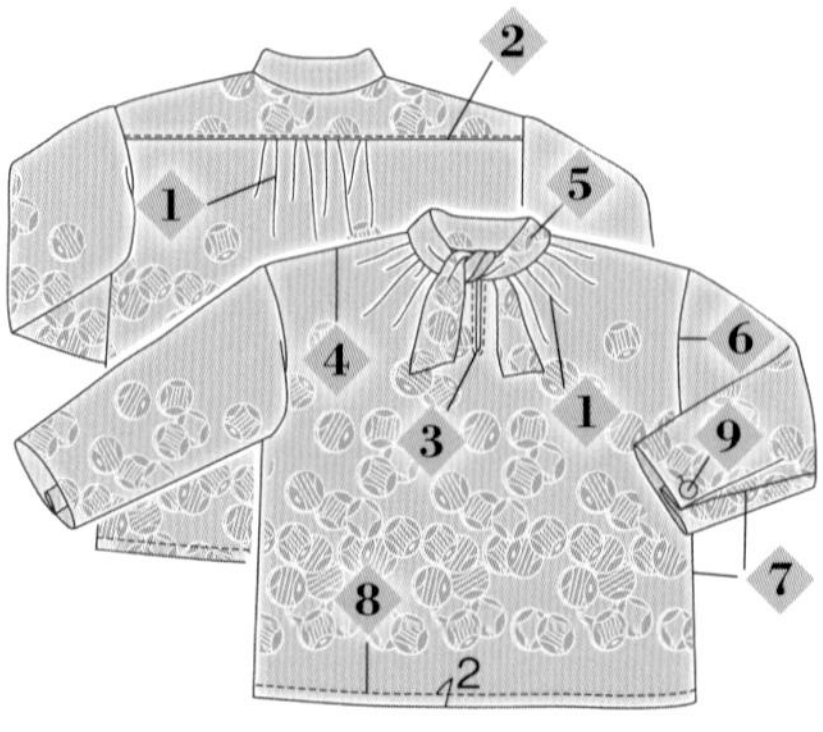

ブラウスの下準備

1 前身ごろの肩とわき、後ろ身ごろのわき、ヨークの肩、そでのそで下の裏面の縫い代端に接着テープを貼る。見返しの裏面に接着芯を貼る。

2 前身ごろとヨークの肩の縫い代端、見返しのえりぐり以外の外回りにジグザグミシン(またはロックミシン)をかける。

3 前身ごろの前あきは表面にも印をつけておく。

1 ギャザーを寄せる

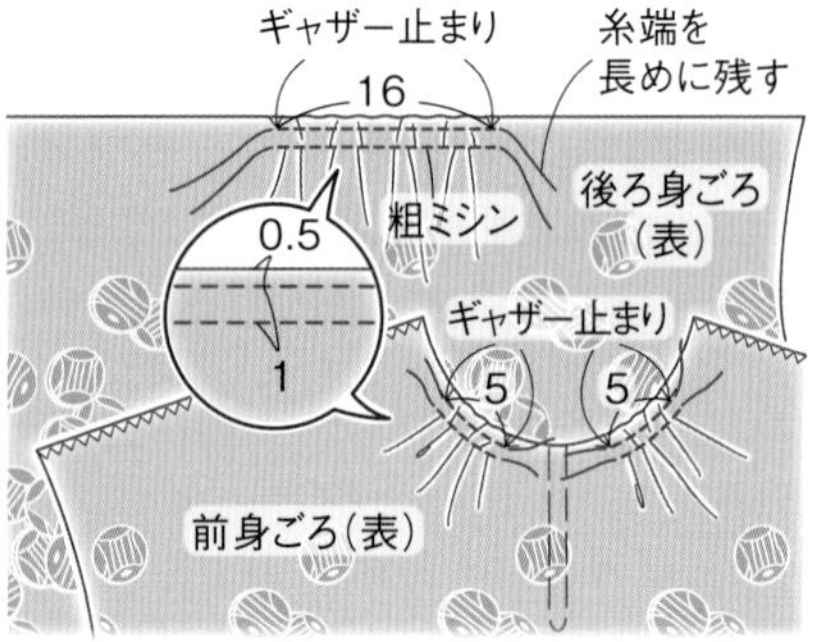

後ろ身ごろの上端、前身ごろのえりぐりのギャザー止まり〜ギャザー止まりに返し縫いをしないで粗い針目で2本ミシンをかけ(粗ミシン)、表面の糸を2本一緒に引いてギャザーを寄せる。

2 ヨークと後ろ身ごろを縫う

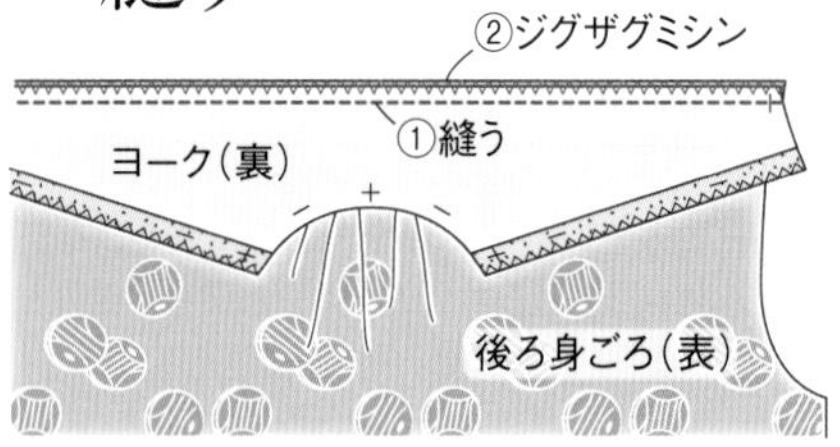

1 ヨークと後ろ身ごろを中表に合わせて縫う(①)。縫い代は2枚一緒にジグザグミシンをかける(②)。外側の粗ミシン糸を外す。

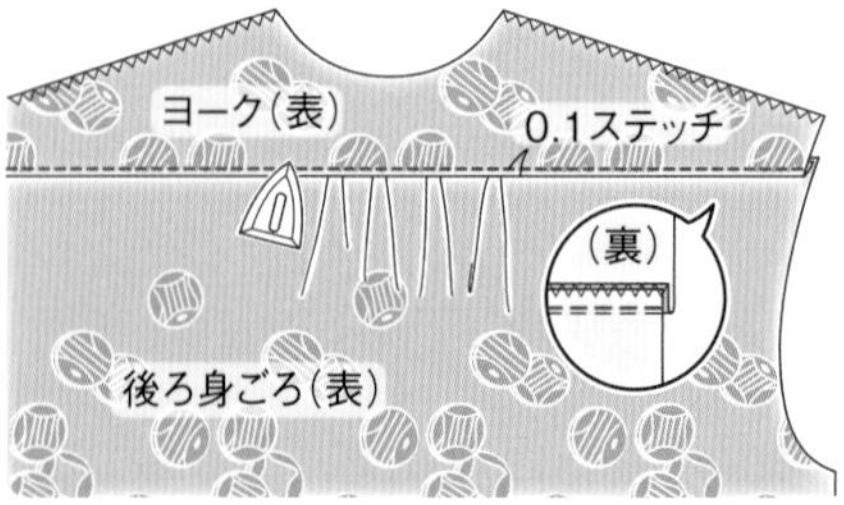

2 縫い代をアイロンでヨーク側に倒し、表面からステッチをかける。

スカートの下準備

1 前・後ろスカートのわきの裏面の縫い代端に接着テープを貼る。

2 前・後ろスカートのわきの縫い代端、ベルト布の裏ベルト側の端にジグザグミシン（またはロックミシン）をかける。

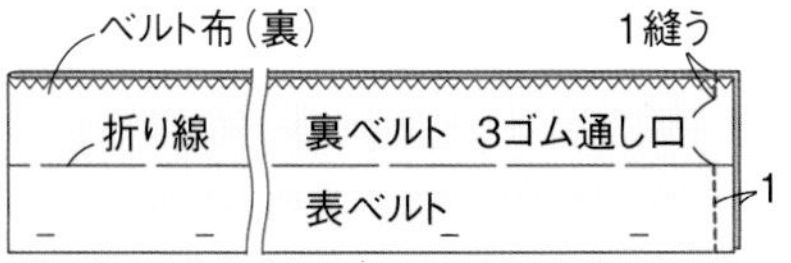

3 ベルト布を折り線で外表にアイロンで折って、折り目を一度開き、右わきを中表に合わせて裏ベルト側にゴム通し口を残して縫う。縫い代はアイロンで割る。

1 タックをたたむ

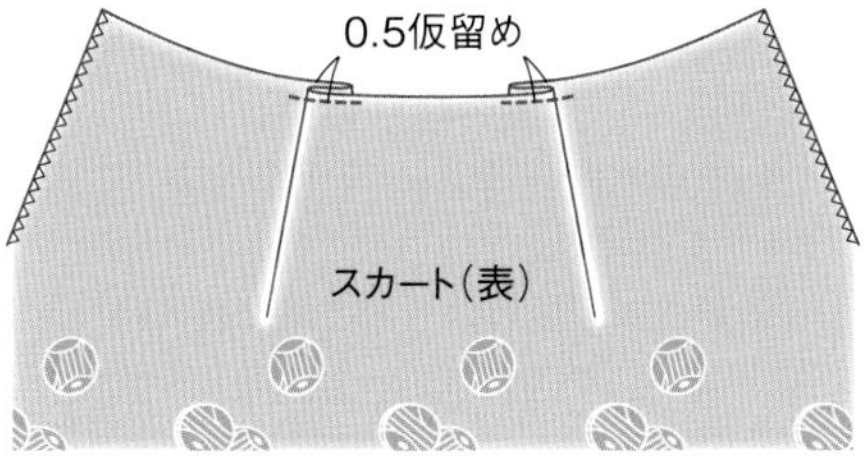

前スカート、後ろスカートのウエストタックをたたみ、縫い代に仮留めする。

2 わきを縫う

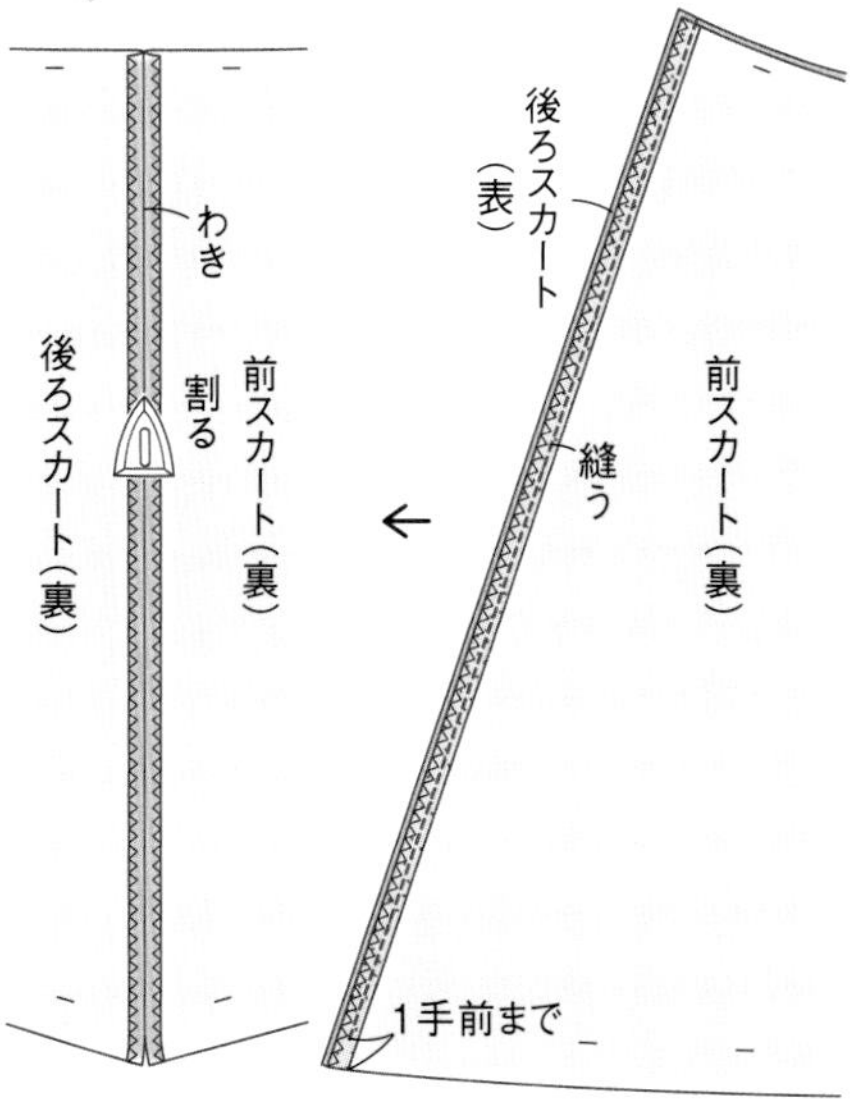

前スカートと後ろスカートのわきを中表に合わせ、すその布端の1cm手前まで縫う。縫い代はアイロンで割る。

6 そでをつける

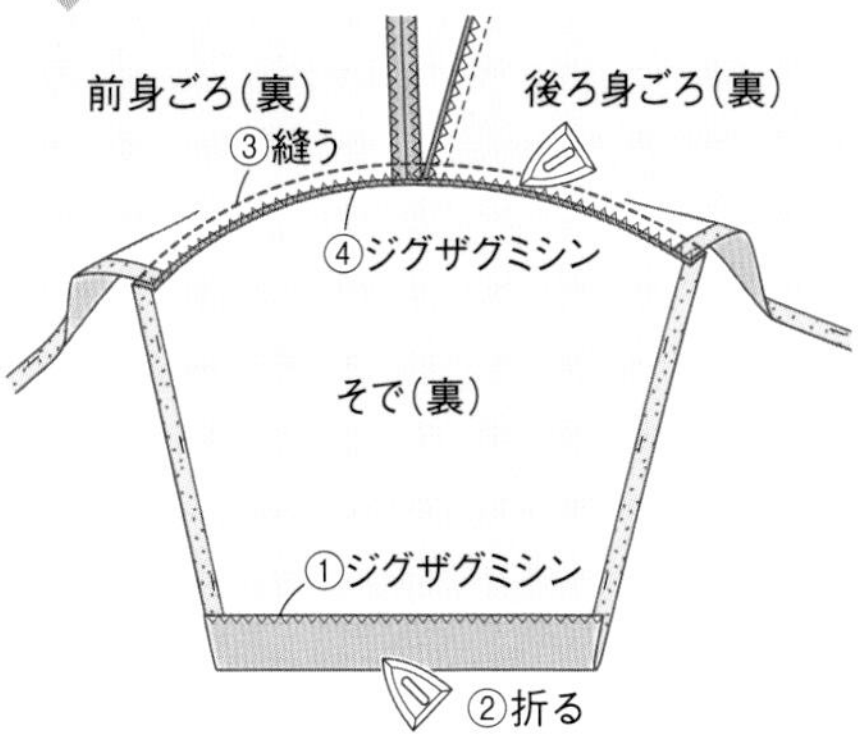

そで口縫い代にジグザグミシンをかけ（①）、アイロンで出来上がりに折る（②）。身ごろのそでぐりにそでを中表に合わせて縫う（③）。縫い代は2枚一緒にジグザグミシンをかけ（④）、そで側にアイロンで倒す。

9 そで口にボタンホールを作り、ボタンをつける

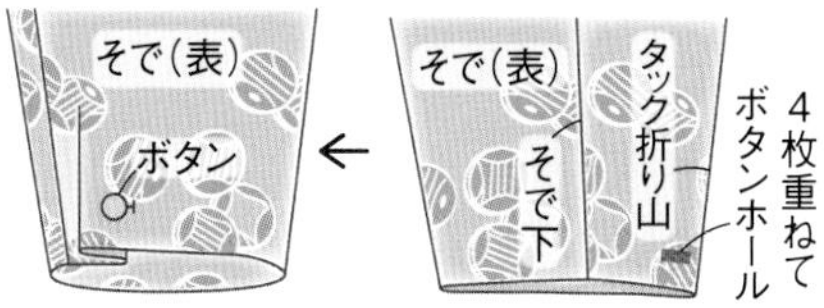

そで口の縫い代を再度整え、縫い代端をそでにまつる。そで口のタックをたたみ、タックにミシンのボタンホール機能を使ってボタンホールを作る。ボタンホールの位置に合わせてボタンをつける。ブラウスの出来上がり。

スカートの縫い方順序

1. タックをたたむ
2. わきを縫う
3. ウエストの始末をする→p.83 3 3〜4、4
4. すその始末をする→p.65 7

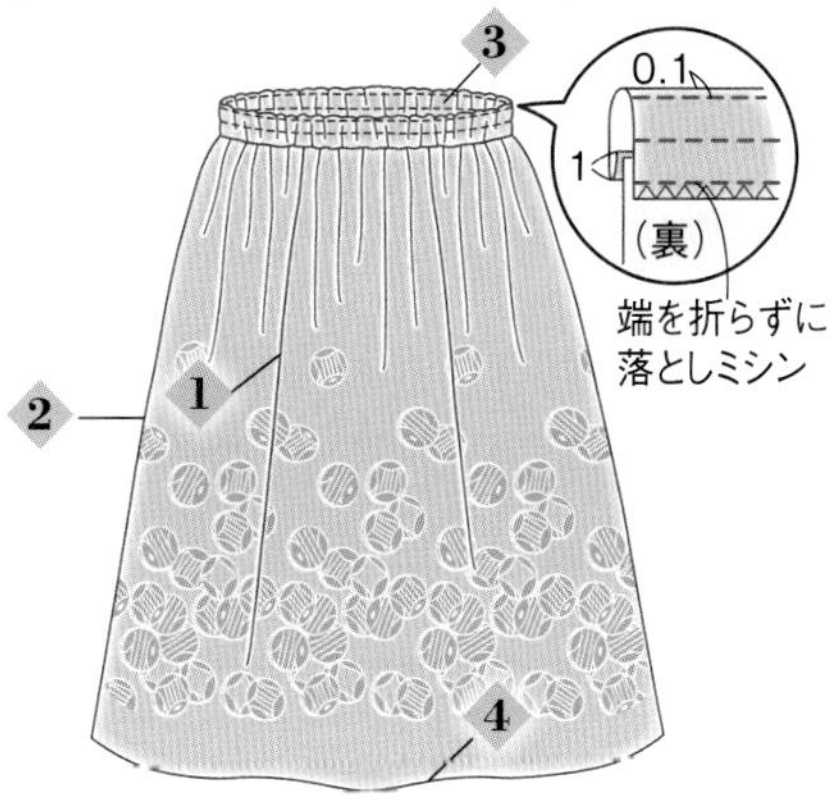

5 えりをつける

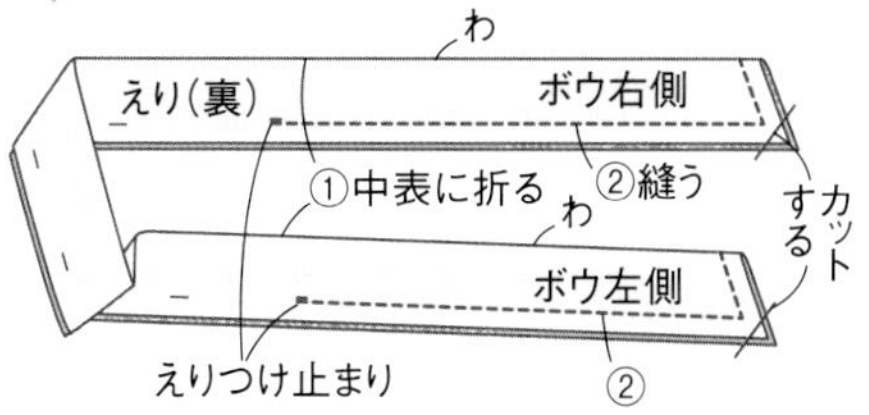

1 えりを折り線で中表に折り（①）、えりつけ止まりから先のボウ部分を縫う（②）。

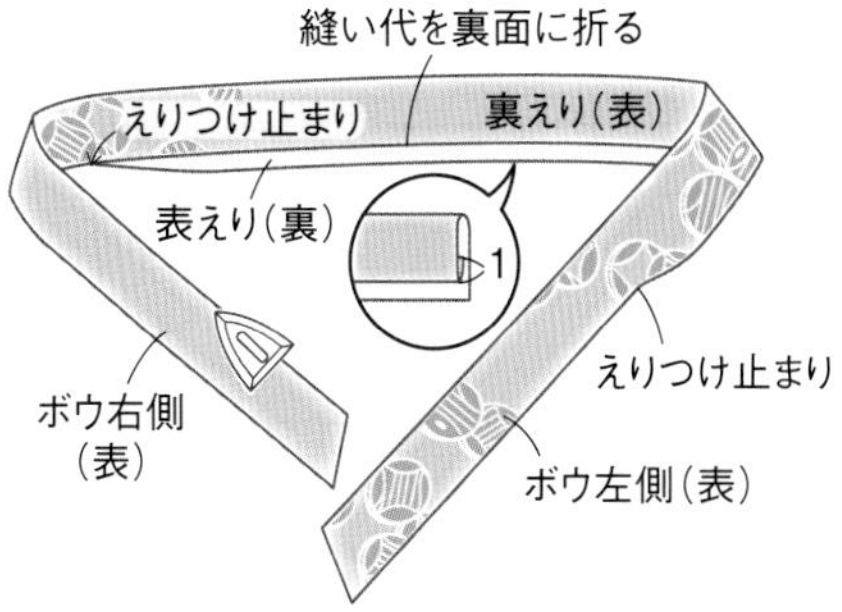

2 えりを表に返してアイロンで整え、裏えり側のえりつけ止まり〜えりつけ止まりの縫い代を裏面に折る。

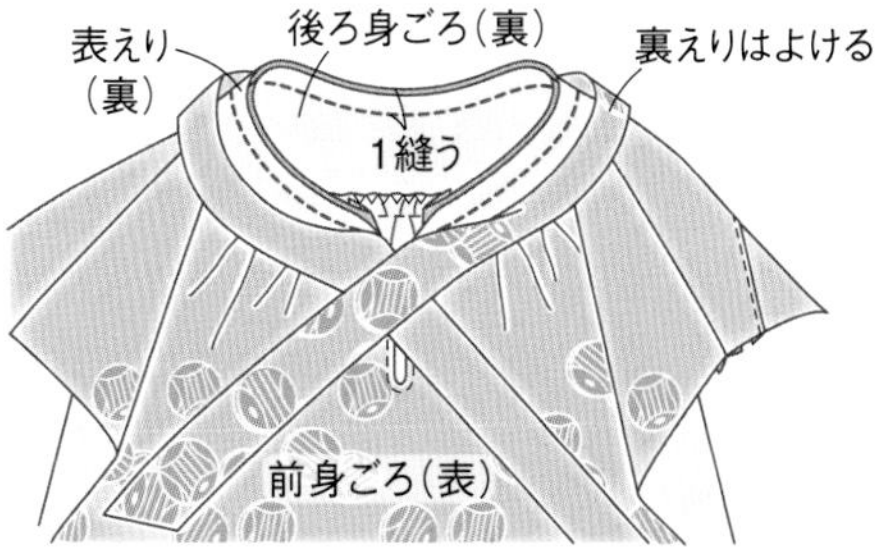

3 身ごろのえりぐりに表えりを中表に合わせて縫う。

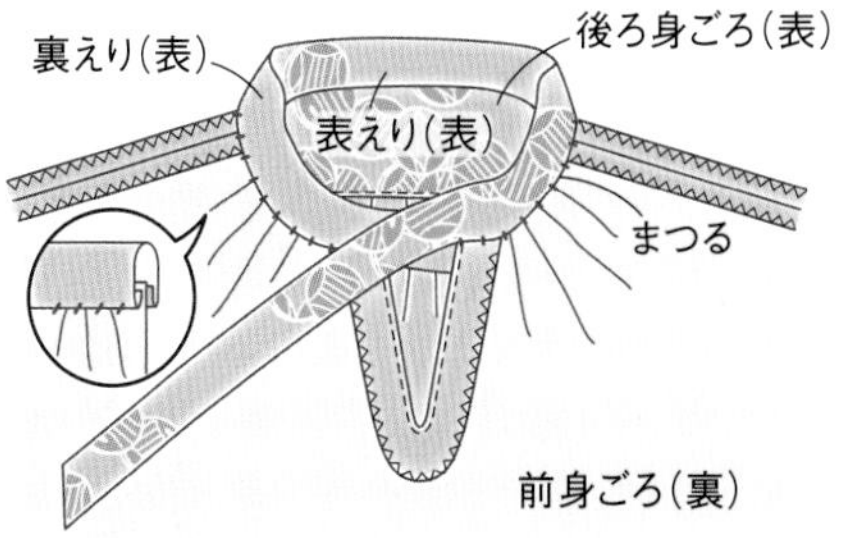

4 えりぐりの縫い代をえり側に倒して、裏えりを身ごろのえりぐりにまつる。

作品❖p.07

ふんわりワンピース

下準備

1 前・後ろ身ごろの肩、わき、前えりぐり、そでのそで下の裏面の縫い代端に接着テープを貼る。

2 前・後ろ身ごろの肩、わき、そでのそで下、袋布のわきの縫い代端にジグザグミシン（またはロックミシン）をかける。

1 後ろタックを縫う

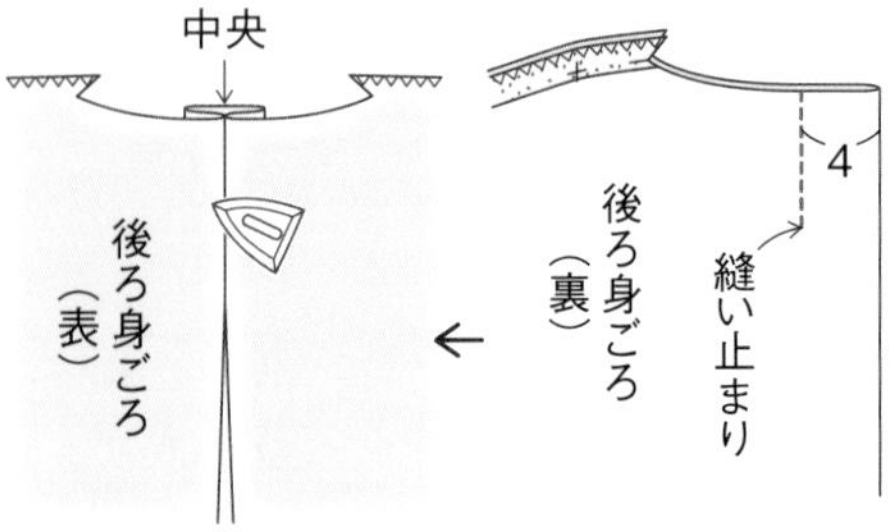

後ろ身ごろのタックを中表に合わせて、えりぐりから縫い止まりまで縫う。タックを開き、縫い目がタックの中央にくるようにアイロンで整える。

2 肩を縫う

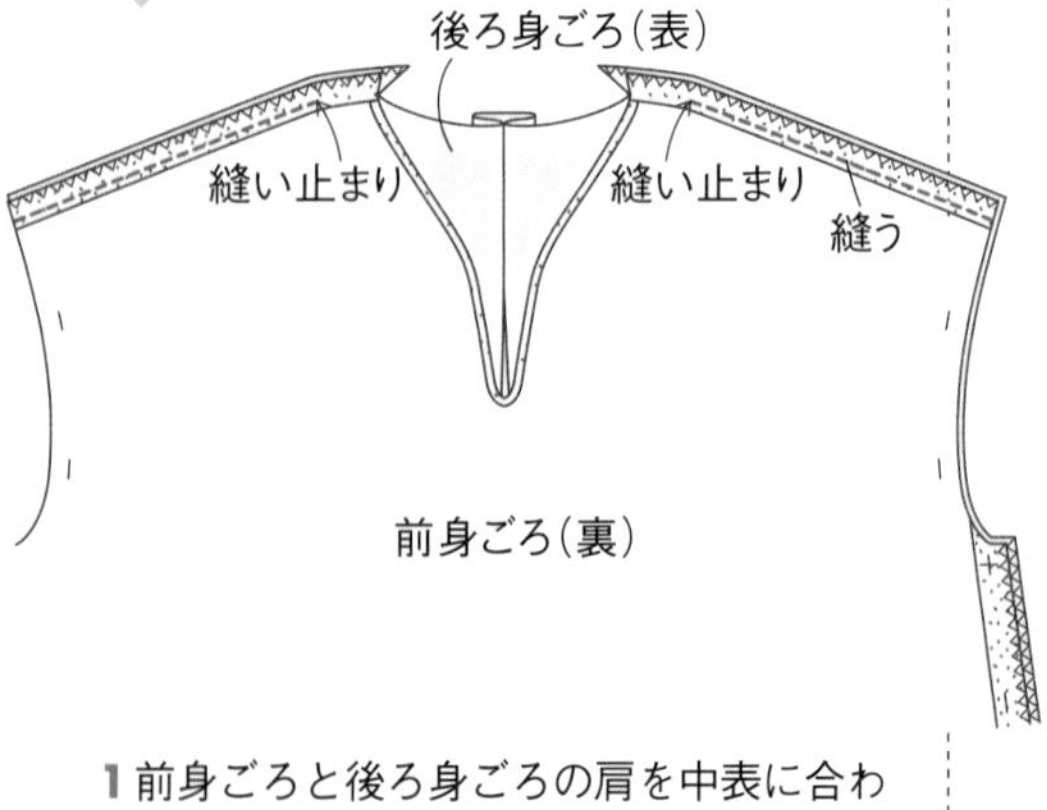

1 前身ごろと後ろ身ごろの肩を中表に合わせて縫い止まりから肩先まで縫う。

裁ち合わせ図

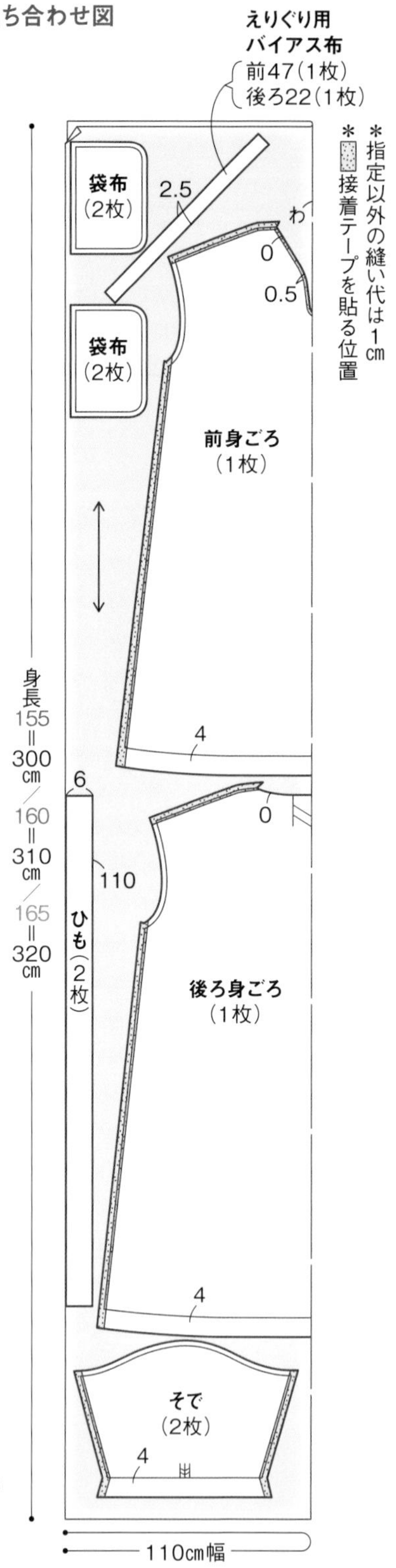

実物大型紙A面

前身ごろ、後ろ身ごろ、そで、袋布

＊えりぐり用バイアス布、ひもは型紙を作らずに、裁ち合わせ図の寸法で直接布を裁つ。

出来上がり寸法

M〜LL…

バスト136cm　そで丈28.5cm

着丈　身長155cm　113cm

身長160cm　117cm

身長165cm　121cm

材料

❶表布　ダブルガーゼ…110cm幅

身長155cm　300cm／身長160cm　310cm／身長165cm　320cm

❷接着テープ…1.2cm幅

身長155cm　640cm／身長160cm　660cm／身長165cm　670cm

（前えりぐり用は0.5cm幅にカットする）

縫い方順序

1 後ろタックを縫う

2 肩を縫う

3 えりぐりの始末をする

4 ひもを作って、つける

5 わきを縫い、ポケットを作る

→p.53 5 1〜4

6 そでを作ってつける

7 すその始末をする

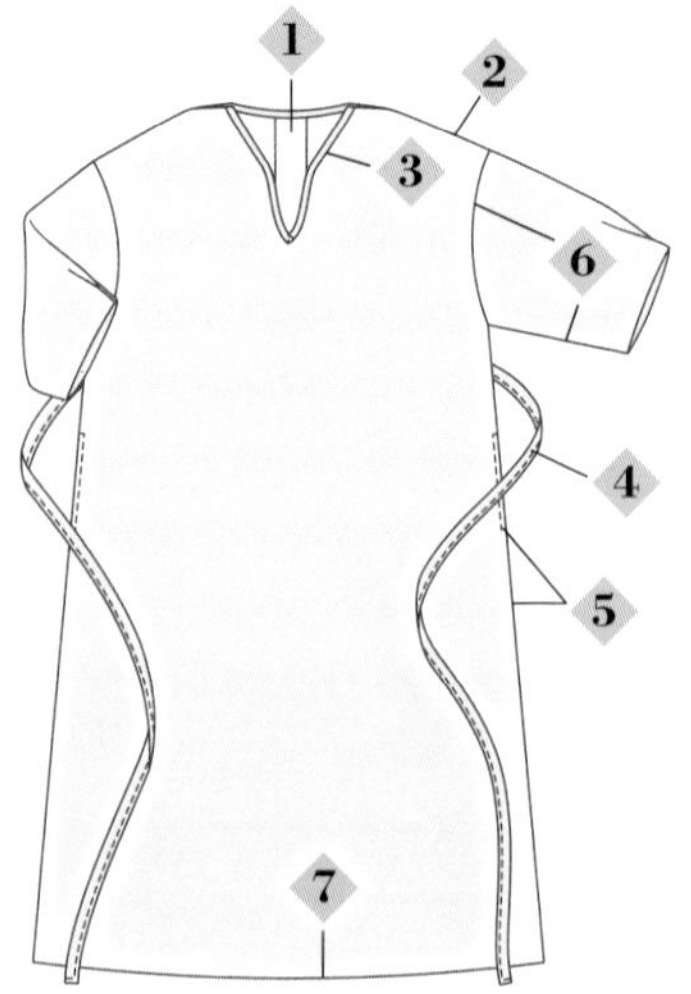

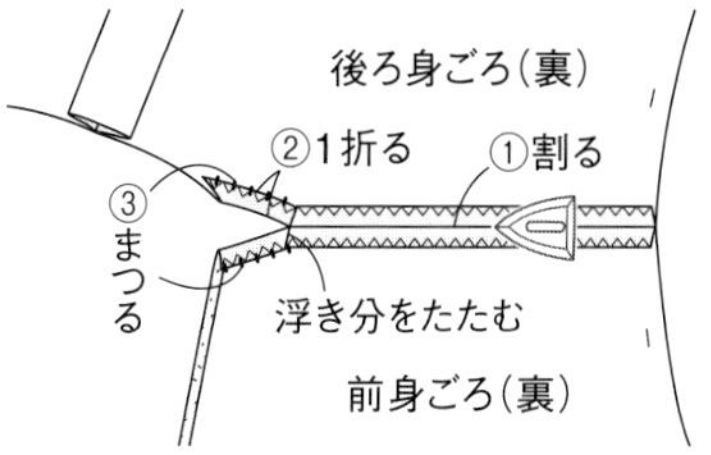

2 肩の縫い代をアイロンで割り（①）、縫い止まりからえりぐりまでは縫い代を1cm折り（②）、生地の浮き分をたたんで、身ごろにまつる（③）。

3 えりぐりの始末をする

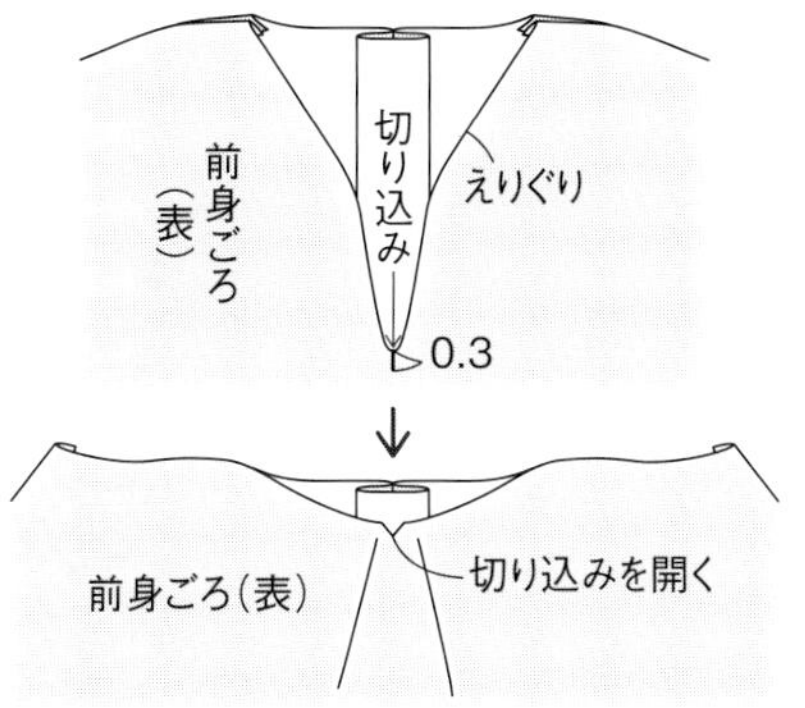

1 えりぐりの前中央の縫い代に深さ0.3cmの切り込みを入れ、切り込みを開く。

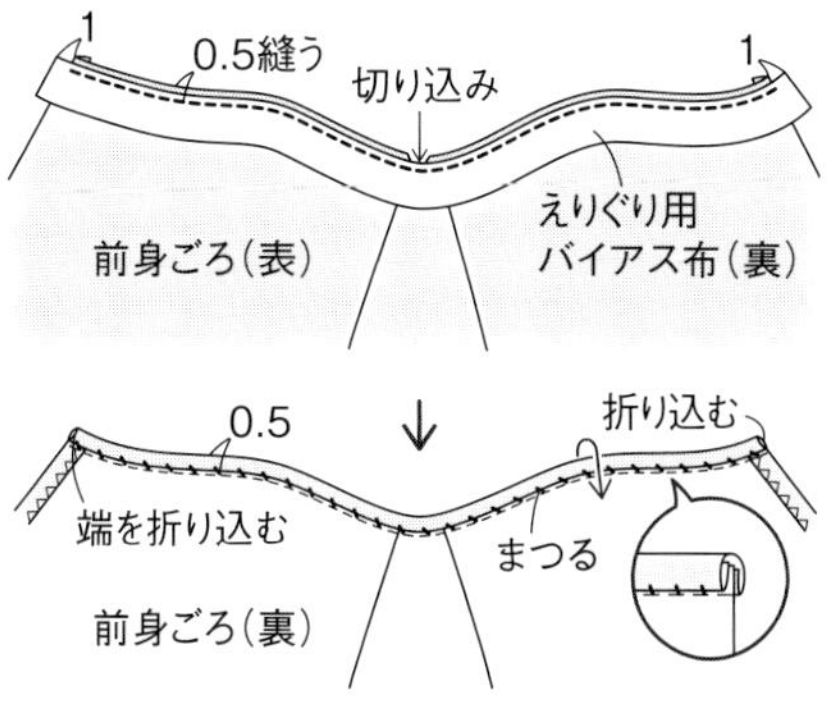

2 前えりぐりにえりぐり用バイアス布を両端1cm出して中表に重ね、縫う。身ごろの裏面にバイアス布を返し、縫い代をくるむように折り、両端を折り込んでまつる。

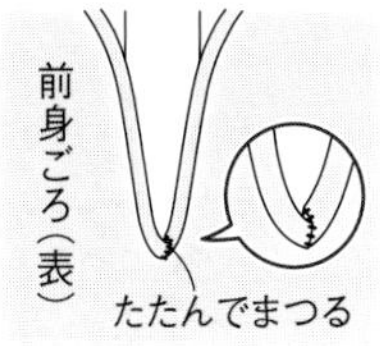

3 前えりぐりの中央は先端にタックをたたんでまつる。後ろえりぐりは切り込みを入れずに同様に縫う。

4 ひもを作ってつける

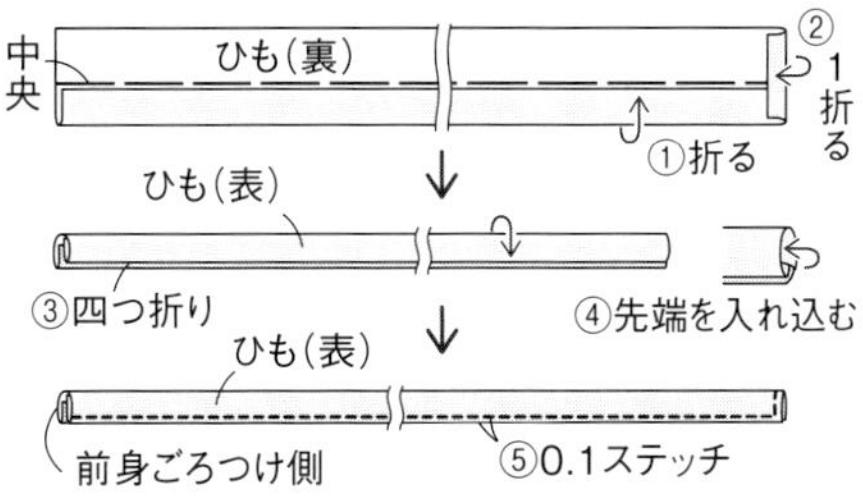

1 図の①～⑤の要領でひもを２本作る。

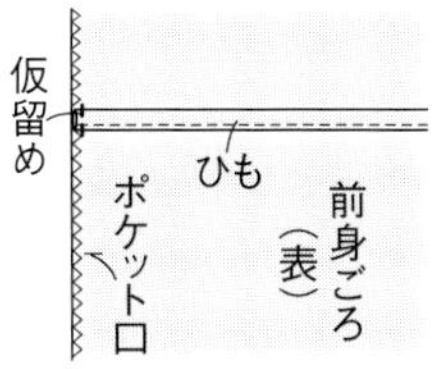

2 前身ごろわきのひもはさみ位置の縫い代にひもを仮留めする。

6 そでを作ってつける

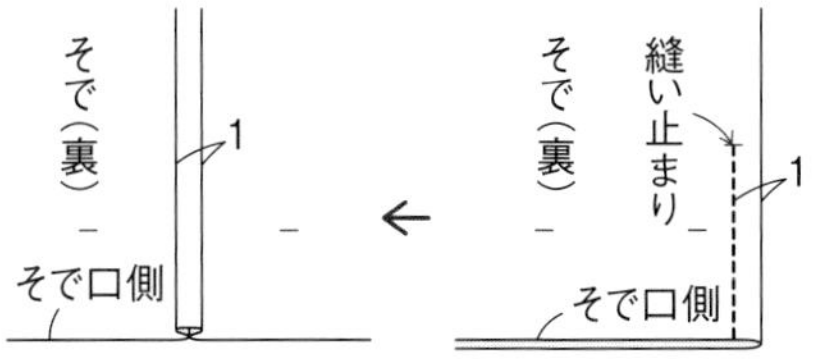

1 そで口側のタックを中表に合わせて縫う。❶の要領でタックを開き、アイロンで整える。

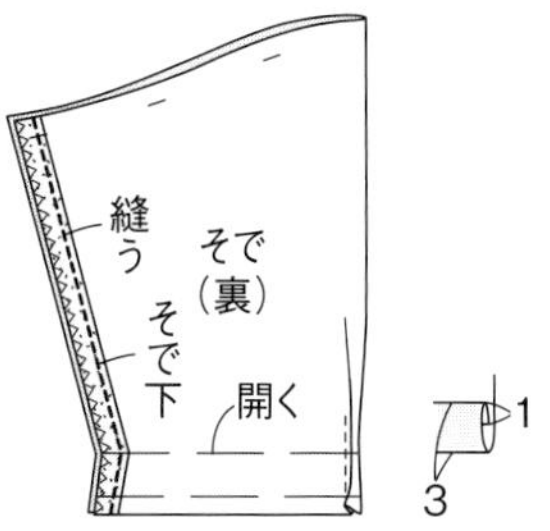

2 そで口の縫い代をアイロンで1cmと3cmの三つ折りにし、折り目を開く。そでを中表に二つ折りにしてそで下を合わせて縫う。縫い代は割る。

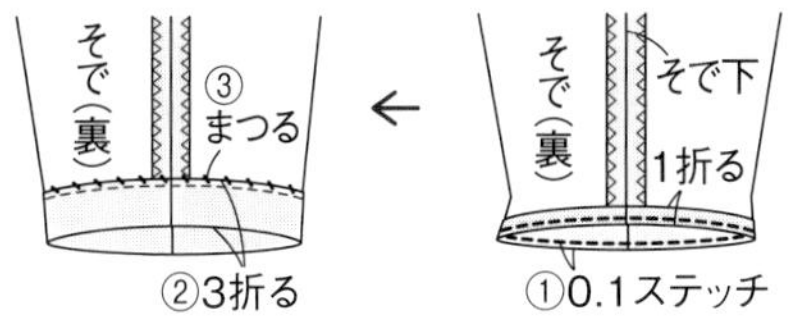

3 そで口の縫い代を再度1cm折ってステッチをかけ（①）、さらに3cm折って（②）、アイロンで整え、まつる（③）。

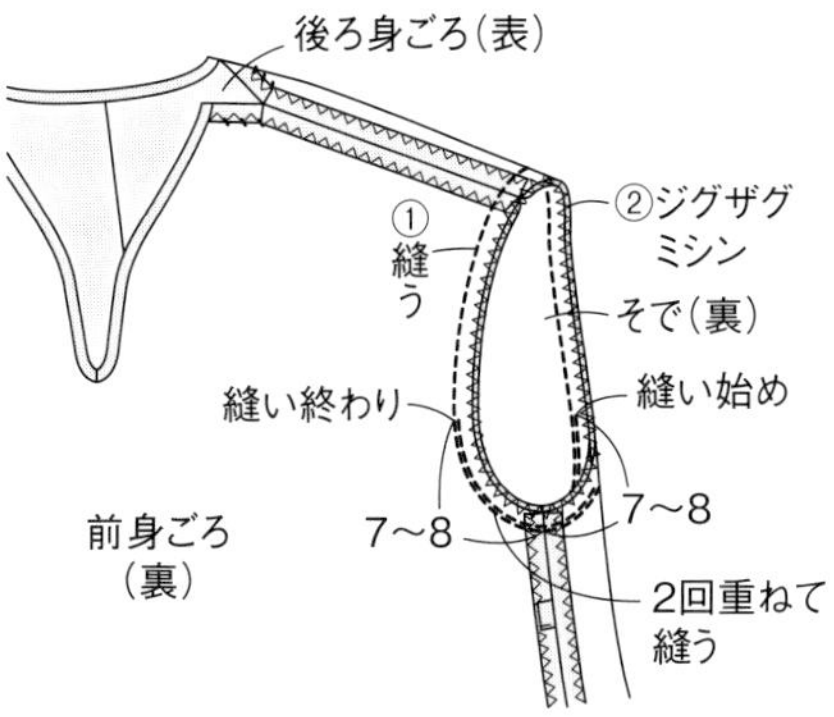

4 身ごろのそでぐりにそでを中表に合わせて縫う（①）。わきの前後7～8cmは、2回重ねて縫う。縫い代は2枚一緒にジグザグミシンで始末する（②）。

7 すその始末をする

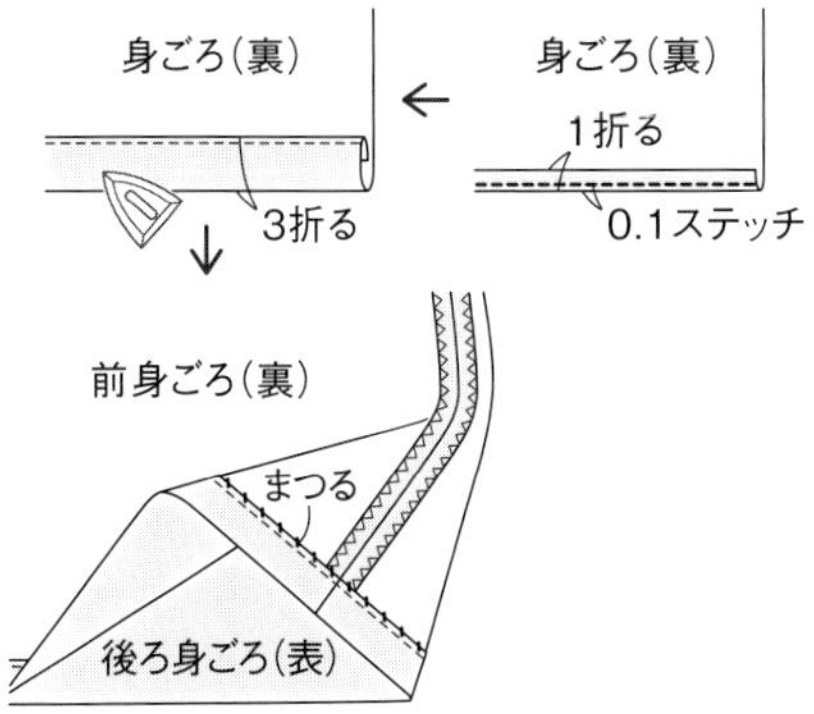

すその縫い代を1cm折ってステッチをかけ、さらに3cm折ってアイロンで整え、まつる。出来上がり。

作品❖p.17

08
フェイクワンピース

下準備

1 後ろ身ごろのそで口、えりぐり以外、前わき身ごろの肩、そで口以外、前中央身ごろのえりぐり、すその裏面の縫い代端に接着テープを貼る。

2 前中央身ごろのえりぐり、すそ、前わき身ごろのそで下〜わき、後ろ身ごろの後ろ中央、そで下〜わき、袋布のわきの縫い代端にジグザグミシン(またはロックミシン)をかける。前中央身ごろのすそをアイロンで出来上がりに折る。

裁ち合わせ図

＊指定以外の縫い代は1cm
＊ 接着テープを貼る位置

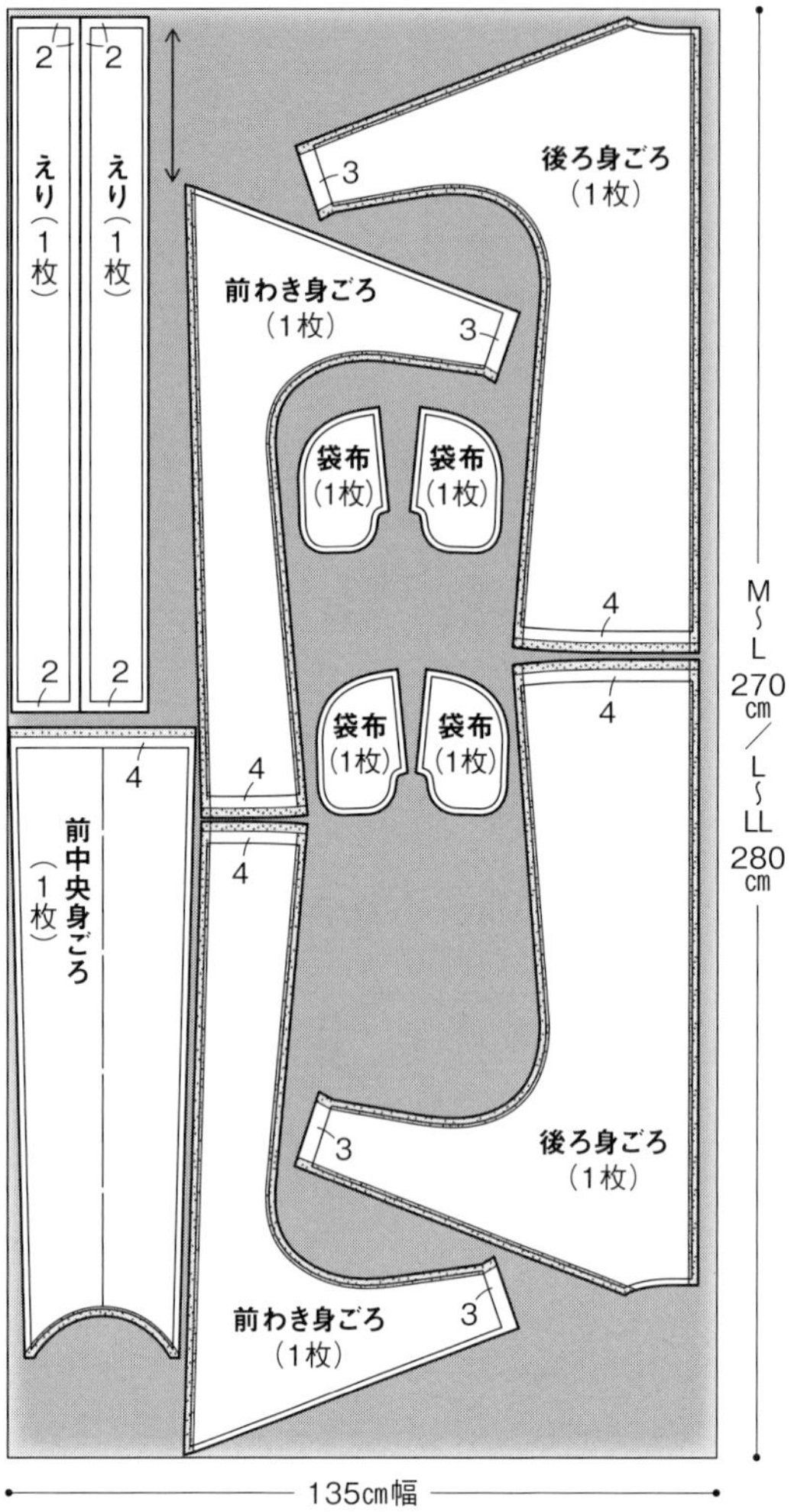

実物大型紙C面

前わき身ごろ、前中央身ごろ、後ろ身ごろ
えり、袋布

出来上がり寸法

M〜L…バスト114cm
ゆき丈77.3cm　着丈110.5cm
L〜LL…バスト120cm
ゆき丈78.5cm　着丈115.5cm

材料

❶表布　ウールガーゼ…135cm幅
M〜L270cm／L〜LL280cm
❷接着テープ…1.2cm幅
M〜L1280cm／L〜LL1320cm

縫い方順序

1 後ろ身ごろを縫う→ p.52 2
※ただし、えりぐりからスリット止まりまで
2 肩を縫う
3 そで下〜わきを縫う
4 ポケットを作る→ p.53 5 2〜4
5 えりを作ってつける
6 すそ、スリット、そで口の始末をする

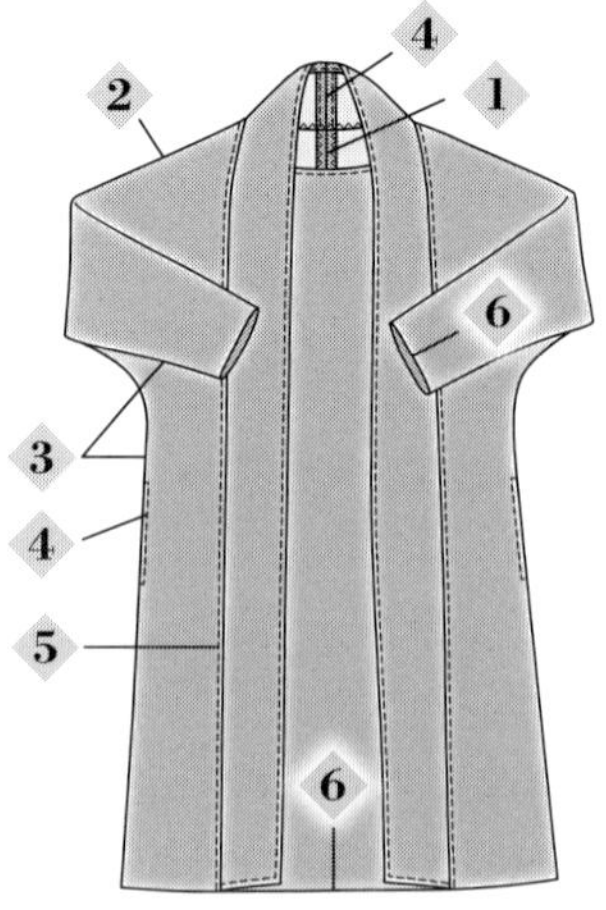

2 肩を縫う

後ろ身ごろと前わき身ごろの肩を中表に合わせて縫う(①)。縫い代は2枚一緒にジグザグミシンをかけ(②)、アイロンで後ろ身ごろ側に倒す。

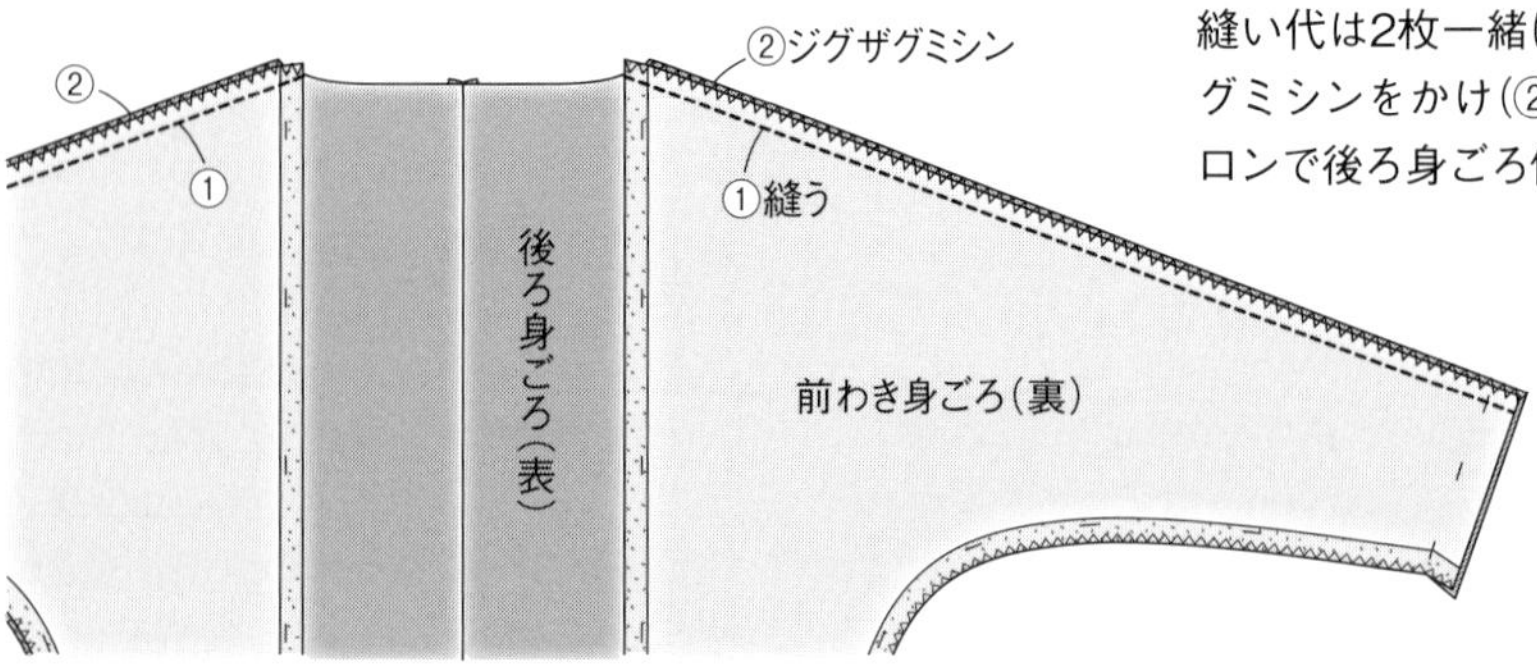

3 そで下〜わきを縫う

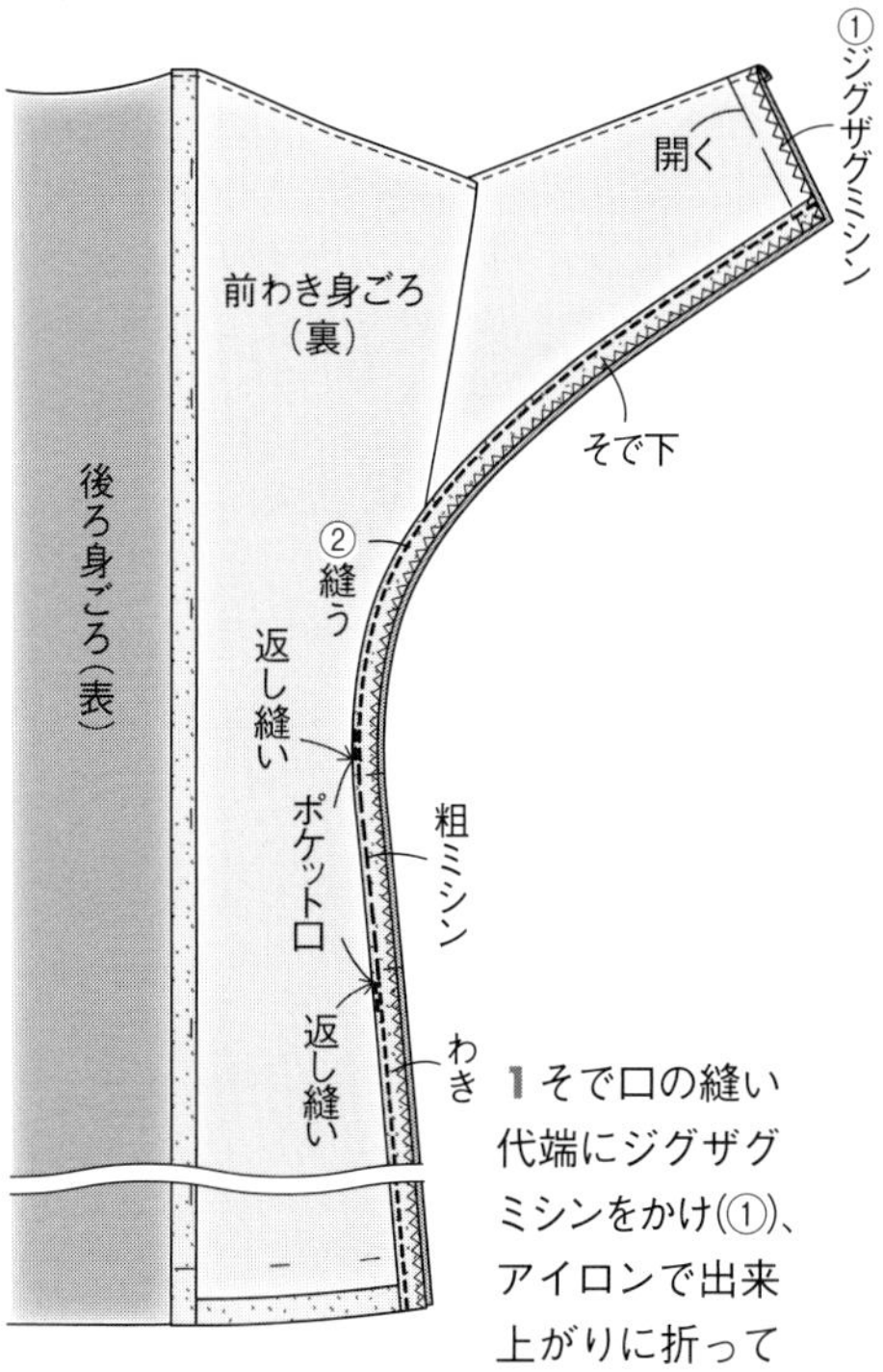

1 そで口の縫い代端にジグザグミシンをかけ(①)、アイロンで出来上がりに折って折り目を開く。後ろ身ごろと前わき身ごろのそで下〜わきを中表に合わせて縫う(②)。ポケット口の上下で返し縫いをし、ポケット口は粗い針目で縫う(粗ミシン)。

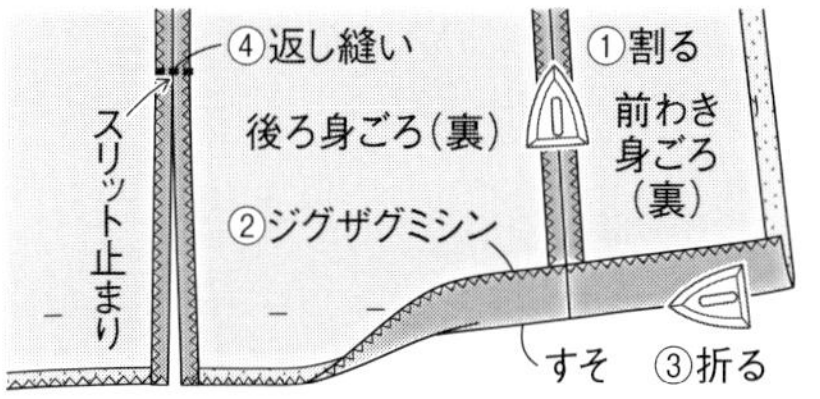

2 そで下〜わきの縫い代を割り(①)、すその縫い代にジグザグミシンをかけ(②)、アイロンで出来上がりに折る(③)。後ろ身ごろのスリット止まりの縫い代に針を渡して返し縫いをする(④)。粗ミシンの糸をほどく。

5 えりを作ってつける

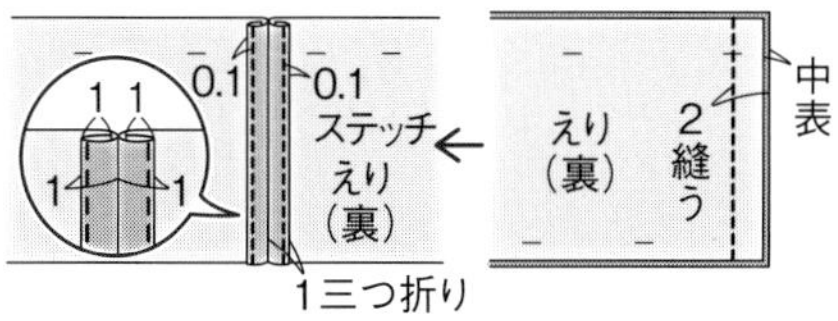

1 左右のえりの後ろ中央を中表に合わせて縫う。縫い代はアイロンで割り、それぞれ三つ折りにしてステッチをかける。

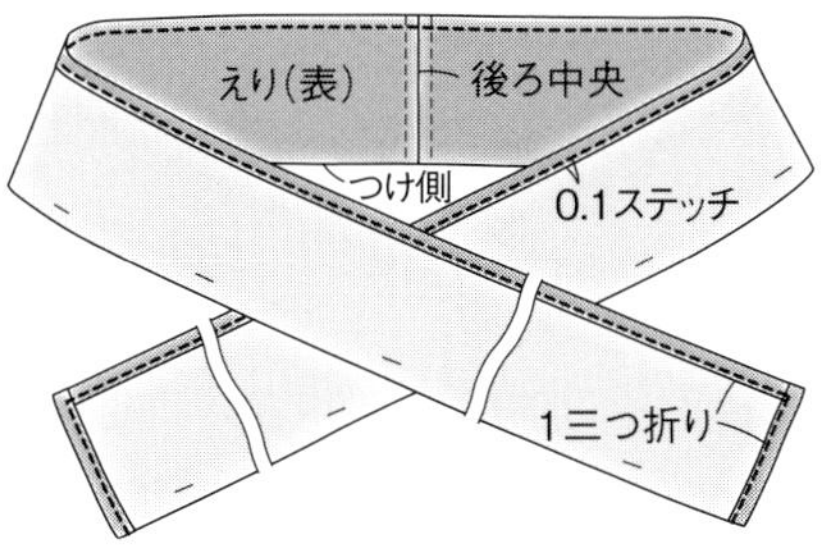

2 えりのつけ側以外の3辺の縫い代をアイロンで三つ折りにしてステッチをかける。

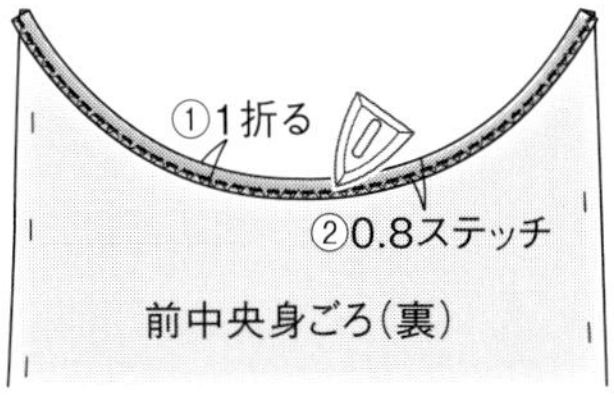

3 前中央身ごろのえりぐりの縫い代を裏面に折り(①)、ステッチをかける(②)。

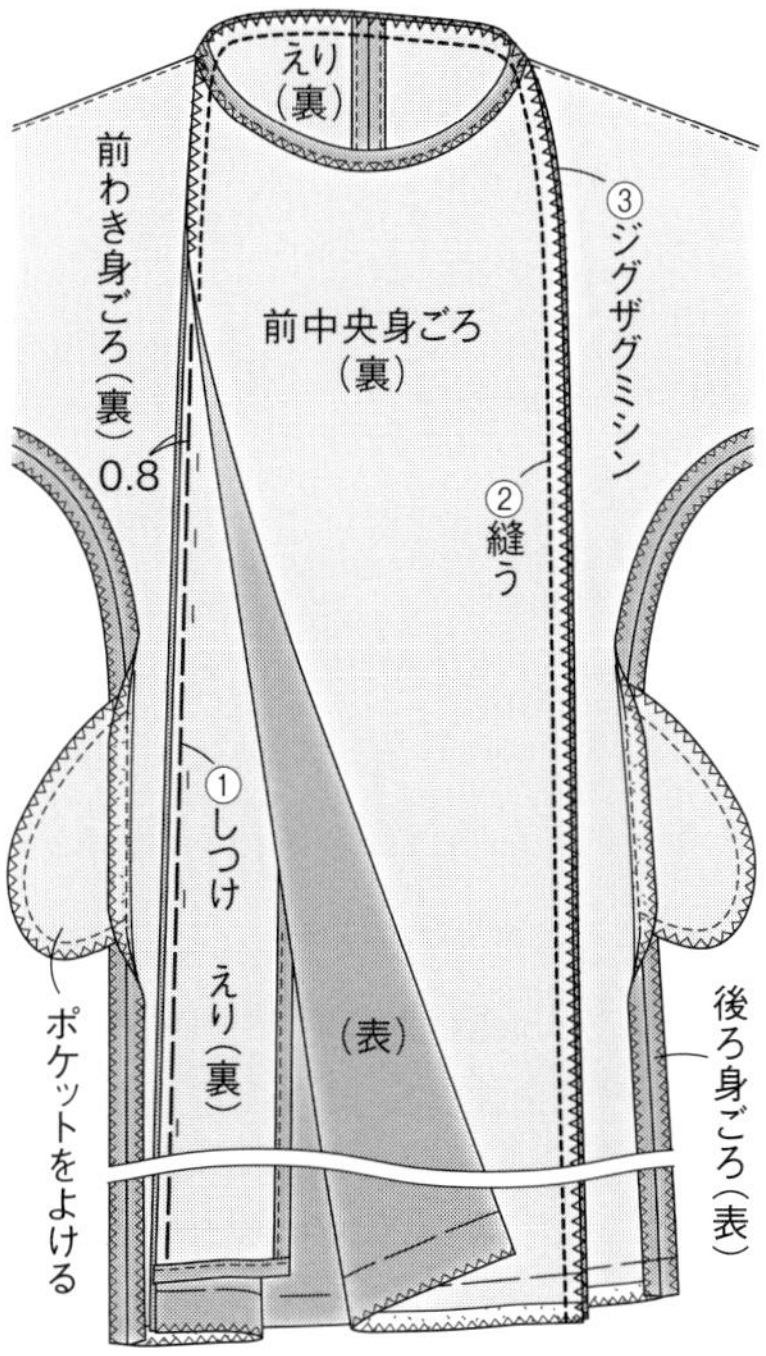

4 すその折り目を一度開き、前わき身ごろのえりはさみ位置、後ろ身ごろのえりぐりの表面にえりを中表に合わせて縫い代にしつけをかける(①)。さらに、前中央身ごろの表面を重ねて縫う(②)。縫い代は3枚一緒にジグザグミシンをかけて始末する(③)。

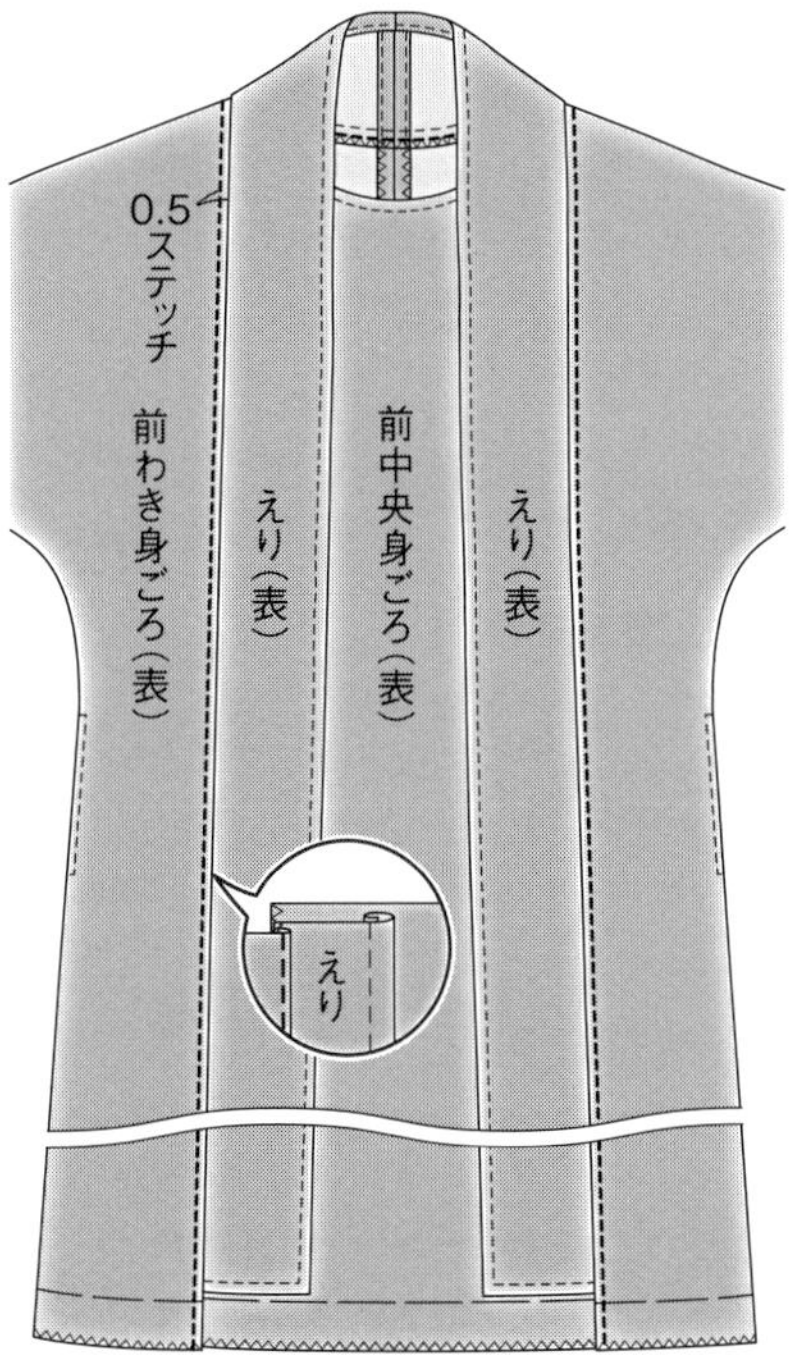

5 表に返し、縫い代を前わき身ごろ、後ろ身ごろ側に倒してステッチをかける。

6 すそ、スリット、そで口の始末をする

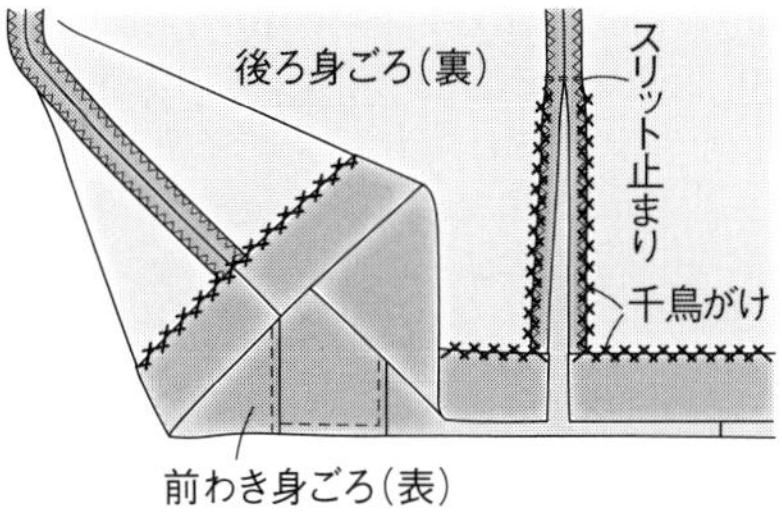

すその縫い代を再度裏面に折り、すそとスリットあきを千鳥がけで身ごろに縫い留める。そで口も同様にする。出来上がり。

作品 ❖ p.12

04 フリルそでのワンピース

1 後ろ身ごろのタックを縫う

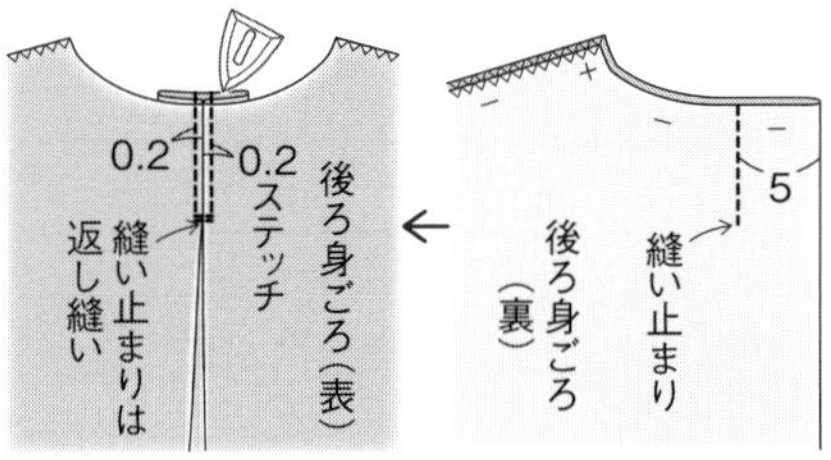

後ろ身ごろのタックを中表に合わせ、えりぐりから縫い止まりまで縫う。タックを開き、縫い目がタックの中央にくるようにアイロンで整え、表面からタックの周囲にステッチをかける。

2 肩を縫う

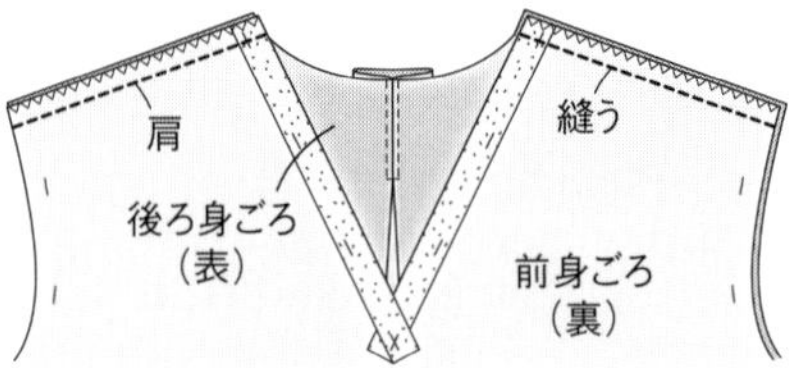

前身ごろと後ろ身ごろの肩を中表に合わせて縫う。縫い代はアイロンで割る。

3 見返しを縫い、えりぐりの始末をする

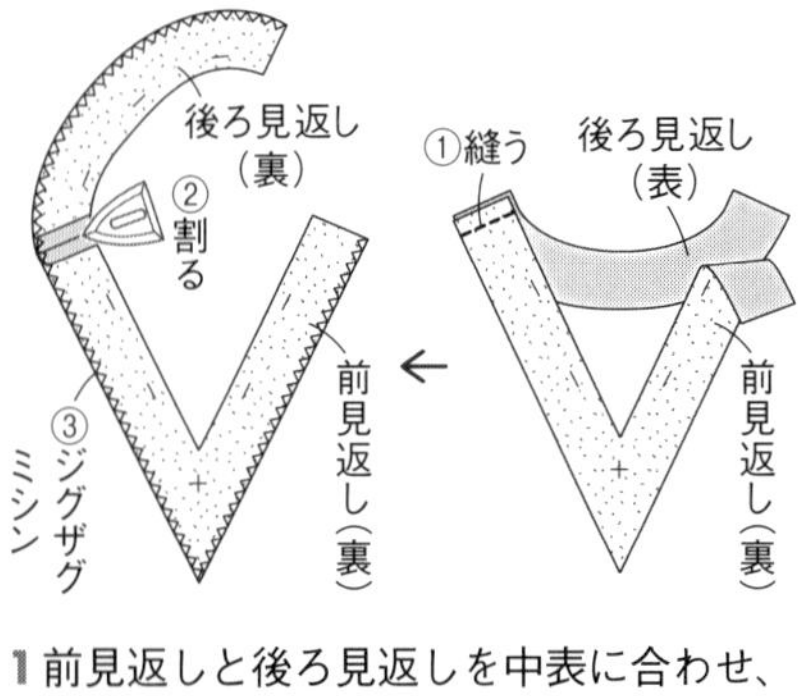

1前見返しと後ろ見返しを中表に合わせ、一方の肩を縫い(①)、縫い代を割る(②)。外回りにジグザグミシンをかける(③)。

裁ち合わせ図

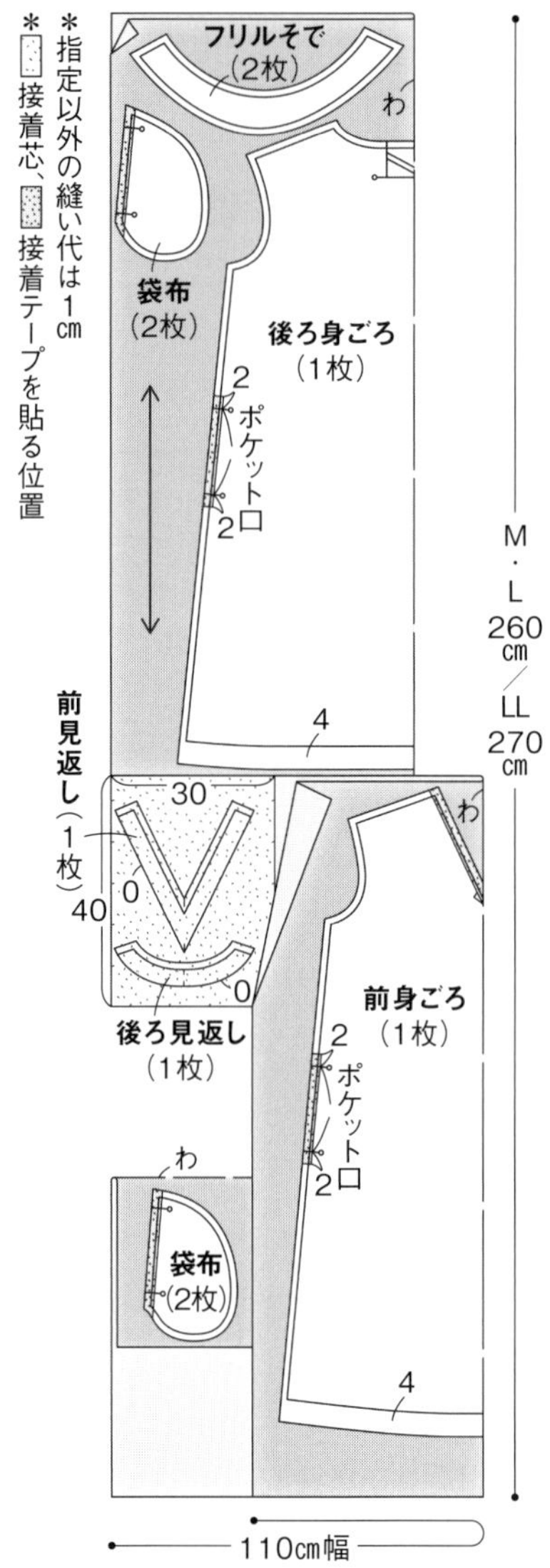

縫い方順序

1. 後ろ身ごろのタックを縫う
2. 肩を縫う
3. 見返しを縫い、えりぐりの始末をする
4. フリルそでをつける
5. そで下〜わきを縫い、ポケットを作る→ p.53 5 1 〜 4

※そで口とすその折り目を一度開いて
　そで下〜わきを中表に合わせて縫う

6. そで口の始末をする
7. 見返し、すその始末をする

実物大型紙B面

前身ごろ、後ろ身ごろ、前見返し、後ろ見返し、フリルそで、袋布

出来上がり寸法

M…バスト120cm　そで丈5.5cm
着丈104cm
L…バスト124cm　そで丈5.5cm
着丈109cm
LL…バスト130cm　そで丈6cm
着丈114cm

材料

❶表布　リネン…110cm幅　M・L260cm／LL270cm
❷接着芯…30×40cm
❸接着テープ…1.2cm幅　220cm

下準備

1前・後ろ見返しの裏面に接着芯を貼るが、30×40cmに粗裁ちした表布の裏面に接着芯を貼ってから型紙を配置し、縫い代をつけて見返しを裁断する。
2前身ごろのえりぐりとポケット口、後ろ身ごろのポケット口、袋布のわきの裏面の縫い代端に接着テープを貼る。
3前・後ろ身ごろの肩、わき、すそ、フリルそでのそで下とそで口、袋布のわき縫い代端にジグザグミシン(またはロックミシン)をかける。

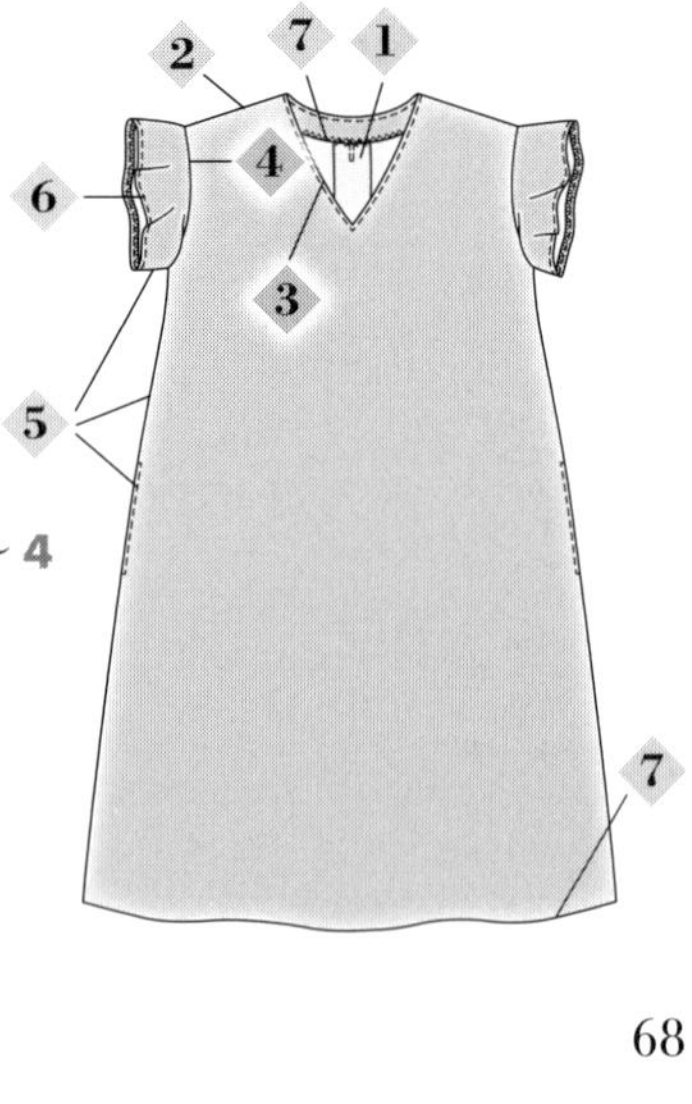

作品❖p.16

07

タック入りジャンパースカート

実物大型紙B面

前身ごろ、後ろ身ごろ、袋布
＊えりぐり用バイアス布、そでぐり用バイアス布は型紙を作らずに、裁ち合わせ図の寸法で直接布を裁つ。

出来上がり寸法

M～L…バスト111㎝　着丈108㎝
L～LL…バスト117㎝　着丈113㎝

材料

❶表布　ウール混チェック…135㎝幅
M～L 210㎝／L～LL 220㎝
❷接着テープ（ニットタイプ）…1.2㎝幅
M～L 530㎝／L～LL 550㎝

縫い方順序

1 わきを縫い、ポケットを作る→p.53 5 1～4
2 タックをたたむ
3 肩を縫う→p.68 2
4 えりぐり、そでぐりの始末をする
5 すその始末をする→p.91 7

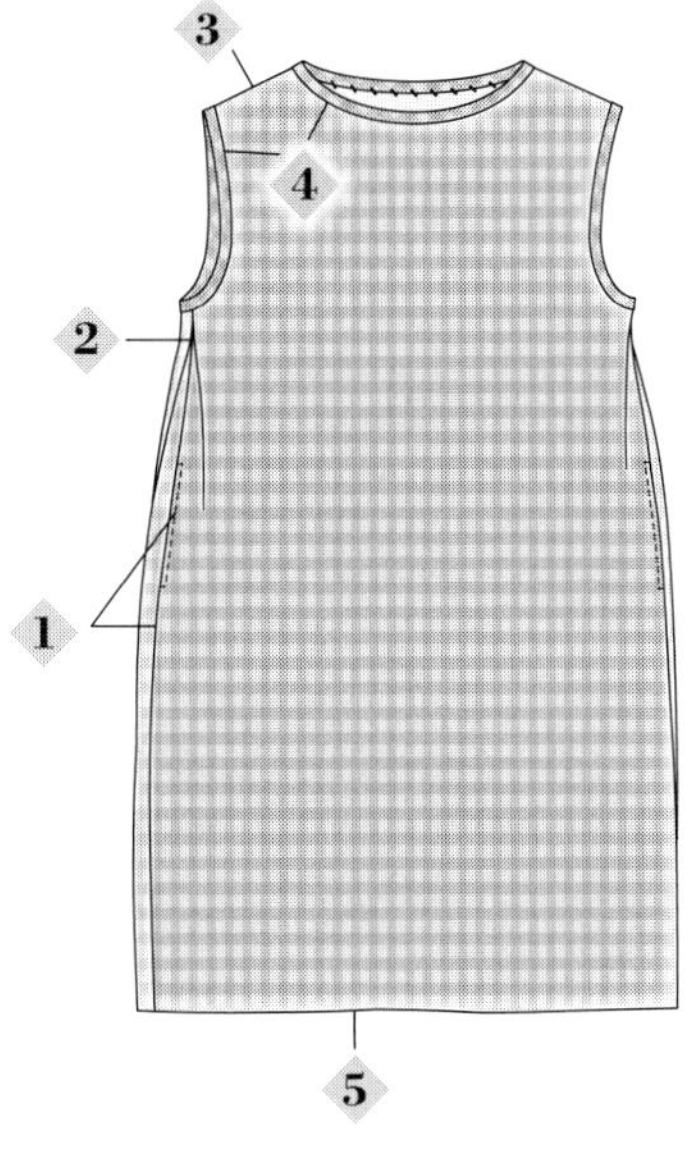

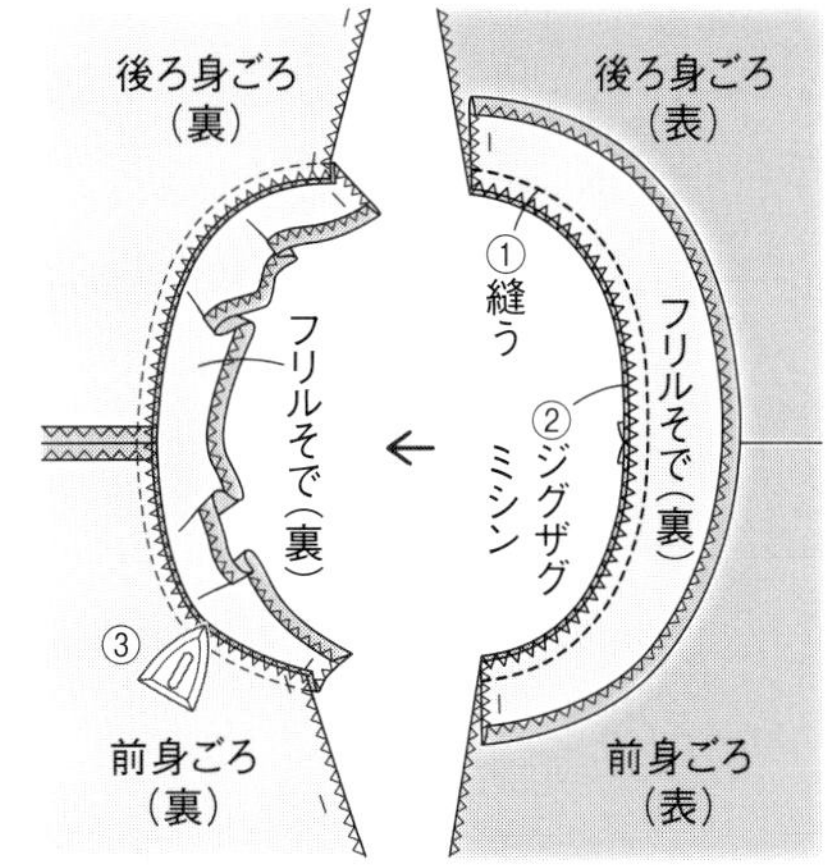

2 身ごろのそでぐりにフリルそでを中表に合わせて縫う（①）。縫い代は2枚一緒にジグザグミシンをかけ（②）、そで側にアイロンで倒す（③）。そで口の折り目を開く。

6 そで口の始末をする

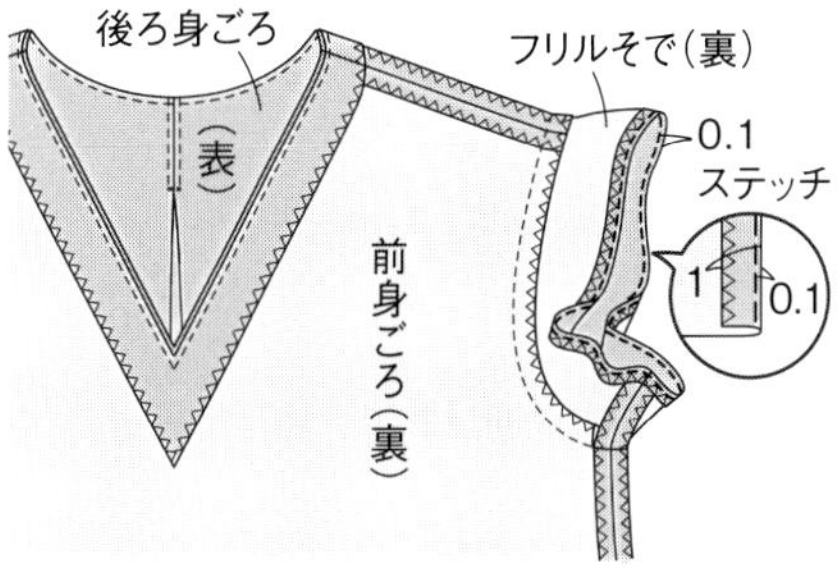

フリルそでのそで口縫い代を再度整え、表面から折り山にステッチをかける。

7 見返し、すその始末をする

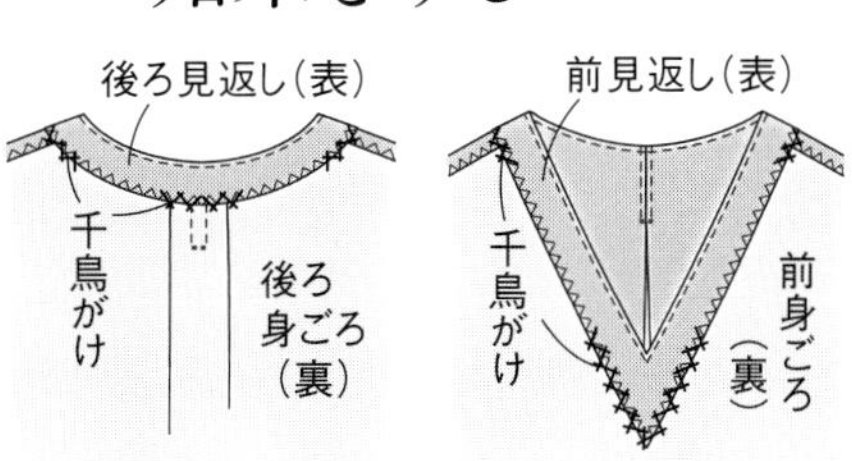

見返し端は、千鳥がけで前身ごろ、後ろタックの裏面と肩に縫い留める。すそ縫い代は、端にジグザグミシンをかけ、アイロンで出来上がりに折って、縫い代を千鳥がけで身ごろに縫い留める。出来上がり。

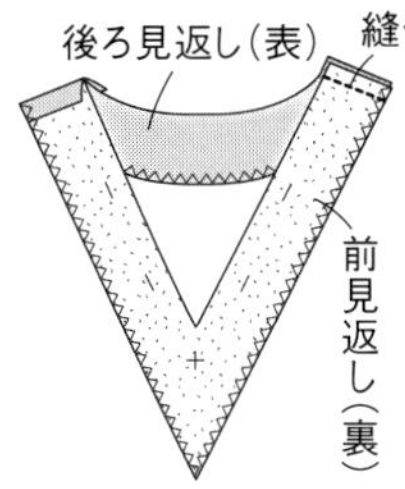

2 見返しのもう一方の肩を中表に合わせて縫い、縫い代を割る。

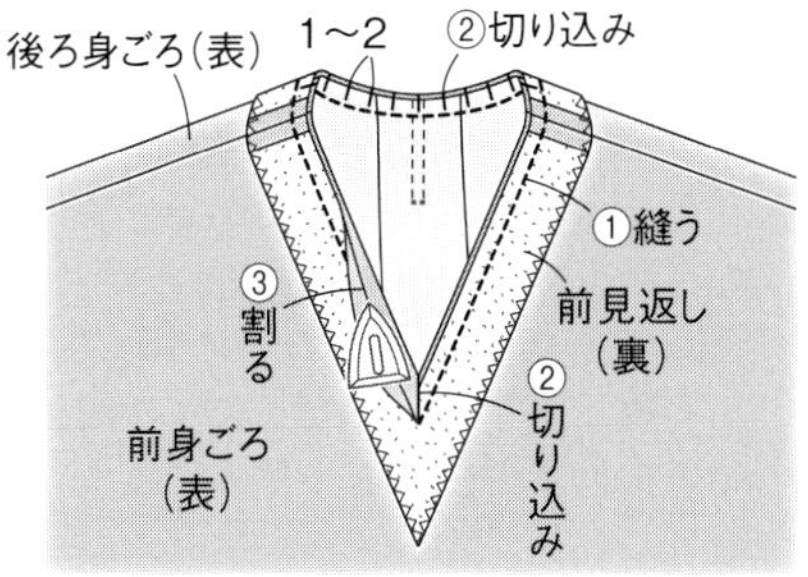

3 身ごろのえりぐりに、見返しのえりぐりを中表に合わせて縫い（①）、縫い代のカーブ部分と前えりぐりのVあきの先端に切り込みを入れ（②）、縫い代を割る（③）。

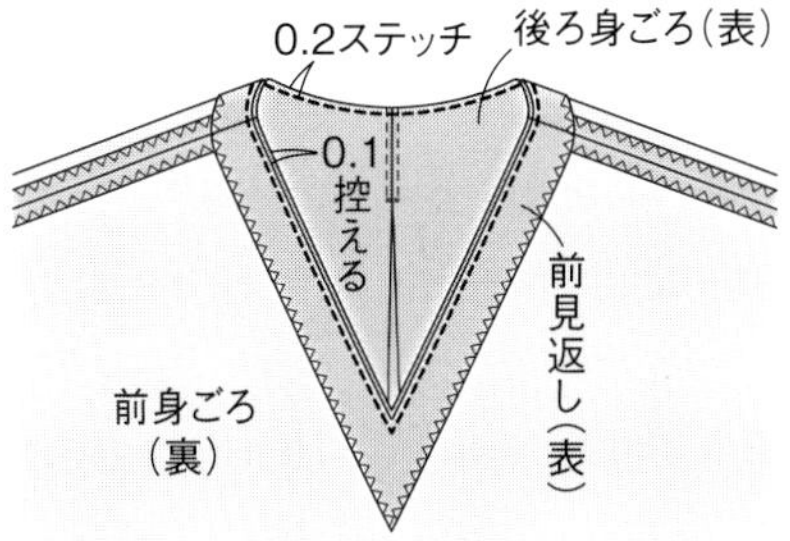

4 見返しを身ごろの裏面に返してアイロンで整え、表面からえりぐりにステッチをかける。

4 フリルそでをつける

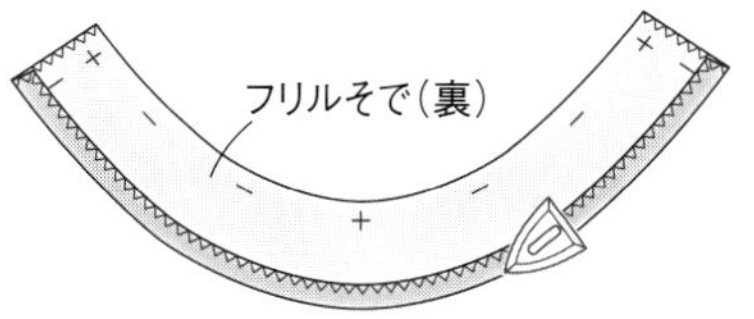

1 フリルそでのそで口縫い代をアイロンで裏面に折る。

4 えりぐり、そでぐりの始末をする

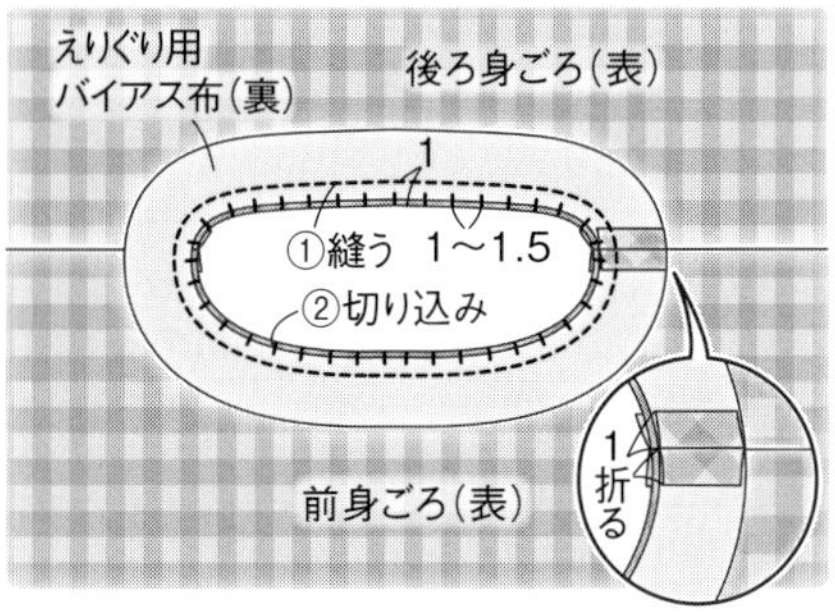

1 えりぐり用バイアス布を身ごろのえりぐりに中表に合わせ、両端を1cm残して余分をカットする。左肩のつけ始めとつけ終わりの端を突き合わせ、アイロンで裏面に1cm折って縫う(①)。縫い代に1〜1.5cm間隔で切り込みを入れる(②)。

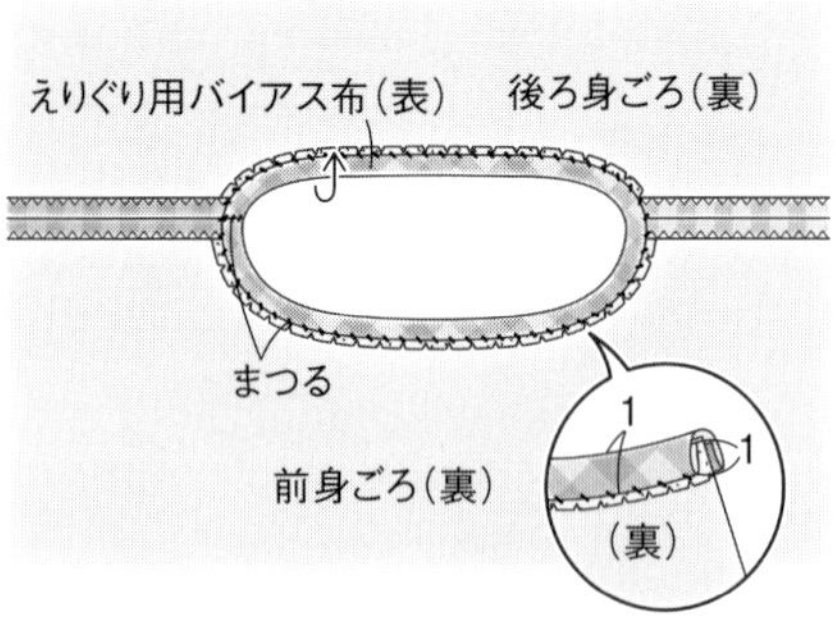

2 バイアス布を身ごろの裏面に返し、縫い代をくるむように端を折り込んでまつる。つけ始めとつけ終わりは表側、裏側ともまつる。

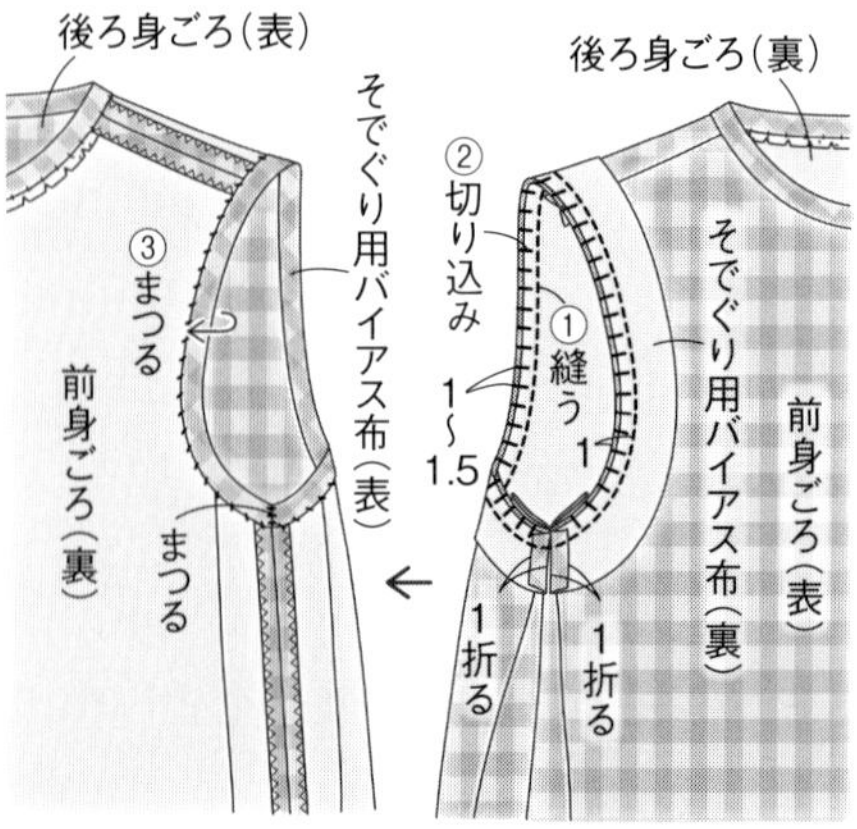

3 えりぐりと同じ要領で、そでぐりをバイアス布で始末する(①〜③)。

布の裁ち方

裁ち合わせ図を参考に布に型紙を配置し、縫い代をつけて各パーツを裁つが、まず最初に後ろ身ごろを裁断する。次に、前身ごろを前中央で中表に折って裁断し、そのほかのパーツを裁つ。

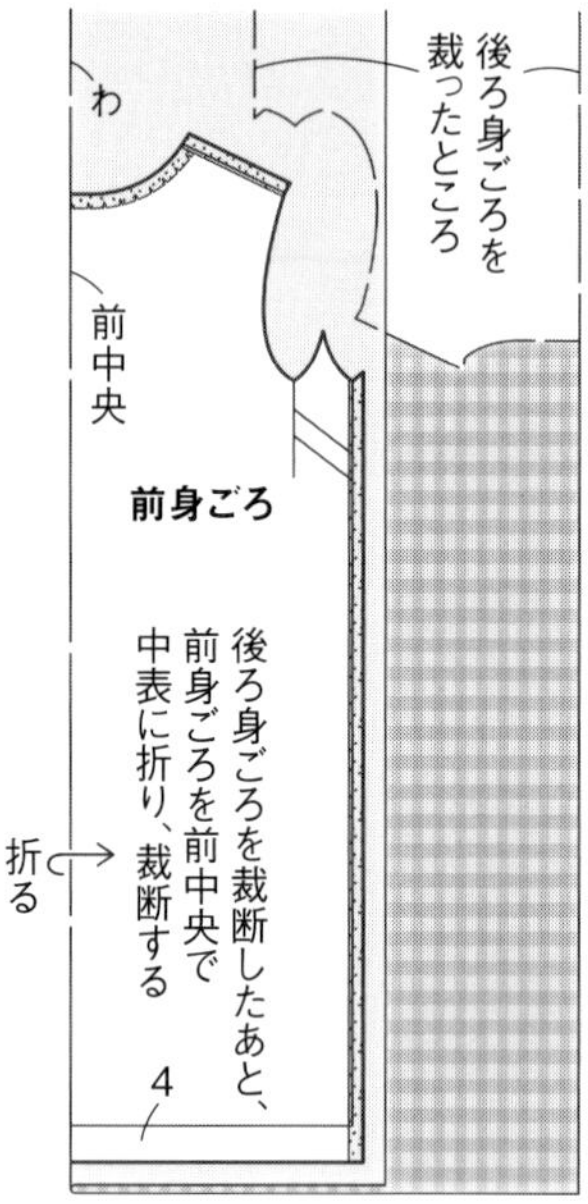

裁ち合わせ図

＊指定以外の縫い代は1cm
＊[点線模様]接着テープを貼る位置

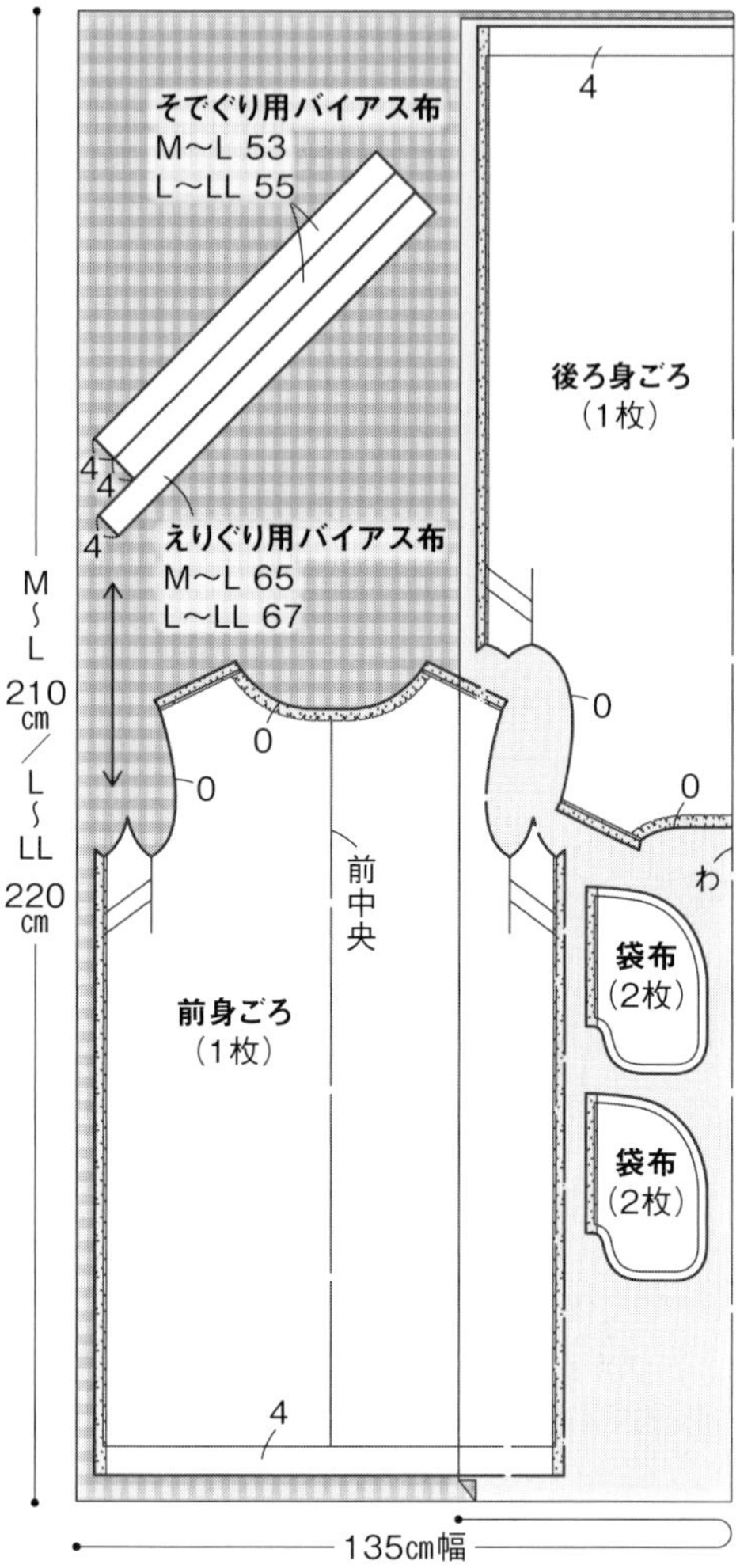

下準備

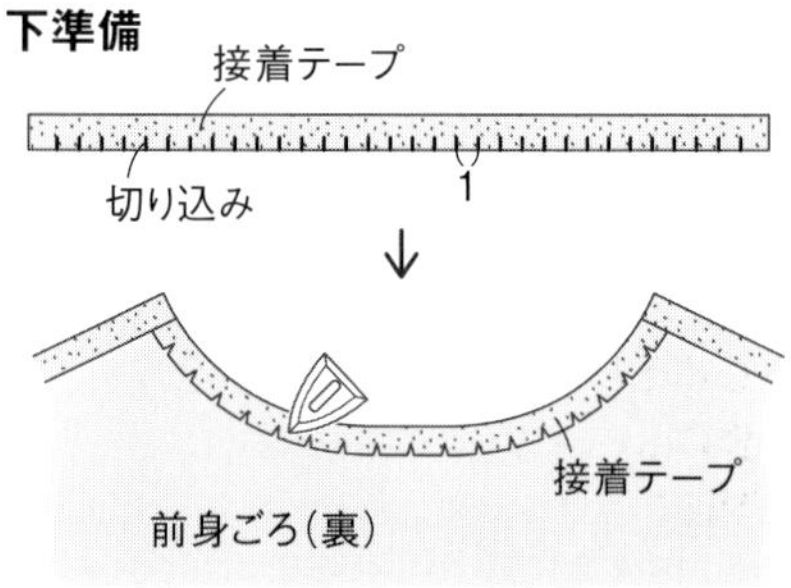

1 えりぐりの接着テープの片側に切り込みを入れる。前・後ろ身ごろのえりぐり、肩、わき、袋布のわきの裏面の縫い代端に接着テープを貼る。

2 前・後ろ身ごろの肩、わき、すその縫い代端にジグザグミシン(またはロックミシン)をかける。

2 タックをたたむ

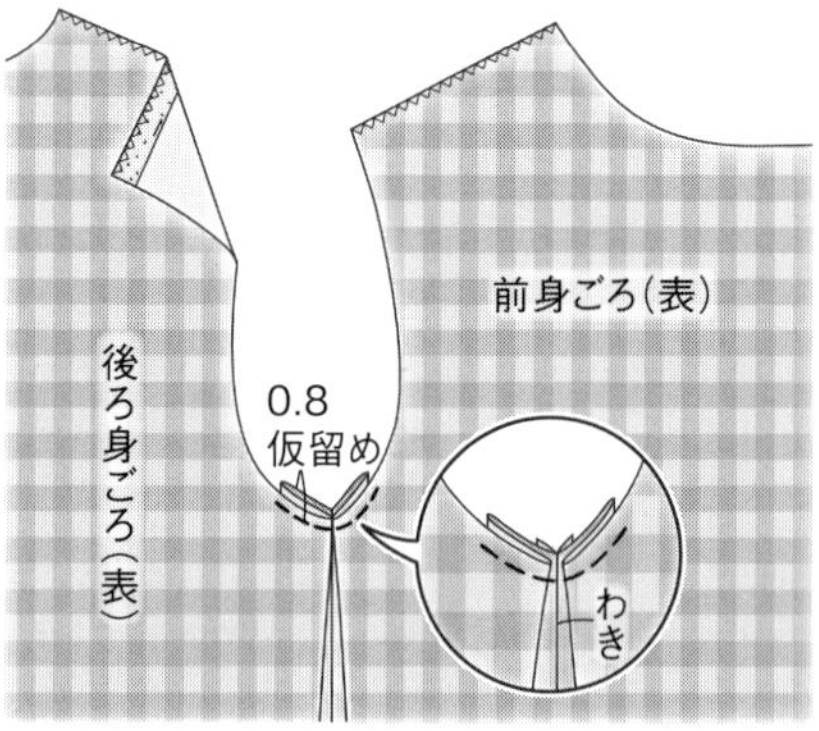

わき線に向かって前後のタックを図のようにたたみ、そでぐりを仮留めする。

作品❖p.19

タックワンピース

下準備

1 前見返し、後ろ見返しの裏面に接着芯を貼るが、40×25cmに粗裁ちした表布の裏面に接着芯を貼ってから型紙を配置し、縫い代をつけて見返しを裁断する。

2 前・後ろ身ごろの肩、わき、ウエスト、そでのそで下、そで口、前・後ろスカートのわき、すその裏面の縫い代端に接着テープを貼る。

3 前・後ろ身ごろの肩、わき、そでのそで下、そで口、前・後ろスカートのわきの縫い代端にジグザグミシン(またはロックミシン)をかける。

2 えりぐりの始末をする

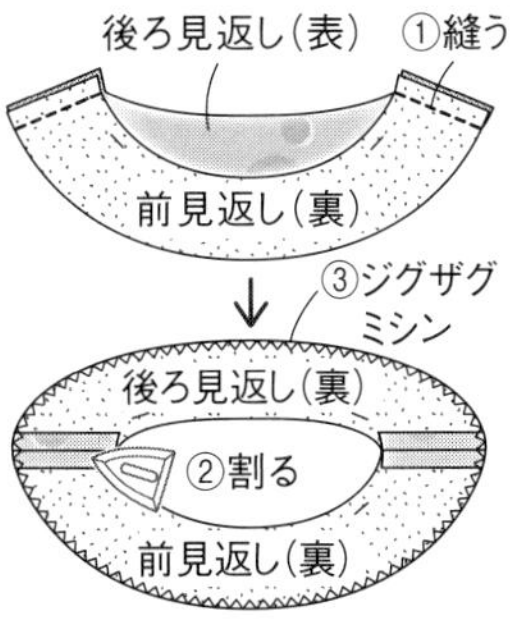

1 前見返しと後ろ見返しの肩を中表に合わせて縫う(①)。縫い代はアイロンで割り(②)、外回りにジグザグミシンをかける(③)。

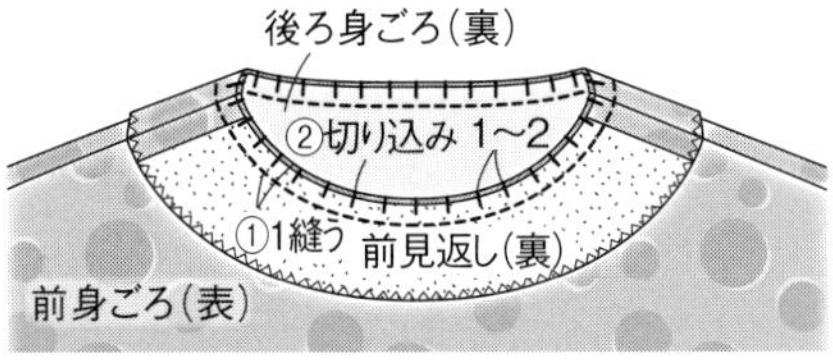

2 身ごろのえりぐりに見返しのえりぐりを中表に合わせて縫い(①)、縫い代に1～2cm間隔で切り込みを入れる(②)。

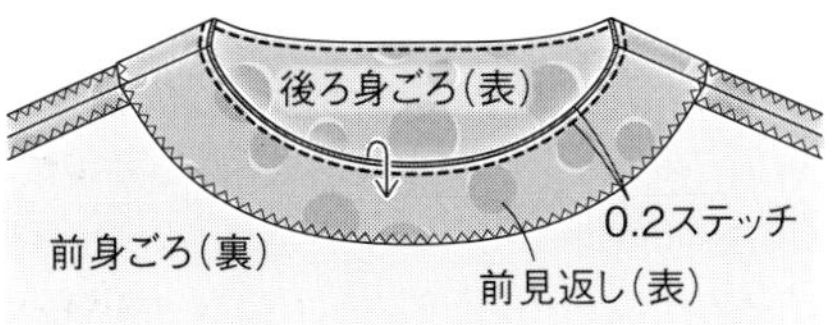

3 見返しを身ごろの裏面に返してアイロンで整え、えりぐりにステッチをかける。

裁ち合わせ図

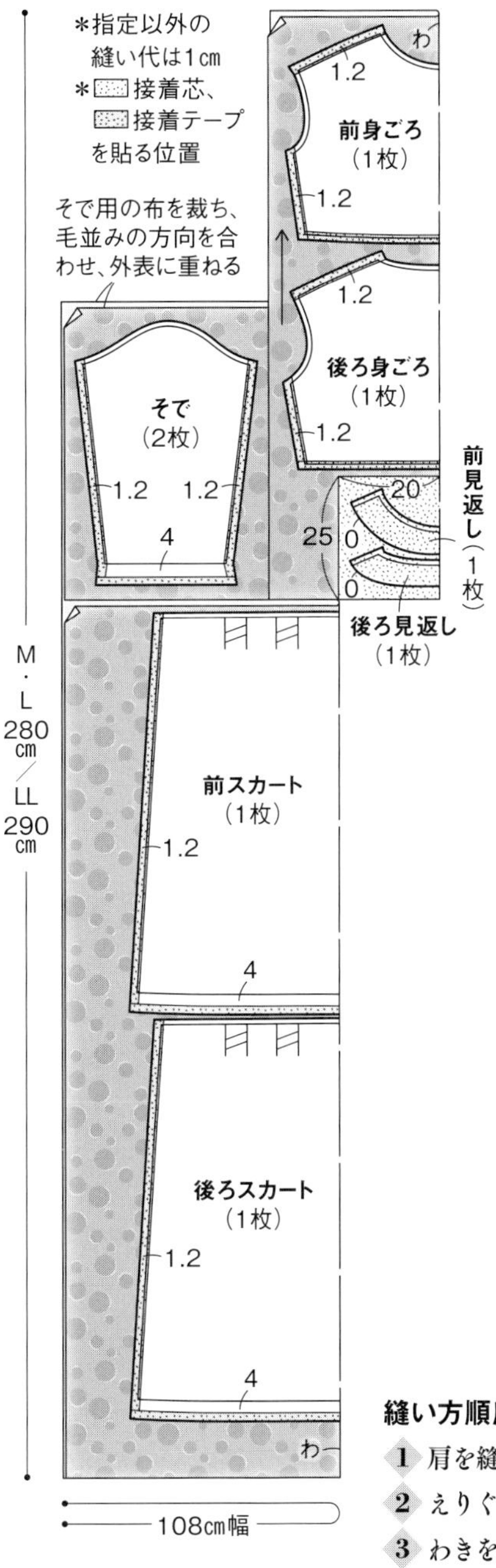

実物大型紙C面

前身ごろ、後ろ身ごろ、前見返し、後ろ見返し、そで、前スカート、後ろスカート

出来上がり寸法

M…バスト117cm　そで丈45cm
　着丈109cm
L…バスト121cm　そで丈46cm
　着丈113.5cm
LL…バスト125cm　そで丈47cm
　着丈118cm

材料

❶表布　ジャージープリント…108cm幅
　M・L 280cm／LL 290cm
❷接着芯…40×25cm
❸接着テープ…1.5cm幅　M1040cm／L 1070cm／LL 1110cm

作り方のポイント

表布の柄部分は毛並みがある。毛並みによって見え方がかわるので、布を裁つときは毛並みの方向がそろうように、一方向に型紙を配置して裁つ。

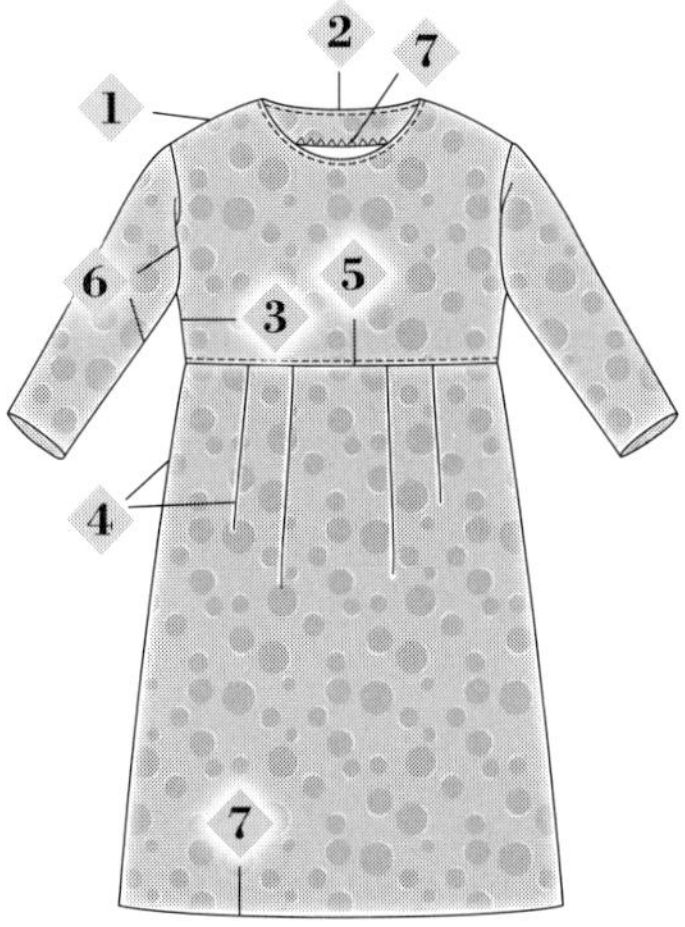

縫い方順序

1 肩を縫う→p.68 2
2 えりぐりの始末をする
3 わきを縫う
4 スカートを縫う
5 ウエストを縫う
6 そでを作ってつける→p.57 5
7 見返し、すその始末をする→p.91 7
※見返し端はぐるりと縫い留める

作品❖p.39

22

ハーフコート

実物大型紙B面

前身ごろ、後ろ身ごろ、そで、ポケット

出来上がり寸法

バスト120cm　そで丈49.2cm

着丈　身長155cm　90cm

身長160cm　93cm

身長165cm　96cm

材料

❶表布　圧縮ウール…132cm幅
身長155cm　190cm／身長160cm・165cm　200cm

❷接着テープ…1.5cm幅
身長155cm　490cm／身長160cm　500cm／身長165cm　510cm

❸薄手接着芯…45×30cm

❹グログランリボン…2.4cm幅　身長155cm　170cm／身長160cm・165cm　180cm

❺スナップ…直径2cm　3組

作り方のポイント

えりぐり、前端、すそ、そで口は切りっぱなしのため、ほつれにくい布を使用する。

縫い方順序

1 ポケットを作ってつける→p.92 2
※ただし、ポケット口のステッチ幅は3cm

2 前あきの始末をする

3 肩、わきを縫う→p.68 2、p.72 3

4 えりぐり、すその始末をする

5 そでを作る

6 そでをつける→p.55 8

7 スナップをつける

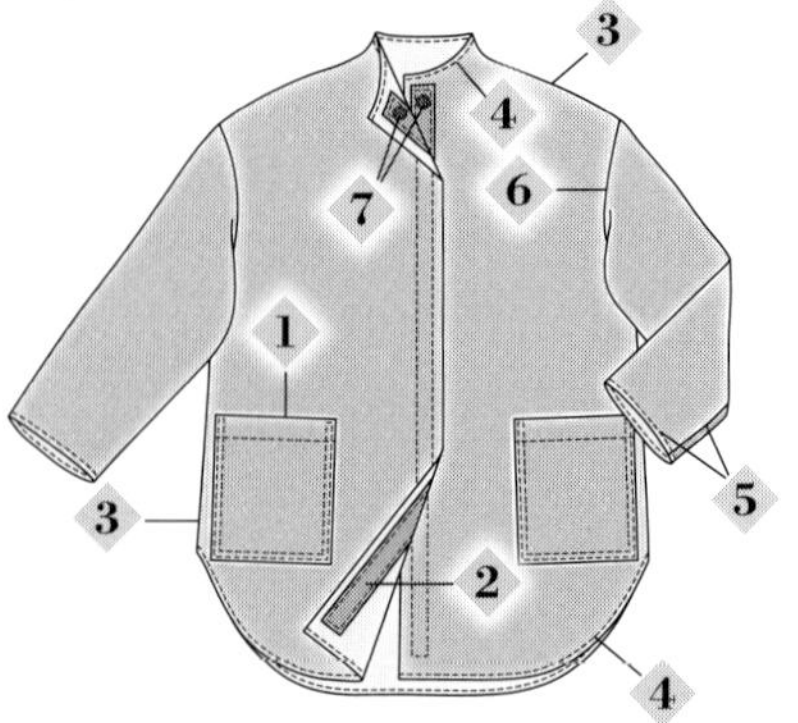

3 わきを縫う

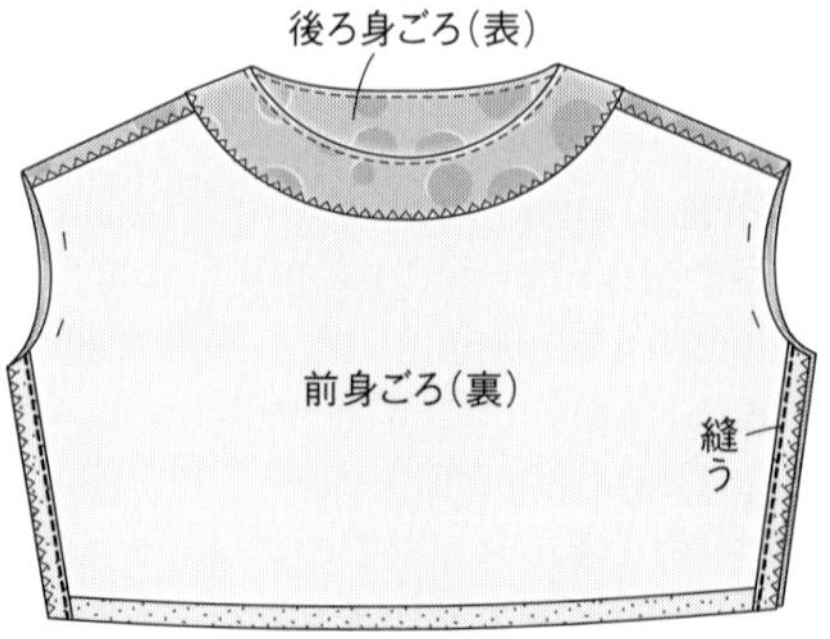

前身ごろと後ろ身ごろを中表に合わせてわきを縫う。縫い代はアイロンで割る。

4 スカートを縫う

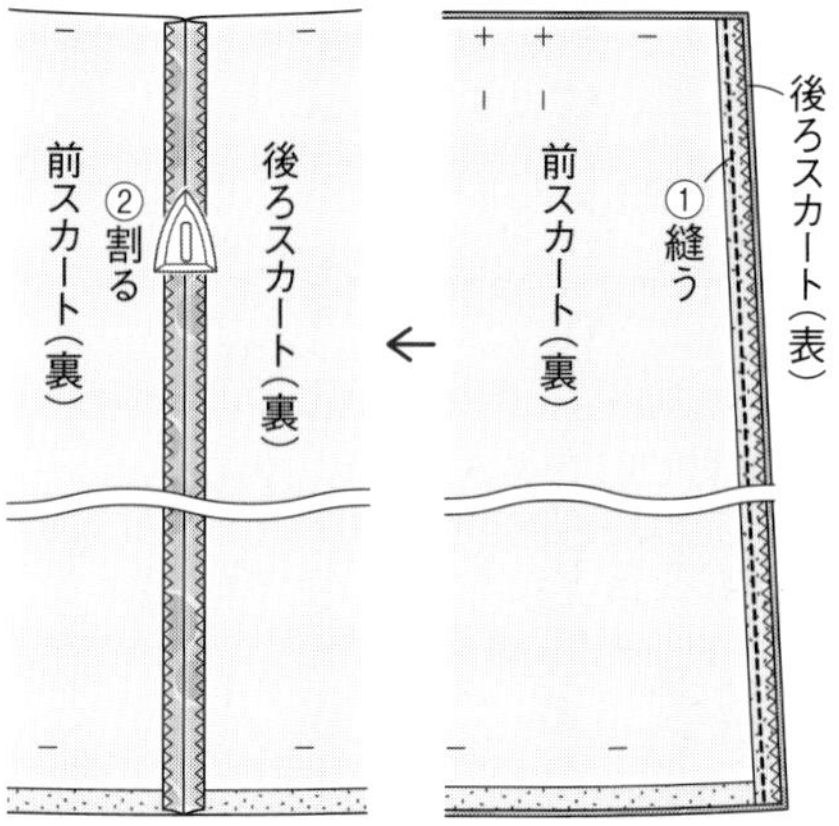

1 前スカートと後ろスカートの一方のわき(図は右わき)を中表に合わせて縫う(①)。縫い代はアイロンで割る(②)。

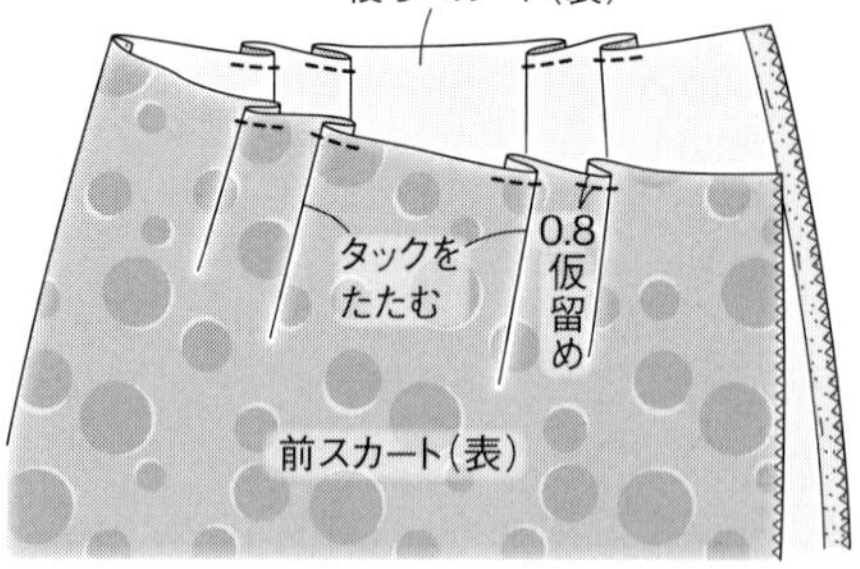

2 前スカートと後ろスカートのタックをたたみ、ウエストの縫い代に仮留めする。

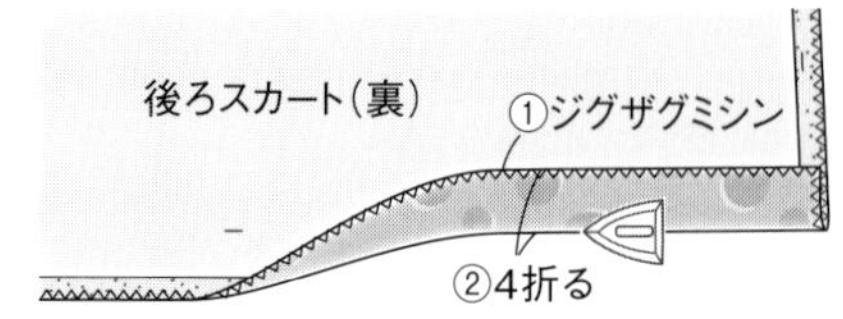

3 スカートのすその縫い代端にジグザグミシンをかけ(①)、アイロンで裏面に折る(②)。

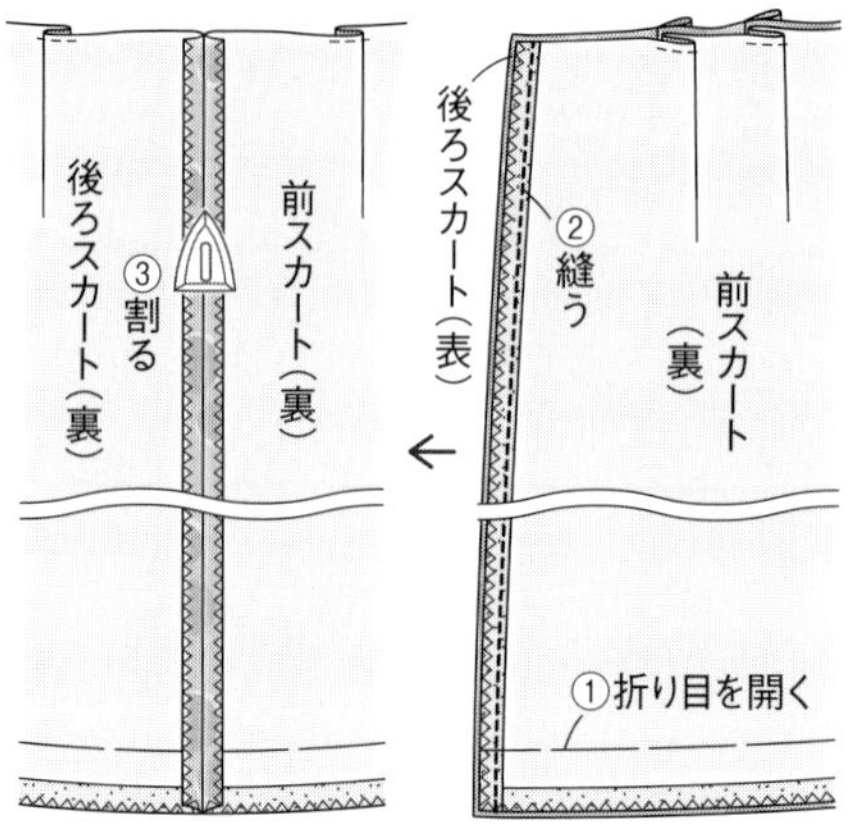

4 すその折り目を一度開き(①)、前スカートと後ろスカートのもう一方のわき(図は左わき)を中表に合わせて縫い(②)、縫い代はアイロンで割る(③)。

5 ウエストを縫う

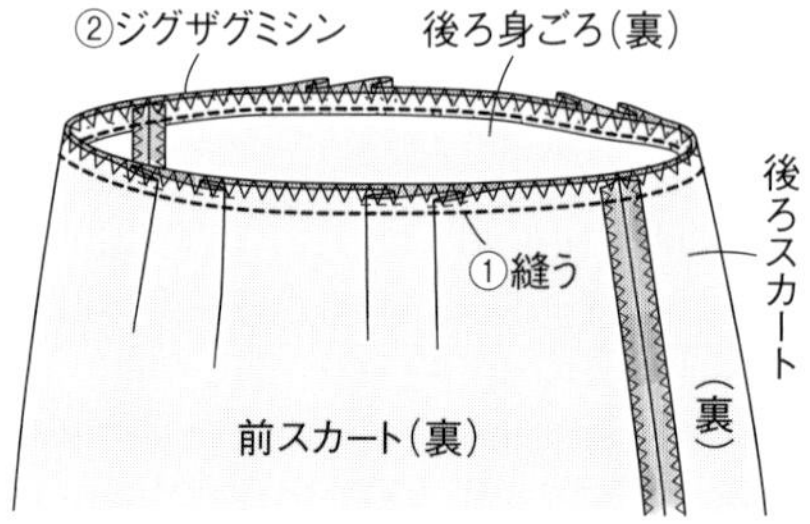

1 身ごろとスカートのウエストを中表に合わせて縫う(①)。縫い代は2枚一緒にジグザグミシンで始末する(②)。

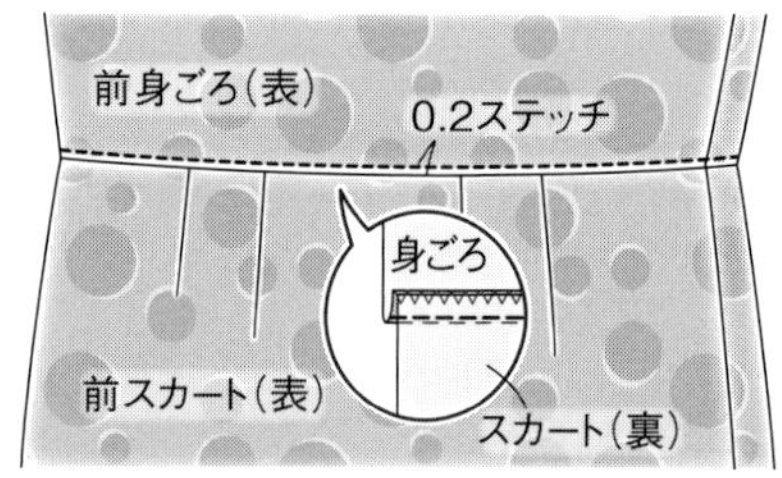

2 ウエストの縫い代をアイロンで身ごろ側に倒し、身ごろ側に表面からステッチをかける。

4 えりぐり、すその始末をする

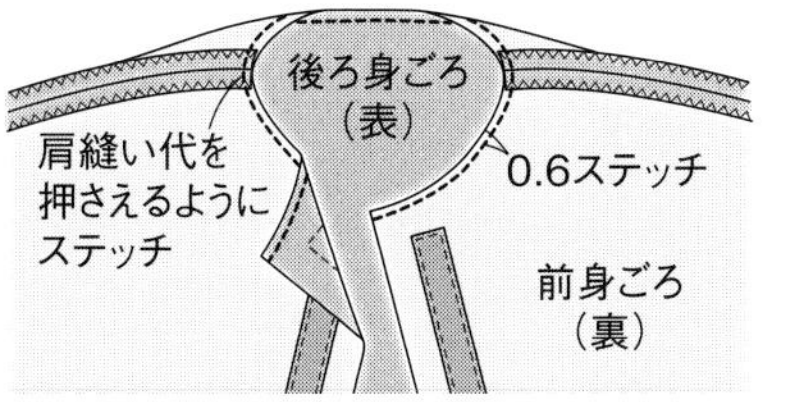

えりぐりにぐるりとステッチをかける。肩は縫い代を押さえるように縫う。すそも同様にして、0.6cm幅のステッチをかける。

5 そでを作る

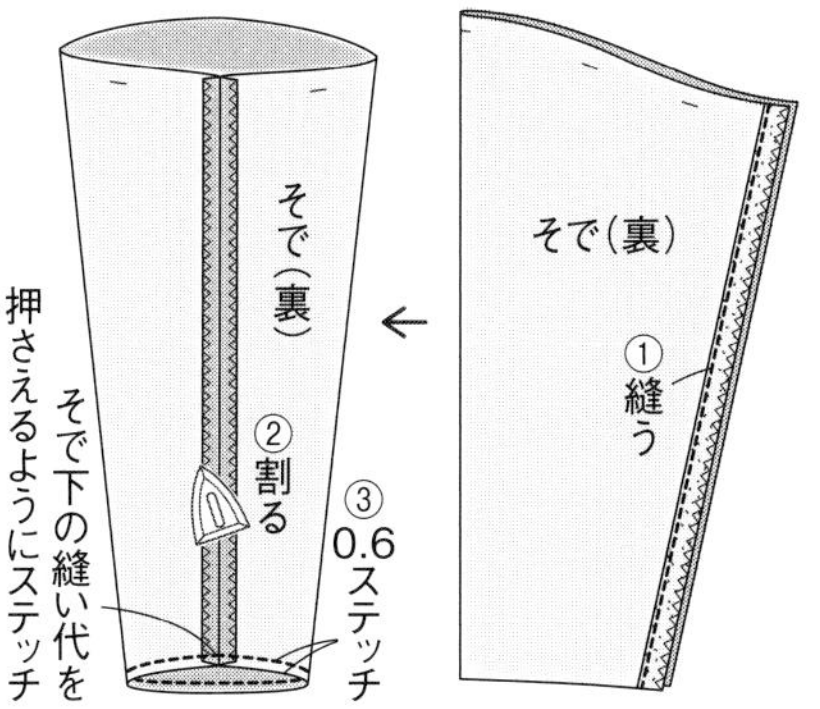

そでを中表に二つ折りにしてそで下を合わせて縫う（①）。縫い代はアイロンで割る（②）。そで口にステッチをかける（③）。そで下は縫い代を押さえるように縫う。

7 スナップをつける

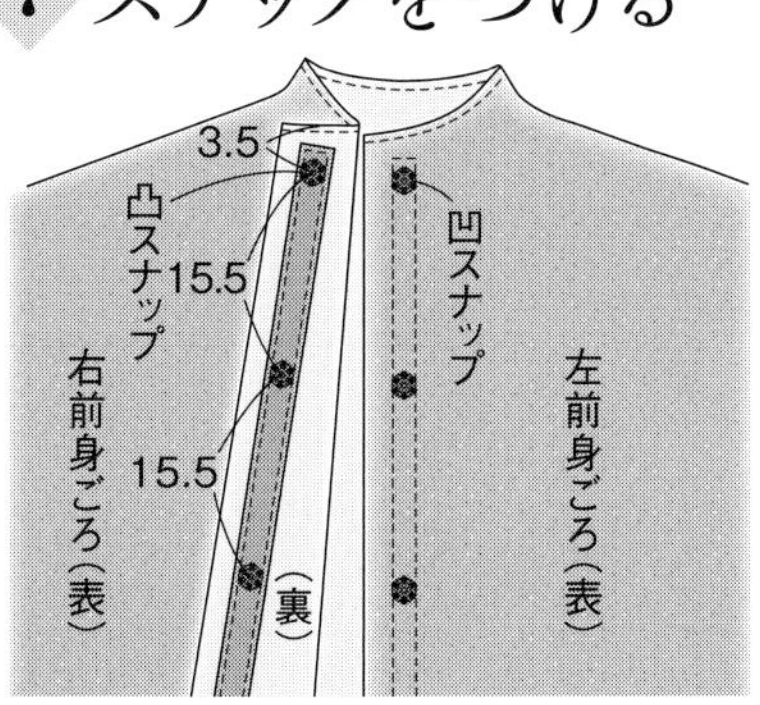

右前身ごろ裏面に凸スナップをつけ、左前身ごろ表面に凹スナップをつける。出来上がり。

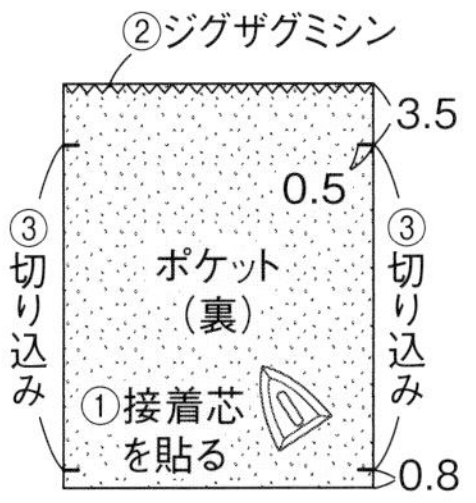

2ポケットの裏面全体に接着芯を貼り（①）、ポケット口の縫い代端にジグザグミシンをかける（②）。両わきの指定位置に切り込みを入れる（③）。

2 前あきの始末をする

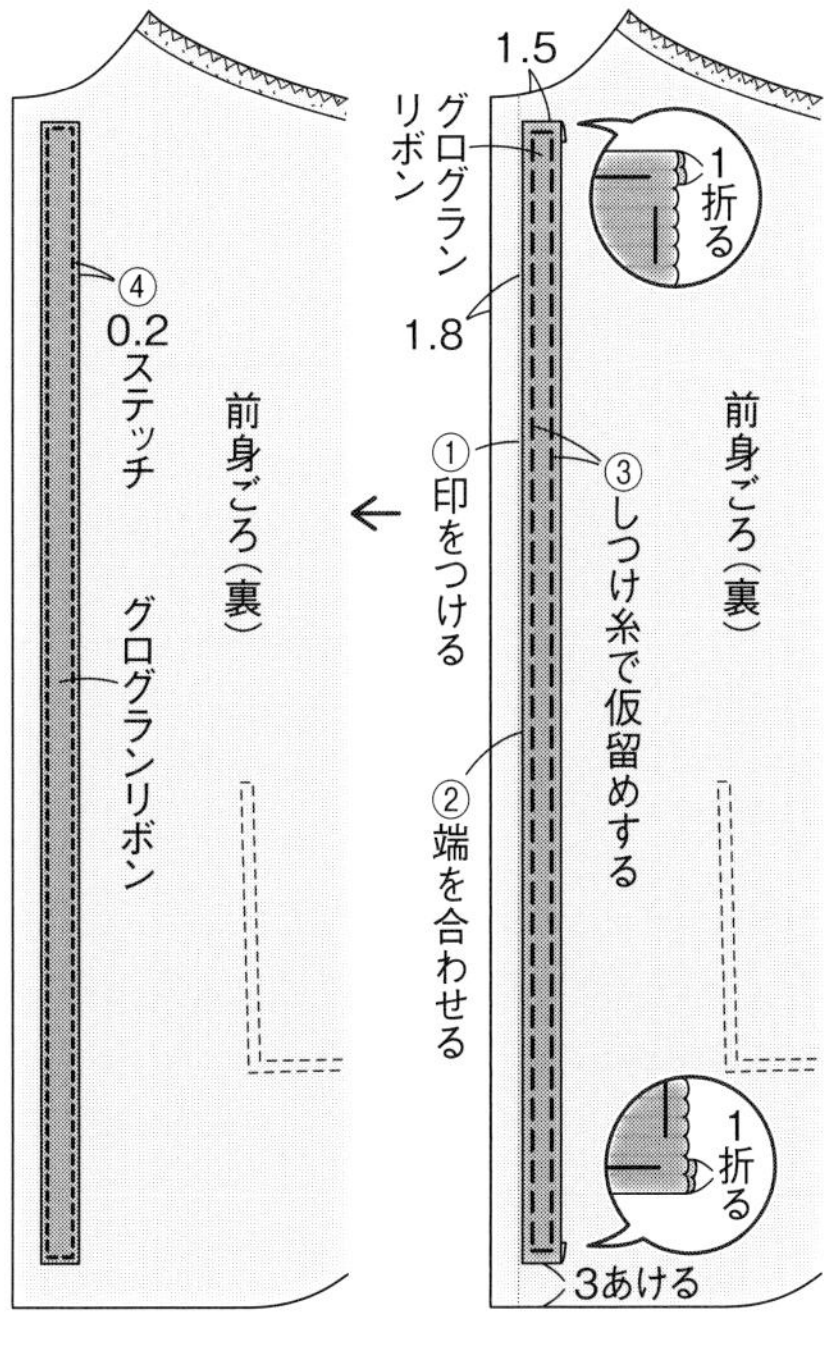

前身ごろ裏面の前端から1.8cmの位置に布用印つけペンで印をつけ（①）、つけ位置にグログランリボンの端を合わせる（②）。えりぐり、すそから指定の寸法をあけて端を折り込み、しつけ糸で仮留めする（③）。周囲にステッチをかけ（④）、しつけ糸を外す。

裁ち合わせ図

＊指定以外の縫い代は1cm

＊▢接着芯、▢接着テープを貼る位置

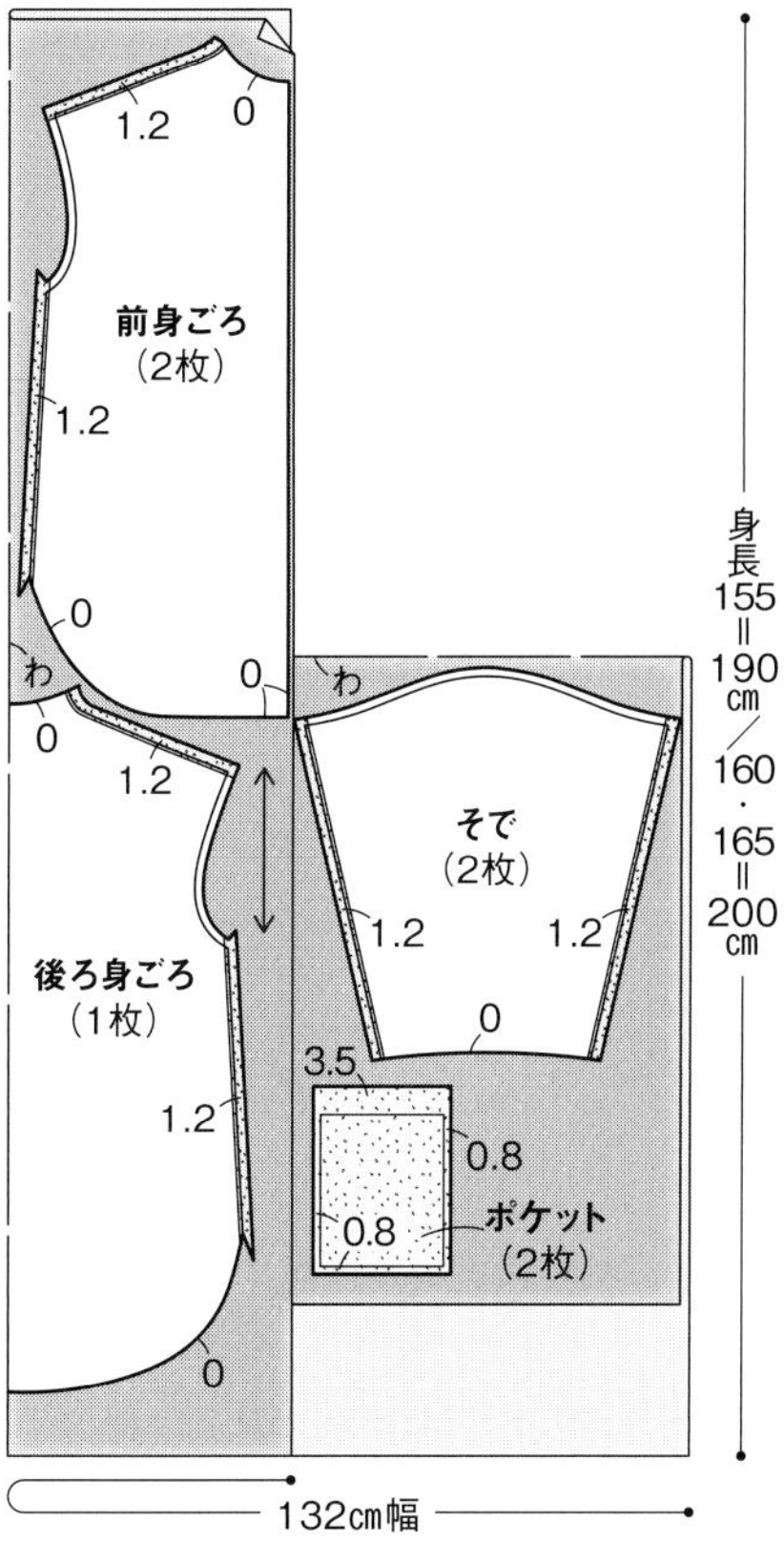

下準備

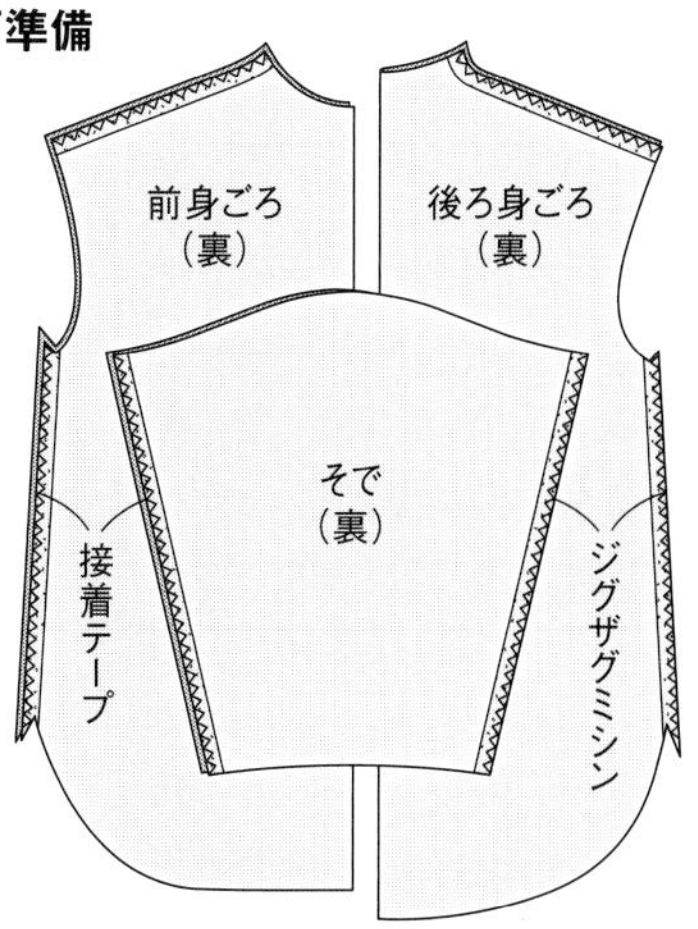

1前・後ろ身ごろの肩、わき、そでのそで下の裏面の縫い代端に接着テープを貼る。縫い代端にジグザグミシン（またはロックミシン）をかける。

作品❖p.13

05 かっぽう着風ワンピース

実物大型紙D面

前身ごろ、後ろ身ごろ、ポケット
＊バイアス布は型紙を作らずに、裁ち合わせ図の寸法で直接布を裁つ。

出来上がり寸法

M〜LL…バスト141cm
ゆき丈74.3cm　着丈105cm

材料

❶表布　綿麻地…105cm幅　320cm
❷接着テープ…1.5cm幅　60cm
❸ゴムテープ…0.6cm幅　適宜

作り方のポイント

後ろ中央、前端の縫い代端は布地のみみを使用する。

縫い方順序

1. 後ろ中央を縫い、後ろえりぐりを縫う
2. ポケットをつける→p.93 2 2
3. 前身ごろを縫う
4. 肩を縫う
5. えりぐりの始末をする
6. そで下〜わきを縫う
7. そで口の始末をする
8. すその縫い代を再度整え、端にステッチをかけて始末する

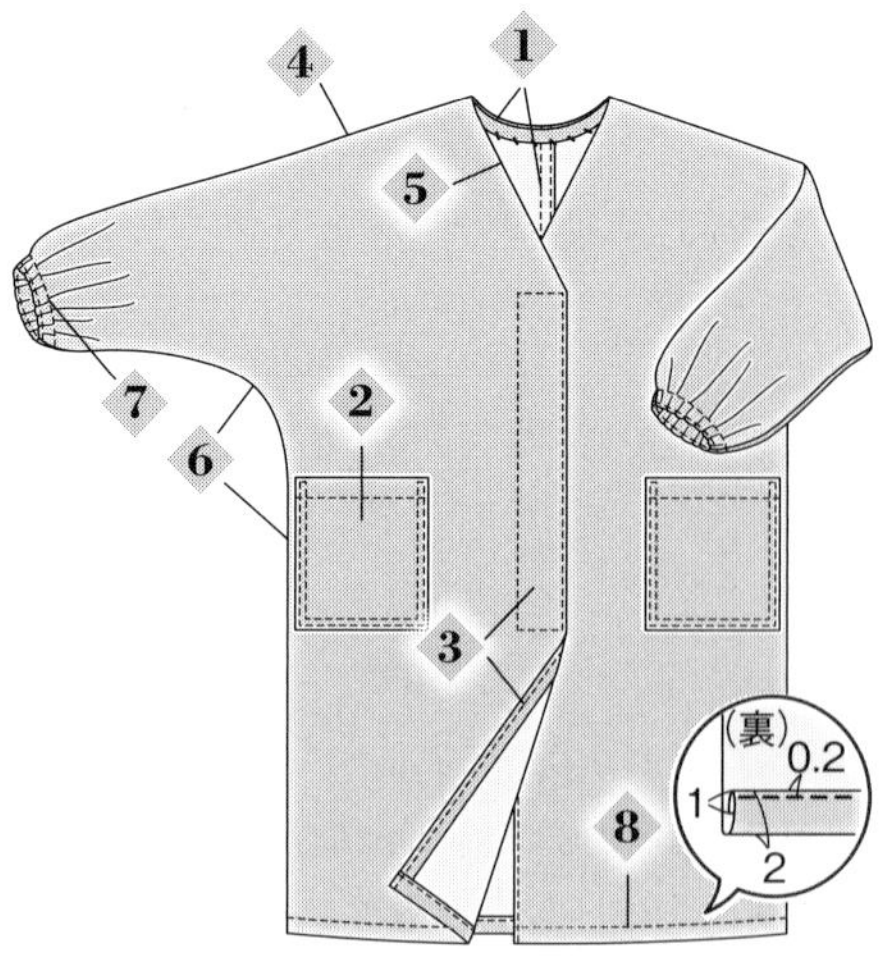

裁ち合わせ図

＊指定以外の縫い代は1cm
＊▒ 接着テープを貼る位置

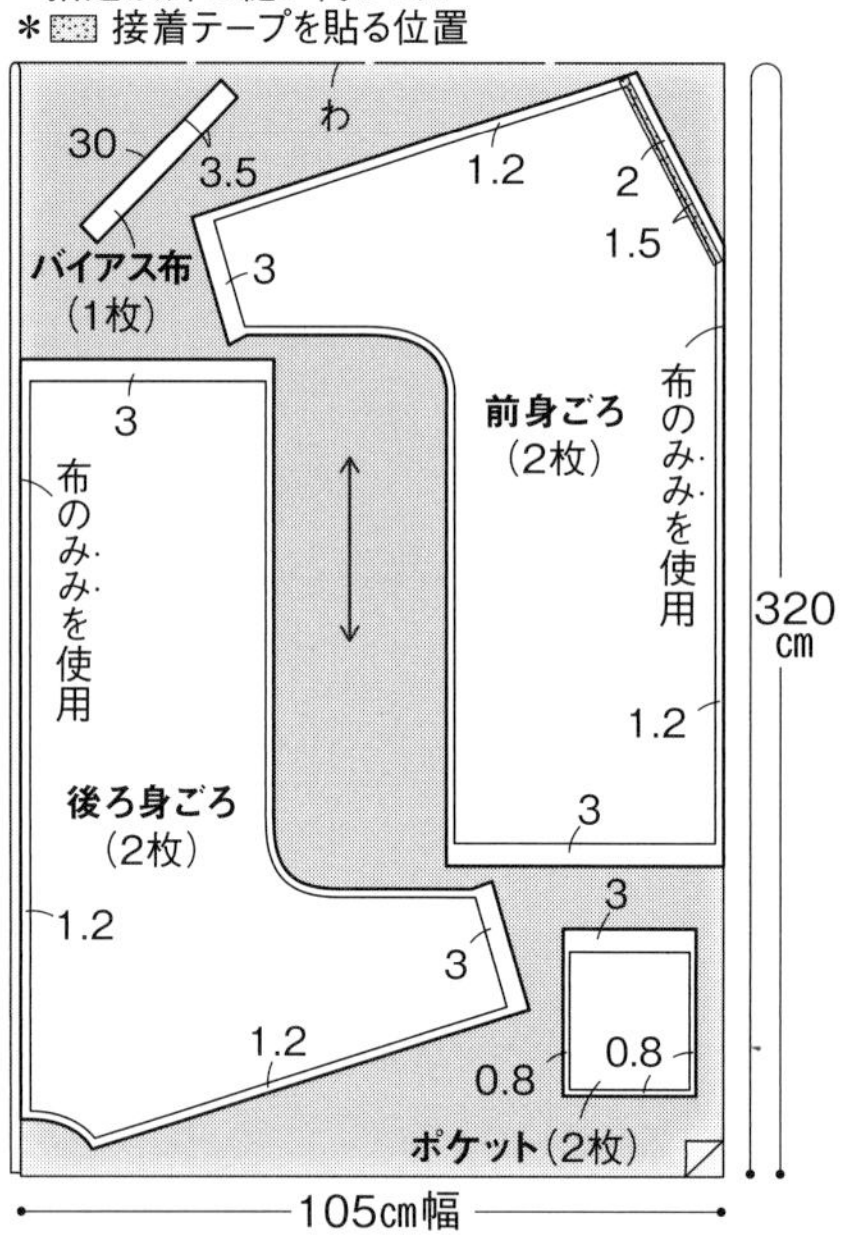

下準備

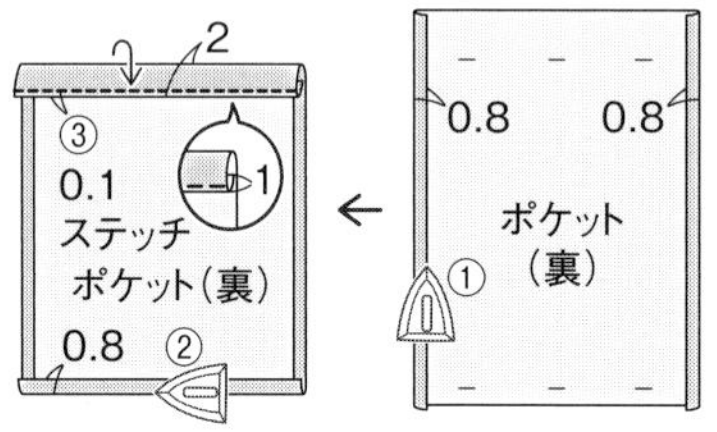

ポケットの両わきの縫い代をアイロンで裏面に折り(①)、底の縫い代を折る(②)。ポケット口の縫い代を三つ折りにしてステッチをかける(③)。

1 後ろ中央を縫い、後ろえりぐりを縫う

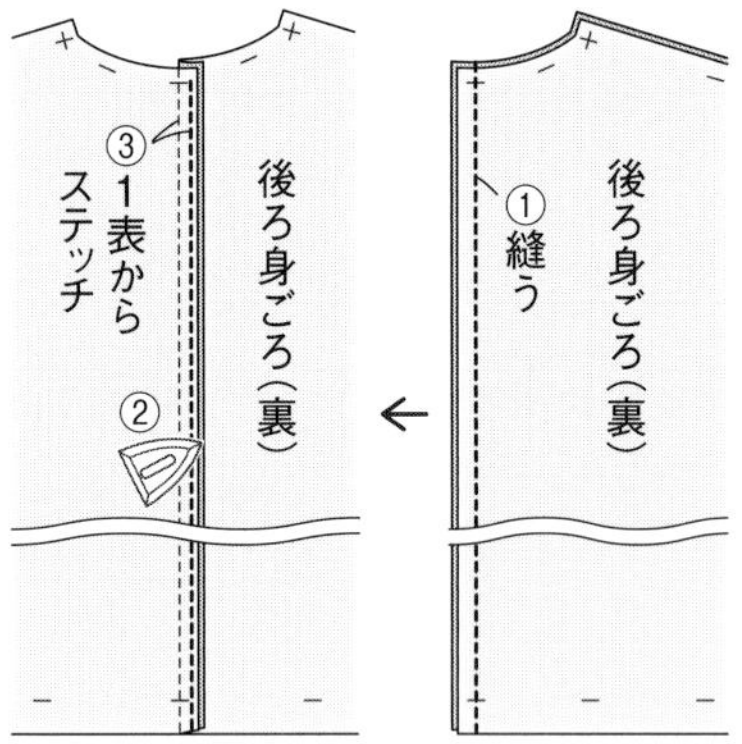

1 後ろ身ごろ2枚を中表に合わせ、後ろ中央を縫う(①)。縫い代は左後ろ身ごろ側にアイロンで倒し(②)、縫い目の左側に表面からステッチをかけて押さえる(③)。

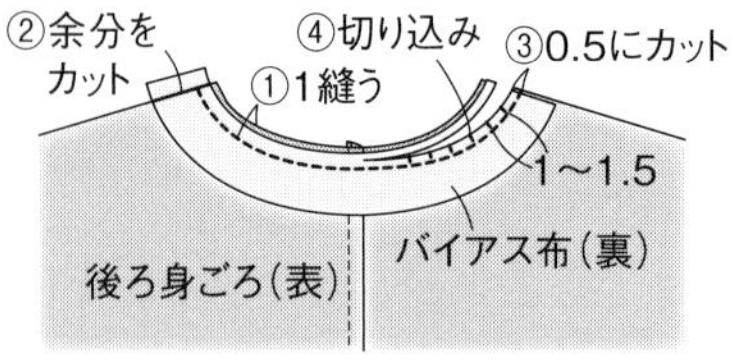

2 後ろ身ごろのえりぐりとバイアス布を中表に合わせて縫い(①)、余分をカットする(②)。縫い代幅を0.5cmにカットし(③)、縫い代に切り込みを入れる(④)。

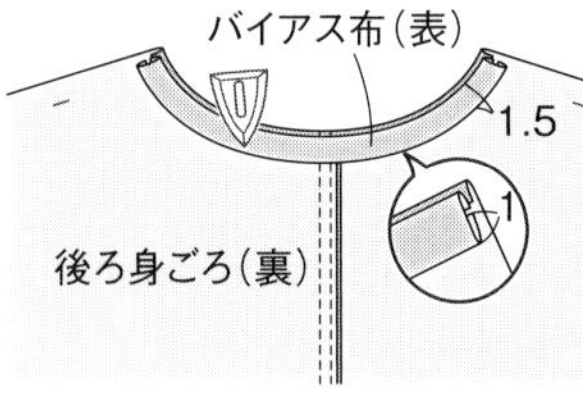

3 バイアス布を後ろ身ごろの裏面に返し、端を折り込んで1.5cm幅に整える。

3 前身ごろを縫う

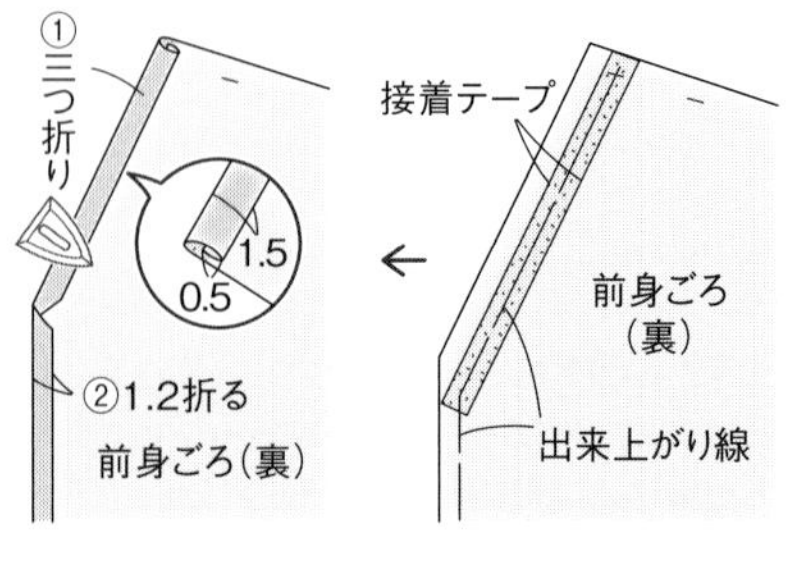

1 前えりぐりの出来上がり位置が中央にくるように接着テープを前身ごろの裏面に貼り、縫い代を三つ折りにする(①)。前端の縫い代を裏面に折る(②)。

2 前端の折り目を一度開き、左右の前身ごろのすその縫い代を図のように表面に折り、前端を縫う(①)。前すその縫い代を裏面に返し、すそから40cmの位置まで前端にそれぞれステッチをかける(②)。左右の前身ごろの前中央を重ね、しつけ糸で縫い(③)、四角くステッチをかける(④)。しつけを外す。

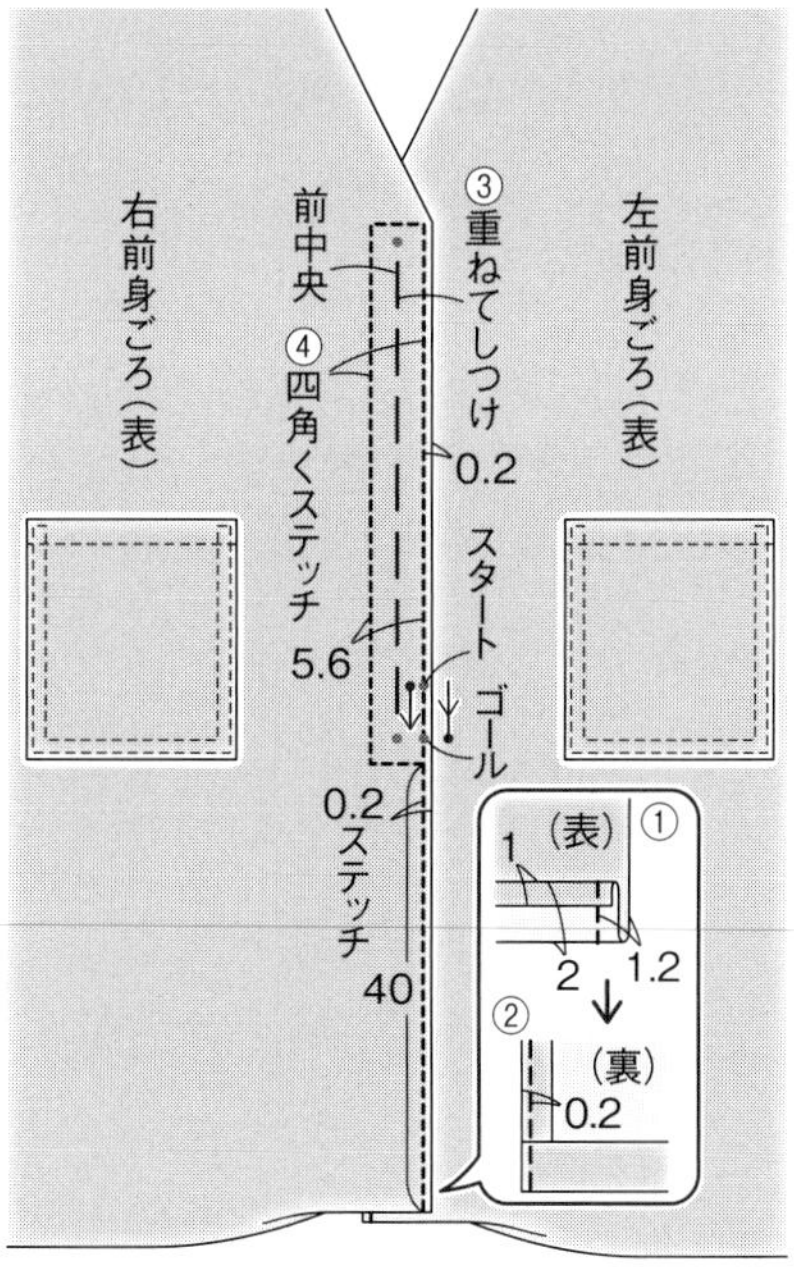

4 肩を縫う

1 前えりぐりの三つ折りと後ろえりぐりのバイアス布を一度開き(①)、前身ごろと後ろ身ごろの肩を中表に合わせてえりぐりからそで口まで縫う(②)。縫い代は2枚一緒にジグザグミシン(またはロックミシン)をかけ(③)、後ろ身ごろ側にアイロンで倒す。

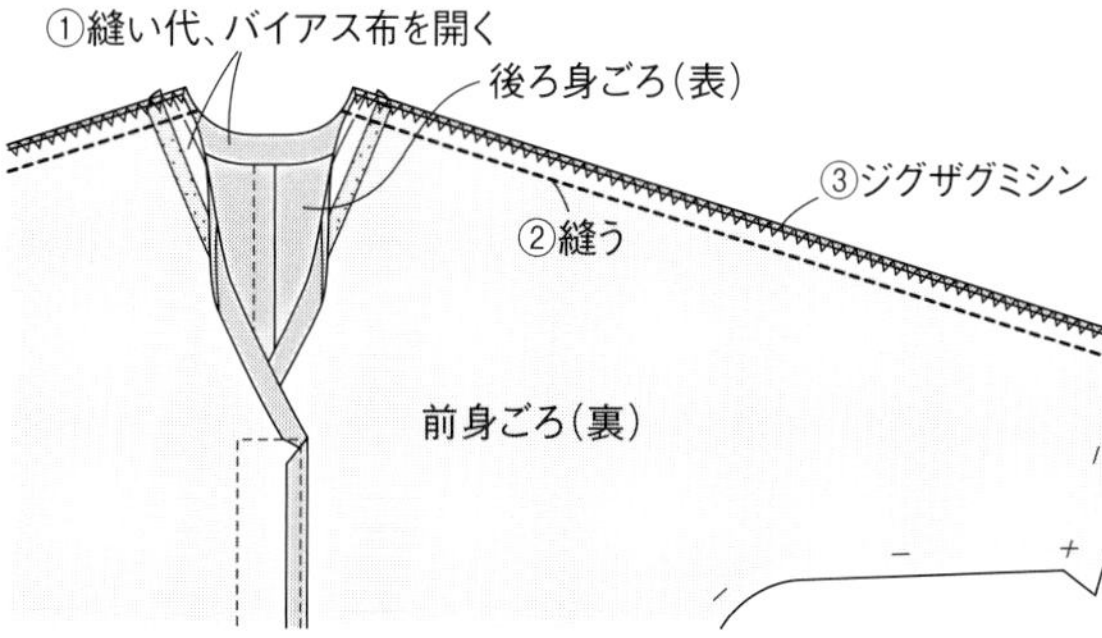

2 そで口の縫い代を三つ折りにする。

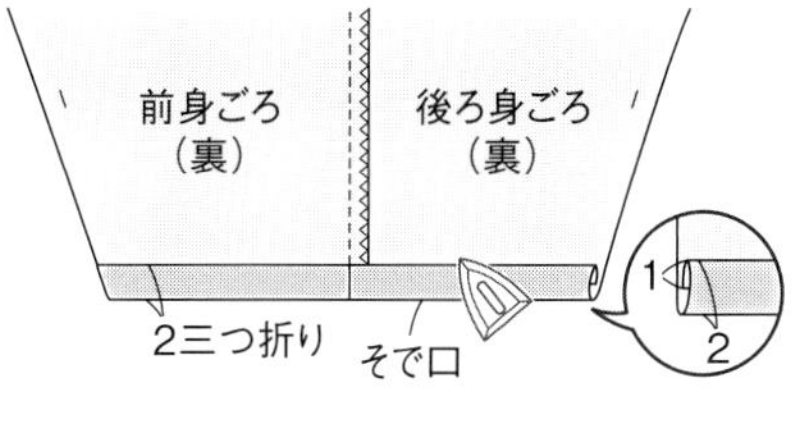

5 えりぐりの始末をする

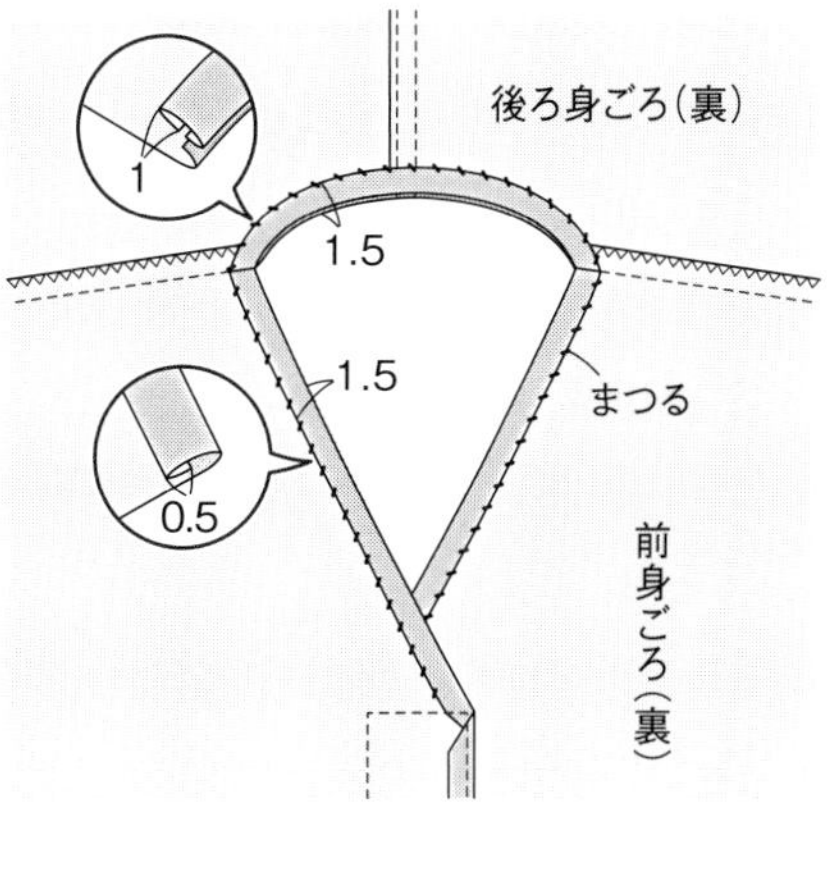

前えりぐりの三つ折り、後ろえりぐりのバイアス布を1.5cm幅に整え、端をまつる。

6 そで下〜わきを縫う

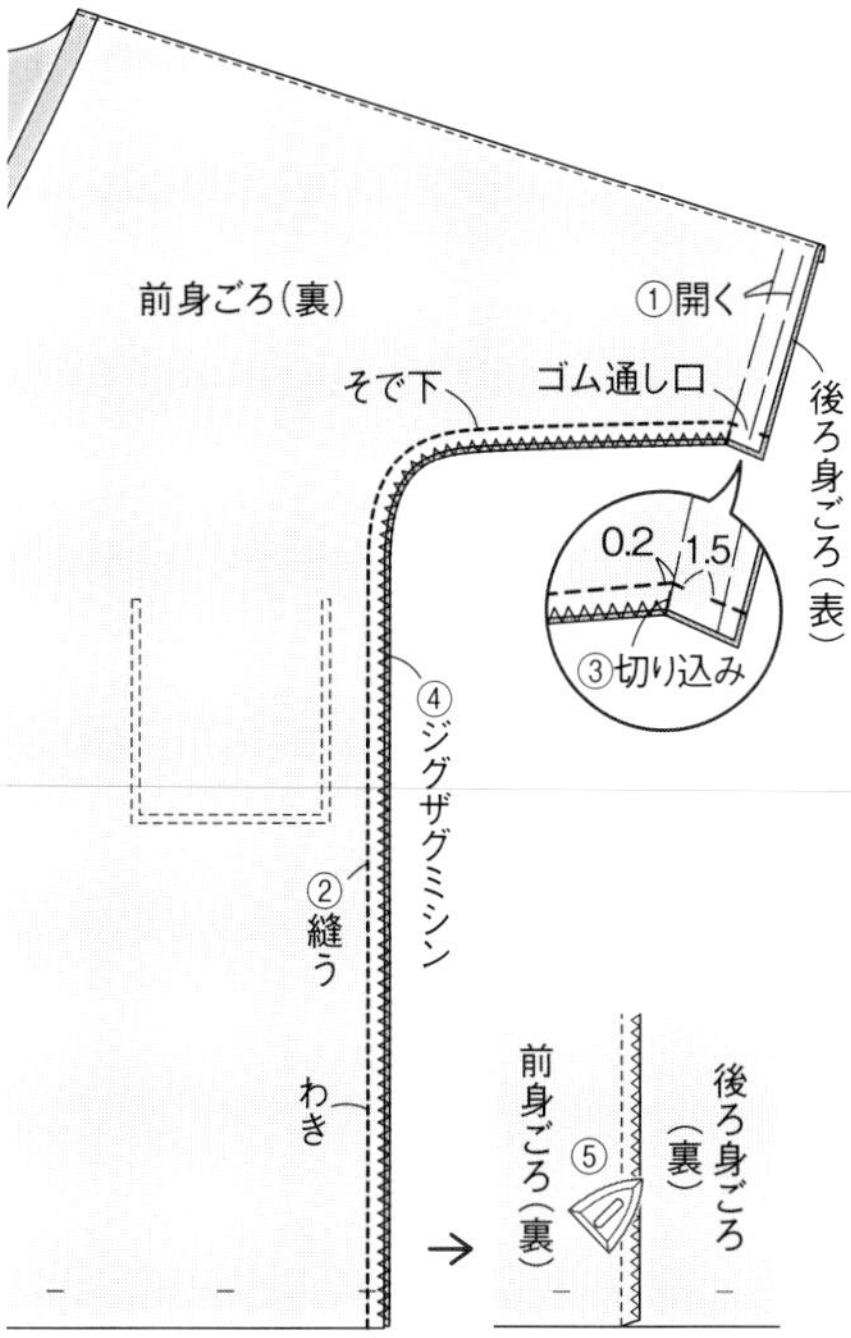

そで口とすその折り目を一度開き(①)、前身ごろと後ろ身ごろのそで下〜わきを中表に合わせて縫う。ゴム通し口は縫い残す(②)。縫い代は前身ごろ側のそで口に切り込みを入れ(③)、切り込みの手前まで、2枚一緒にジグザグミシンで始末して(④)、アイロンで後ろ身ごろ側に倒す(⑤)。ゴム通し口の縫い代は割る。

7 そで口の始末をする

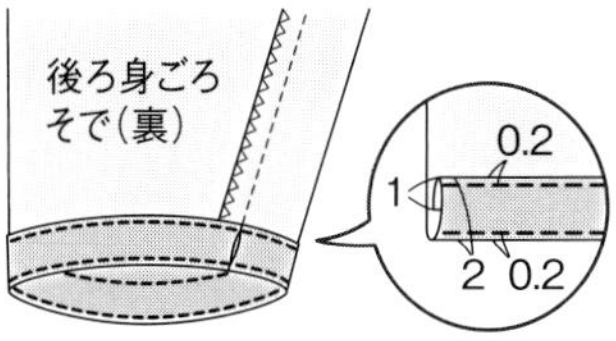

1 そで口の縫い代を再度整え、三つ折り端とそで口にステッチをかける。

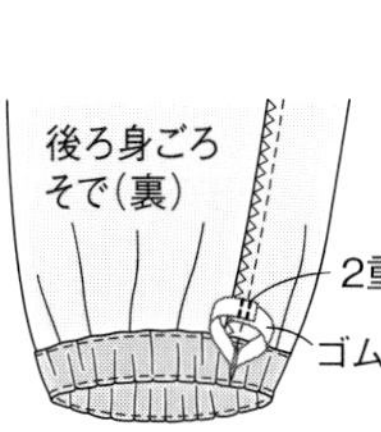

2 ゴム通し口からゴムテープを通し、試着をして長さを決め、端を2cm重ねて縫い留める。

作品❖p.24

12 ヨーク切り替えブラウス

裁ち合わせ図

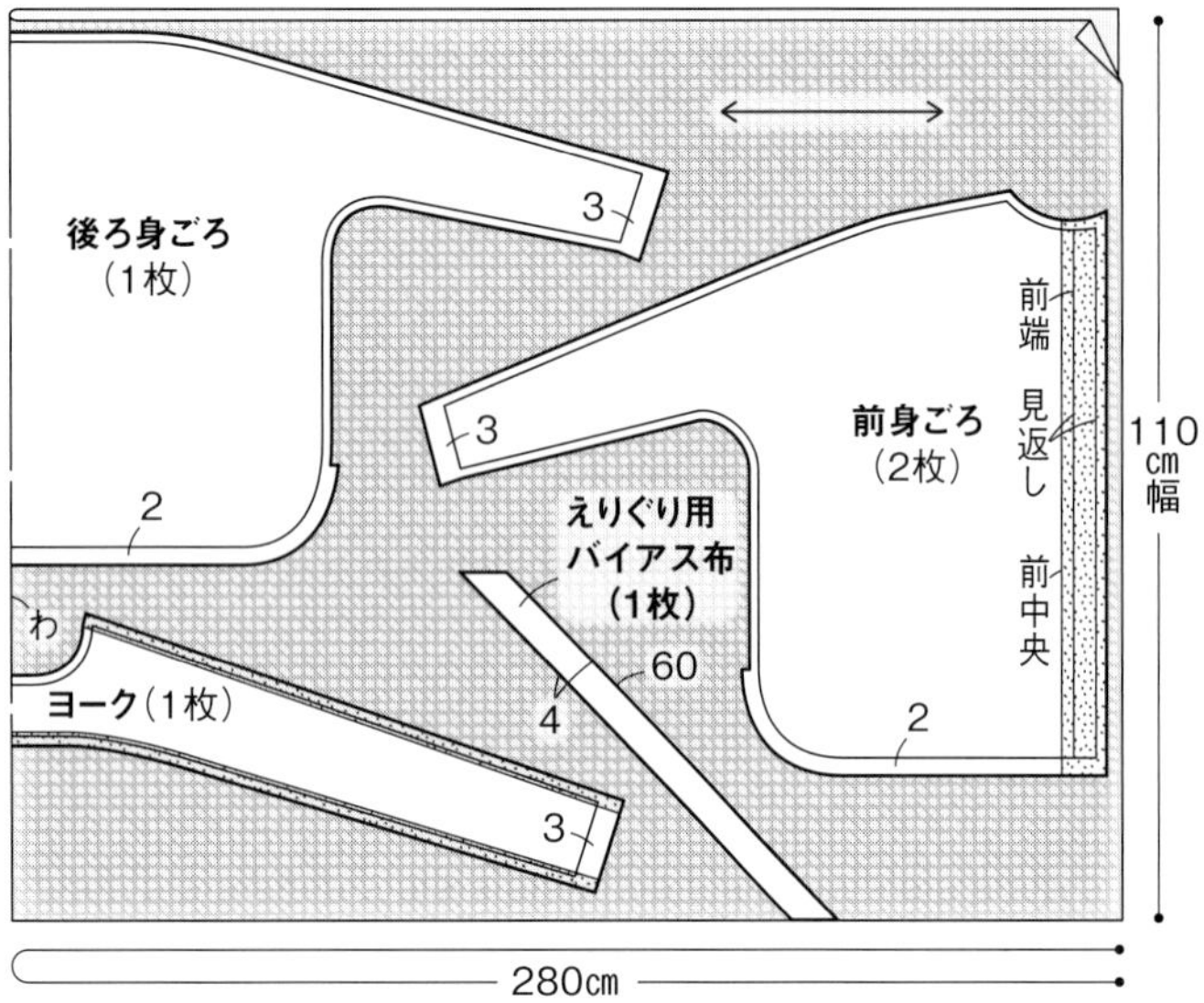

＊指定以外の縫い代は1cm
＊▒接着芯、▒接着テープを貼る位置

実物大型紙A面

前身ごろ、後ろ身ごろ、ヨーク
＊えりぐり用バイアス布は型紙を作らずに、裁ち合わせ図の寸法で直接布を裁つ。

出来上がり寸法

M～L…バスト156cm
　ゆき丈75cm　着丈67cm
L～LL…バスト162cm
　ゆき丈77.2cm　着丈69cm

材料

❶表布　インド綿…110cm幅　280cm
❷接着芯…15×70cm
❸接着テープ…1.2cm幅　310cm
❹ボタン…直径1.2cm　7個

下準備

1 前身ごろ見返しの縫い代端～前中央の裏面に接着芯を貼る。
2 ヨークの前側、後ろ側の裏面の縫い代端に接着テープを貼る。

縫い方順序

1 身ごろとヨークを縫う
2 そで下～わきを縫う
3 前端、すその始末をする
4 そで口の始末をする
5 えりぐりの始末をする
6 ボタンホールを作り、ボタンをつける
→ p.55 10 2

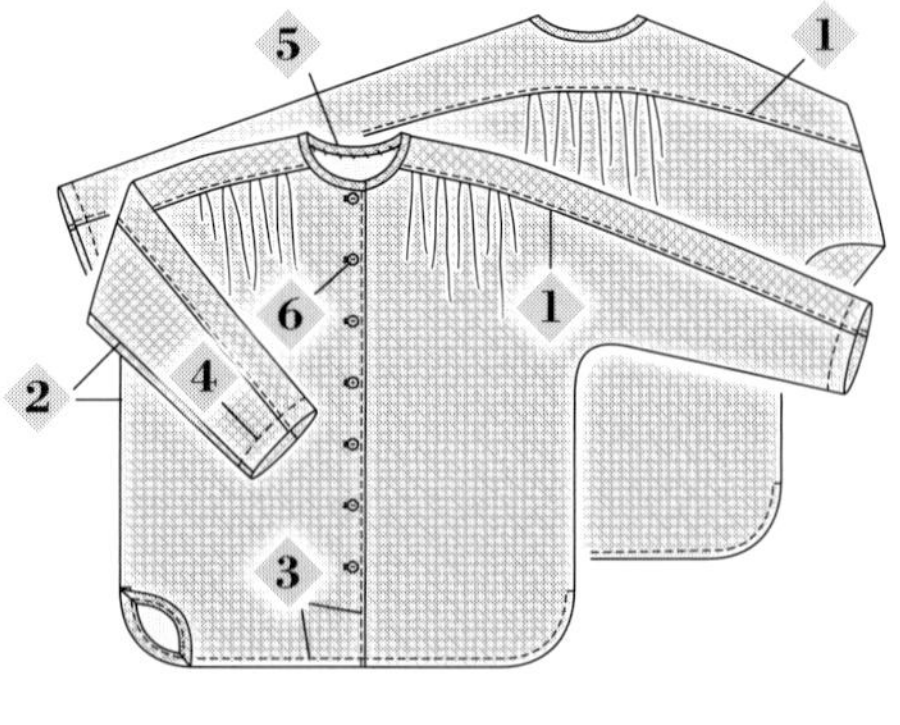

1 身ごろとヨークを縫う

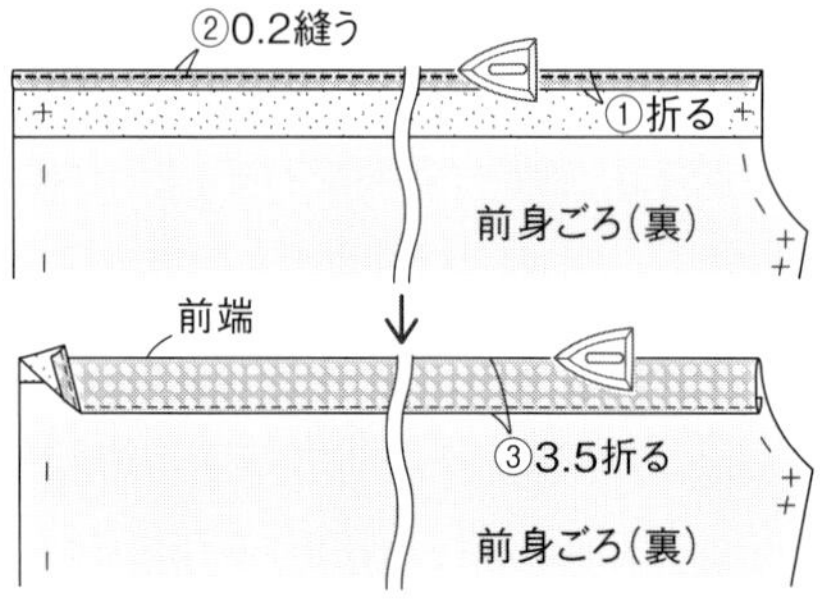

1 前身ごろの見返し縫い代をアイロンで裏面に1cm折って（①）、端を縫う（②）。前端で見返しを身ごろの裏面に折る（③）。

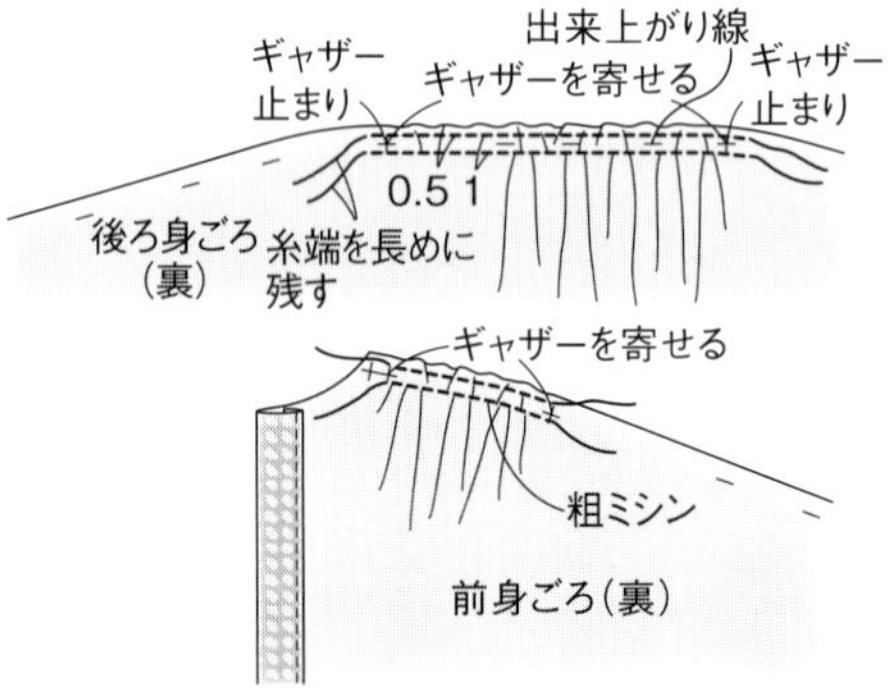

2 前・後ろ身ごろのギャザー止まり～ギャザー止まりに返し縫いをしないで粗い針目で2本ミシンをかける（粗ミシン）。裏面の糸を2本一緒に引いて、ヨークのギャザー止まり～ギャザー止まりの寸法に合わせてギャザーを寄せる。

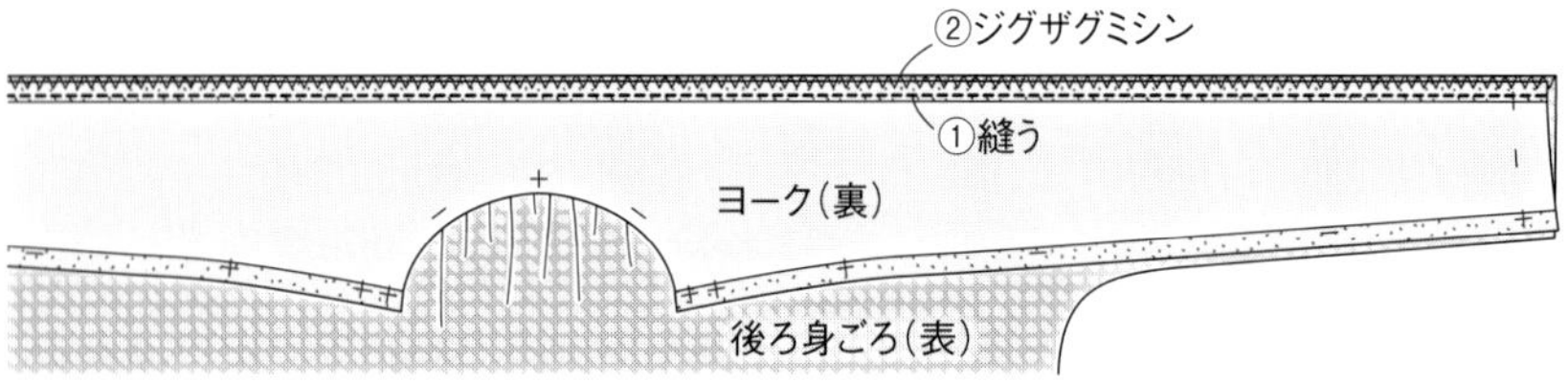

3 後ろ身ごろとヨークの後ろ側を中表に合わせて縫う（①）。縫い代は2枚一緒にジグザグミシン（またはロックミシン）をかけ（②）、アイロンでヨーク側に倒す。

4 そで口の始末をする

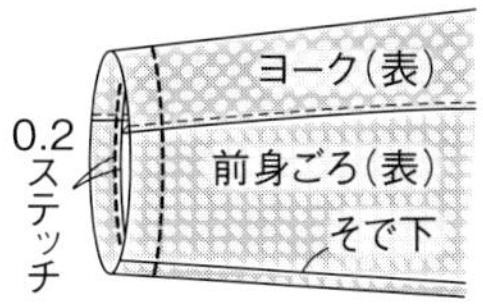

そで口の縫い代を再度整え、ステッチをかける。

5 えりぐりの始末をする

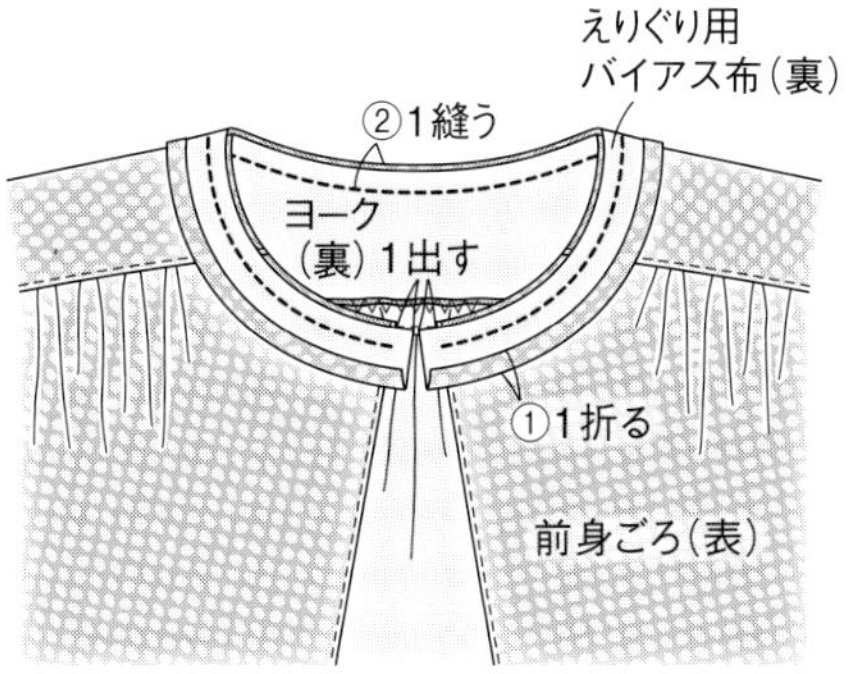

1 えりぐり用バイアス布の長辺の一方の端を1㎝アイロンで折り(①)、身ごろのえりぐりに中表に合わせ、両端を前身ごろの前端から1㎝出して縫う(②)。

前端の折り方

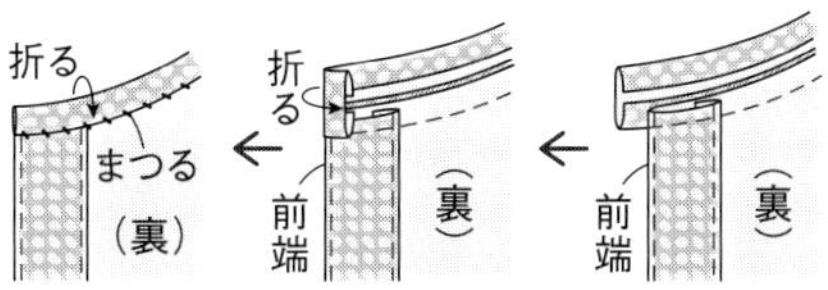

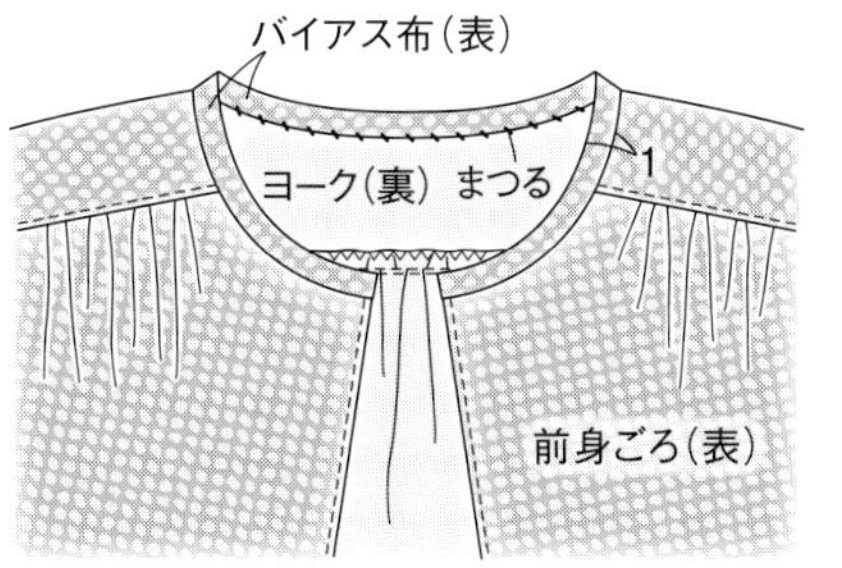

2 バイアス布を表に返し、前端を図のように折り、縫い代をくるんで1㎝幅にアイロンで整え、裏側でまつる。

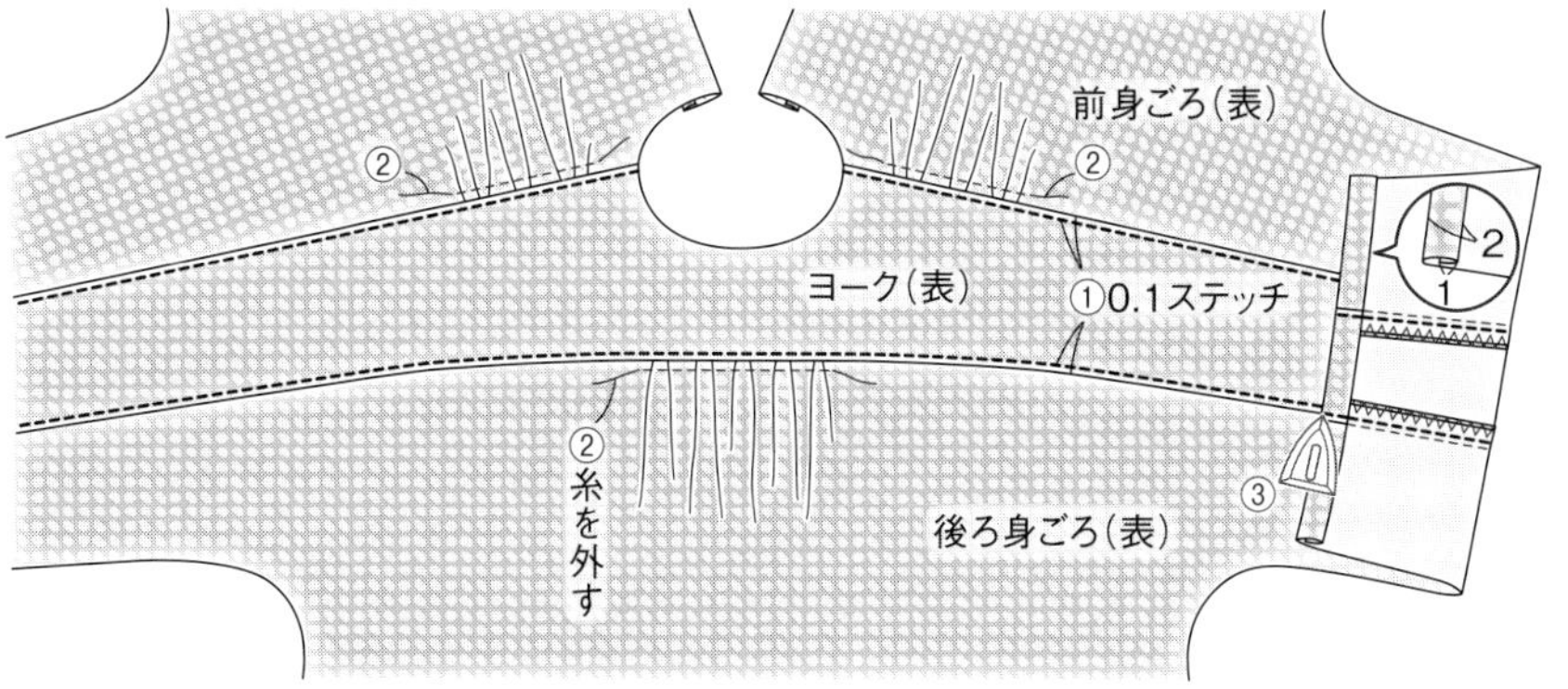

4 前身ごろとヨークの前側を後ろ側と同様に縫い、ヨークのきわにステッチをかける(①)。外側の粗ミシンの糸を外す(②)。そで口の縫い代を三つ折りにする(③)。

2 そで下〜わきを縫う

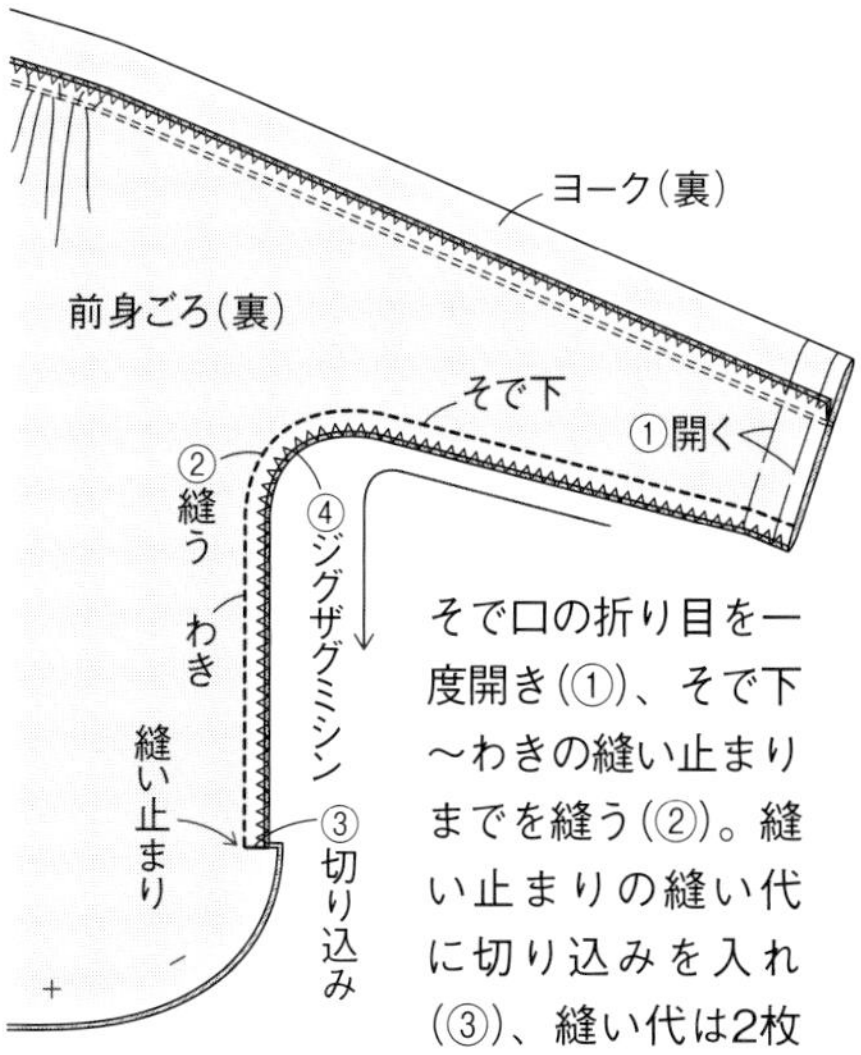

そで口の折り目を一度開き(①)、そで下〜わきの縫い止まりまでを縫う(②)。縫い止まりの縫い代に切り込みを入れ(③)、縫い代は2枚一緒にジグザグミシンをかける(④)。縫い代はアイロンで後ろ側に倒す。

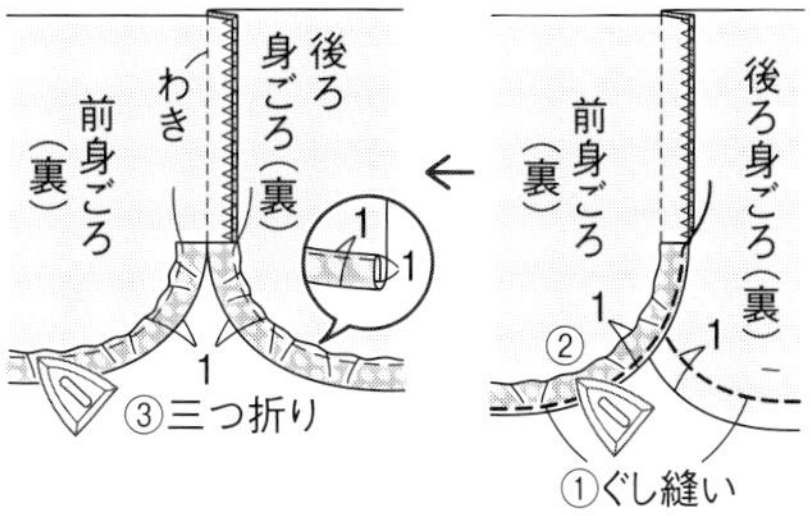

2 わきのカーブは縫い代の中間をぐし縫いし(①)、糸を引いてぐし縫い位置で折り、アイロンをかける(②)。さらに糸を引いて三つ折りにする(③)。

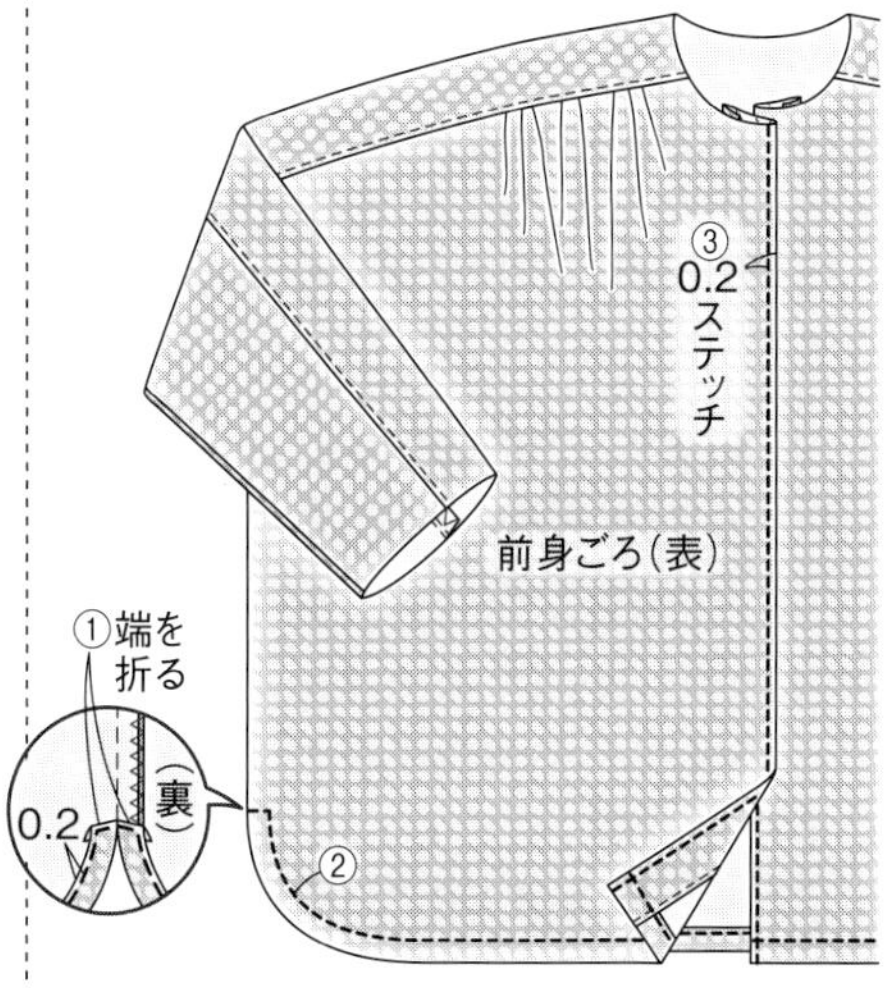

3 縫い止まりの縫い代を斜めに内側に折り(①)、すその三つ折り端にステッチをかける(②)。前端にステッチをかける(③)。

3 前端、すその始末をする

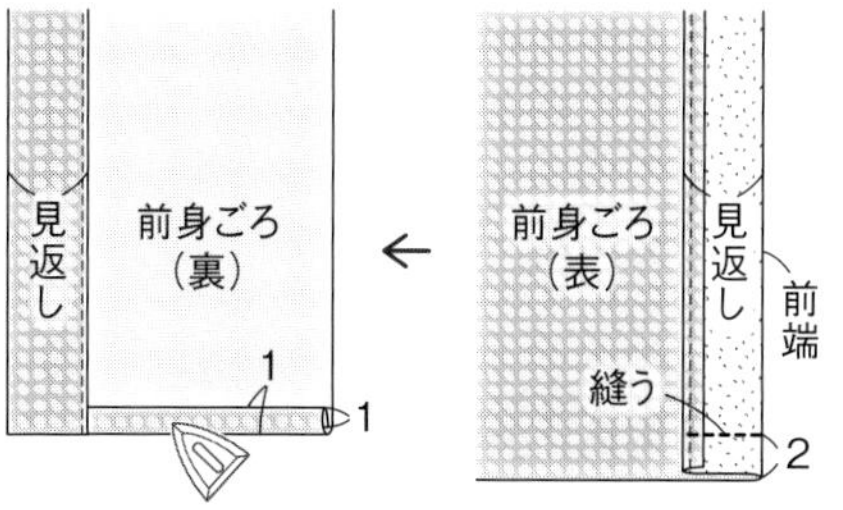

1 見返しと身ごろの前すそを中表に合わせて縫う。見返しを身ごろの裏面に返し、すその縫い代をアイロンで三つ折りにする。

作品❖p.27

15

マフラーえりのプルオーバー

裁ち合わせ図

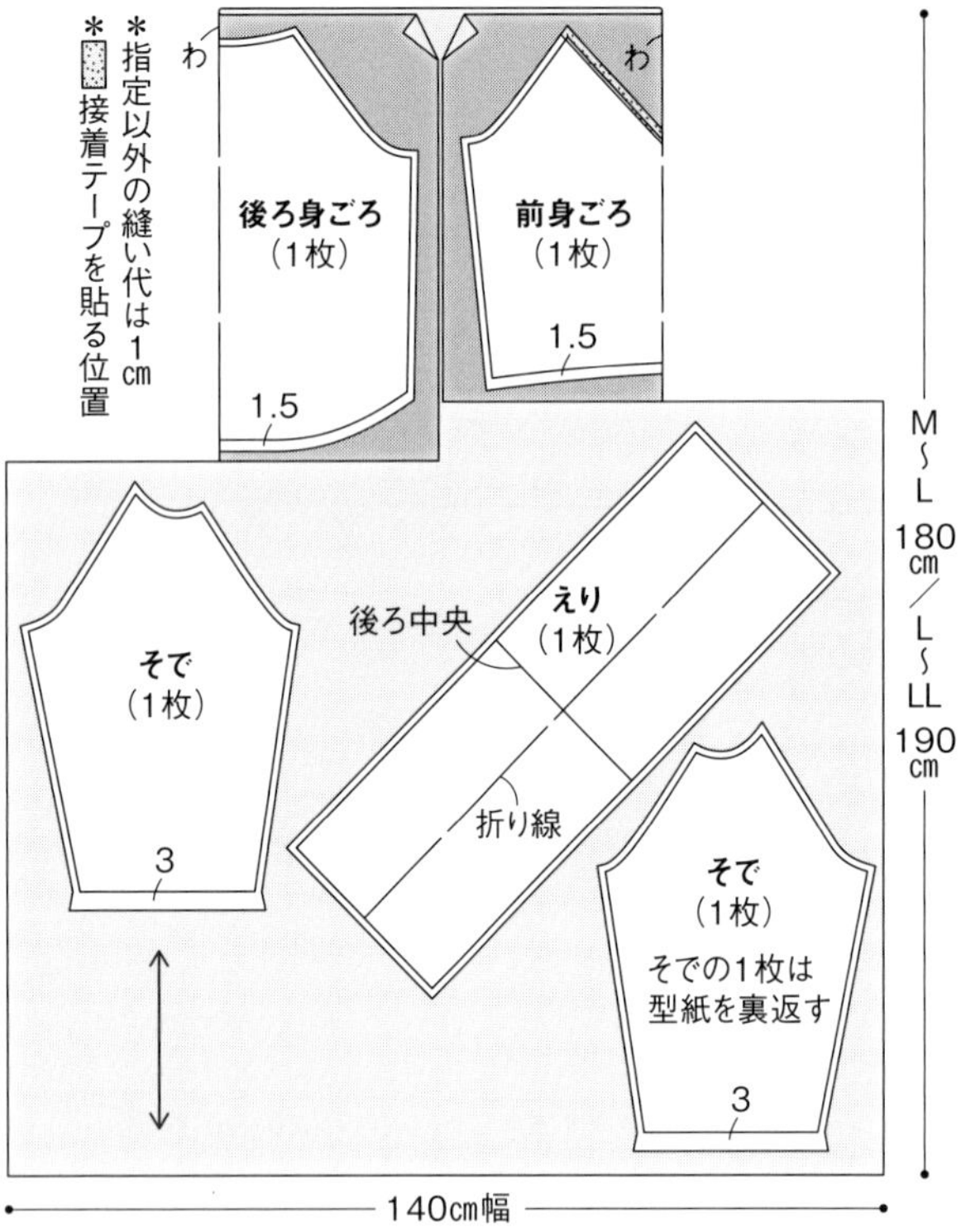

実物大型紙Ｄ面
前身ごろ、後ろ身ごろ、えり、そで

出来上がり寸法
M～L…バスト122cm
ゆき丈74.5cm　着丈60.5cm
L～LL…バスト128cm
ゆき丈75.6cm　着丈62.5cm

材料
❶表布　ウールリネン…140cm幅
M～L180cm／L～LL190cm
❷接着テープ…1.2cm幅　50cm

下準備
前身ごろえりぐりの裏面の縫い代端に接着テープを貼る。

作り方のポイント
・各パーツの合い印は必ずつける。えりの合い印は表面につける。
・出来上がり線の印つけをする場合は、布を外表に合わせて裁ち、２枚の布の間に手芸用両面複写紙をはさみ、ルレットで印をつける。そでは２枚を外表に、えりは後ろ中央で外表に布を合わせ、同様に印をつける。

1 身ごろとそでを縫う

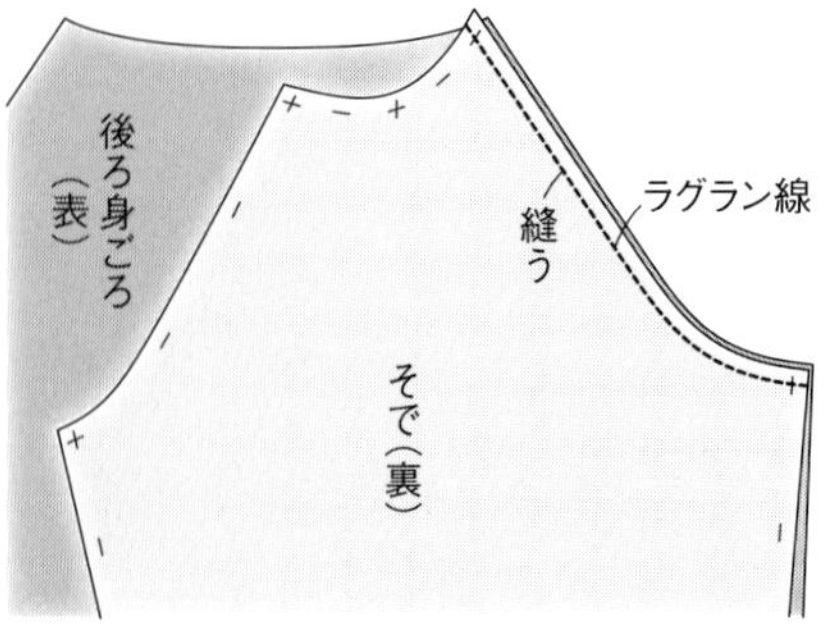

1 後ろ身ごろのラグラン線にそでの後ろ側のラグラン線を中表に合わせて縫う。

縫い方順序
1 身ごろとそでを縫う
2 えりを作ってつける
3 そで下～わきを縫う
4 そで口、すその縫い代を再度整え、ステッチをかけて始末する

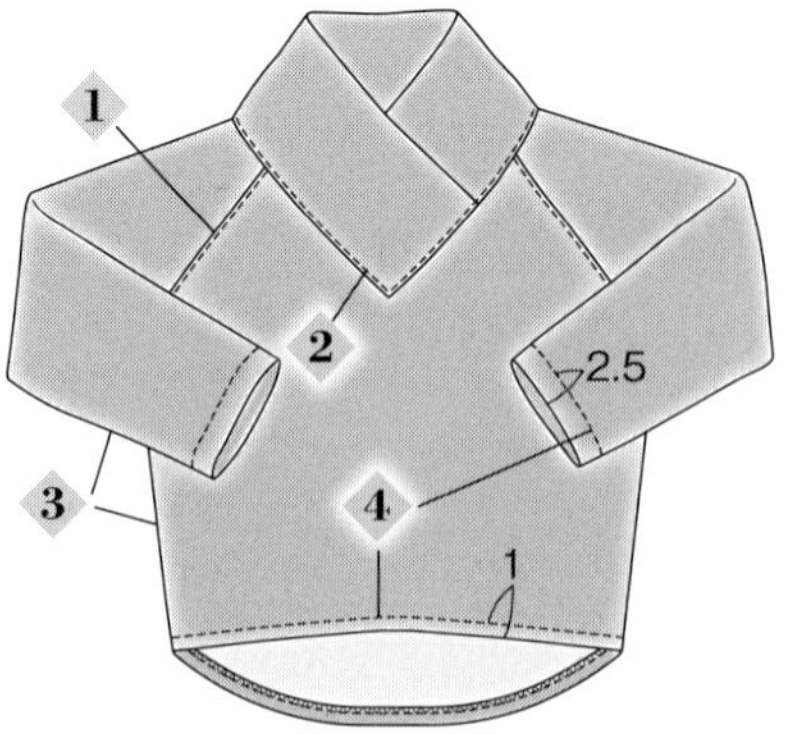

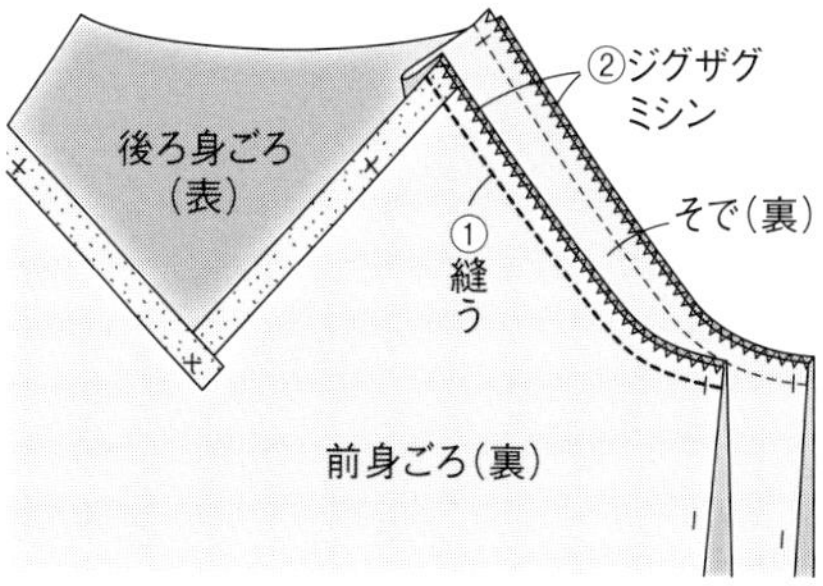

2 前身ごろのラグラン線にそでの前側のラグラン線を中表に合わせて縫う(①)。縫い代は2枚一緒にジグザグミシン(またはロックミシン)で始末する(②)。もう1枚のそでも同様に後ろ身ごろ、前身ごろと縫い合わせる。

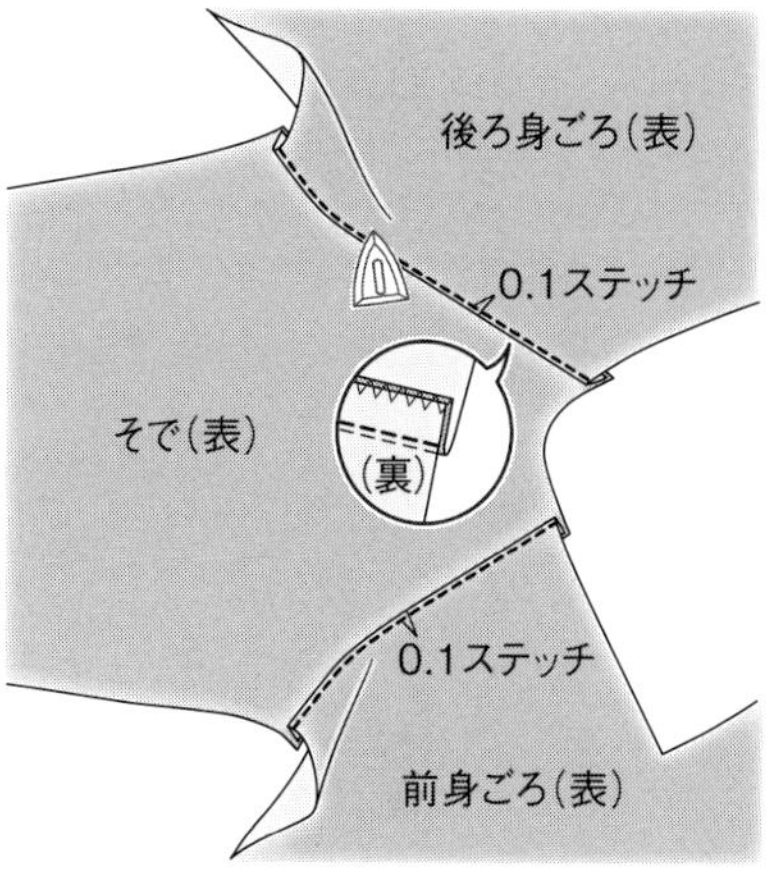

3 そでつけの縫い代をそれぞれ身ごろ側にアイロンで倒し、ステッチをかける。

2 えりを作ってつける

1 えりの長辺を外表に合わせて二つ折りにし、折り山以外の3辺の縫い代をしつけ糸で縫う。

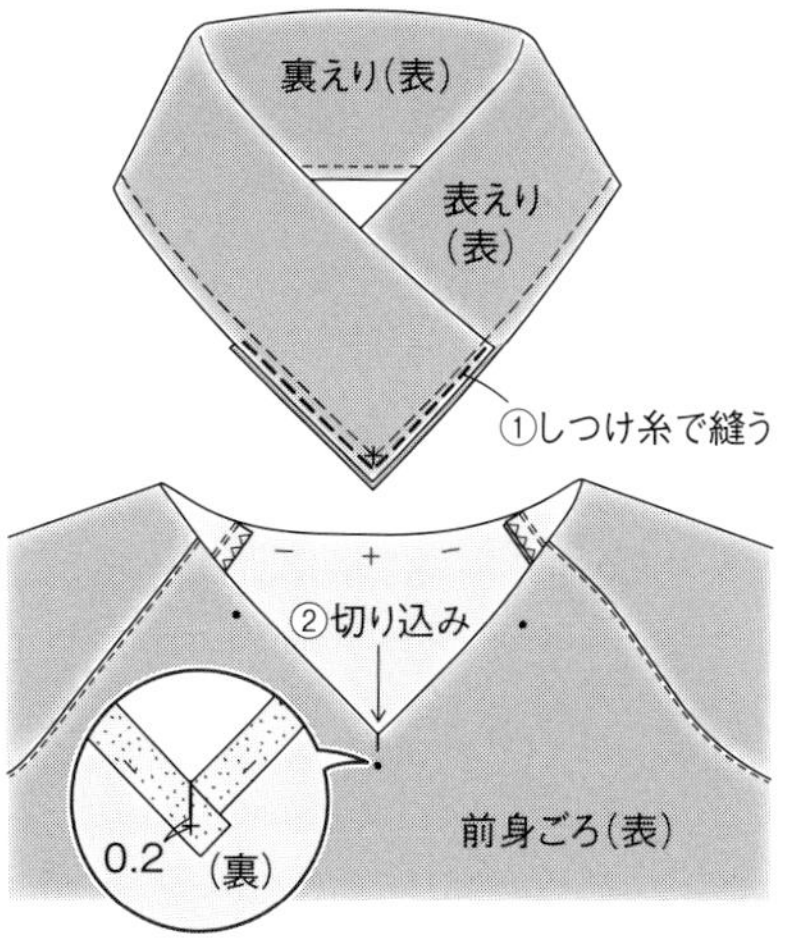

2 えりの角を図のように重ねて形を整え、縫い代をしつけ糸で縫う(①)。前身ごろのえりぐりのVあきの先端に切り込みを入れる(②)。

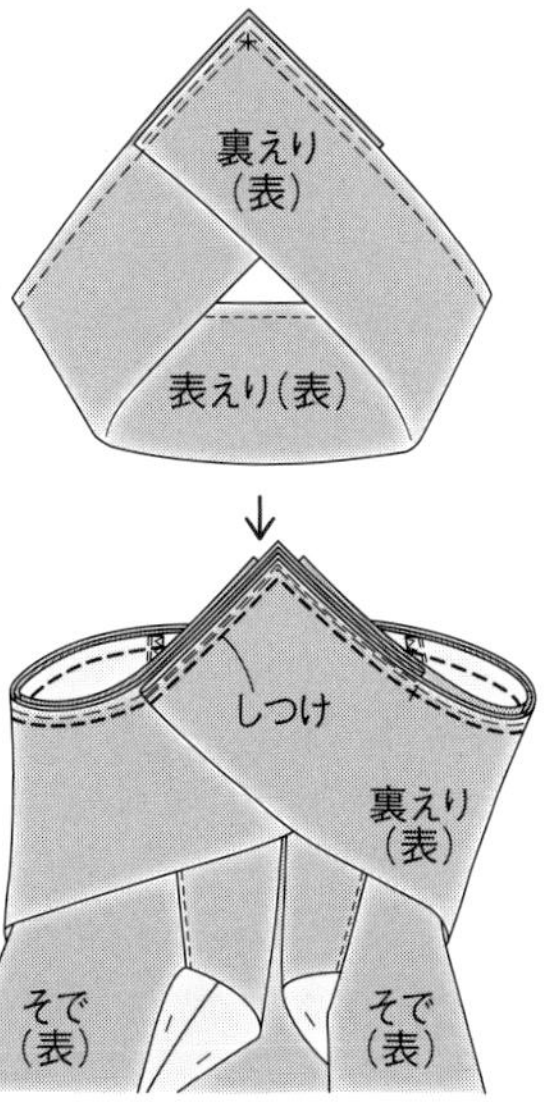

3 えりを図のように返し、表えりと身ごろのえりぐりを中表に合わせて、えりぐりの縫い代にぐるりとしつけをかける。

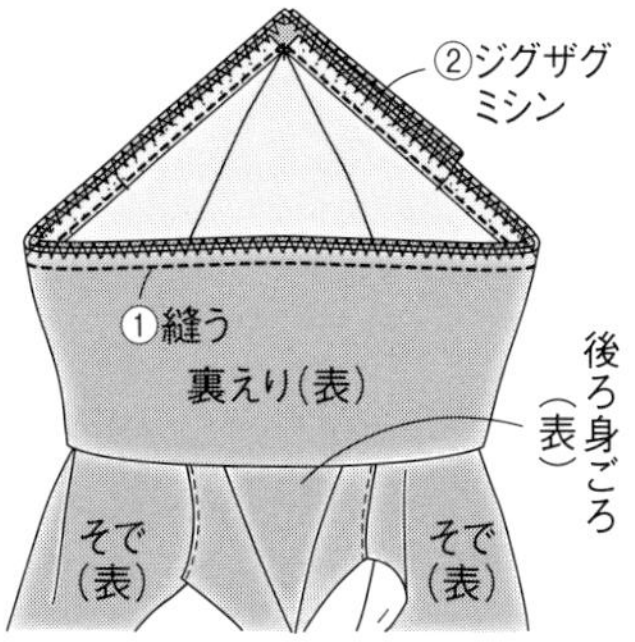

4 えりぐりをぐるりとミシンで縫い(①)、縫い代はすべて一緒にジグザグミシンをかける(②)。しつけを外す。

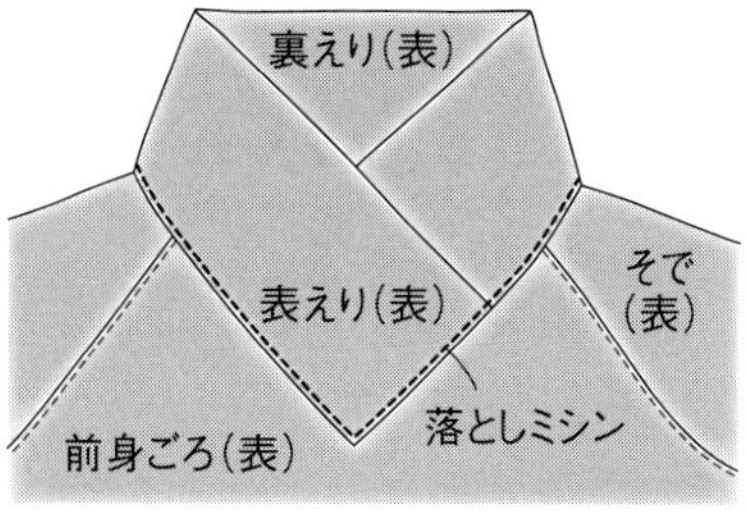

5 えりを起こしてえりぐりの縫い代を身ごろ・そで側に倒し、アイロンで整え、えり側の縫い目のきわに落としミシンをかける。身ごろを裏に返し、えりの縫い代を千鳥がけで身ごろにぐるりと縫い留める。

3 そで下〜わきを縫う

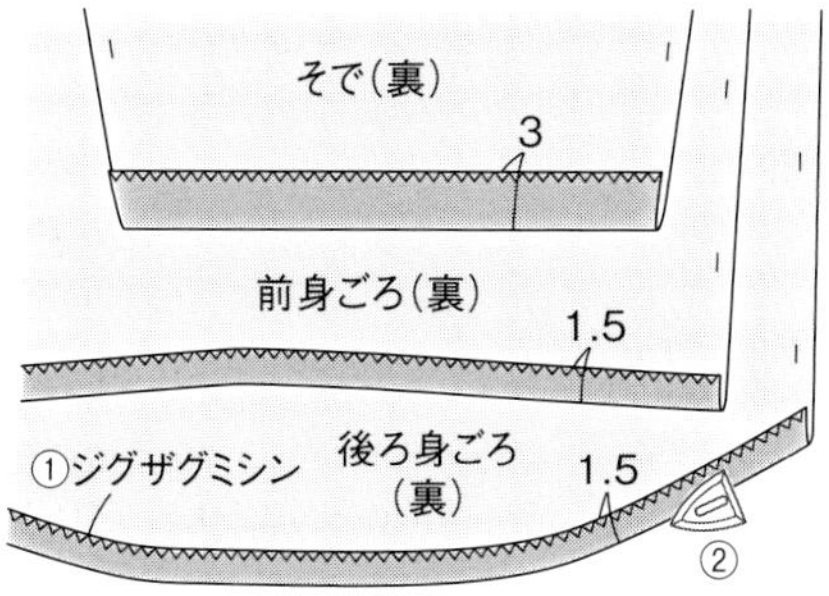

1 そでのそで口、前・後ろ身ごろのすその縫い代端にジグザグミシンをかけ(①)、アイロンで出来上がりに折る(②)。

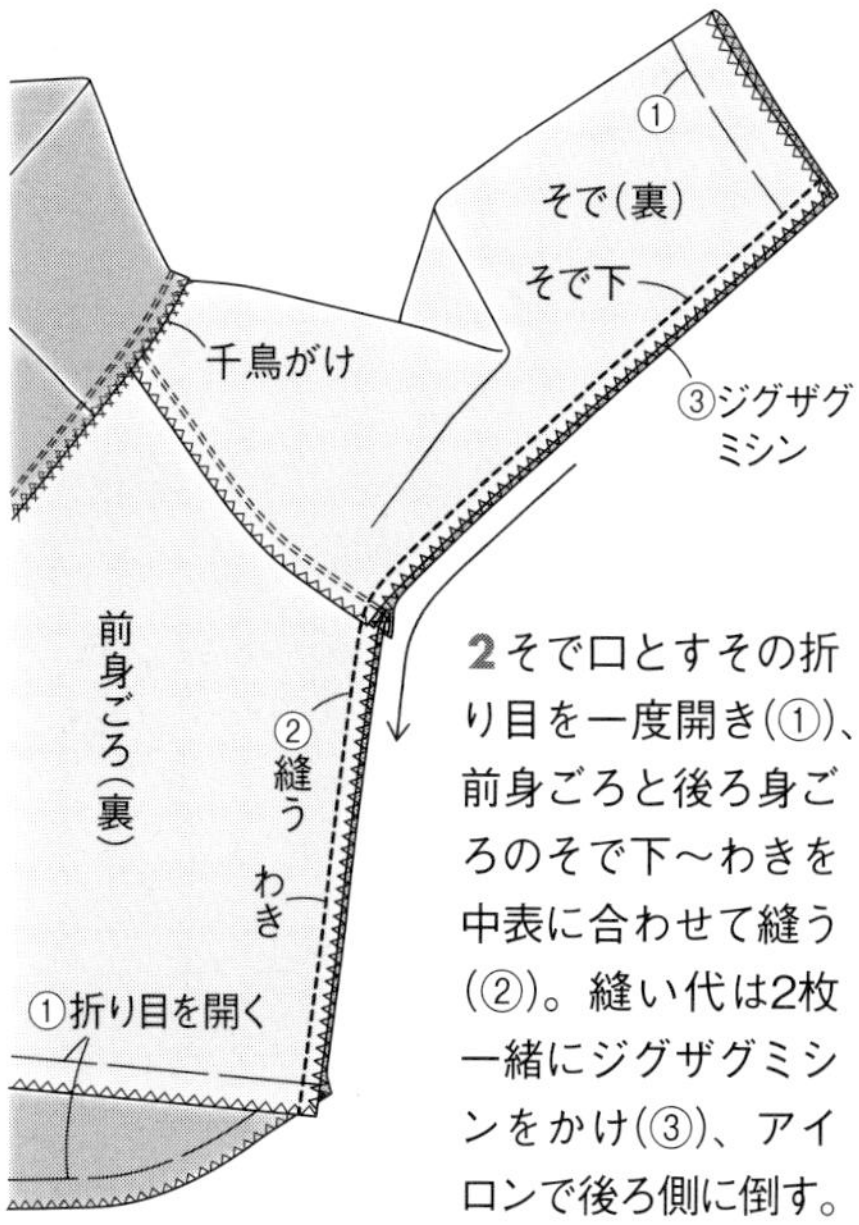

2 そで口とすその折り目を一度開き(①)、前身ごろと後ろ身ごろのそで下〜わきを中表に合わせて縫う(②)。縫い代は2枚一緒にジグザグミシンをかけ(③)、アイロンで後ろ側に倒す。

14

作品 ❖ p.27

ボートネックのプルオーバー

縫い方順序

1 後ろ中央を縫う→ p.74 1 1
※ただし、縫い代は２枚一緒にジグザグミシン。表面のステッチ幅は0.8㎝

2 肩、わきを縫う

3 えりぐり、すその縫い代を再度整え、ステッチをかけて始末する

4 そでを作る→ p.57 5 1
※ただし、そで口はステッチをかけて始末する

5 そでをつける→ p.57 5 2

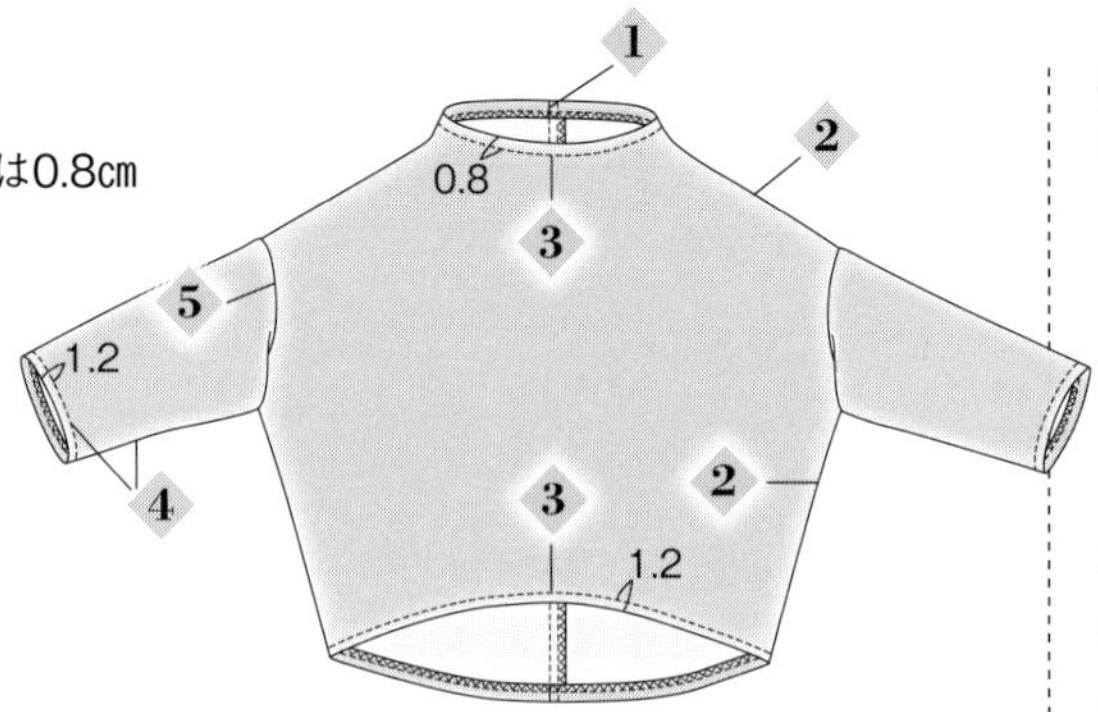

実物大型紙Ｂ面

前身ごろ、後ろ身ごろ、そで

出来上がり寸法

M〜LL…バスト162㎝　そで丈34㎝
着丈72㎝

材料

❶表布　ウールリネン…140㎝幅　160㎝
❷接着テープ…1.5㎝幅　680㎝

下準備

1 左・右後ろ身ごろと前身ごろの肩、わき、すそ、左後ろ身ごろの後ろ中央、そでのそで下、そで口の裏面の縫い代端に接着テープを貼る。

2 左・右後ろ身ごろと前身ごろの肩、わき、そでのそで下、そで口の縫い代端にジグザグミシン（またはロックミシン）をかける。

2 肩、わきを縫う

1 後ろ身ごろと前身ごろを中表に合わせ、右肩を縫い(①)、右わきを縫う(②)。縫い代はアイロンで割る。

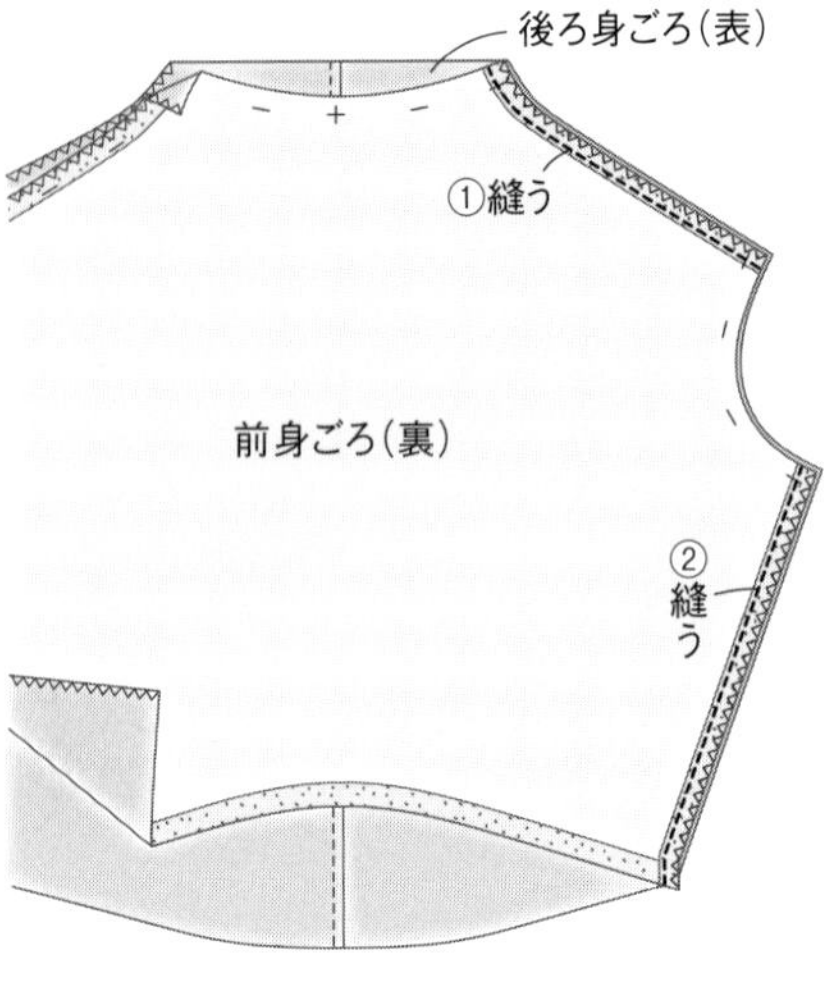

2 前身ごろと後ろ身ごろのえりぐり、すその縫い代端にジグザグミシンをかけ(①)、えりぐりとすその縫い代をアイロンで裏面に折る(②)。えりぐりとすそ縫い代の折り目を一度開き、前身ごろと後ろ身ごろの左肩、左わきをそれぞれ中表に合わせて縫う。縫い代はアイロンで割る。

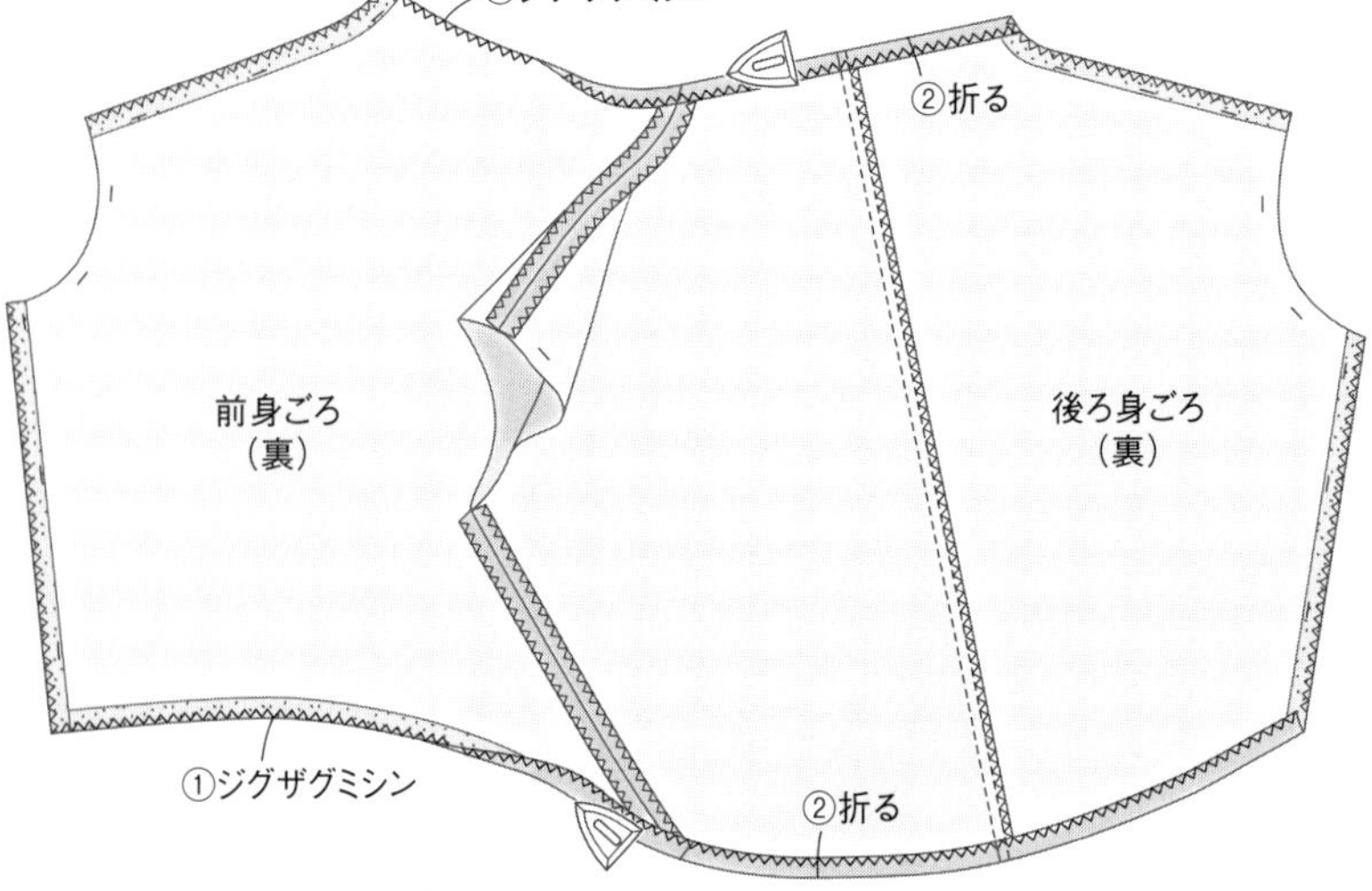

裁ち合わせ図

＊指定以外の縫い代は1㎝
＊▨接着テープを貼る位置

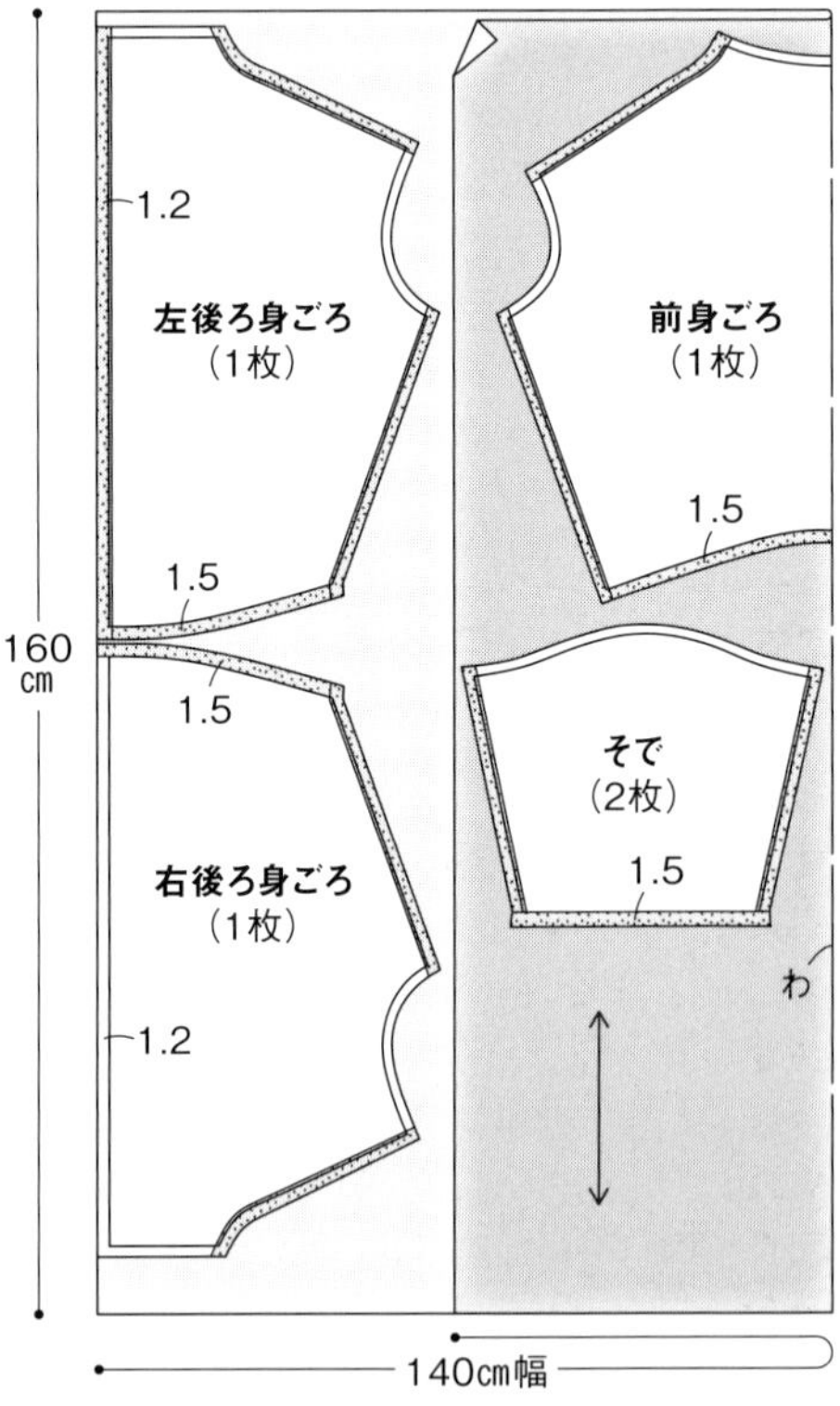

作品❖p.30

ワイドパンツ

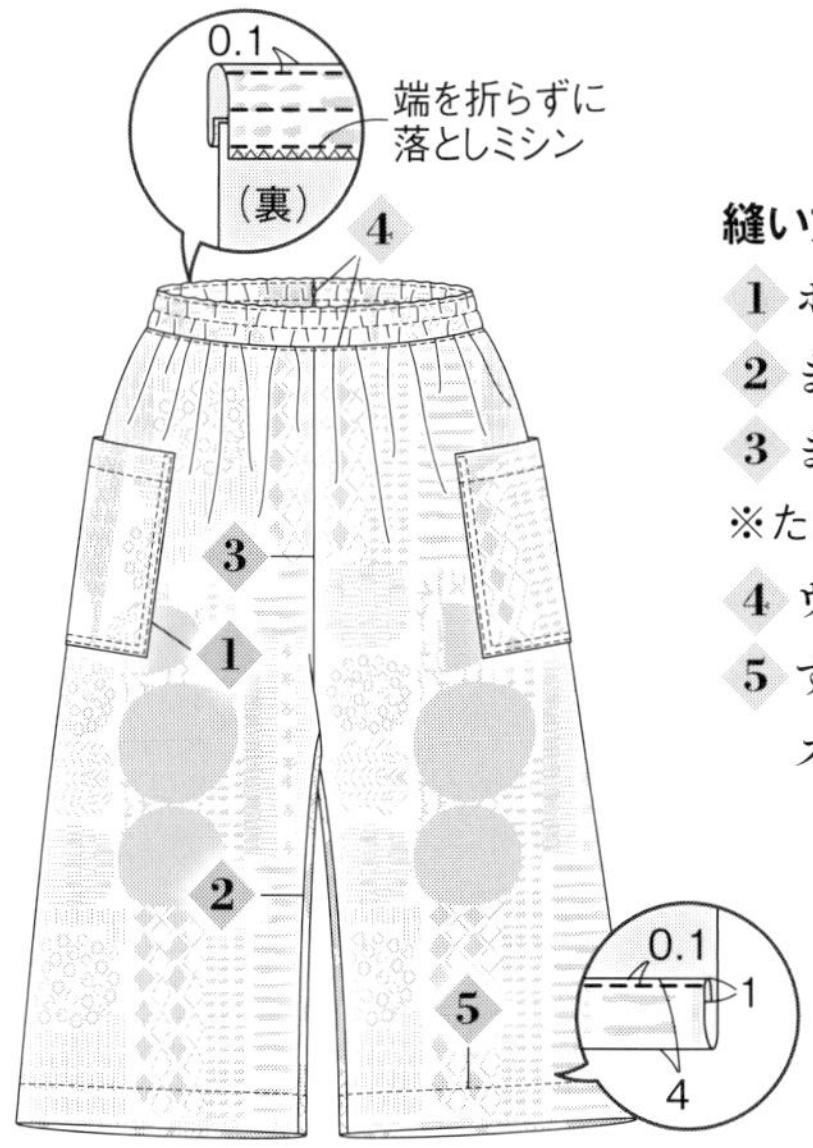

縫い方順序

1 ポケットをつける→p.93 2 2
2 また下を縫う→p.60 2
3 またぐりを縫う→p.60 3
※ただし、ゴム通し口は残さずに縫う
4 ウエストの始末をする→p.83 3 3~4、4
5 すその縫い代を再度整え、
ステッチをかけて始末する

実物大型紙A面

前後パンツ

＊ベルト布、ポケットは型紙を作らずに、裁ち合わせ図の寸法で直接布を裁つ。

出来上がり寸法

M…ヒップ128cm　わき丈87.5cm

L…ヒップ132cm　わき丈91.5cm

LL…ヒップ138cm　わき丈95.5cm

材料

❶表布　リネンプリント…110cm幅　M・L210cm／LL220cm(よこ地で裁つ場合)

❷ゴムテープ…0.8cm幅　適宜

下準備

1 ベルト布の長辺の裏ベルト側の縫い代端にジグザグミシン(またはロックミシン)をかけ、アイロンで折り線で外表に折る。

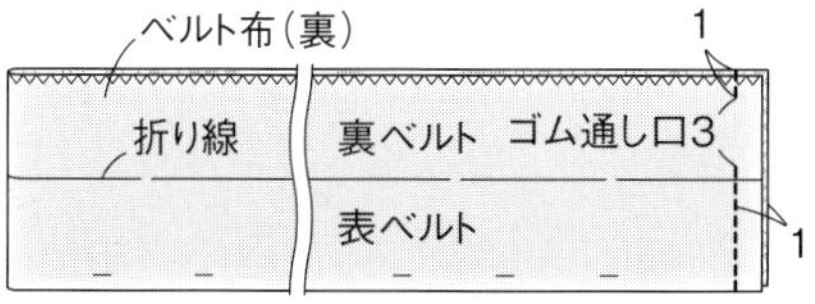

2 ベルト布の折り目を一度開き、後ろ中央を中表に合わせ、裏ベルト側にゴム通し口を残して縫う。縫い代はアイロンで割る。

3 ポケットのポケット口以外の3辺にジグザグミシンをかける。

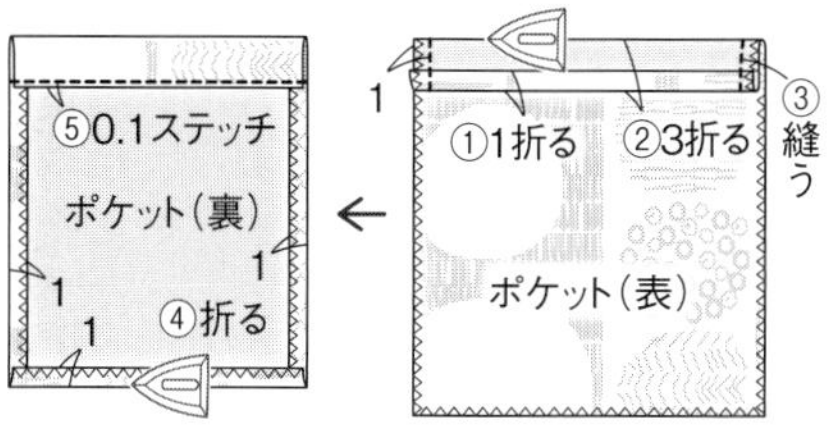

4 ポケット口の縫い代を図のように中表に三つ折りにし(①②)、ポケット口側の折り返しの両わきを縫う(③)。縫い代を裏面に返して、残りの3辺の縫い代をアイロンで折り(④)、ポケット口にステッチをかける(⑤)。

裁ち合わせ図

よこ地で裁つ場合

＊指定以外の縫い代は1cm

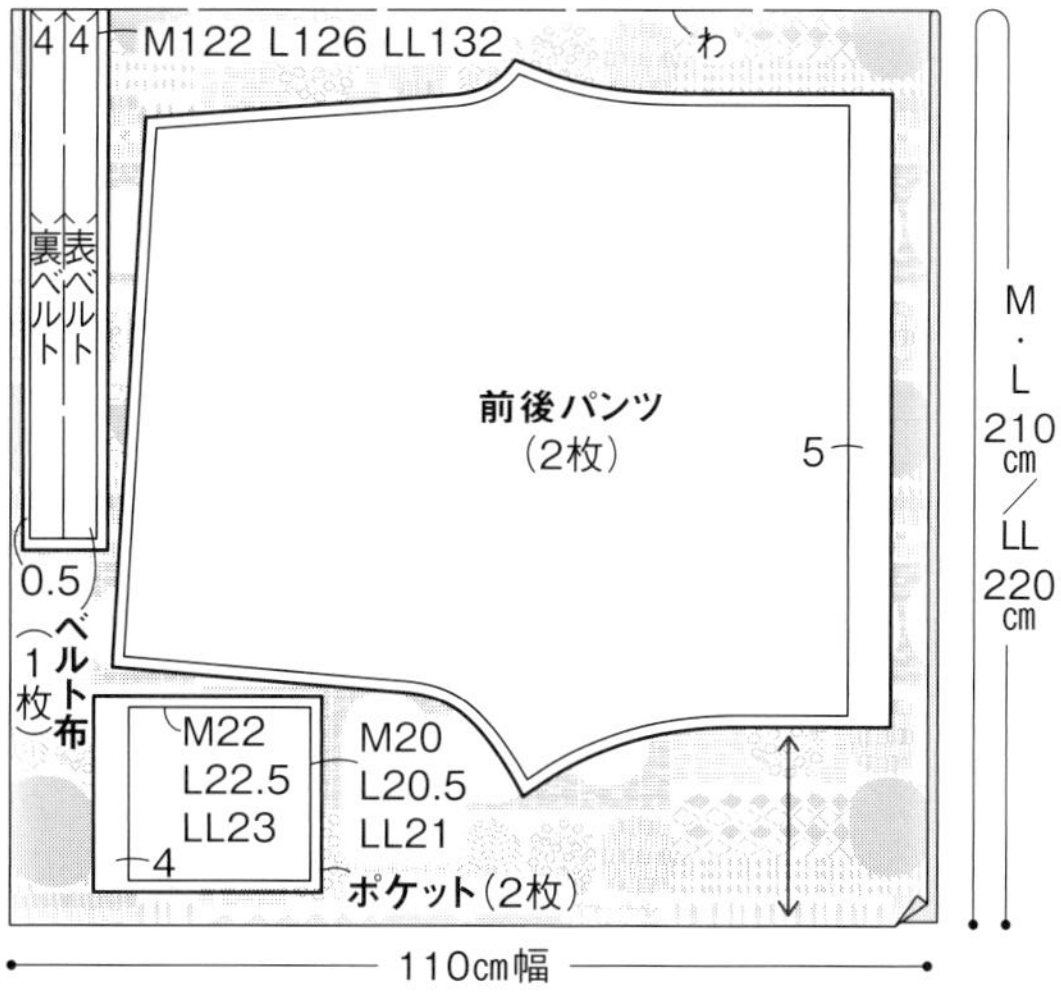

たて地で裁つ場合

＊指定以外の縫い代は1cm

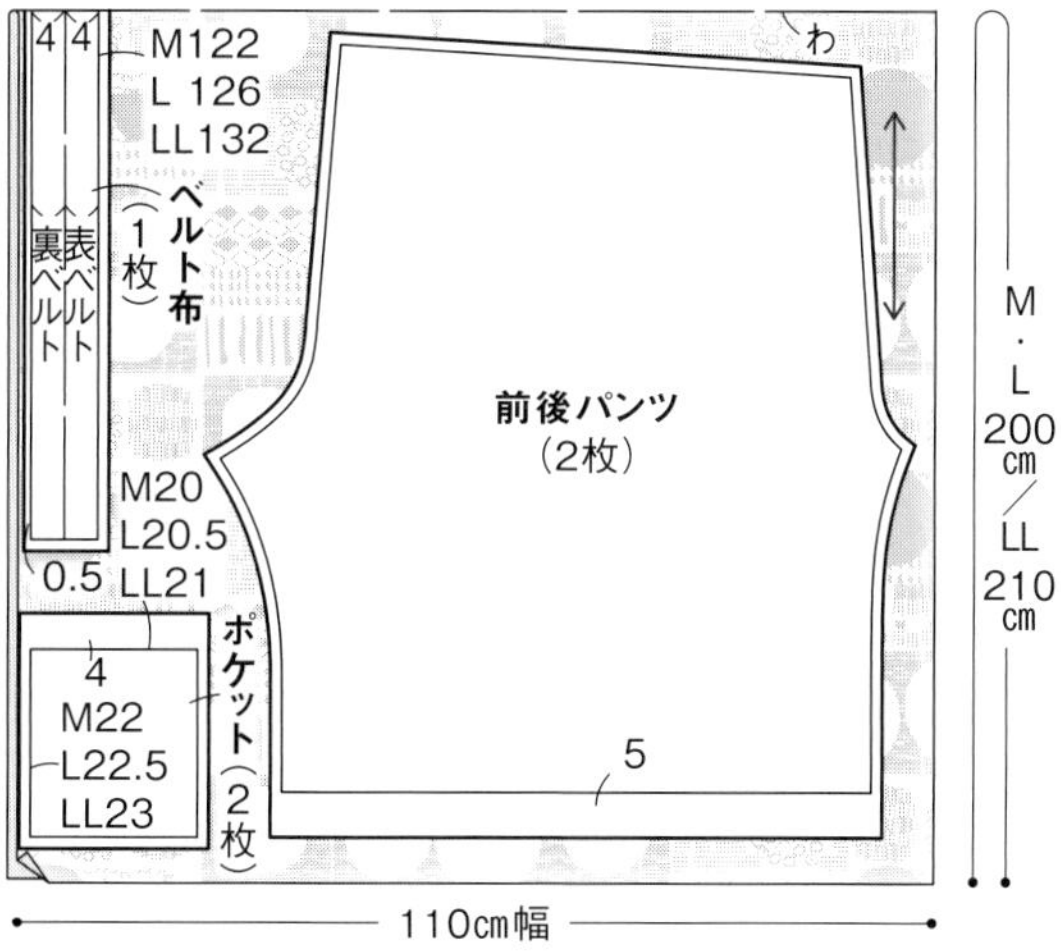

布の裁ち方

・よこ地用の裁ち合わせ図を参考に布に型紙を配置し、縫い代をつけて各パーツを裁つ。

・柄の特徴を生かすために布をよこ地に使用したが、たて地に使用してもよい。その場合はたて地用の裁ち合わせ図を参照し、ベルト布以外の布目線は型紙の布目線に対して垂直に引き直す。

作品❖p.31

17 巻きスカート風スカート

製図

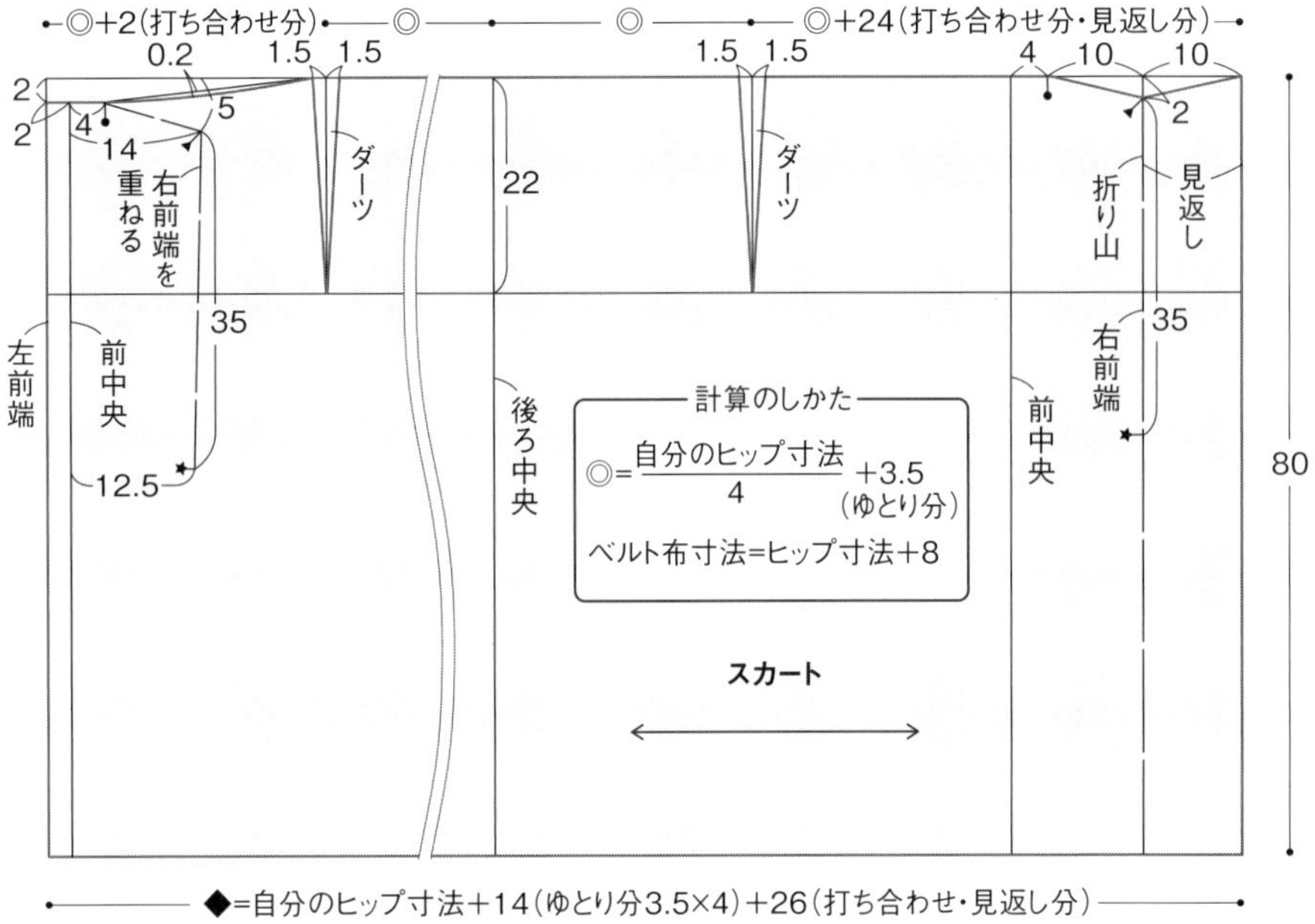

(例)作品のヒップ寸法=96cm　◎=$\frac{96}{4}$+3.5=27.5

◆=96+14+26=136

ベルト布寸法=96+8=104

縫い方順序

1 ダーツを縫う
2 前端、すそを縫う
3 ウエストの始末をする
4 ゴムテープを通す
5 ボタンをつける

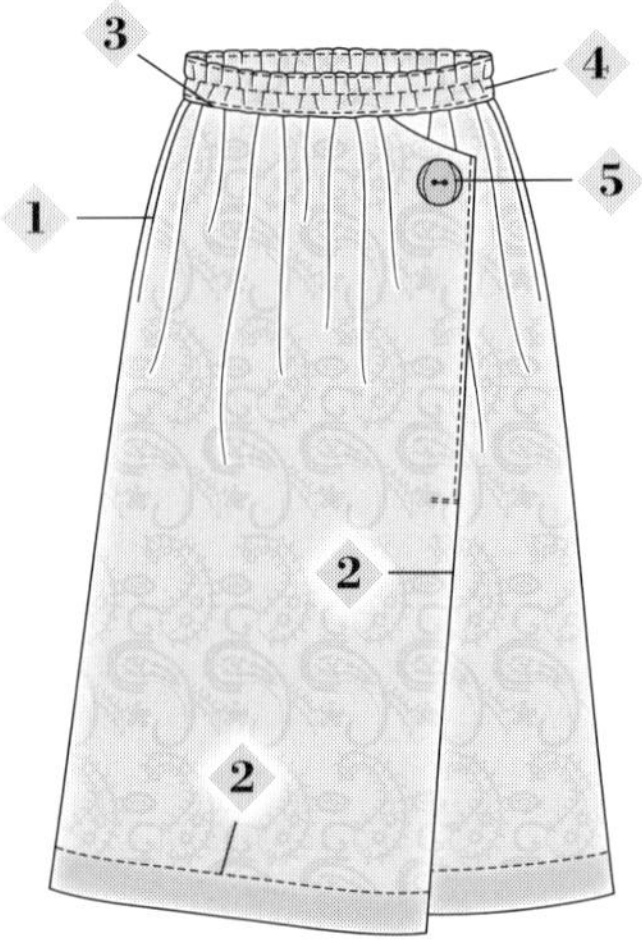

裁ち合わせ図

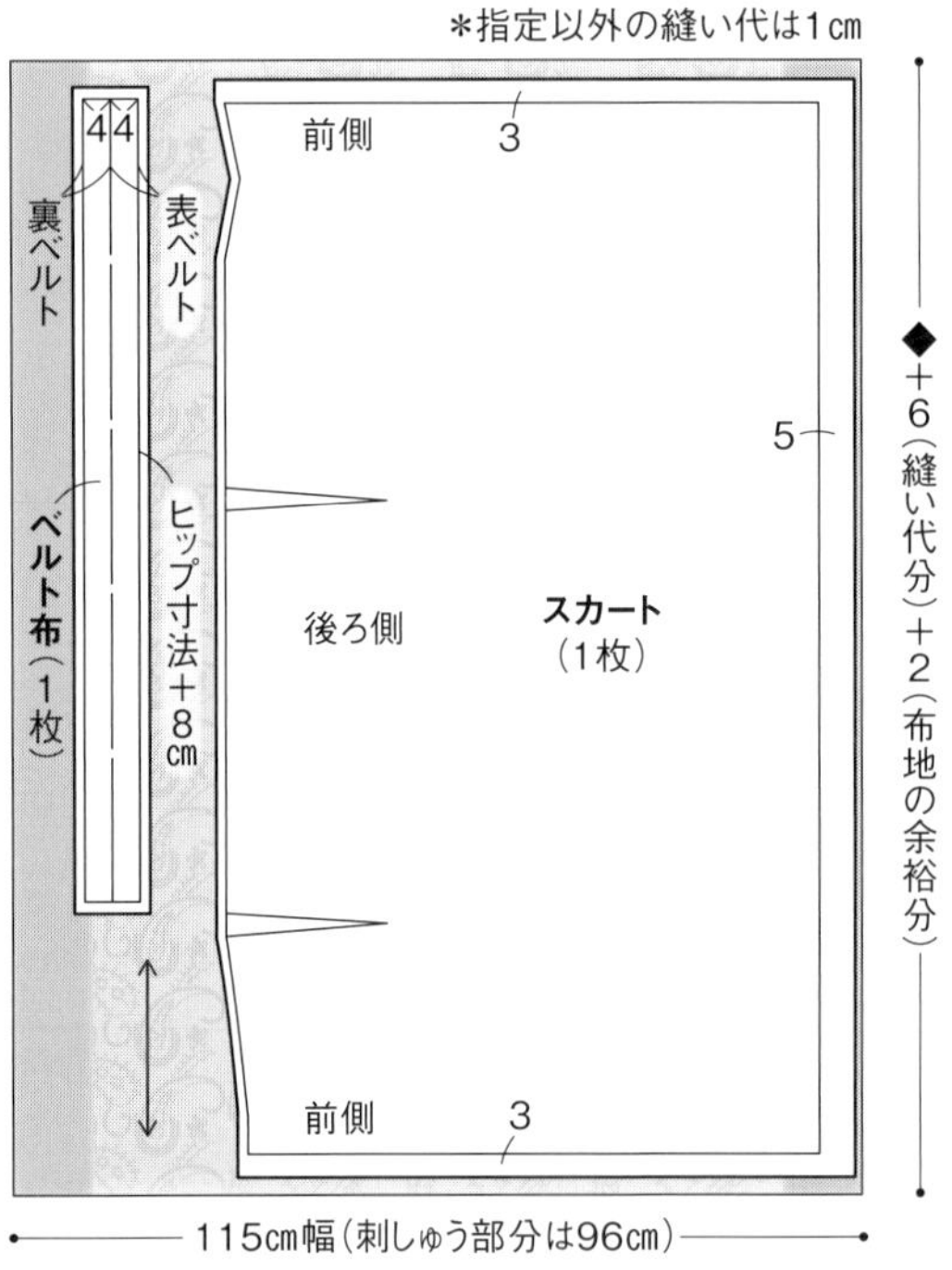

出来上がり寸法

スカート丈84cm
参考寸法(Lサイズ)
ヒップ110cm　スカート丈84cm

材料

❶木綿刺しゅう布…115cm幅　L144cm
(◆+6+2)(裁ち合わせ図参照)
❷ゴムテープ…0.8cm幅　適宜
❸ボタン…直径4.4cm　1個

作り方のポイント

ヒップ寸法の測り方はヒップのいちばん高い位置にメジャーを巻き、指が3〜4本入るくらいのゆとりを入れて測る。

型紙の作り方

製図を参照し、自分のヒップ寸法を計算式に当てはめて型紙を作る。

下準備

スカートの見返し端・左前端の縫い代、すその縫い代をアイロンで三つ折りにする。

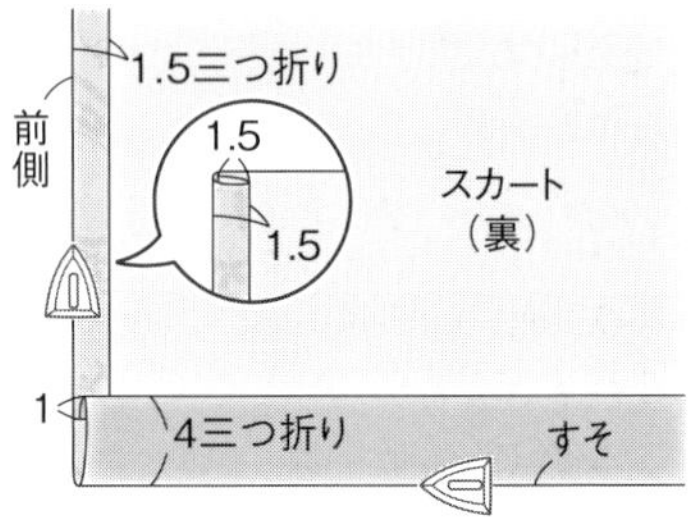

布の裁ち方

・裁ち合わせ図を参考に布地の表面に型紙をよこ地に配置し、指定の縫い代をつけて裁断する。
・ベルト布は型紙を作らずに、裁ち合わせ図の寸法で直接布を裁つ。
・出来上がり線の印つけをする場合は、布地の裏面に手芸用片面複写紙を当て、ルレットで印をつける。

1 ダーツを縫う

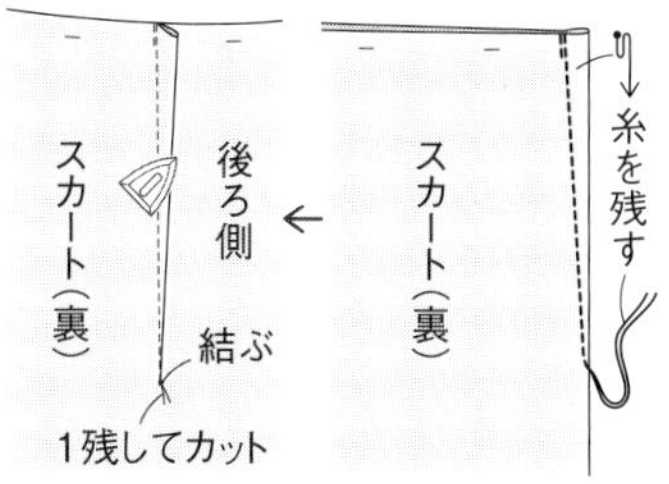

わきのダーツ分を中表に合わせ、布端からダーツの先端に向かって縫う。縫い始めは返し縫いをし、先端は糸端を長めに残して切って2本一緒に3回ほど結び、糸端を1cm残してカットする。ダーツはアイロンで後ろ側に倒す。

2 前端、すそを縫う

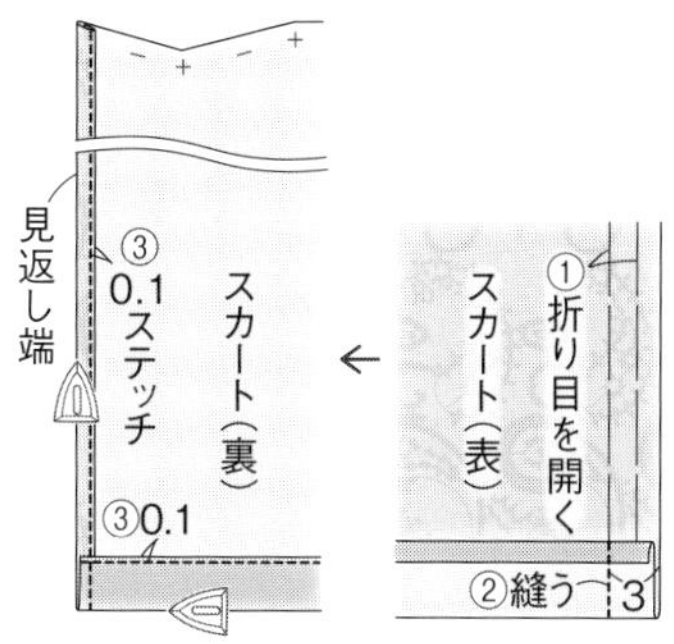

1 前端の折り目を一度開き（①）、右前すその縫い代を図のように中表に折って見返し端を縫う（②）。左前すそも同様に縫う。見返し端、左前端、すその縫い代をスカートの裏面に返して再度アイロンで整え、三つ折り端にそれぞれステッチをかける（③）。

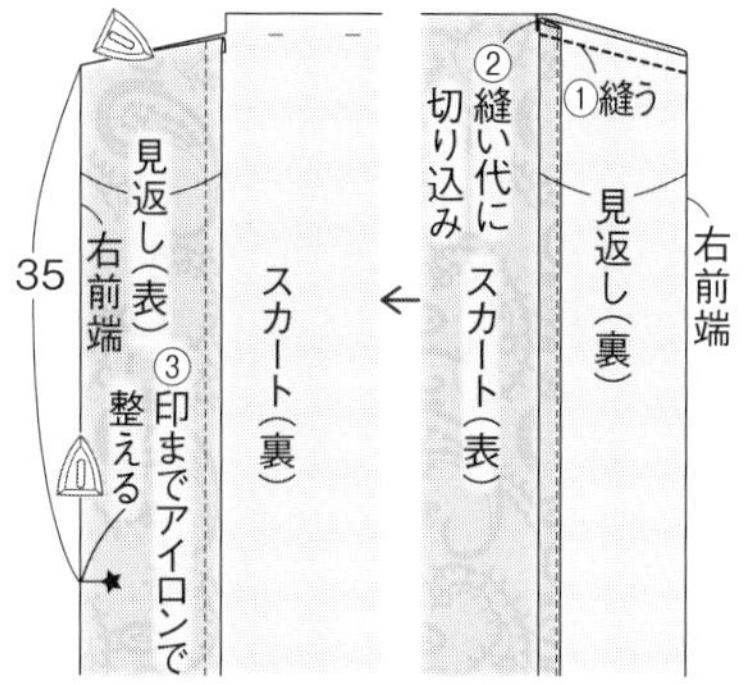

2 右前端で見返しを中表に折り、上端を縫う（①）。見返し端に合わせてウエスト縫い代に切り込みを入れ（②）、見返しを表に返す。上端〜右前端は★印位置までアイロンで整え（③）、すそ側はアイロンはかけない。

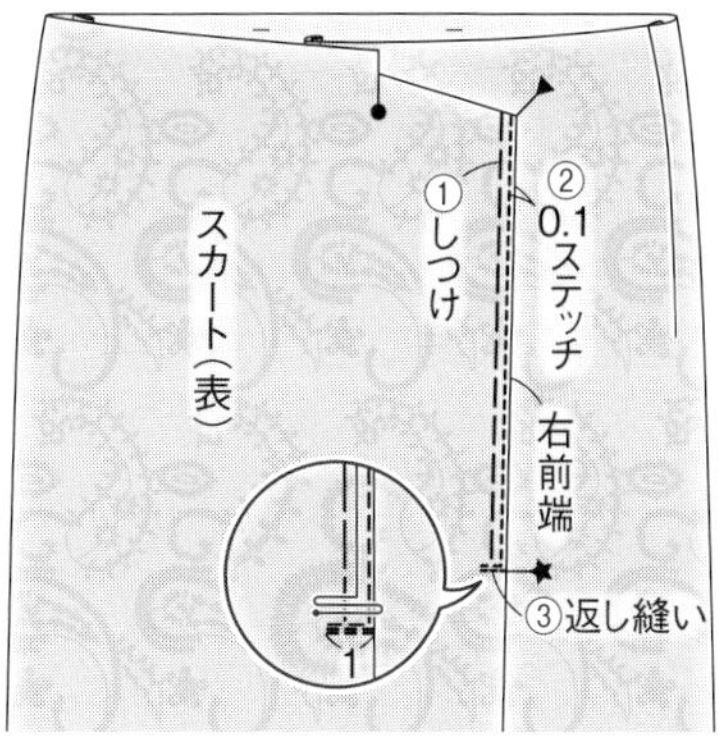

3 スカートの右前端を左前スカートの同じ印に重ねてしつけをかけ（①）、▲〜★印位置までステッチをかける（②）。縫い止まり位置は横に1cm返し縫いをする（③）。しつけを外す。

3 ウエストの始末をする

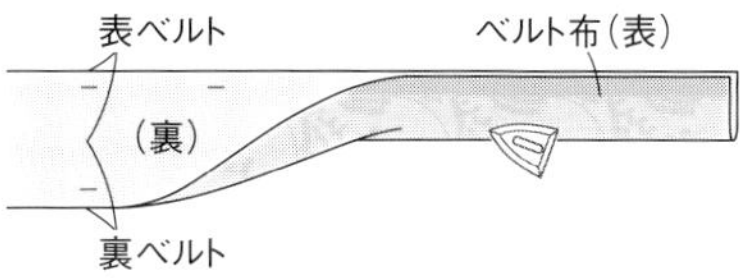

1 ベルト布を外表に半分に折る。

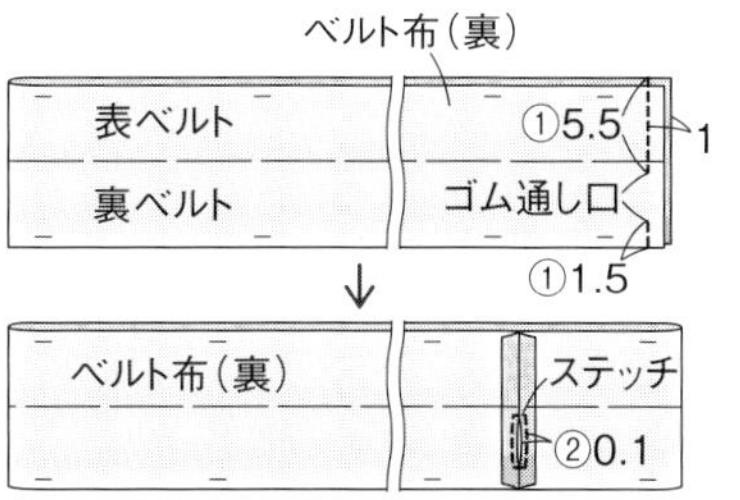

2 折り目を一度開いて両端を中表に合わせ、裏ベルト側にゴム通し口を残して縫う（①）。縫い代はアイロンで割り、ゴム通し口の周囲にステッチをかける（②）。

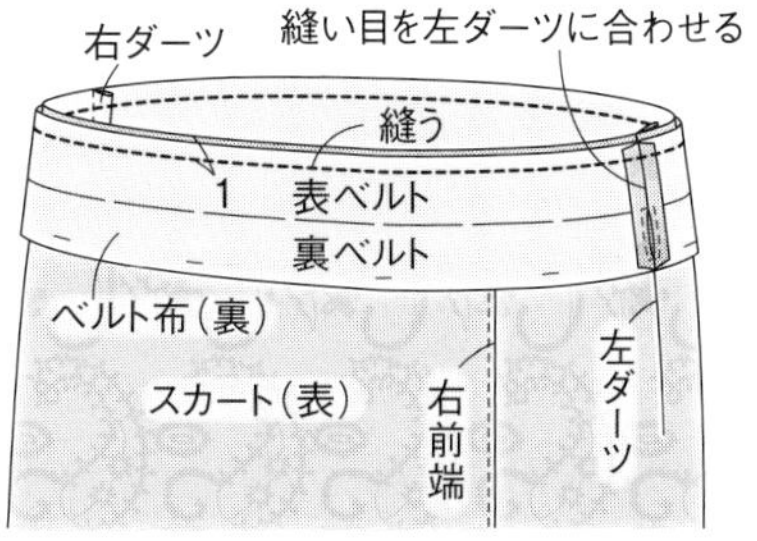

3 スカートのウエストにベルト布の表ベルト側を中表に合わせ、**2**の縫い目を左ダーツの縫い目に合わせてウエストを縫う。

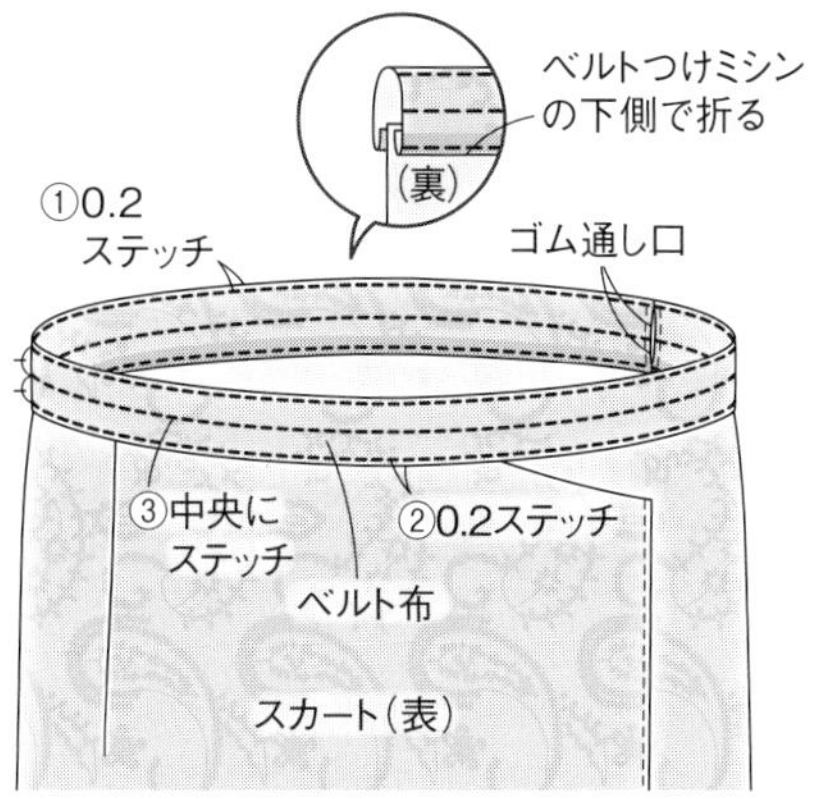

4 ベルト布を表に返してアイロンで整え、**1**の折り目で再度折り、裏ベルトの縫い代は**3**の縫い目が隠れるように折る。ベルト布の折り山（①）、**3**の縫い目の上側（②）、①と②の中央（③）に表面からステッチをかける。

4 ゴムテープを通す

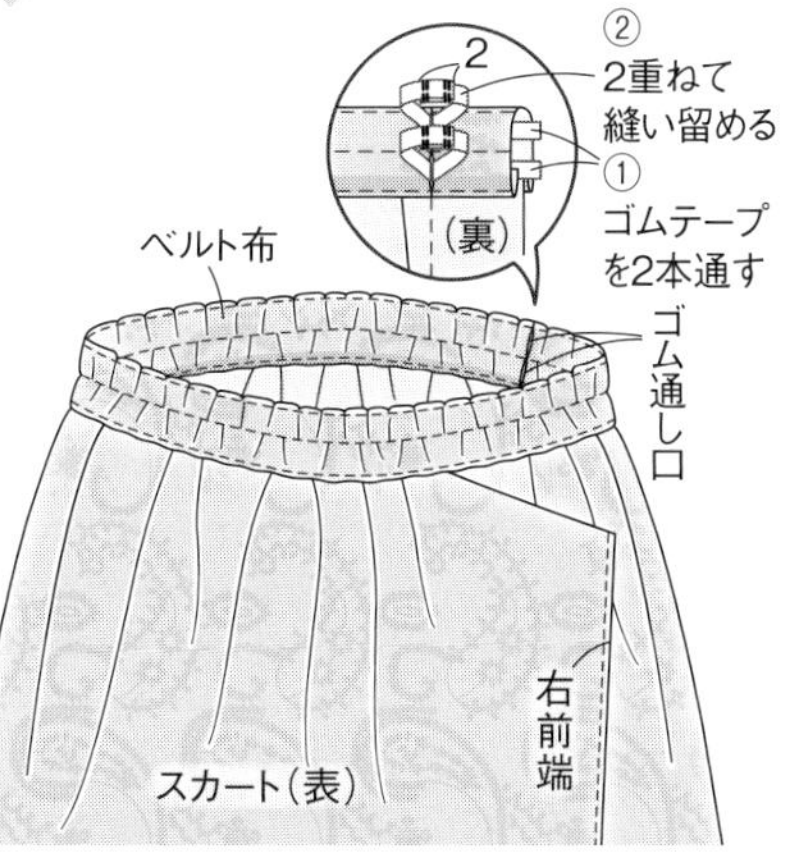

ベルト布裏面のゴム通し口からステッチの間にそれぞれゴムテープを通す（①）。ゴムテープの長さは試着をして決め、端は2cm重ねて縫い留める（②）。

5 ボタンをつける

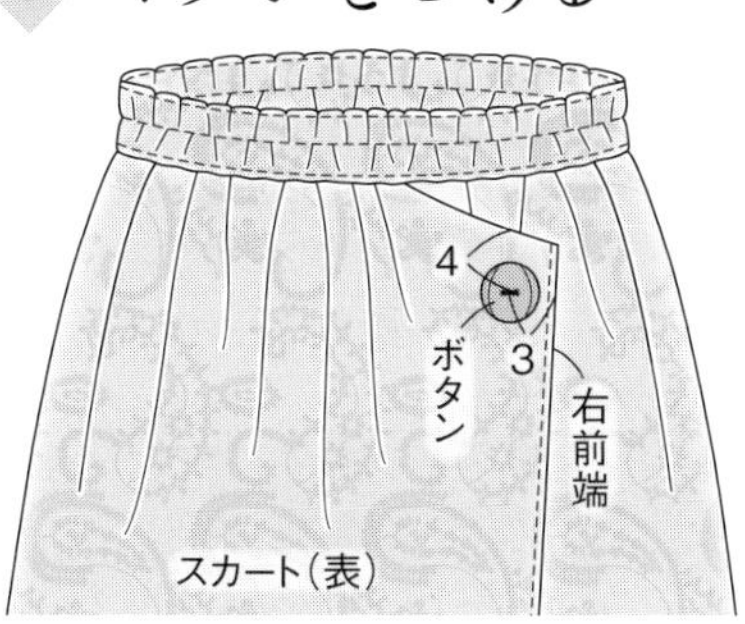

右前スカートと見返しまで針を通してボタンをつける。出来上がり。

作品❖p.32

サルエル風パンツ

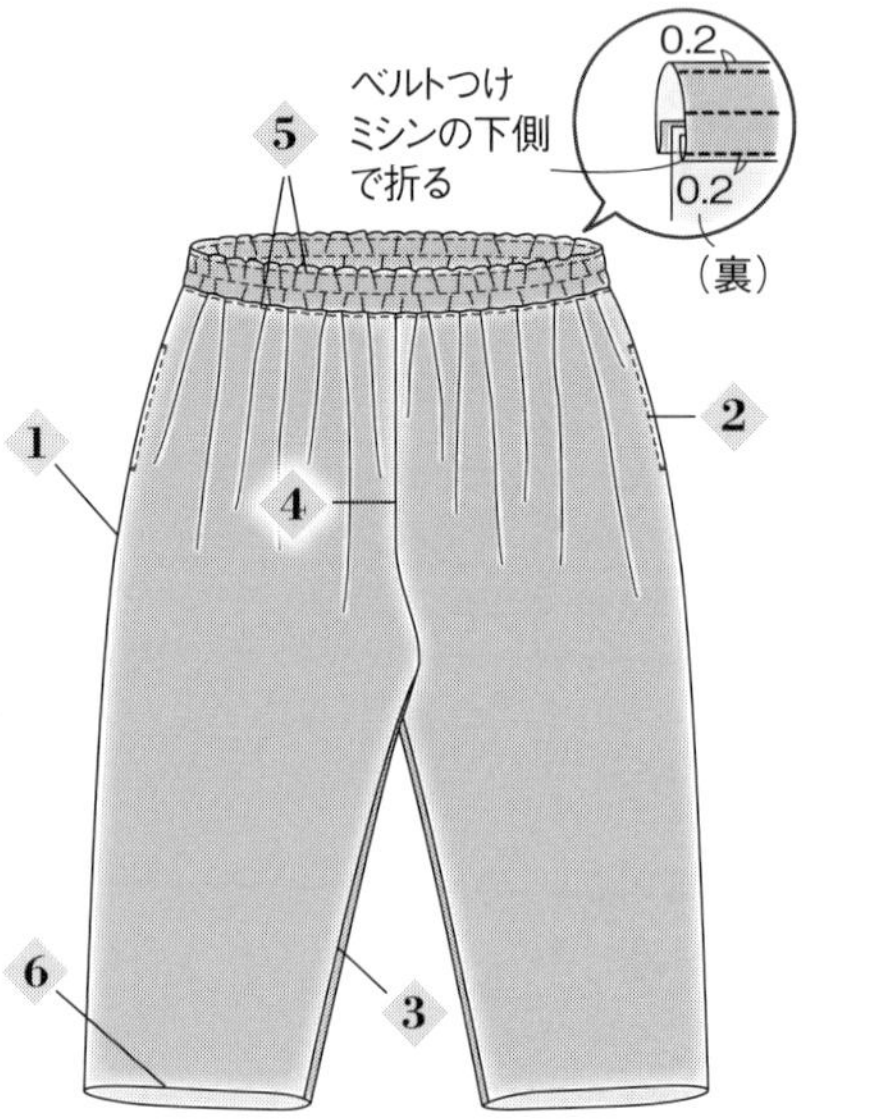

縫い方順序

1 わきを縫う
2 ポケットを作る→p.53 5 2～4
※ただし、袋布のわきの上側は布端から縫う
3 また下を縫う→p.60 2
4 またぐりを縫う→p.60 3
※ただし、ゴム通し口は残さずに縫う
5 ウエストの始末をする→p.83 3 3～4、4
6 すその始末をする→p.65 7

実物大型紙C面

前パンツ、後ろパンツ、ベルト布、袋布

出来上がり寸法

M…ヒップ137cm　わき丈81.5cm
L…ヒップ141cm　わき丈85.5cm
LL…ヒップ145cm　わき丈89.5cm

材料

❶表布　レーヨン…110cm幅
M180cm／L190cm／LL200cm
❷接着テープ…1.2cm幅
M340cm／L350cm／LL370cm
❸ゴムテープ…0.8cm幅　適宜

1 わきを縫う

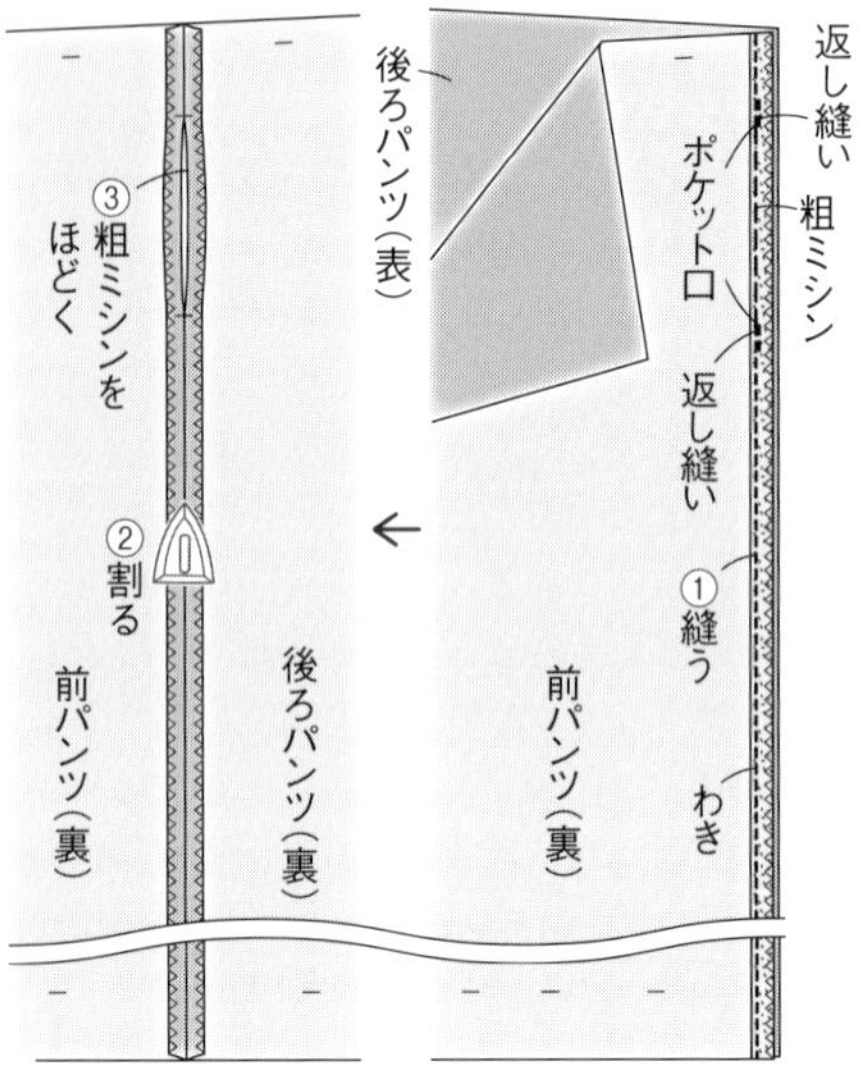

1 前パンツと後ろパンツのわきを中表に合わせて縫う（①）。ポケット口の上下で返し縫いをし、ポケット口は粗い針目で縫う（粗ミシン）。縫い代をアイロンで割り（②）、ポケット口の粗ミシンの糸をほどく（③）。

裁ち合わせ図

＊指定以外の縫い代は1cm　＊▒接着テープを貼る位置

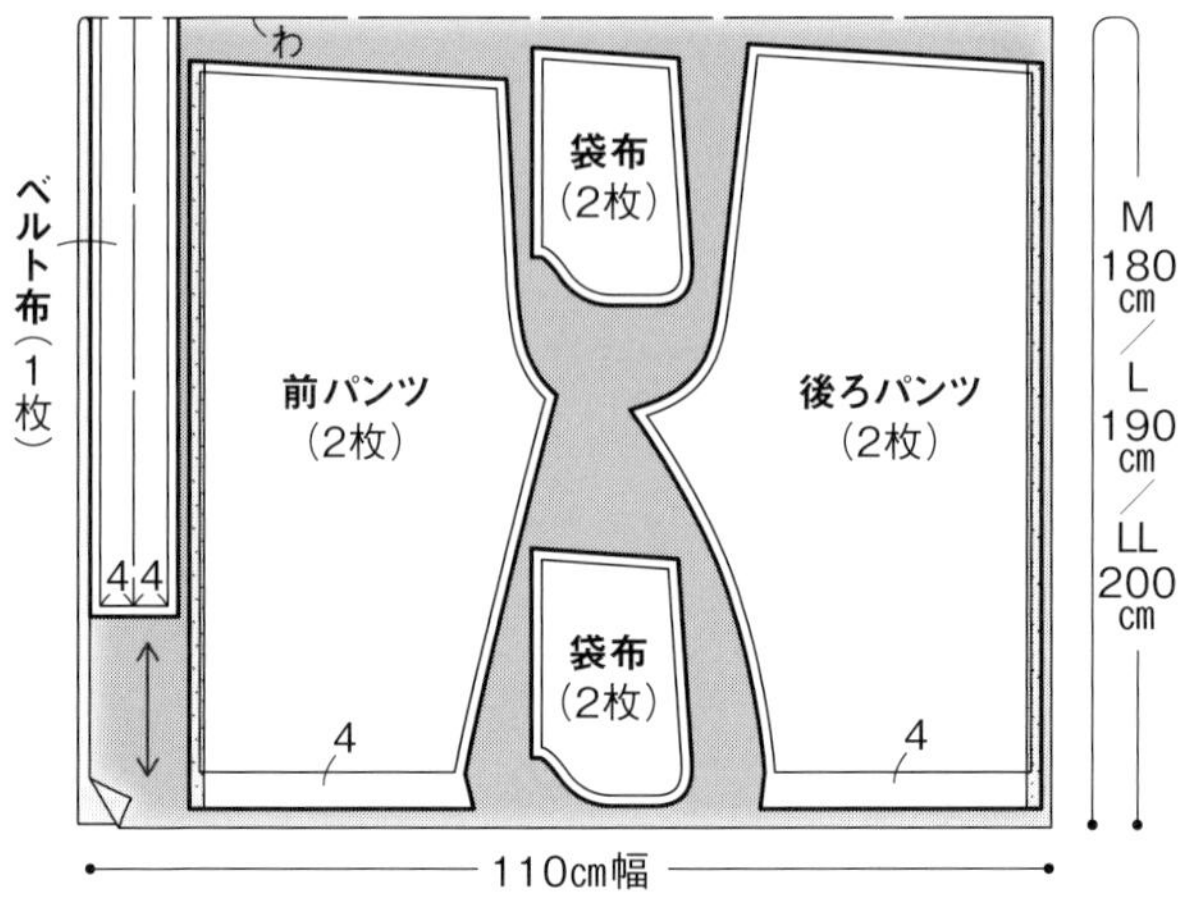

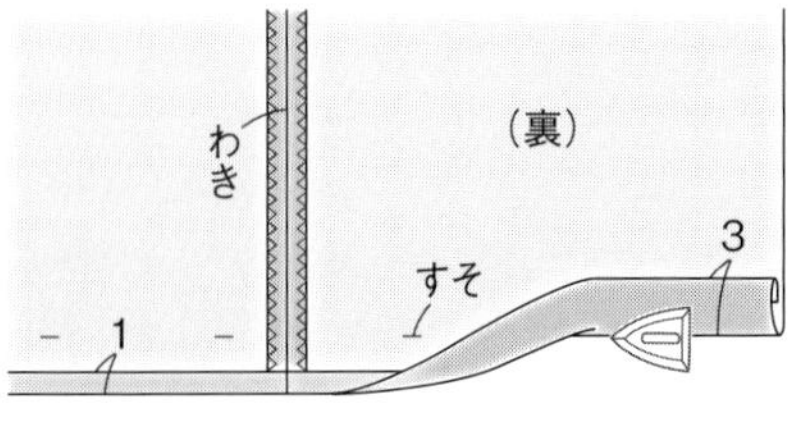

2 すその縫い代をアイロンで三つ折りにし、折り目を開く。

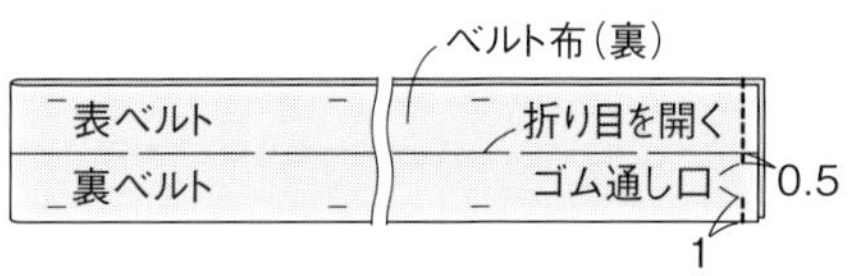

3 ベルト布を折り線で外表に折る。ベルト布の折り目を一度開き、両端を中表に合わせて裏ベルト側にゴム通し口を残して縫う。縫い代はアイロンで割る。

下準備

1 前・後ろパンツのわきの裏面の縫い代端に接着テープを貼る。
2 前・後ろパンツ、袋布のわき縫い代端にジグザグミシン（またはロックミシン）をかける。

作品❖p.34

パーマネントパンツ

実物大型紙A面

前パンツ、後ろパンツ、ベルト布、向こう布、袋布

出来上がり寸法

M…ヒップ105.5cm　わき丈94.5cm
L…ヒップ109.5cm　わき丈98cm
LL…ヒップ115.5cm　わき丈101.5cm

材料

❶表布　ソフトデニム…110cm幅
M200cm／L210cm／LL220cm
❷別布　木綿地…45×35cm
❸接着テープ　1.2cm幅　50cm
❹ゴムテープ…0.8cm幅　適宜

下準備

1 前パンツポケット口の裏面の縫い代端に接着テープを貼る。

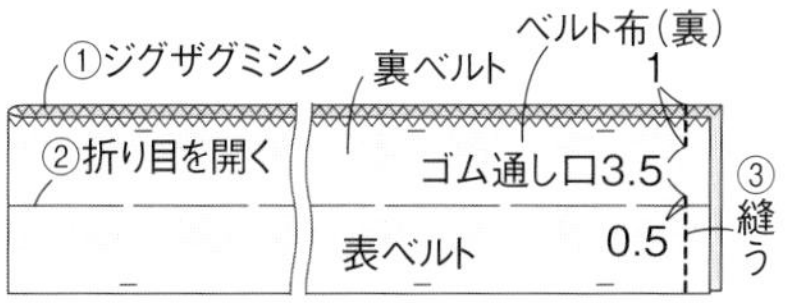

2 ベルト布の長辺の一方の縫い代端にジグザグミシン(またはロックミシン)をかけ(①)、折り線で外表に折る。ベルト布の折り目を一度開き(②)、両端を中表に合わせて裏ベルト側にゴム通し口を残して縫う(③)。縫い代はアイロンで割る。

裁ち合わせ図

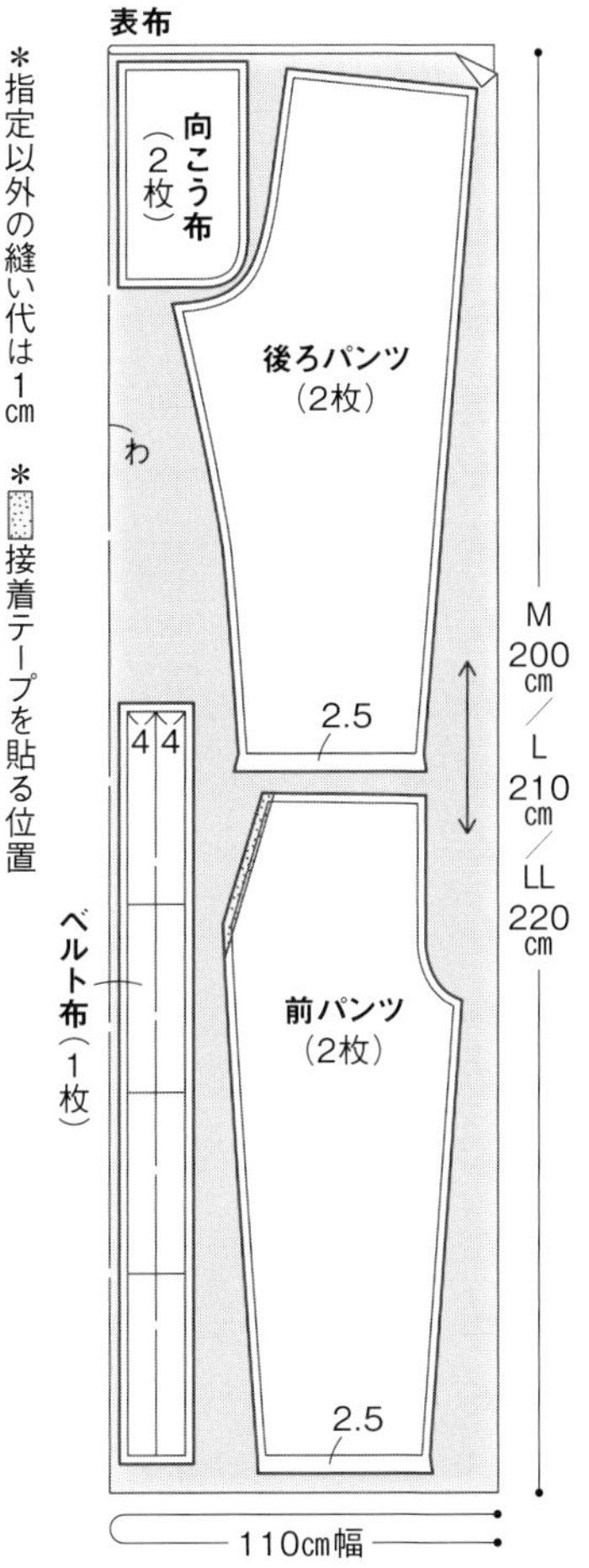

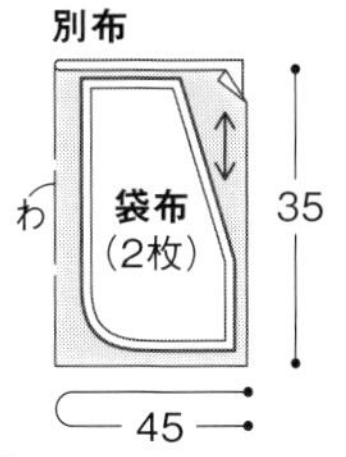

縫い方順序

1 ポケットを作る
2 わきを縫う→p.60 2
3 すその縫い代をアイロンで三つ折りにする
4 すその三つ折りを開き、また下を縫う→p.60 2
5 またぐりを縫う→p.60 3
※ただし、ゴム通し口は残さずに縫う
6 ウエストの始末をする→p.83 3 3〜4、4
7 すその三つ折りを再度整え、ステッチをかけて始末する

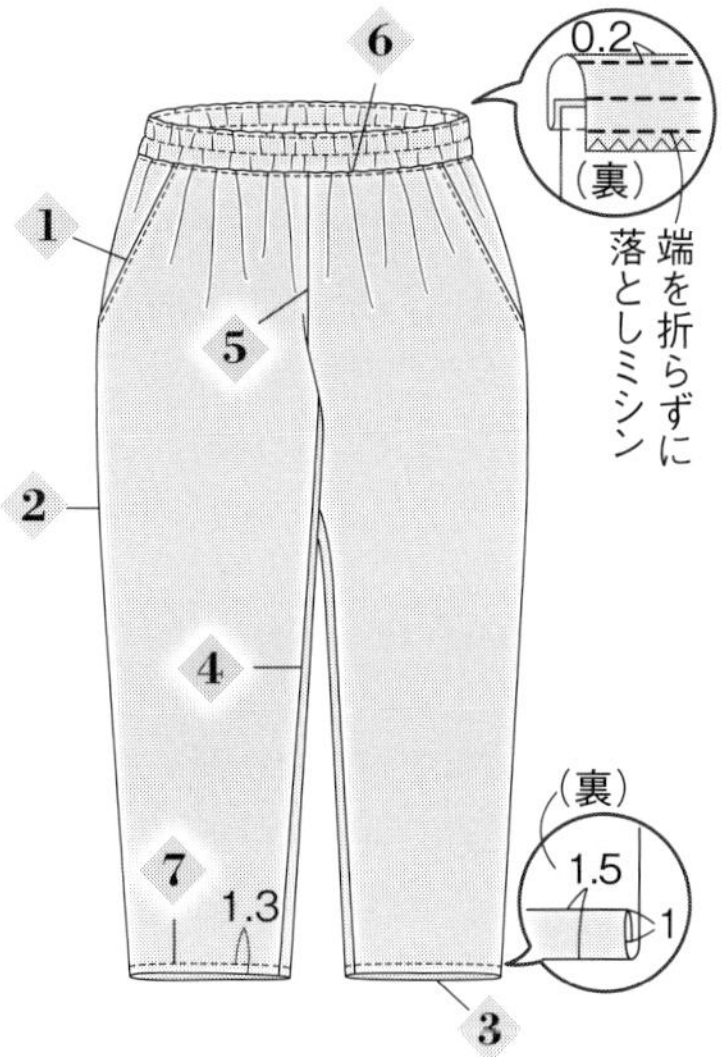

1 ポケットを作る

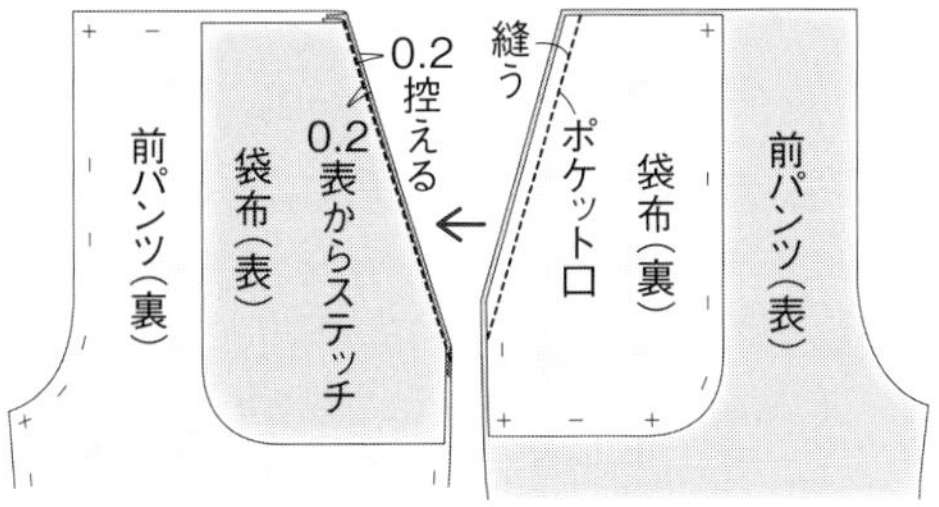

1 前パンツのポケット口に袋布を中表に合わせて縫う。ポケット口の縫い代はアイロンで割る。袋布を前パンツの裏面に返し、袋布を0.2cm控えてアイロンで整え、前パンツの表面からステッチをかける。

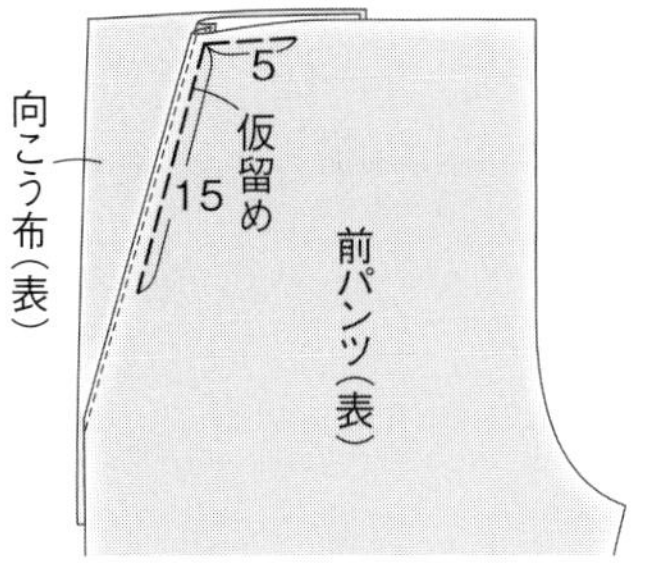

2 向こう布の表面に前パンツのポケット口を合わせて重ね、ウエスト、ポケット口をしつけ糸で仮留めする。

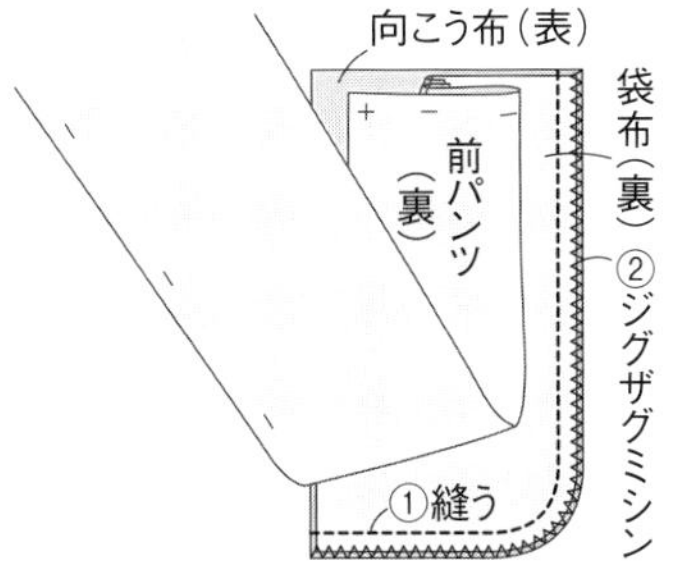

3 前パンツをよけて、袋布と向こう布の外回りを合わせて縫う(①)。縫い代は2枚一緒にジグザグミシンをかける(②)。

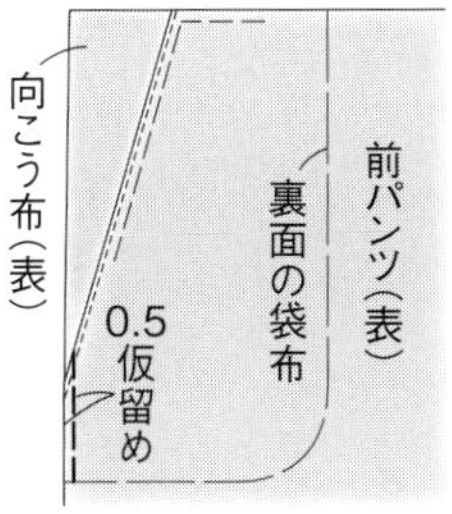

4 前パンツ裏面の袋布を整え、わきの縫い代を合わせてしつけ糸で仮留めする。

20

作品❖p.35

サロペット

1 ポケットを作り、つける

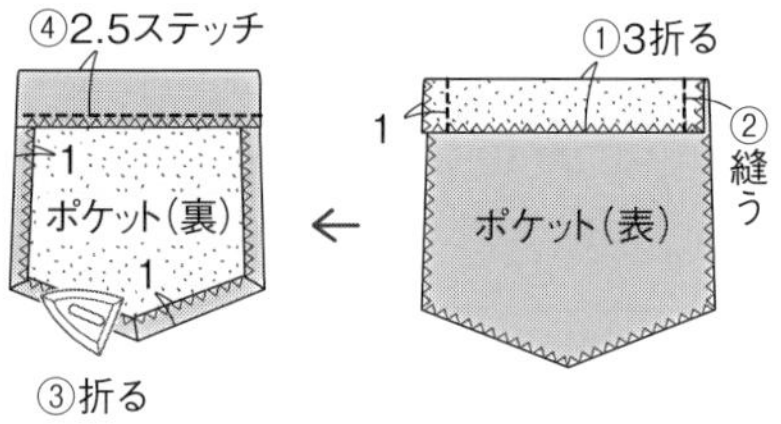

1 ポケット口の縫い代を中表に折り(①)、ポケット口の両わきを縫う(②)。縫い代を裏面に返して残りの4辺の縫い代をアイロンで折り(③)、ポケット口にステッチをかける(④)。

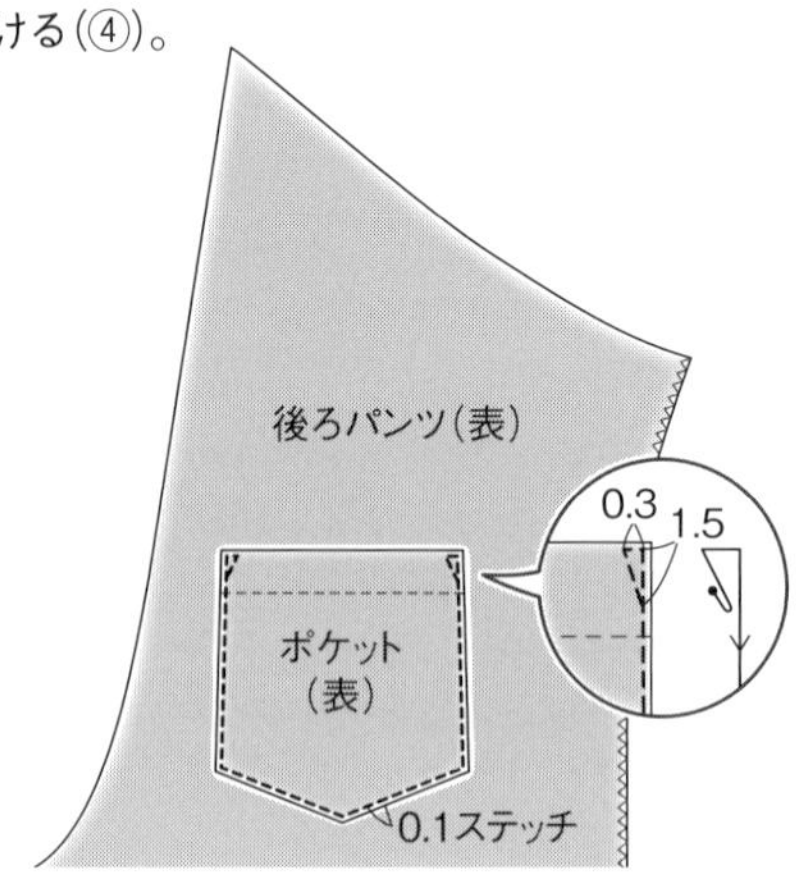

2 後ろパンツのポケットつけ位置にポケットを重ねてつける。ポケット口の角は補強のため三角に縫う。

2 肩ひもを作る

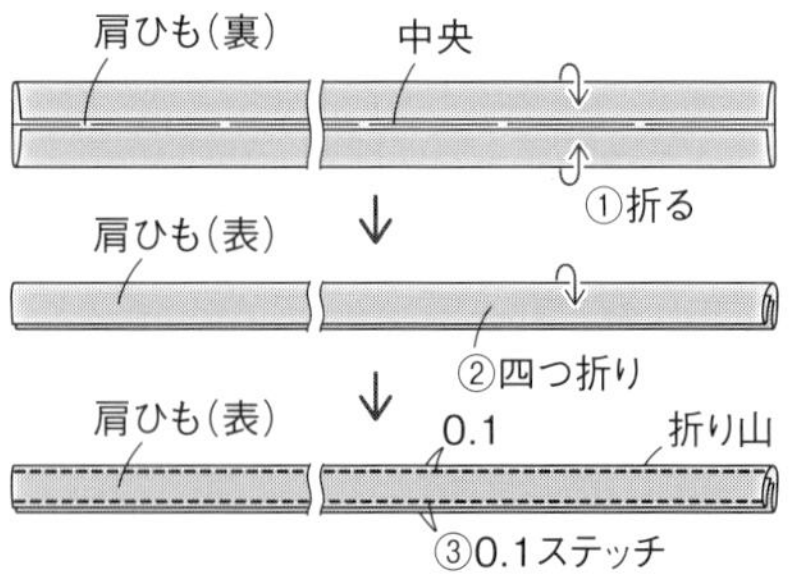

肩ひもの長辺を中央に向かってアイロンで突き合わせて折る(①)。さらに中央で折り、四つ折りにする(②)。長辺の両端にステッチをかける(③)。

材料

❶表布　ウールジョーゼット…140cm幅
M200cm／L210cm／LL220cm
❷接着芯…80×40cm
❸ボタン…直径2.5cm　2個

下準備

1 ポケット、前見返し、後ろ見返しの裏面に接着芯を貼る。
2 前・後ろパンツのわき、また下、すそ、ポケットの周囲の縫い代端にジグザグミシン(またはロックミシン)をかける。

裁ち合わせ図

＊指定以外の縫い代は1cm
＊□接着芯を貼る位置

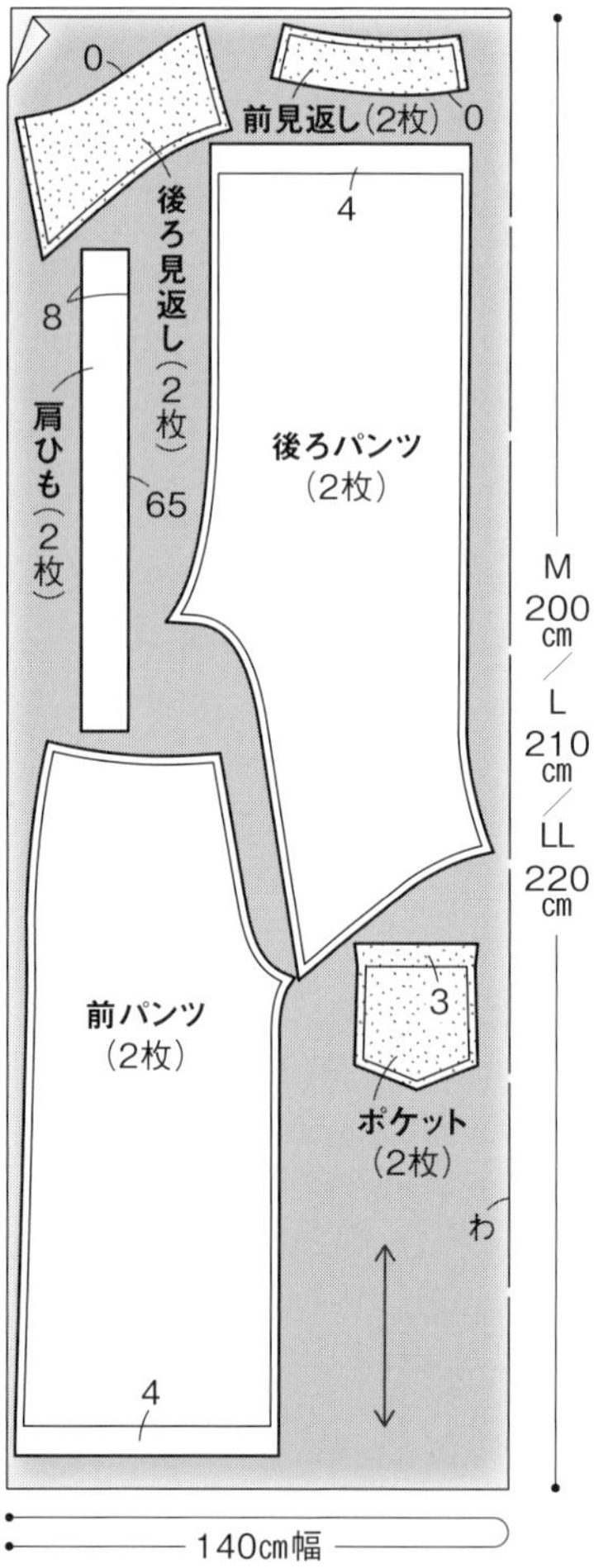

実物大型紙C面

前パンツ、後ろパンツ、前見返し、後ろ見返し、ポケット
＊肩ひもは型紙を作らずに、裁ち合わせ図の寸法で直接布を裁つ。

出来上がり寸法

M…ヒップ114cm
　パンツ丈　前89cm／後ろ106.3cm
L…ヒップ118cm
　パンツ丈　前93cm／後ろ110.3cm
LL…ヒップ124cm
　パンツ丈　前97cm／後ろ114.7cm

縫い方順序

1. ポケットを作り、つける
2. 肩ひもを作る
3. また下、わきを縫う
4. またぐりを縫う
5. 上端を見返しで始末する
6. すその始末をする
7. ボタンホールを作り、ボタンをつける

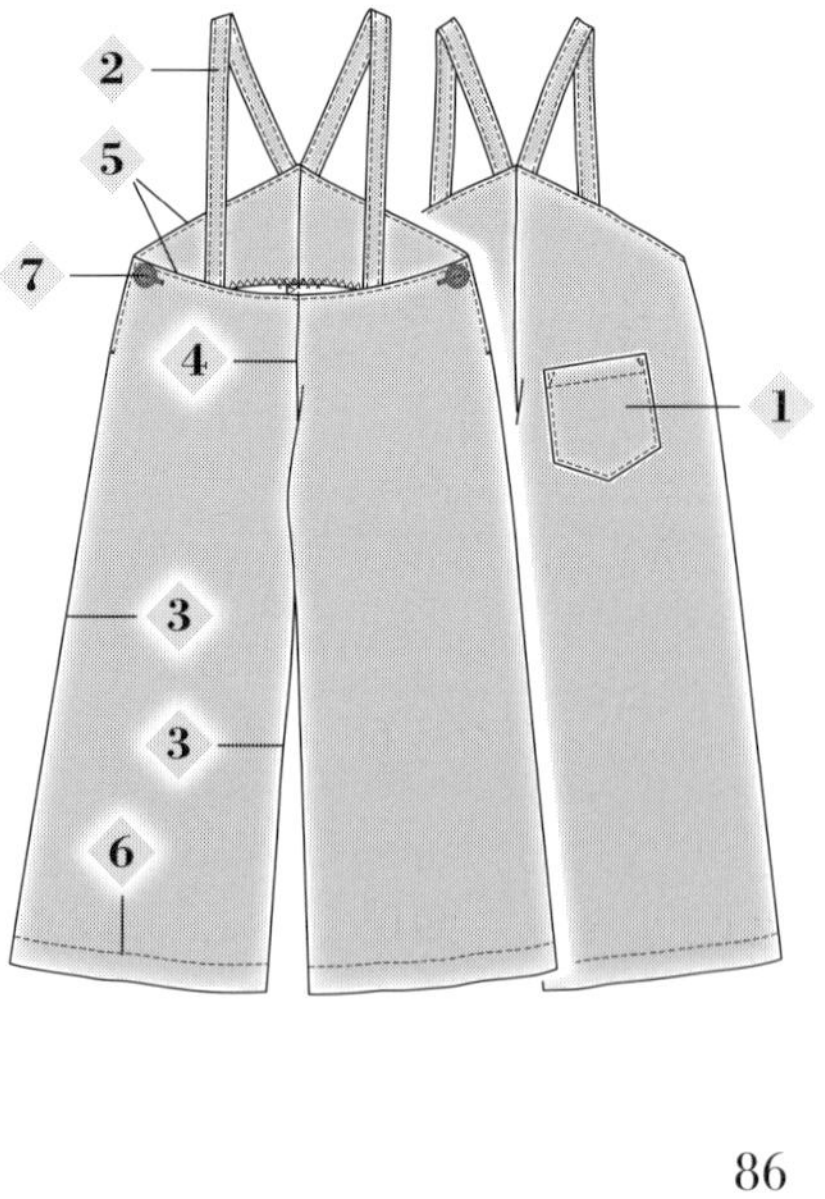

3 また下、わきを縫う

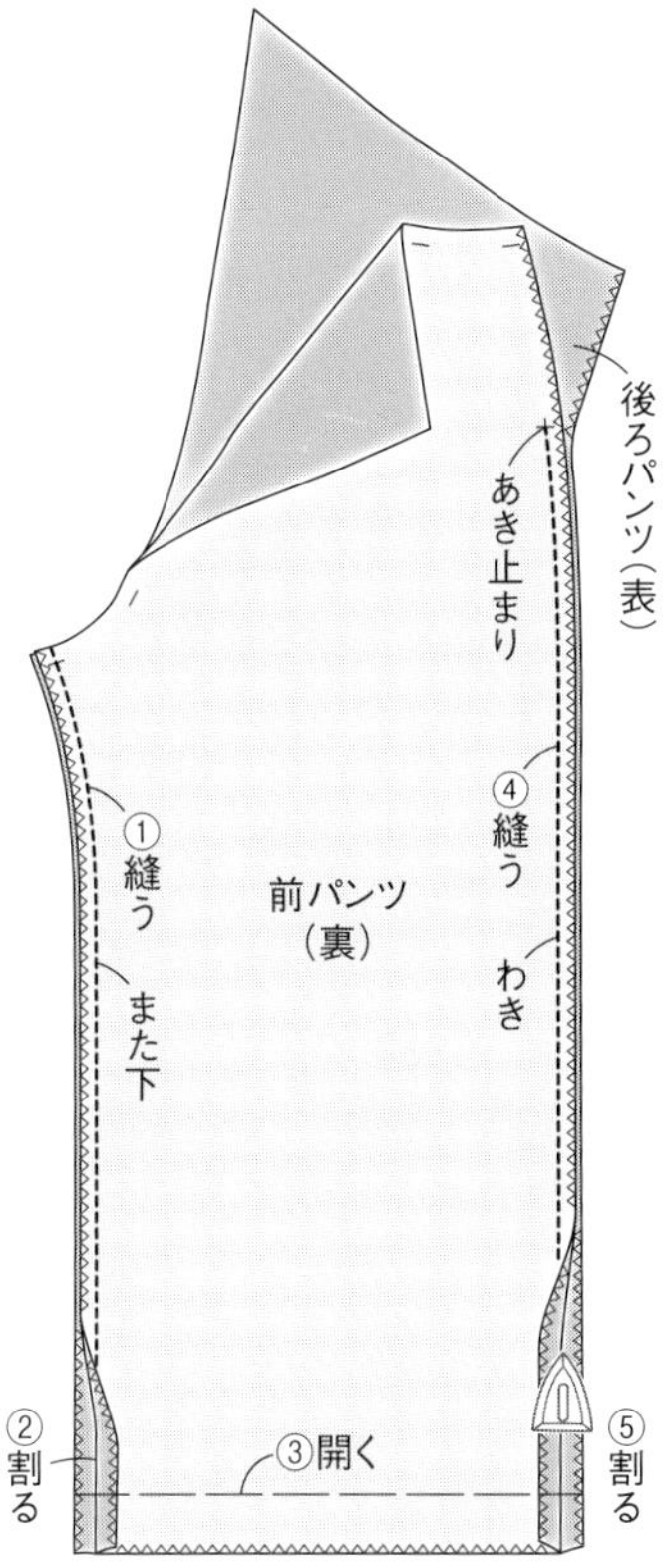

前パンツと後ろパンツを中表に合わせてまた下を縫い(①)、縫い代をアイロンで割る(②)。すその縫い代を出来上がりで折って開く(③)。わきのあき止まり〜すそを縫い(④)、縫い代を割る(⑤)。

4 またぐりを縫う

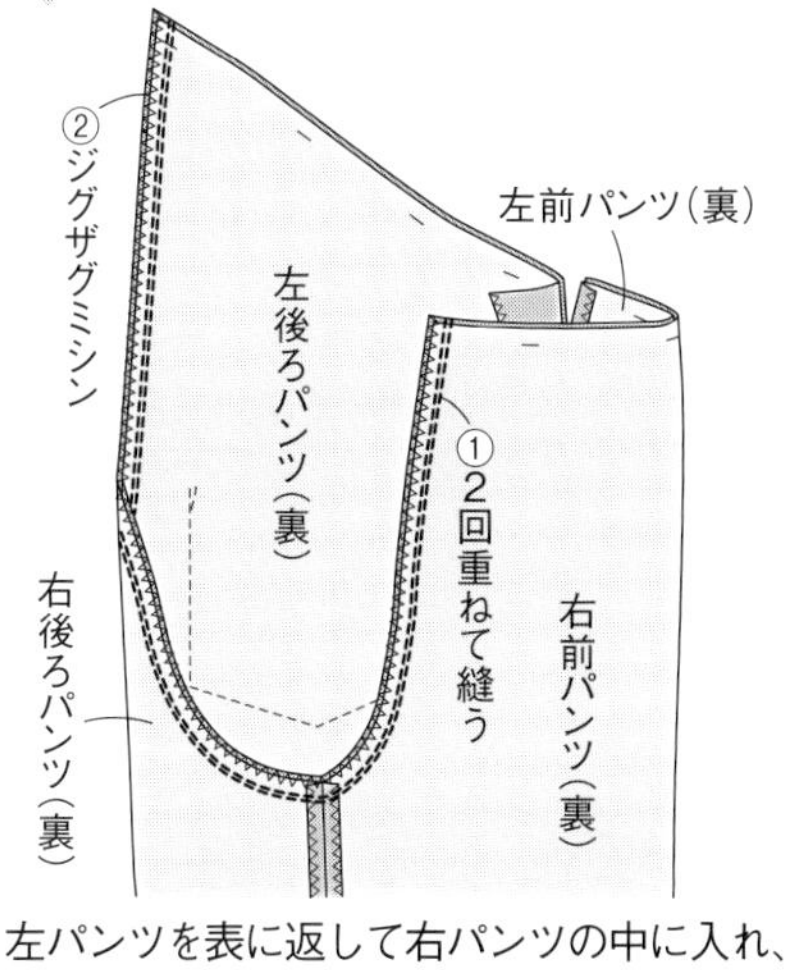

左パンツを表に返して右パンツの中に入れ、またぐりを中表に合わせて2回重ねて縫う(①)。縫い代は2枚一緒にジグザグミシンをかけ(②)、右パンツ側に倒す。

5 上端を見返しで始末する

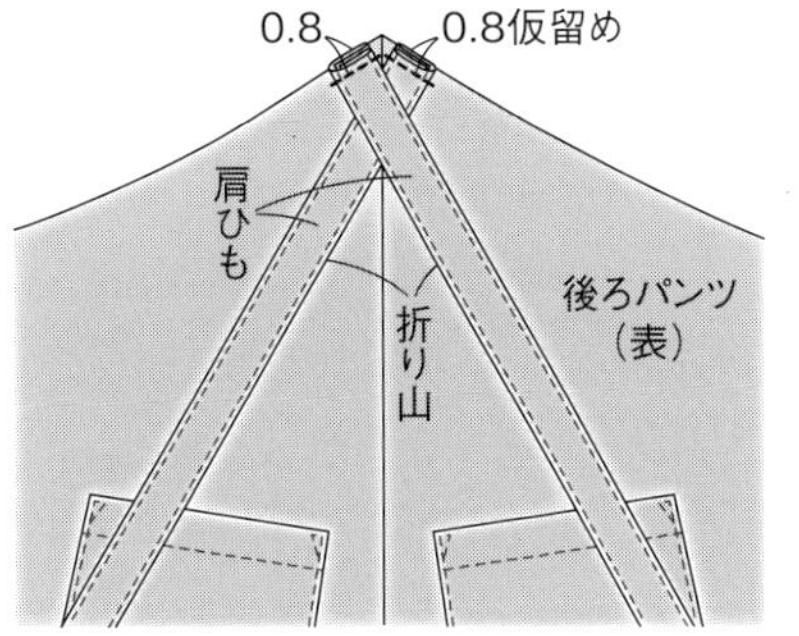

1 後ろパンツの表面上端の肩ひもつけ位置に、肩ひもを合わせて仮留めする。

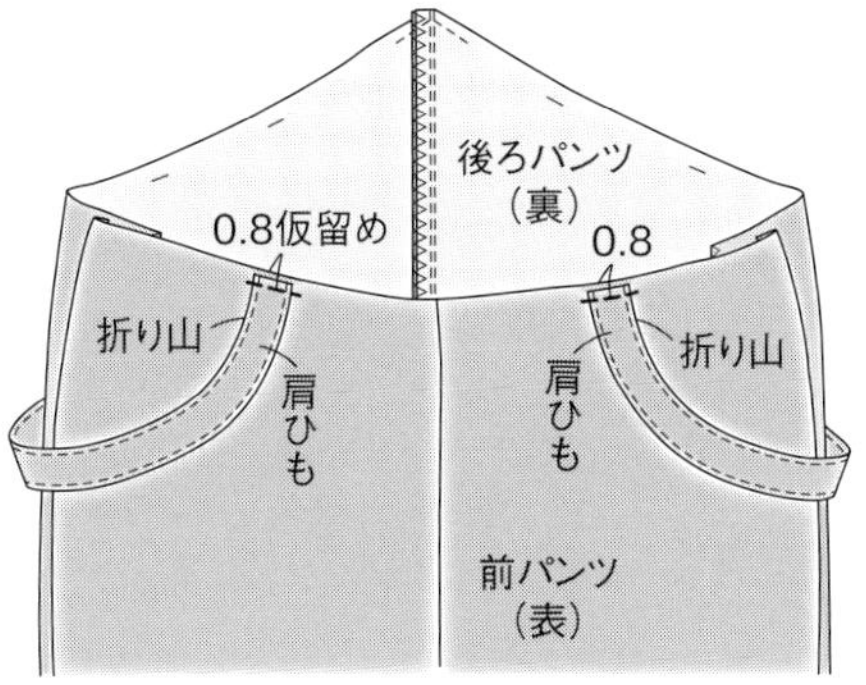

2 試着をして肩ひもの長さを決め、余分をカットして、もう一方の端を前パンツの肩ひもつけ位置に仮留めする。

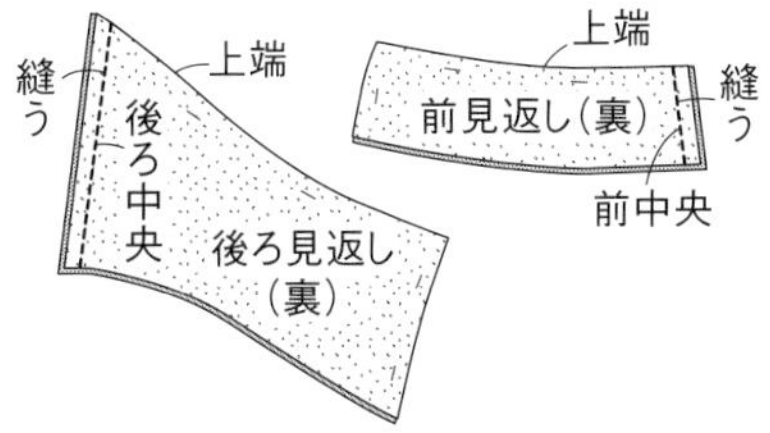

3 前見返しと後ろ見返しをそれぞれ中表に合わせ、後ろ中央、前中央を縫う。

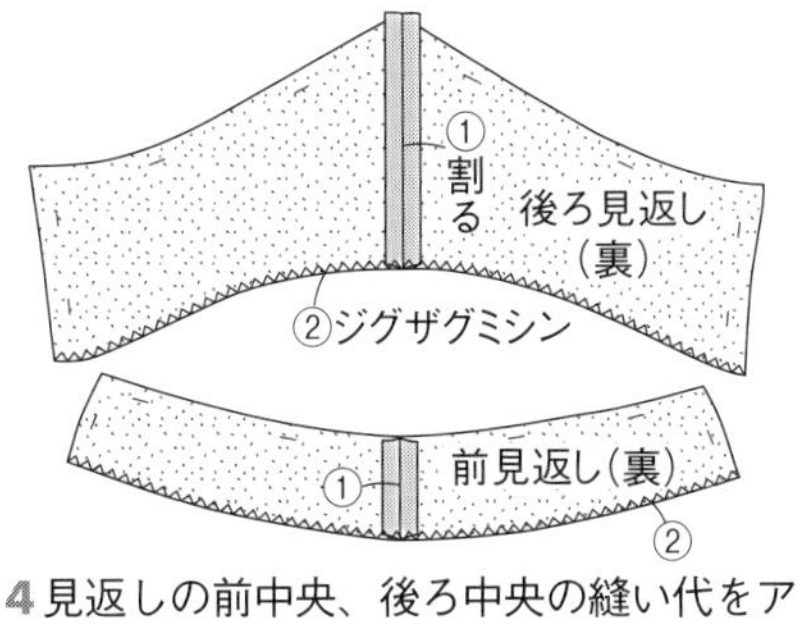

4 見返しの前中央、後ろ中央の縫い代をアイロンで割り(①)、下端にジグザグミシンをかける(②)。

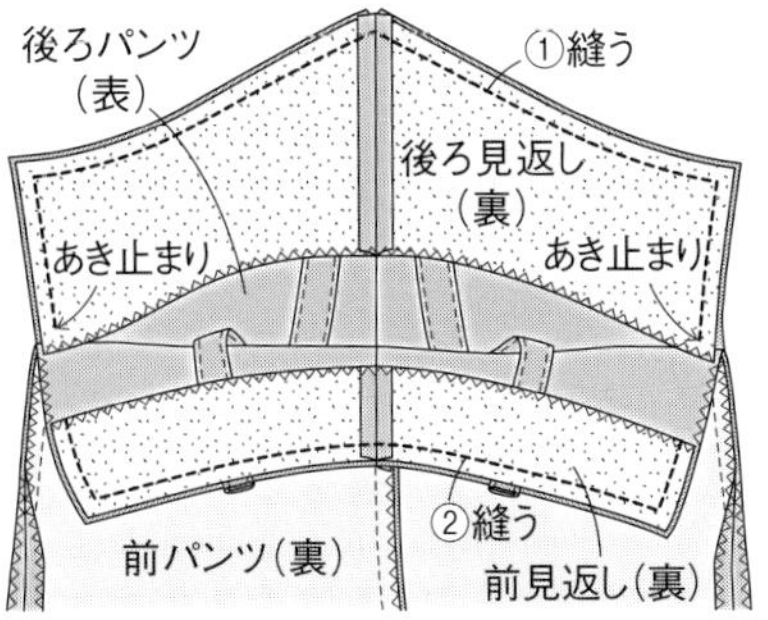

5 パンツの上端に見返しを中表に合わせて、後ろ側はあき止まり〜上端〜あき止まりを縫う(①)。前側は下端以外の3辺を縫う(②)。

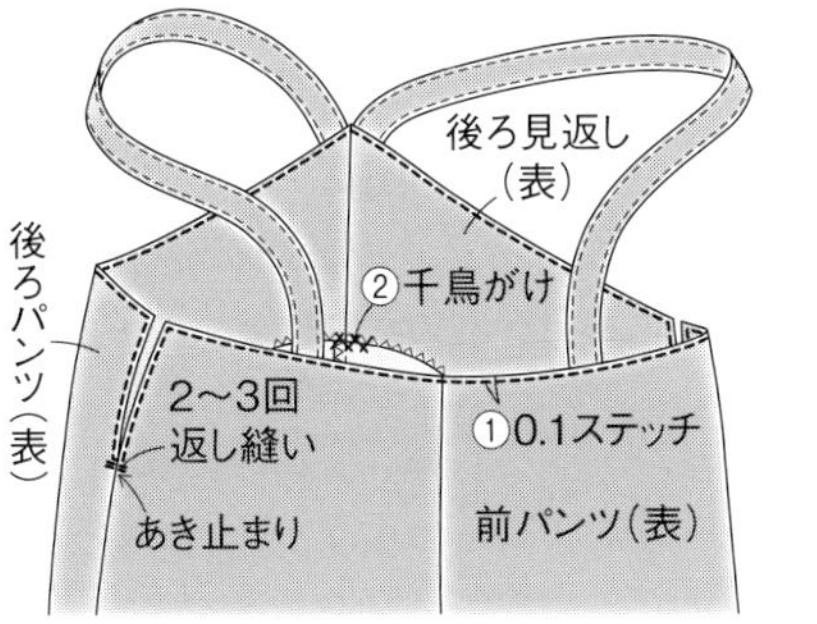

6 見返しをパンツの裏面に返してアイロンで整え、上端とわきのあきにステッチをかける(①)。あき止まりは2〜3回返し縫いをする。見返しの前後中央の布端を千鳥がけでパンツに縫い留める(②)。

6 すその始末をする

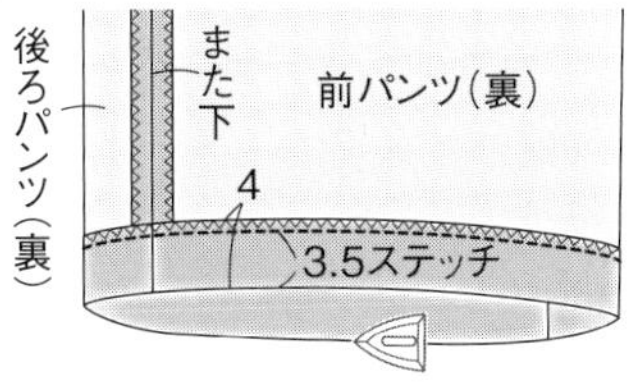

すその縫い代を再度アイロンで折り、ステッチをかける。

7 ボタンホールを作り、ボタンをつける

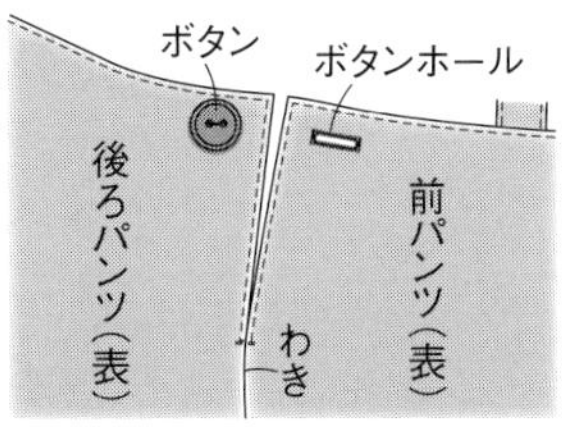

ミシンのボタンホール機能を使って前パンツにボタンホールを作り、後ろパンツのボタンつけ位置にボタンをつける。出来上がり。

作品❖p.42

23

ベージュのジャケット

裁ち合わせ図

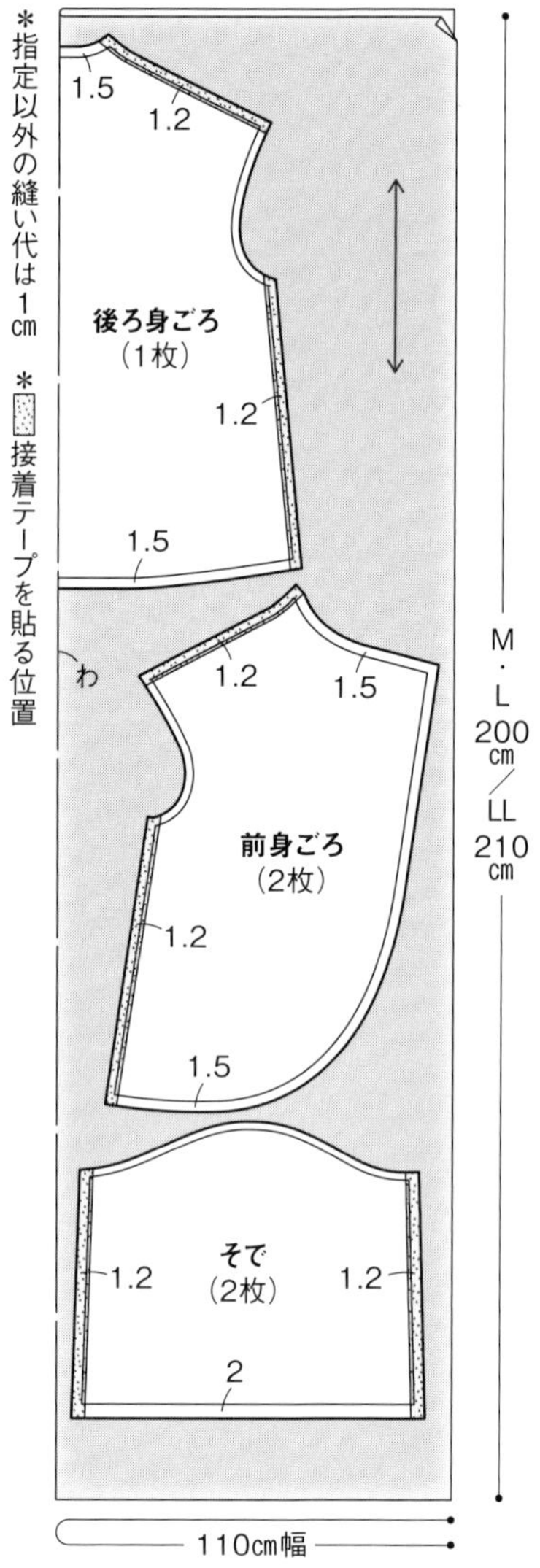

実物大型紙C面

前身ごろ、後ろ身ごろ、そで

出来上がり寸法

M…バスト 111cm　そで丈 36.5cm
　着丈 69.5cm
L…バスト 114cm　そで丈 37.8cm
　着丈 72cm
LL…バスト 117cm　そで丈 39cm
　着丈 74.5cm

材料

❶表布　リネン…110cm幅
　M・L200cm／LL210cm
❷接着テープ…1.5cm幅
　M400cm／L410cm／LL420cm

下準備

1 前・後ろ身ごろの肩、わき、そでのそで下の裏面の縫い代端に接着テープを貼る。
2 前・後ろ身ごろの肩、わき、そでのそで下、そで口の縫い代端にジグザグミシン(またはロックミシン)をかける。

縫い方順序

1 肩を縫う
2 わきを縫う→p.72 3
3 そでを作る→p.57 5 1
※ただし、そで口はステッチをかけて始末する
4 前端〜すそ〜えりぐりを縫う
5 そでをつける→p.57 5 2

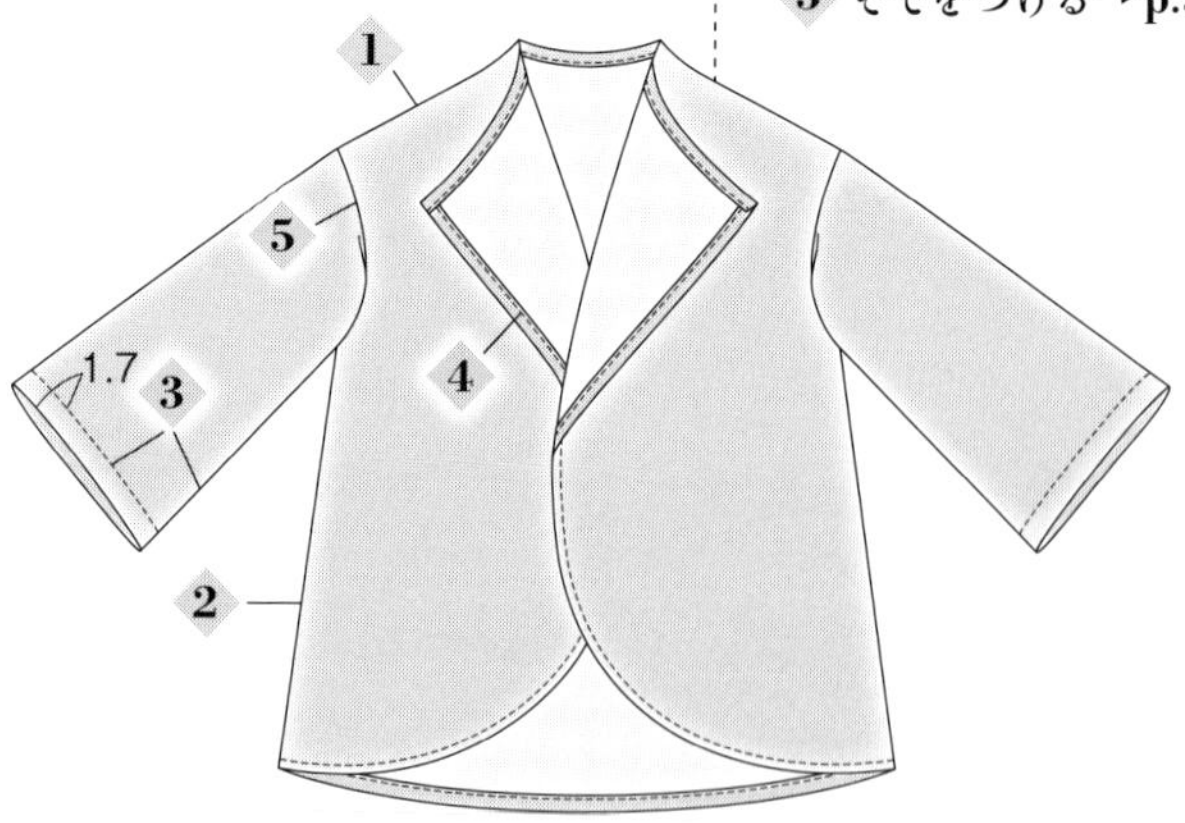

1 肩を縫う

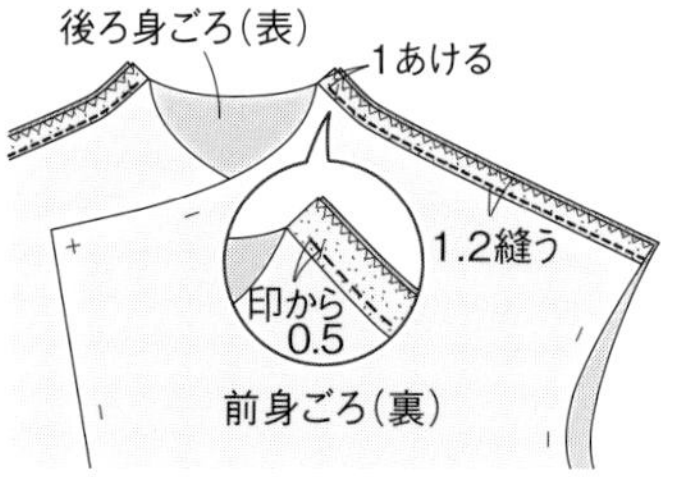

前身ごろと後ろ身ごろの肩を中表に合わせ、えりぐり側は出来上がりの印から0.5cm布端側から縫い始め、肩先まで縫う。縫い代はアイロンで割る。

4 前端〜すそ〜えりぐりを縫う

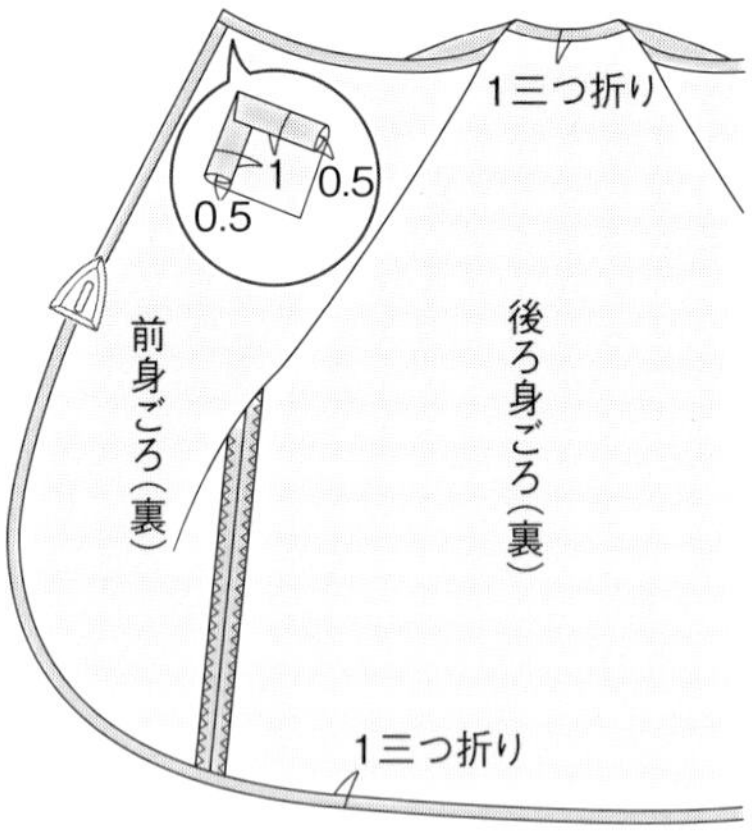

1 前端〜すそ〜前端〜えりぐりの縫い代を0.5cmアイロンで折り、折り山から1cmの位置に印をつけ、印どおりに折って三つ折りにする。

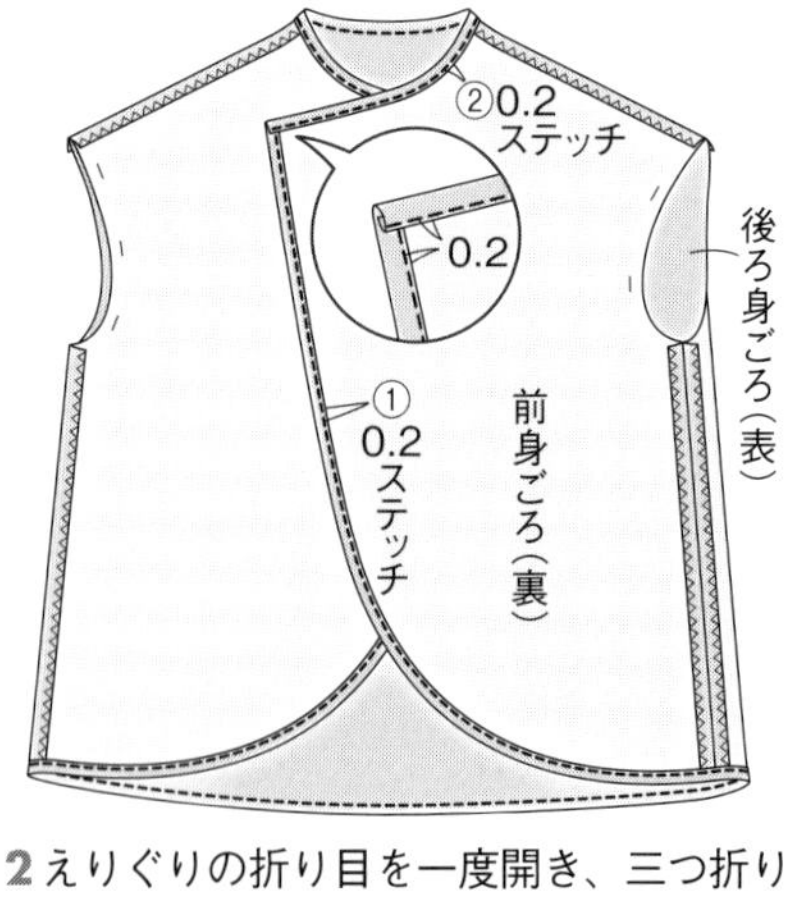

2 えりぐりの折り目を一度開き、三つ折り端から0.2cmの位置に前端〜すそ〜前端にステッチをかける(①)。えりぐりの三つ折りを再度整え、ステッチをかける(②)。

作品❖p.43

24

からし色のジャケット

裁ち合わせ図

＊指定以外の縫い代は1cm

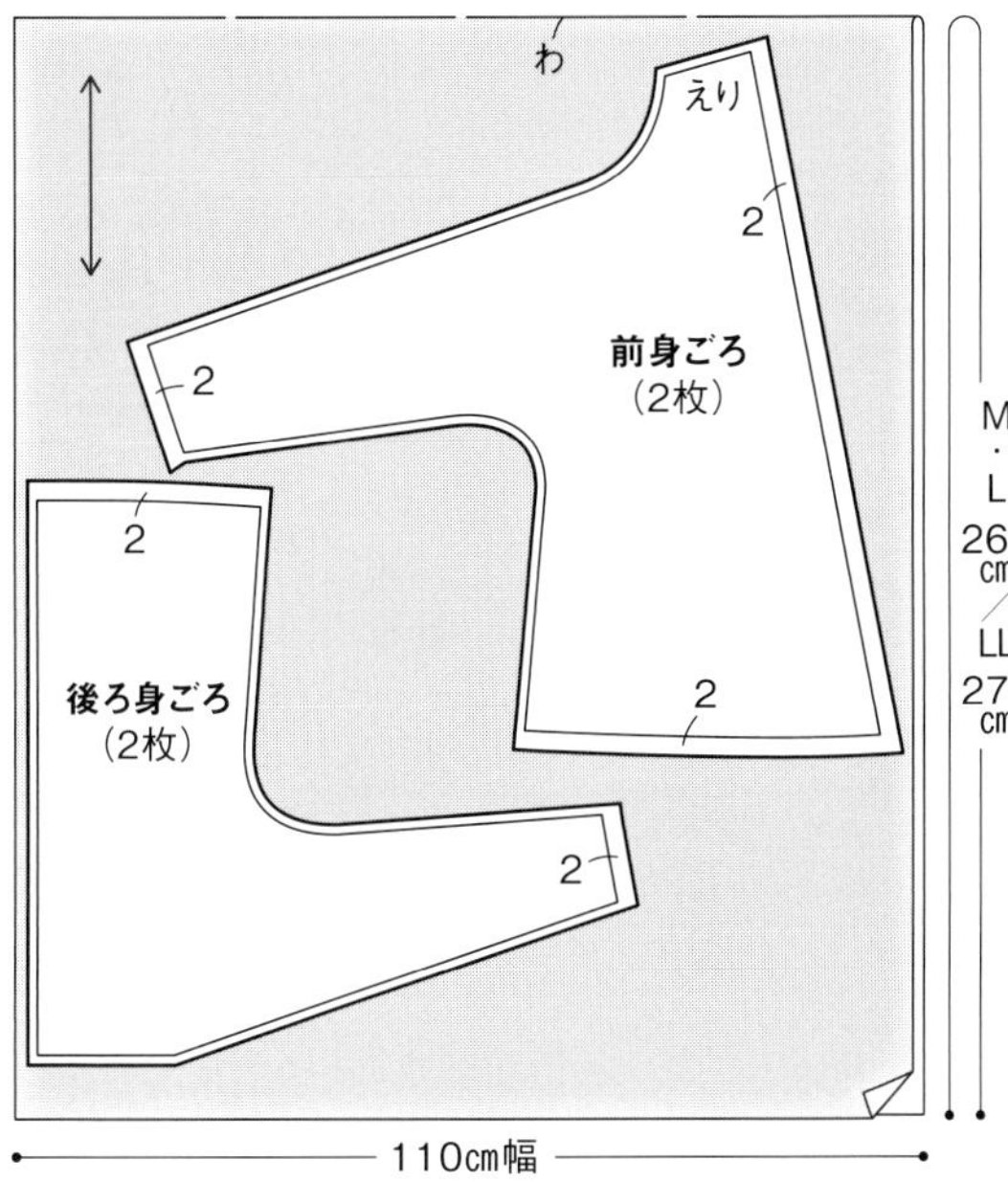

実物大型紙D面

前身ごろ、後ろ身ごろ

出来上がり寸法

M…バスト102cm　ゆき丈74.3cm
着丈（えりを含む）77cm
L…バスト106cm　ゆき丈74.4cm
着丈（えりを含む）79cm
LL…バスト112cm　ゆき丈74.5cm
着丈（えりを含む）81cm

材料

表布　リネンウール…110cm幅
M・L 260cm／LL 270cm

下準備

前身ごろのえりの後ろ中央、後ろ身ごろの後ろ中央の縫い代端にジグザグミシン（またはロックミシン）をかける。

縫い方順序

1. えりの後ろ中央を縫う→p.52 1
※ただし、ステッチはかけない
2. 後ろ身ごろを縫う→p.52 2
3. 後ろえりぐり〜肩を縫う
4. そで口縫い代をアイロンで三つ折りにする
5. そで口の三つ折りを開き、
そで下〜わきを縫う→p.51 6 2
6. そで口の三つ折りを再度整え、
ステッチをかけて始末する
7. 前端〜えり端、すその始末をする→p.53 6

※印のつけ方は左図も参照

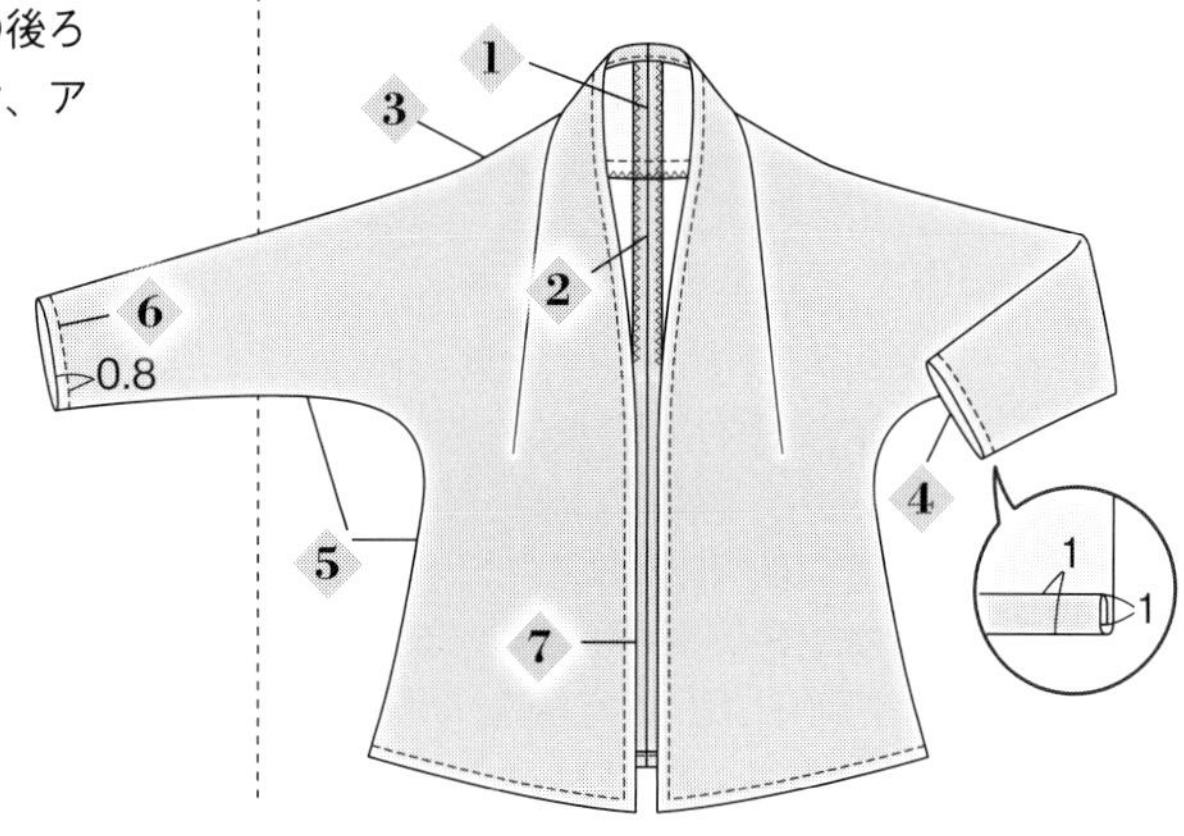

3 後ろえりぐり〜肩を縫う

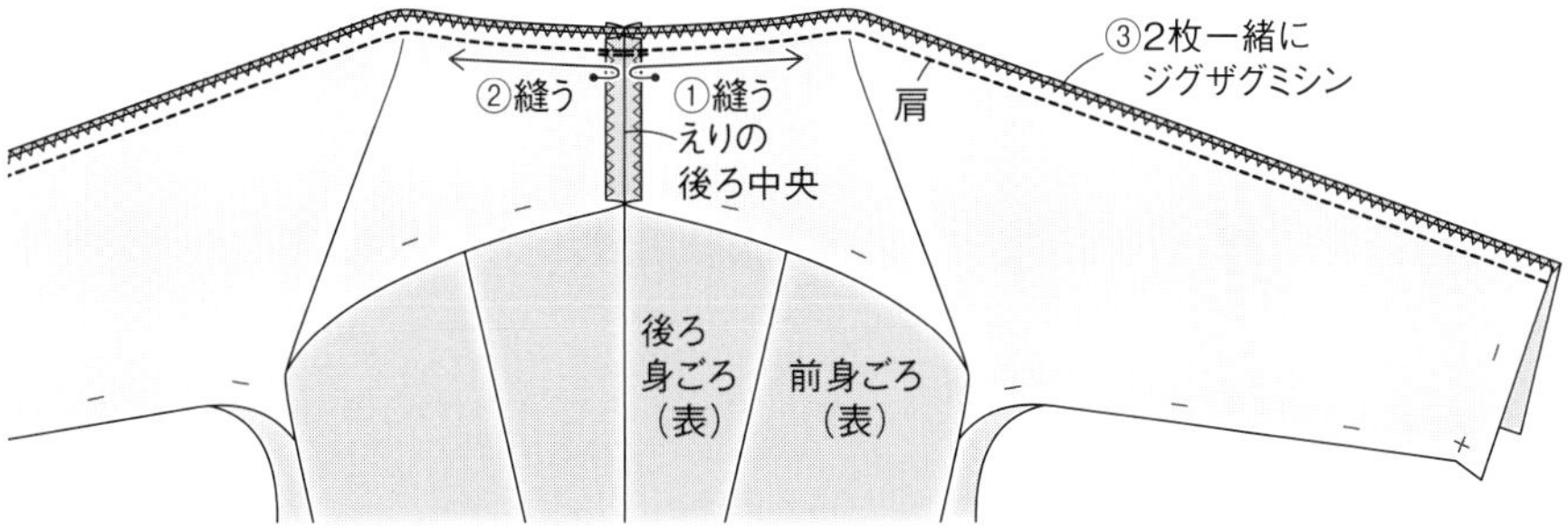

後ろ身ごろのえりぐりに前身ごろのえりを中表に合わせ、前身ごろと後ろ身ごろの肩を中表に合わせる。えりの後ろ中央から右側のそで口まで縫い（①）、次にえりの後ろ中央から左側のそで口まで縫う（②）。縫い代は2枚一緒にジグザグミシンをかけ、アイロンで後ろ身ごろ側に倒す（③）。

前端とすその印のつけ方

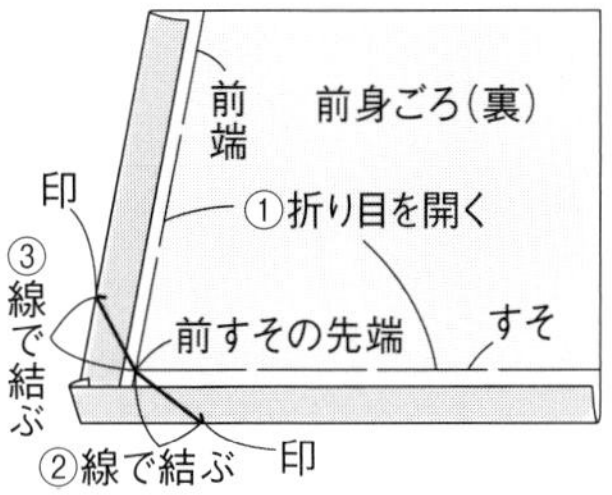

前身ごろの前端とすその三つ折りをひと折りだけ開き（①）、前すその先端と印をそれぞれ線で結ぶ（②③）。

作品❖p.44

25 スプリングコート

1 わきまちを縫う

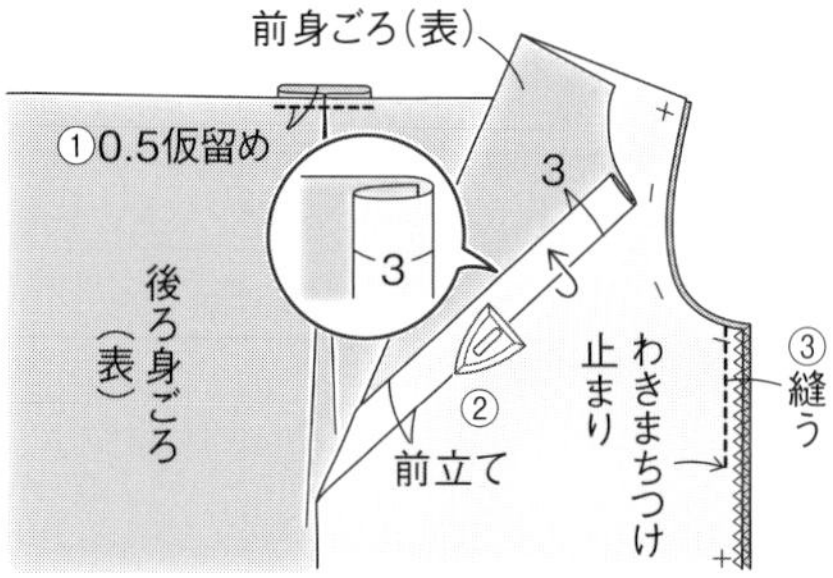

1 後ろ身ごろのタックをたたみ、縫い代に仮留めする(①)。前身ごろの前立てをアイロンで表面に三つ折りにする(②)。前身ごろと後ろ身ごろのわきを中表に合わせ、そでぐりからわきまちつけ止まりまで縫う(③)。

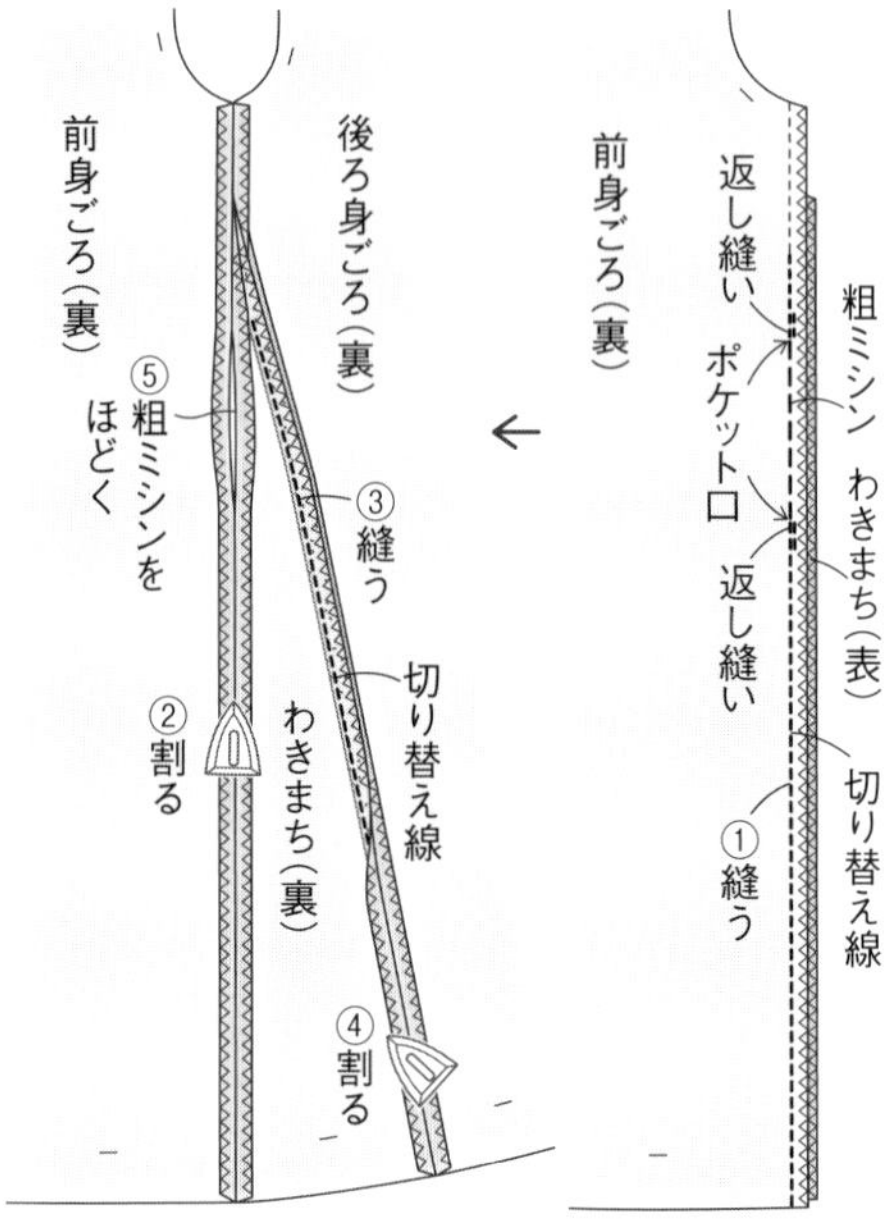

2 前身ごろとわきまちの前側を中表に合わせ、切り替え線を縫う(①)。ポケット口の上下は返し縫いをし、ポケット口は粗い針目で縫う(粗ミシン)。縫い代はアイロンで割る(②)。わきまちの後ろ側と後ろ身ごろを中表に合わせて縫い、縫い代を割る(③④)。ポケット口の粗ミシンの糸をほどく(⑤)。

裁ち合わせ図

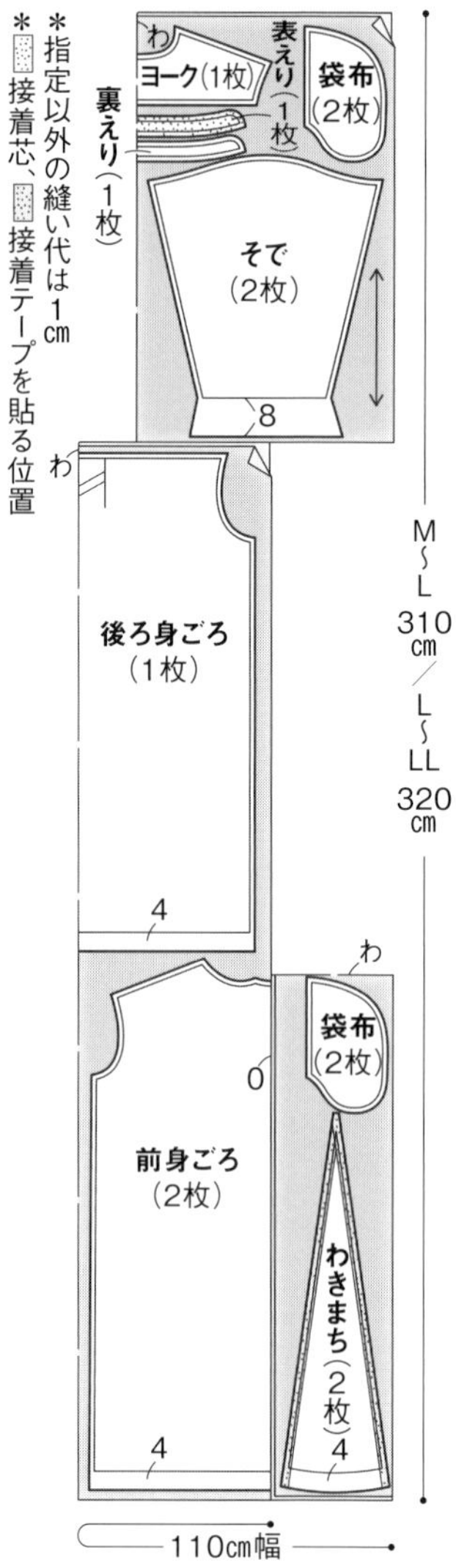

縫い方順序

1 わきまちを縫う
2 ポケットを作る→p.53 5 2～4
※ただし、ポケット口のステッチ幅は0.5cm
3 前立てを縫う
4 身ごろとヨークを縫う
5 えりを作ってつける
6 そでを作ってつける
7 すその始末をする
8 ボタンホールを作り、ボタンをつける→p.55 10 2

実物大型紙C面

前身ごろ、後ろ身ごろ、ヨーク、わきまち、表えり、裏えり、そで、袋布

出来上がり寸法

M～L…バスト138cm
そで丈49.5cm　着丈106.5cm
L～LL…バスト144cm
そで丈52cm　着丈111cm

材料

❶表布　リネン…110cm幅
M～L 310cm／L～LL320cm
❷接着芯…50×10cm
❸接着テープ…1.2cm幅　340cm
❹ボタン…直径1.3cm　7個

作り方のポイント

前立ては前身ごろからそのまま表面に三つ折りにして作るため、布の裏面が表になる。布地は表、裏がわからないものや、布の裏面が出ても気にならないものを選ぶとよい。

下準備

1 表えりの裏面に接着芯、わきまちの切り替え線の裏面の縫い代端に接着テープを貼る。

2 前・後ろ身ごろのわきと切り替え線、袋布とわきまちの切り替え線、そでのそで下、そで口の縫い代端にジグザグミシン(またはロックミシン)をかける。

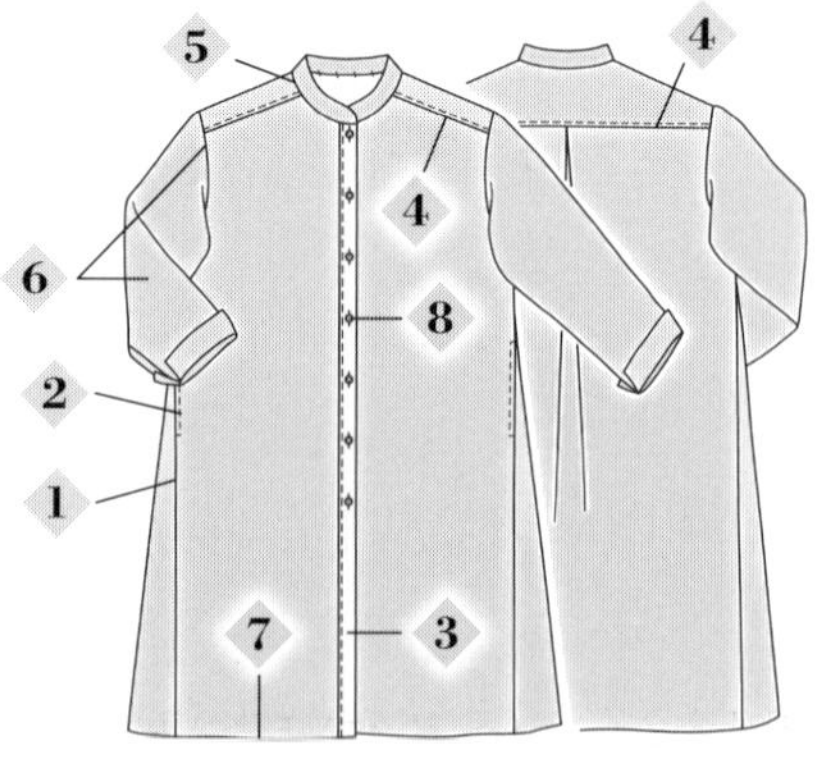

3 前立てを縫う

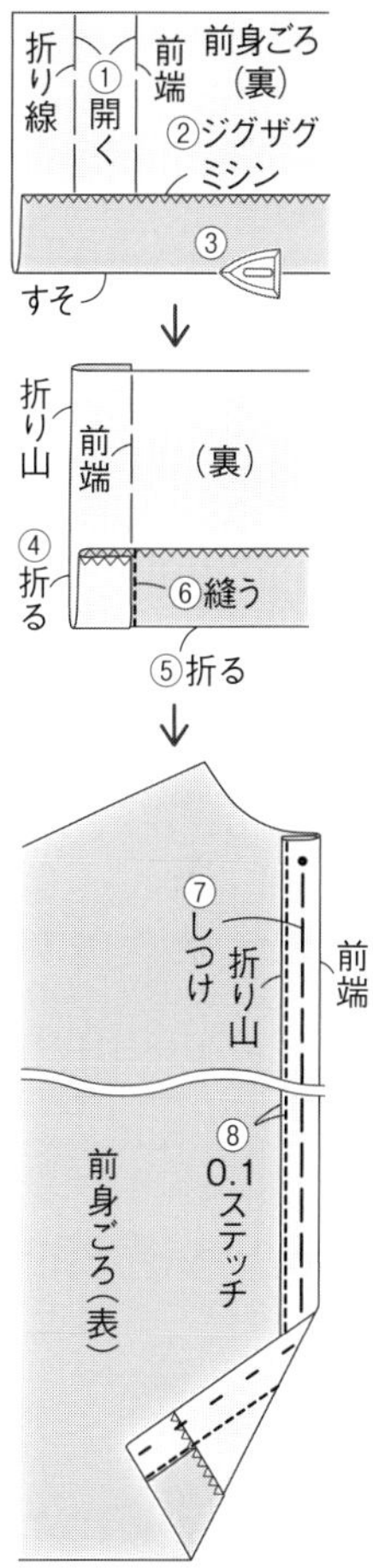

前立ての三つ折りを一度開き（①）、すそ縫い代端にジグザグミシンをかけ（②）、すそを出来上がりにアイロンで折って（③）再度開く。前立てを折り線でひと折りし（④）、すそ縫い代を折って（⑤）、すその前端を縫う（⑥）。前立てを返し、三つ折りを整えてしつけをかけ（⑦）、ステッチをかける（⑧）。しつけを外す。

4 身ごろとヨークを縫う

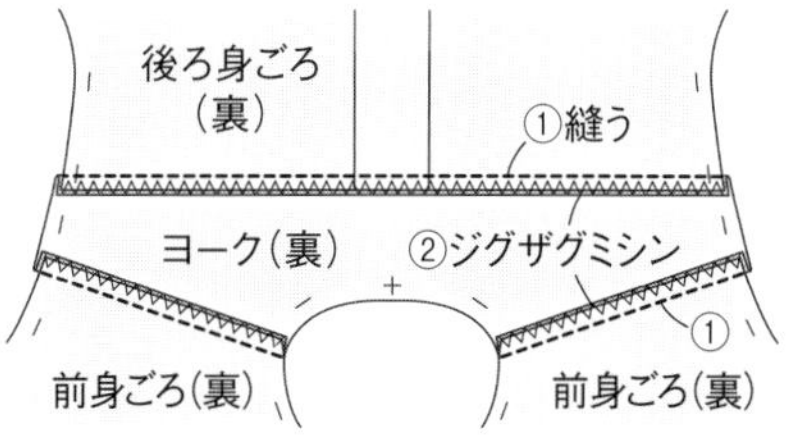

1 後ろ身ごろ、前身ごろとヨークを中表に合わせて縫い（①）、縫い代は2枚一緒にジグザグミシンをかけ（②）、ヨーク側に倒す。

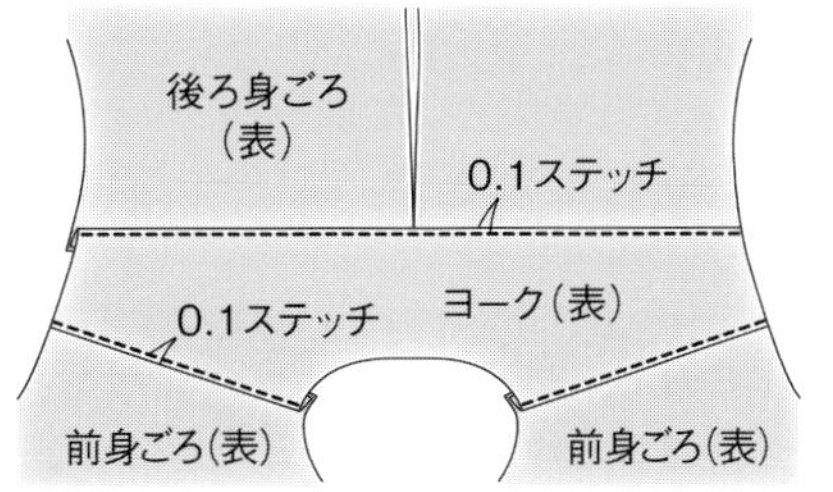

2 表面からヨークのきわにステッチをかける。

5 えりを作ってつける

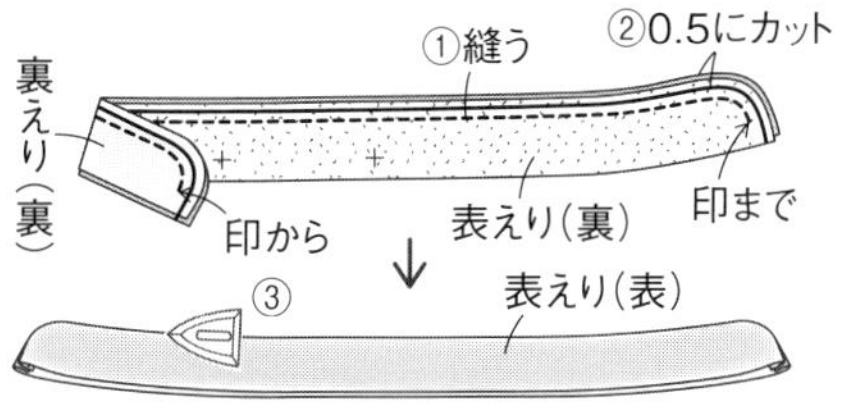

1 表えりと裏えりを中表に合わせて印から印まで縫い（①）、縫い代幅を0.5cmにカットする（②）。表に返してアイロンで整える（③）。

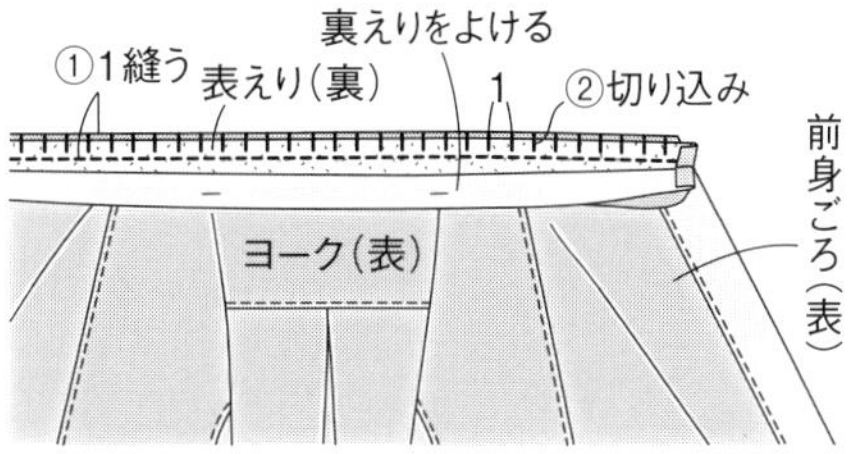

2 身ごろのえりぐりに表えりを中表に合わせ、裏えりをよけて縫う（①）。えりぐりの縫い代に切り込みを入れる（②）。

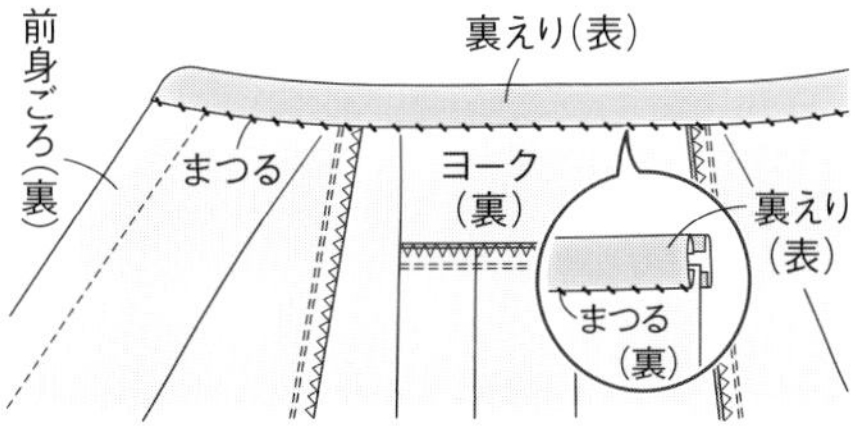

3 えりぐりの縫い代をえり側に倒し、裏えりの縫い代を折り込んでまつる。

6 そでを作ってつける

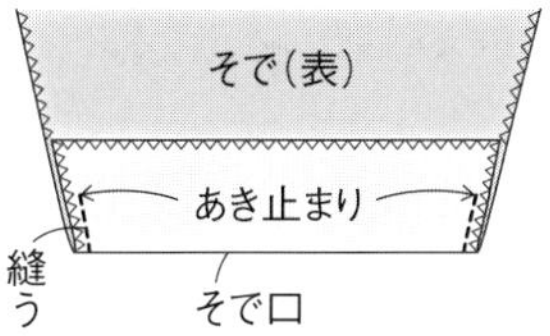

1 そで口の縫い代を中表に折り、そで下をそで口からあき止まりまで縫う。

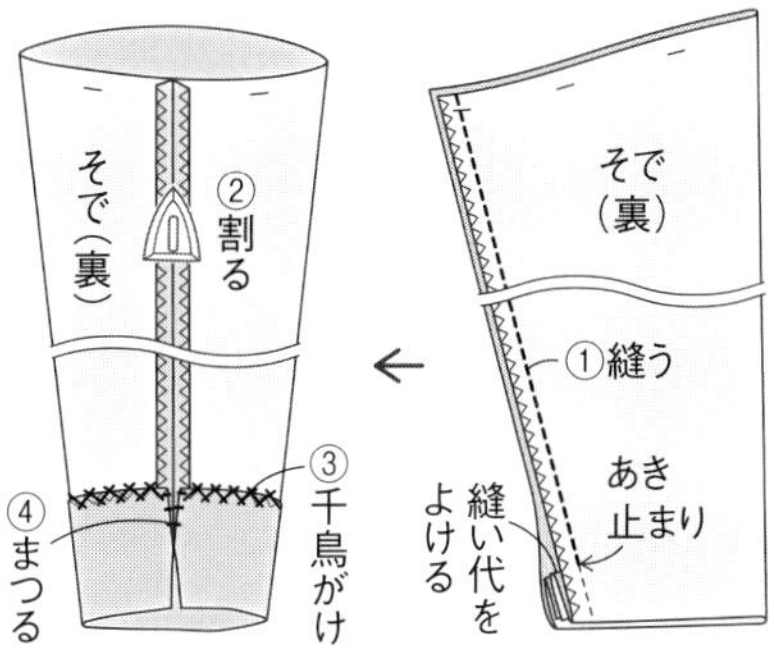

2 そで口の縫い代をよけて、そで下を中表に合わせ、あき止まりまで縫う（①）。そで口の縫い代を裏面に返して、そで下の縫い代をアイロンで割り（②）、そで口の縫い代は千鳥がけでそでに縫い留める（③）。スリットの上のそで下は縫い代にまつる（④）。

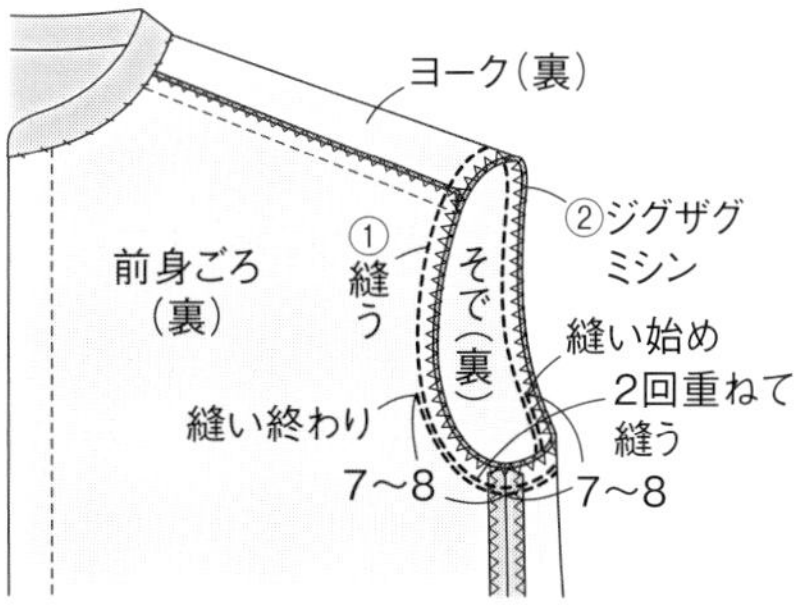

3 身ごろのそでぐりにそでを中表に合わせて縫う（①）。わきの前後7〜8cmは2回重ねて縫い、縫い代は2枚一緒にジグザグミシンで始末する（②）。

7 すその始末をする

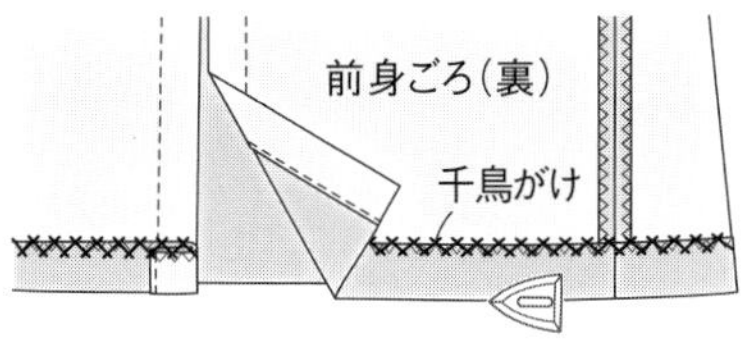

すその縫い代をアイロンで再度整え、縫い代を千鳥がけで身ごろに縫い留める。

作品❖p.45

26 春待ちコート

実物大型紙B面

前身ごろ、後ろ身ごろ、後ろ見返し、表えり
裏えり、そで、ポケット

出来上がり寸法

M～L…バスト107.5cm
　ゆき丈80.5cm　着丈95.7cm
L～LL…バスト113.5cm
　ゆき丈83cm　着丈100.7cm

材料

❶表布　デニム地…140cm幅　M～L 230cm／L～LL 240cm
❷接着芯…90cm幅　120cm
❸接着テープ…1.2cm幅　610cm
❹バイアステープ（縁取りタイプ）…1.1cm幅　450cm
❺ボタン…直径2.5cm　3個、直径0.8cm　3個（力ボタン）

下準備

1 前・後ろ身ごろのラグラン線とわき、そでのラグラン線の裏面の縫い代端に接着テープを、ポケット、裏えり、後ろ見返し、前見返しの裏面に接着芯を貼る。前見返しは身ごろ側に7cm大きく貼る。

2 前・後ろ身ごろのラグラン線とわき、そでのラグラン線とそで下、そで口、ポケットの周囲の縫い代端にジグザグミシン（またはロックミシン）をかける。

3 前・後ろ身ごろのすそ、そでのそで口をアイロンで出来上がりに折る。

裁ち合わせ図

＊指定以外の縫い代は1cm
＊▨接着芯、▨接着テープを貼る位置

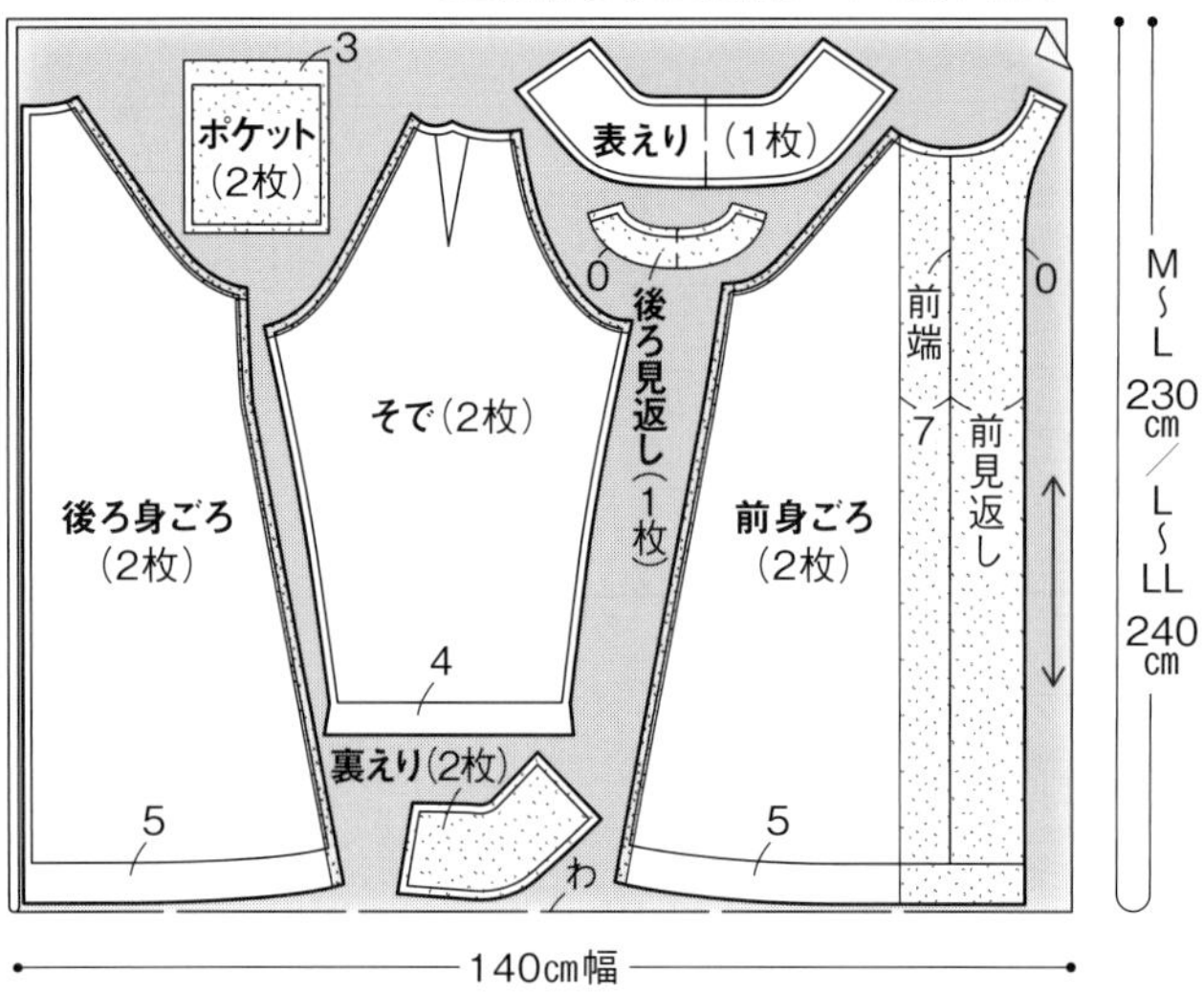

1 後ろ中央を縫う

左右の後ろ身ごろのすその折り目を一度開き、中表に合わせて後ろ中央を縫う（①）。縫い代は2枚一緒にジグザグミシンをかけ（②）、アイロンで左身ごろ側に倒す（③）。表面からステッチをかける（④）。

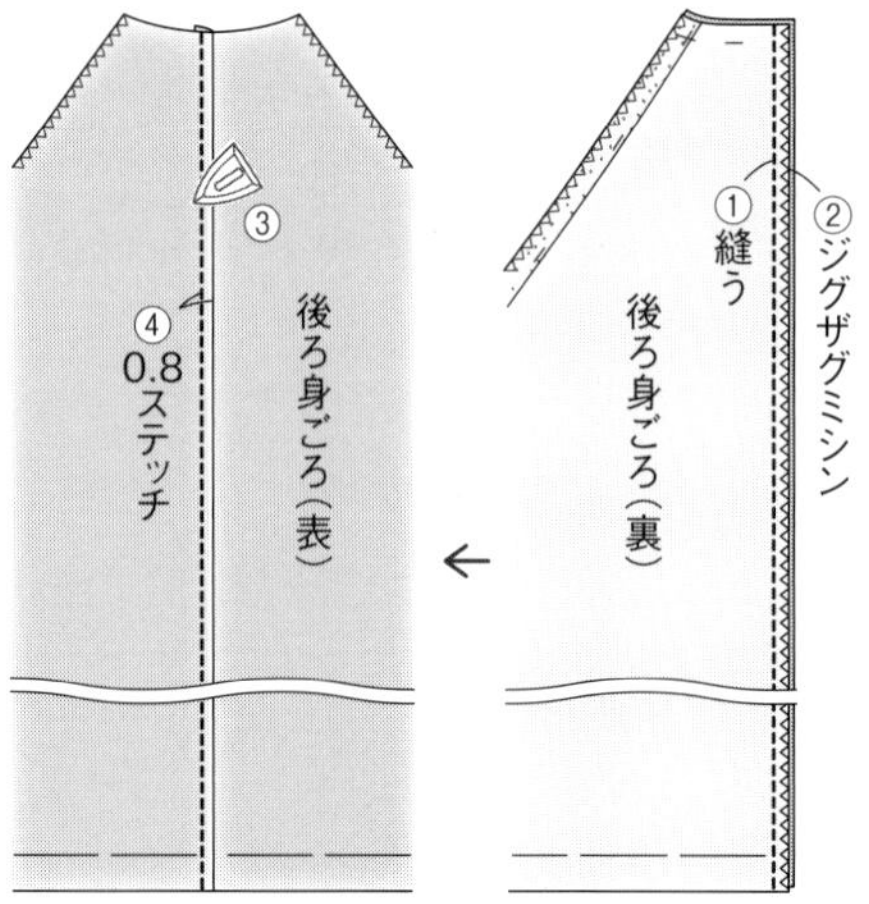

2 ポケットを作ってつける

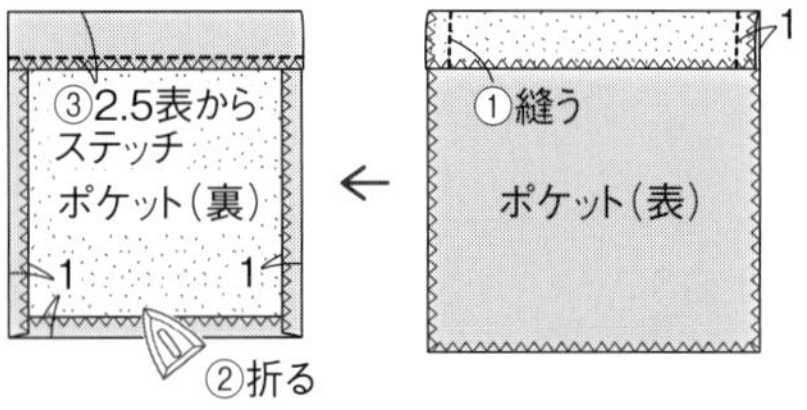

1 ポケット口の縫い代を中表に折って縫い代の両わきを縫う（①）。縫い代を裏面に返し、残りの3辺の縫い代をアイロンで折り（②）、ポケット口に表面からステッチをかける（③）。

縫い方順序

1 後ろ中央を縫う
2 ポケットを作ってつける
3 身ごろとそでを縫う
4 そで下～わきを縫う→p.51 6 2
※ただし、縫い代は割る
5 えりを作る→p.51 4 1
※ただし、外回りは布端から布端まで縫う
6 えりをつける
7 すその始末をする
8 そで口の始末をする→p.57 5 1
9 ボタンホールを作り、ボタンをつける

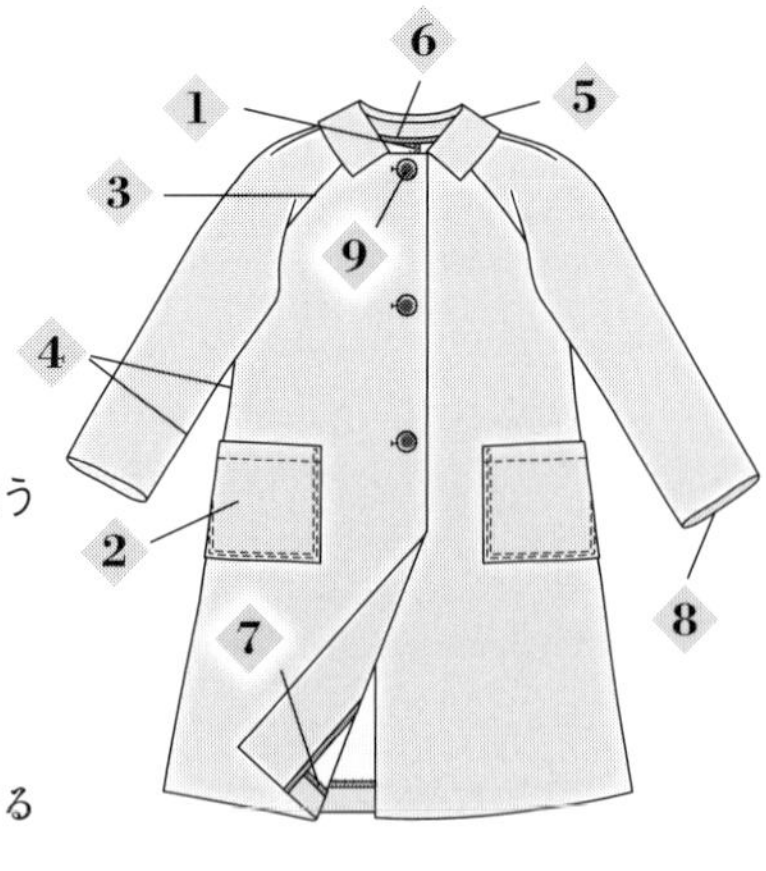

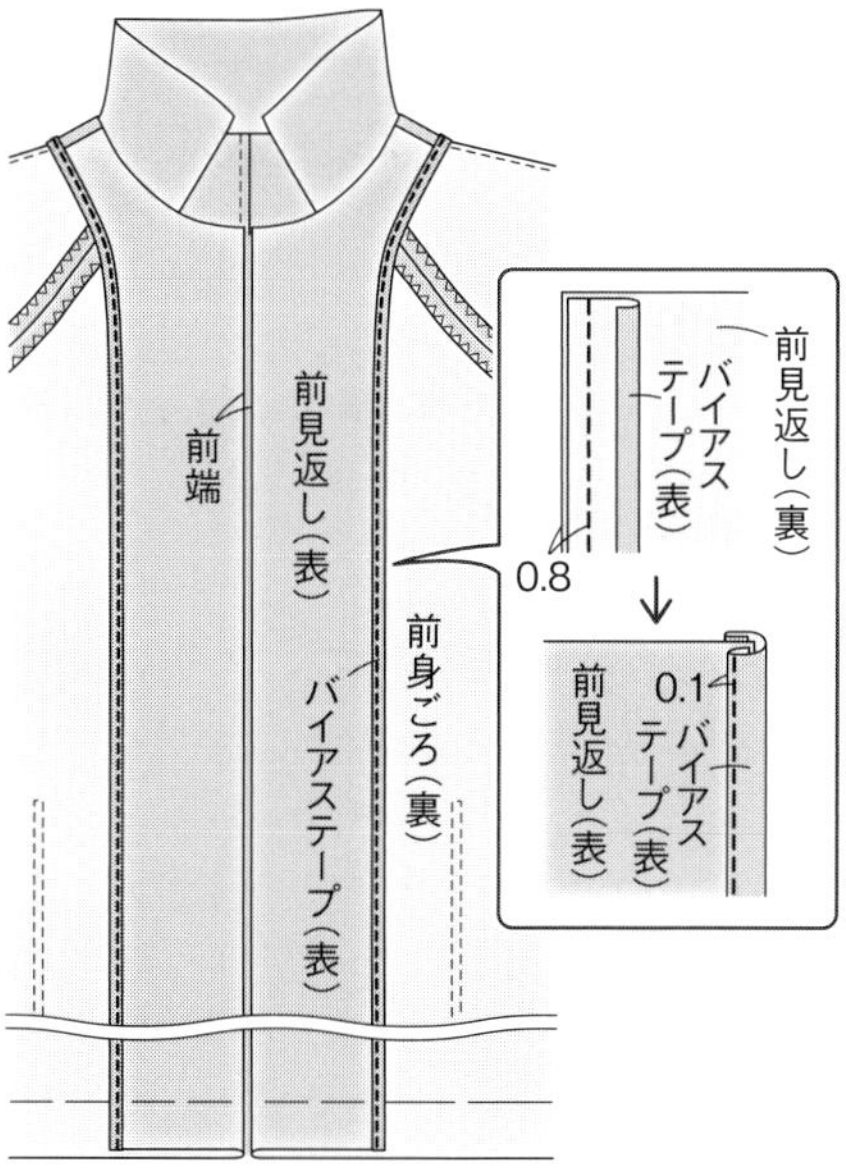

4見返し端をバイアステープで始末する。

7 すその始末をする

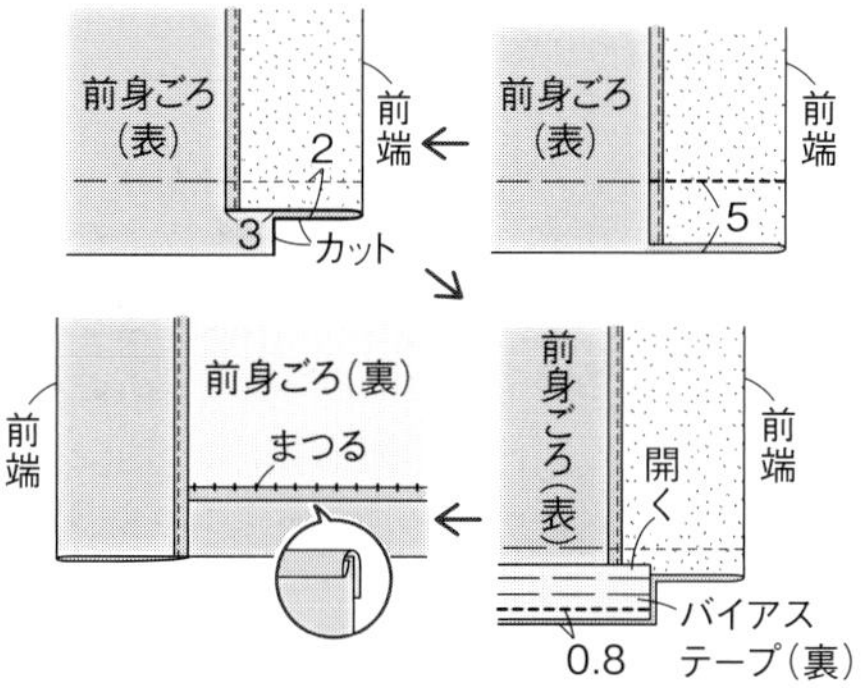

図の要領で前すそを縫い、すその縫い代端をバイアステープで始末してまつる。

9 ボタンホールを作り、ボタンをつける

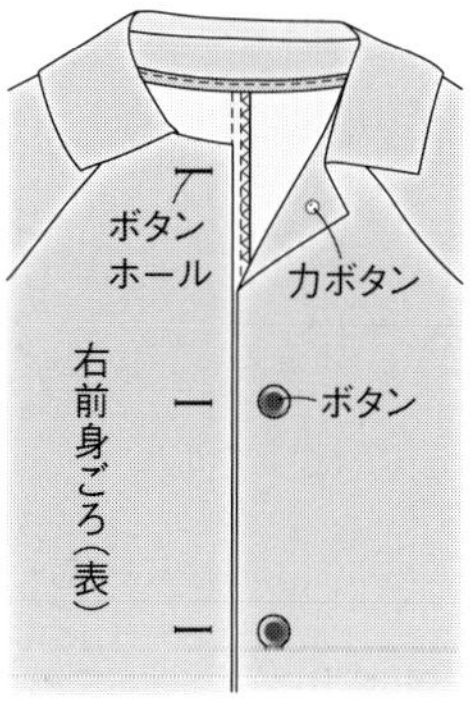

ミシンのボタンホール機能を使って右前身ごろにボタンホールを作り、左前身ごろにボタンと力ボタンをつける。出来上がり。

6 えりをつける

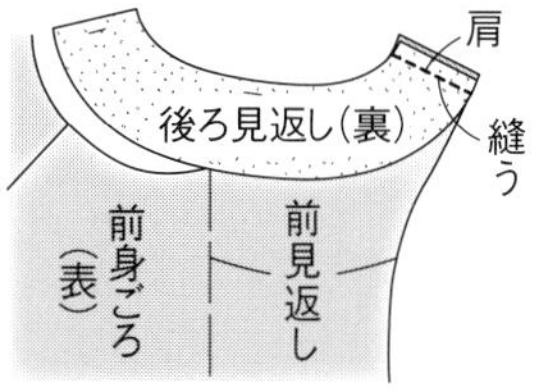

1前見返しと後ろ見返しの肩を中表に合わせて縫い、縫い代はアイロンで割る。もう一方も同様に縫う。

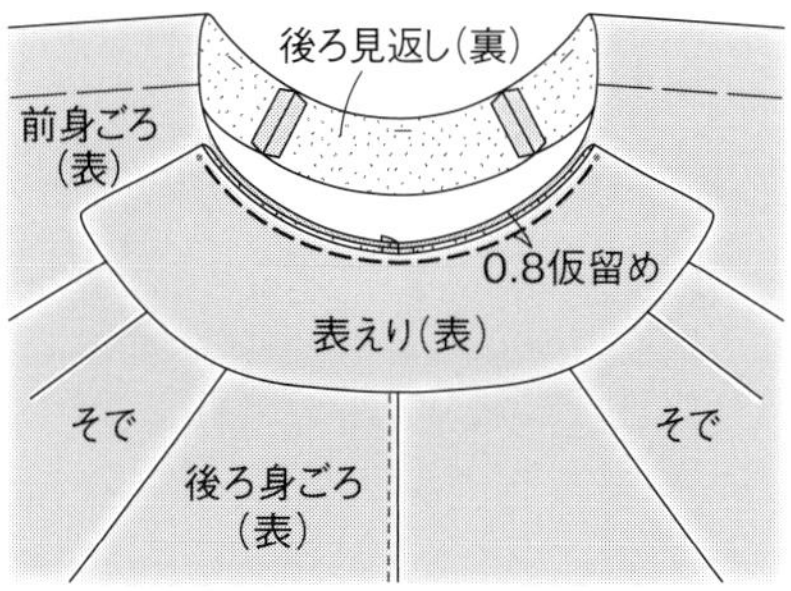

2身ごろのえりぐりに表えりを上にして重ね、しつけ糸で仮留めする。

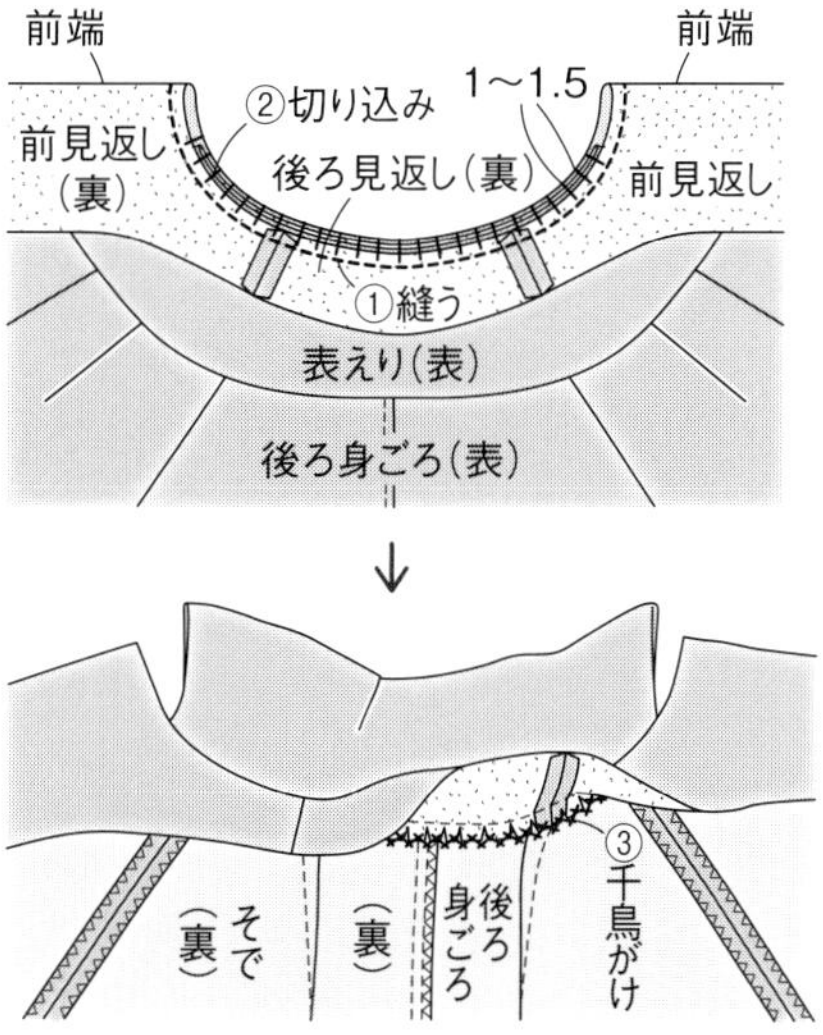

3身ごろと見返しでえりをはさんで縫い(①)、縫い代に切り込みを入れ(②)、見返しを表に返す。えりぐりの縫い代を千鳥がけで身ごろに縫い留める(③)。

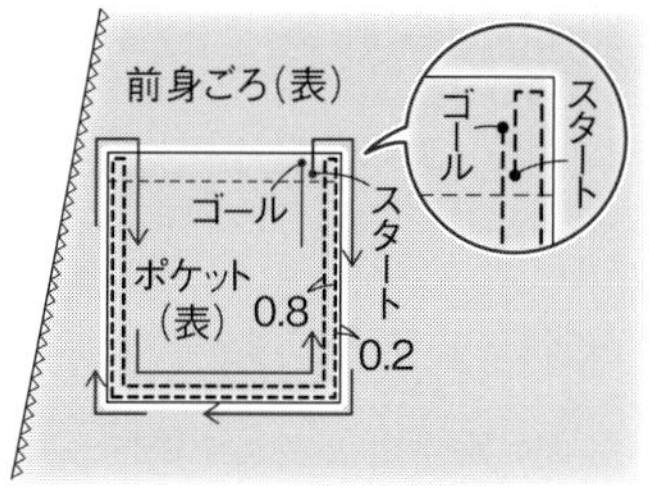

2前身ごろのポケットつけ位置にポケットを重ね、ステッチをかける。

3 身ごろとそでを縫う

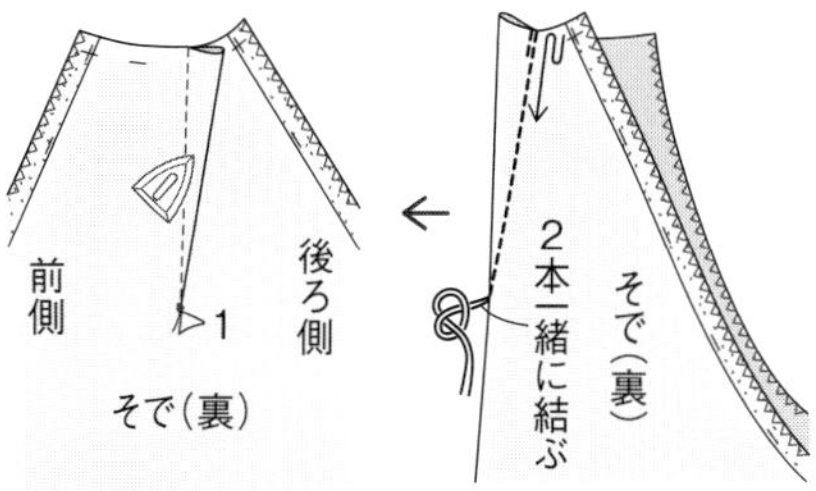

1そでのダーツ分を中表に合わせ、えりぐりからダーツの先端に向かって縫う。縫い始めは返し縫いをし、先端は糸端を長めに残して切って2本一緒に結び、糸端を1㎝残してカットする。ダーツはアイロンで後ろ側に倒す。

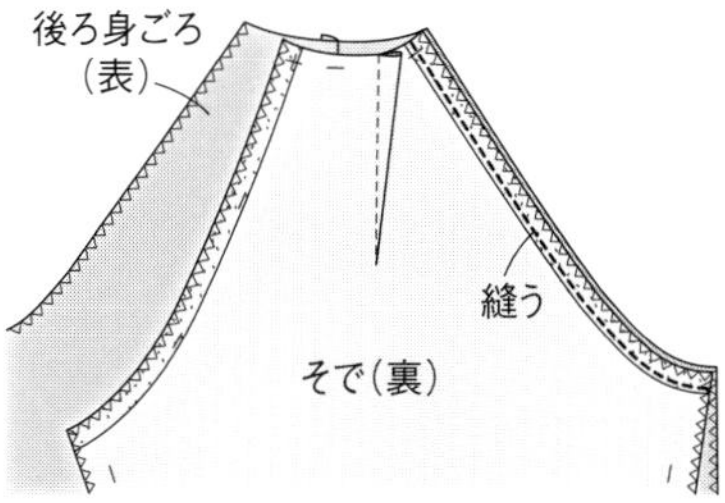

2後ろ身ごろとそでのラグラン線を中表に合わせて縫う。前身ごろとそでも同様に縫う。

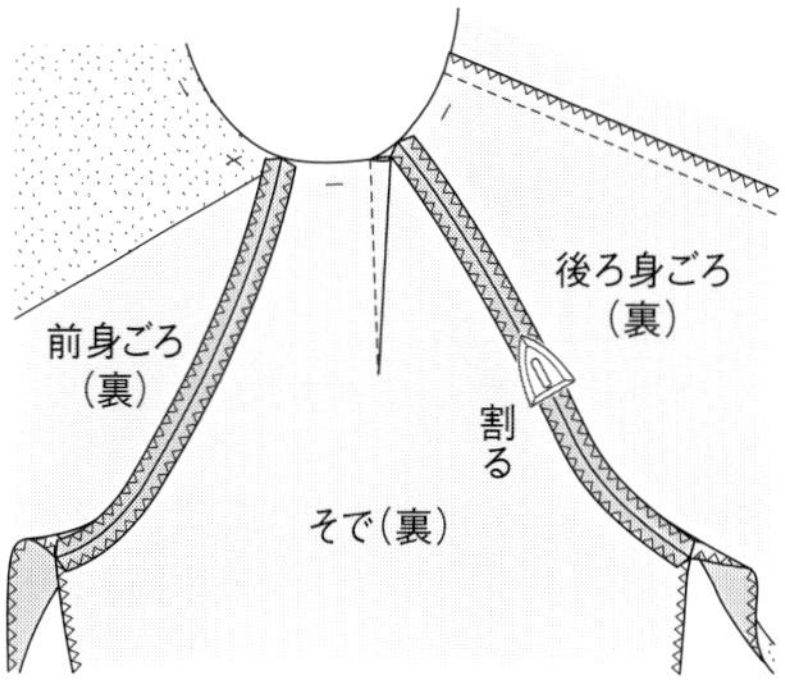

3縫い代はアイロンで割る。

作品❖p.46

27 ひとえのコート

実物大型紙D面

前身ごろ、後ろ身ごろ、そで、袋布

出来上がり寸法

バスト131cm　そで丈50.5cm

着丈（えりを含む）　身長155cm　115cm／身長160cm　120cm／身長165cm　125cm

材料

❶表布　ウールボイル…150cm幅　身長155cm　260cm／身長160cm　270cm／身長165cm　280cm

❷接着テープ…1.5cm幅　身長155cm　880cm／身長160cm　910cm／身長165cm　940cm

❸スナップ…直径1.2cm　1組

❹ボタン…直径1.5cm　1個

下準備

1 後ろ身ごろのわき、前身ごろの肩、えりぐり、わき、えりの後ろ中央、そでのそで下の裏面の縫い代端、前身ごろの前端～えり端の身ごろ側の裏面に接着テープを貼る。接着テープは伸ばさないでふんわりと接着する。

2 後ろ身ごろのわき、前身ごろのえりの後ろ中央、わき、そでのそで下の縫い代端にジグザグミシン（またはロックミシン）をかける。

裁ち合わせ図　＊指定以外の縫い代は1cm　＊▭接着テープを貼る位置

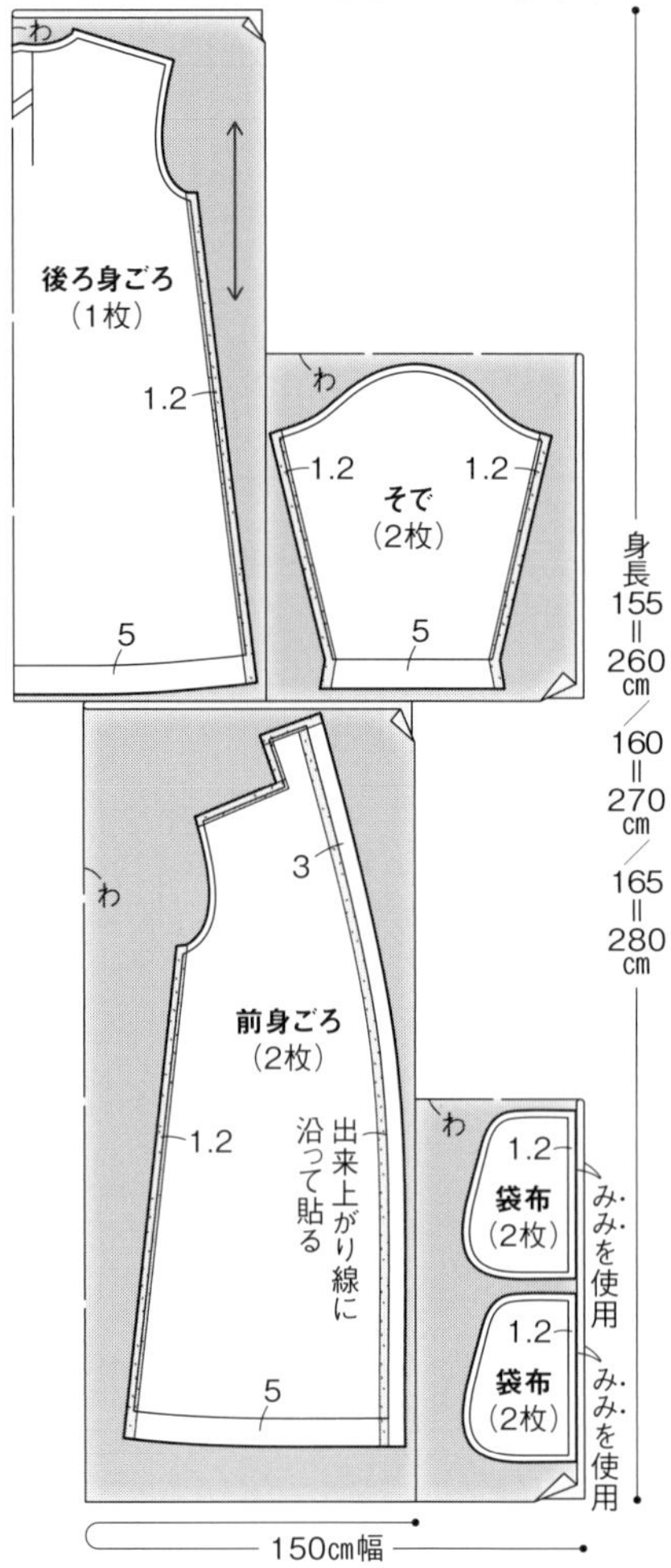

縫い方順序

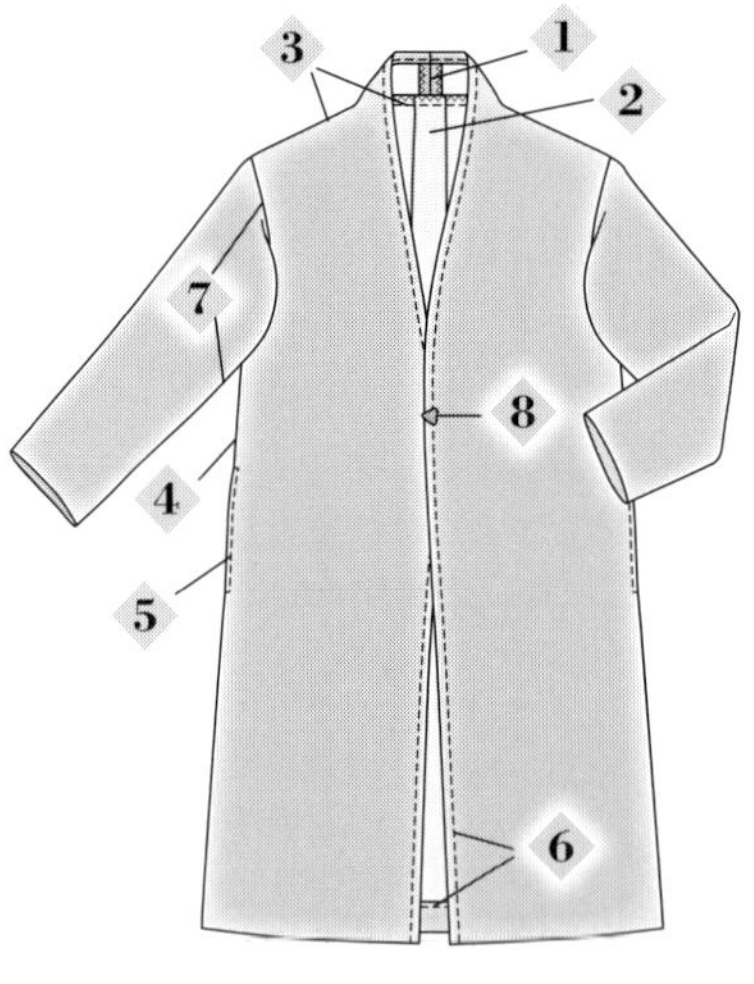

1 前身ごろのえりの後ろ中央を縫う

2 後ろ身ごろのタックを縫う

3 肩、えりぐりを縫う

4 わきを縫う

5 ポケットを作る→p.53 5 2～4

6 前端～えり端、すその始末をする

7 そでを作ってつける

8 スナップ、ボタンをつける

1 前身ごろのえりの後ろ中央を縫う

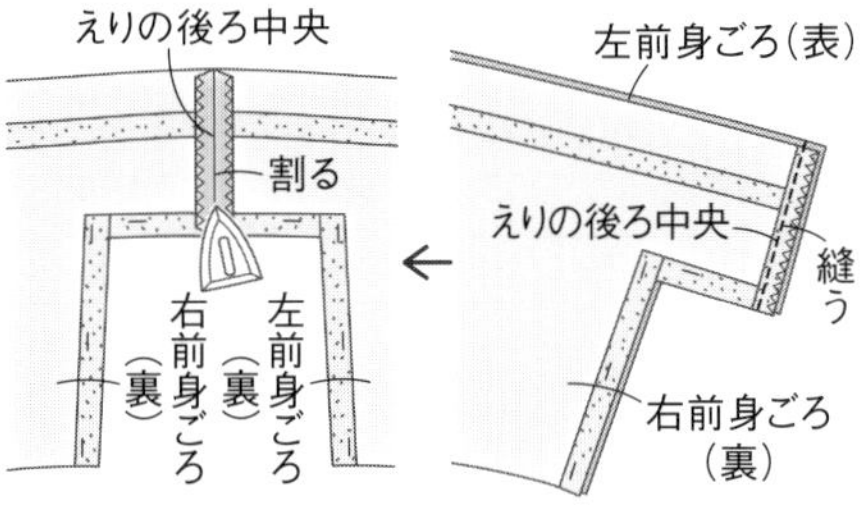

前身ごろ２枚を中表に合わせ、えりの後ろ中央を縫う。縫い代はアイロンで割る。

2 後ろ身ごろのタックを縫う

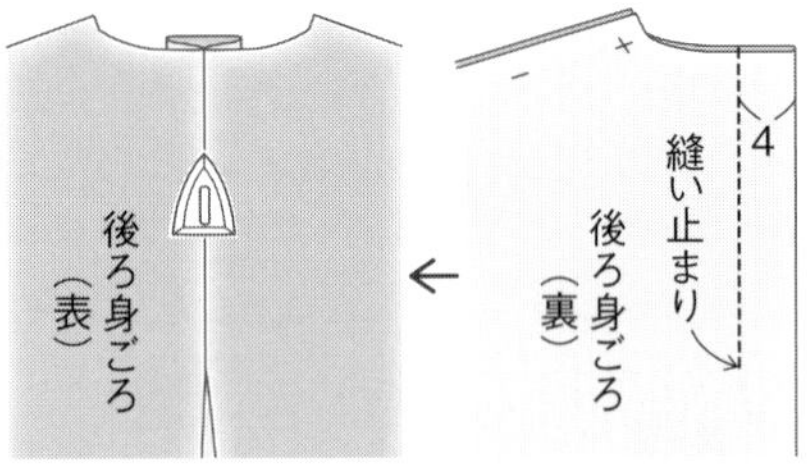

後ろ身ごろのタックを中表に合わせてえりぐりから縫い止まりまで縫う。タックを開き、縫い目が中央にくるようにアイロンで整える。

3 肩、えりぐりを縫う

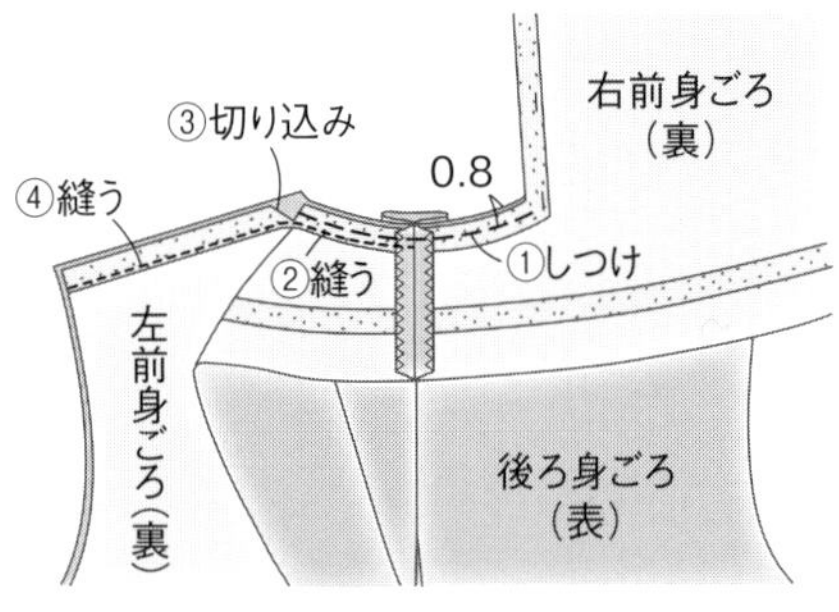

1 後ろ身ごろと前身ごろのえりぐりを中表に合わせ、縫い代にしつけをかける（①）。えりの後ろ中央から左えりぐりを肩の角まで縫い（②）、ミシンの針を刺したまま押さえ金を上げ、左前身ごろの縫い代にきわまで切り込みを入れて（③）布の方向をかえ、再度押さえ金を下ろして肩先まで縫う（④）。

7 そでを作ってつける

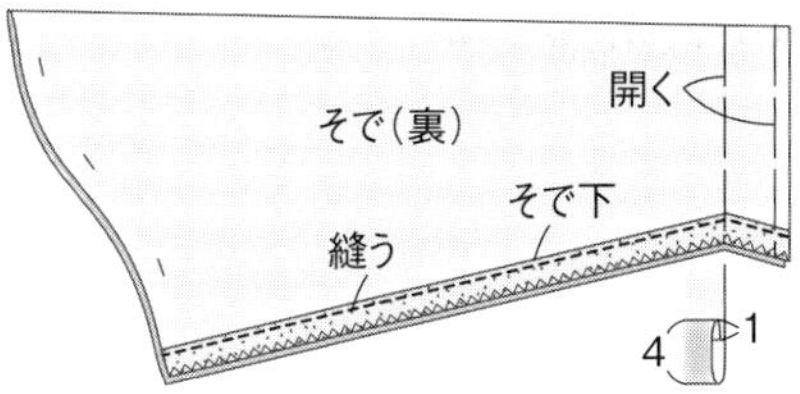

1 そで口の縫い代をアイロンで1㎝と3㎝の三つ折りにし、折り目を開く。そでを中表に二つ折りにしてそで下を合わせて縫う。

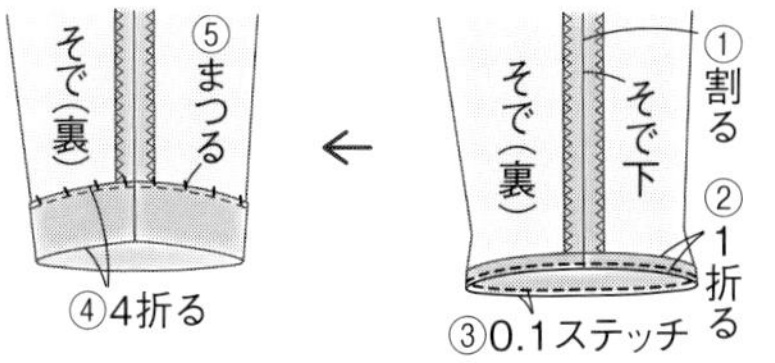

2 縫い代はアイロンで割り(①)、そで口の縫い代を再度1㎝折って(②)ステッチをかけ(③)、さらに4㎝折って(④)アイロンで整え、まつる(⑤)。

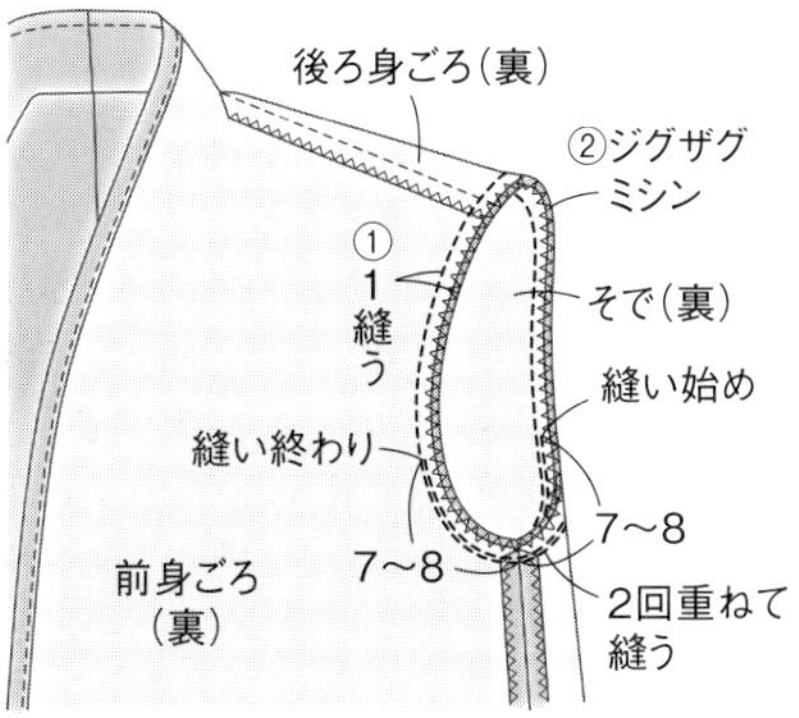

3 身ごろのそでぐりにそでを中表に合わせて縫う(①)。わきの前後は7〜8㎝重ねて縫う。縫い代は2枚一緒にジグザグミシンで始末する(②)。

8 スナップ、ボタンをつける

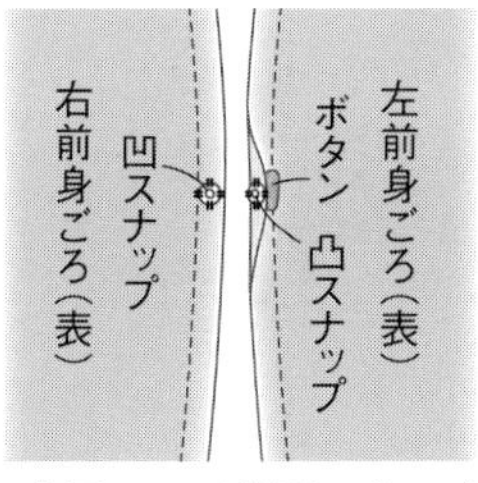

左前端の裏面のつけ位置に凸スナップ、表面のつけ位置にボタンをつけ、右前端の表面に凹スナップをつける。出来上がり。

6 前端〜えり端、すその始末をする

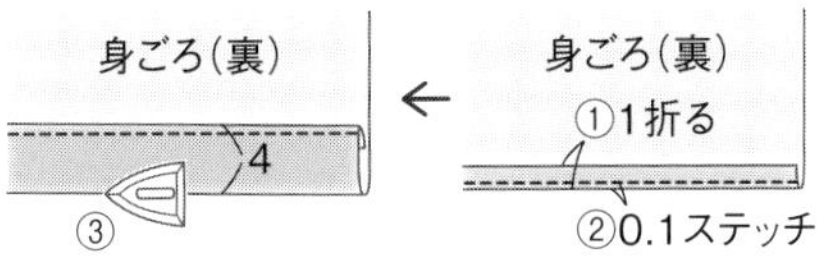

1 すその縫い代を1㎝折って(①)、ステッチをかけ(②)、さらに4㎝折って、アイロンで整える(③)。

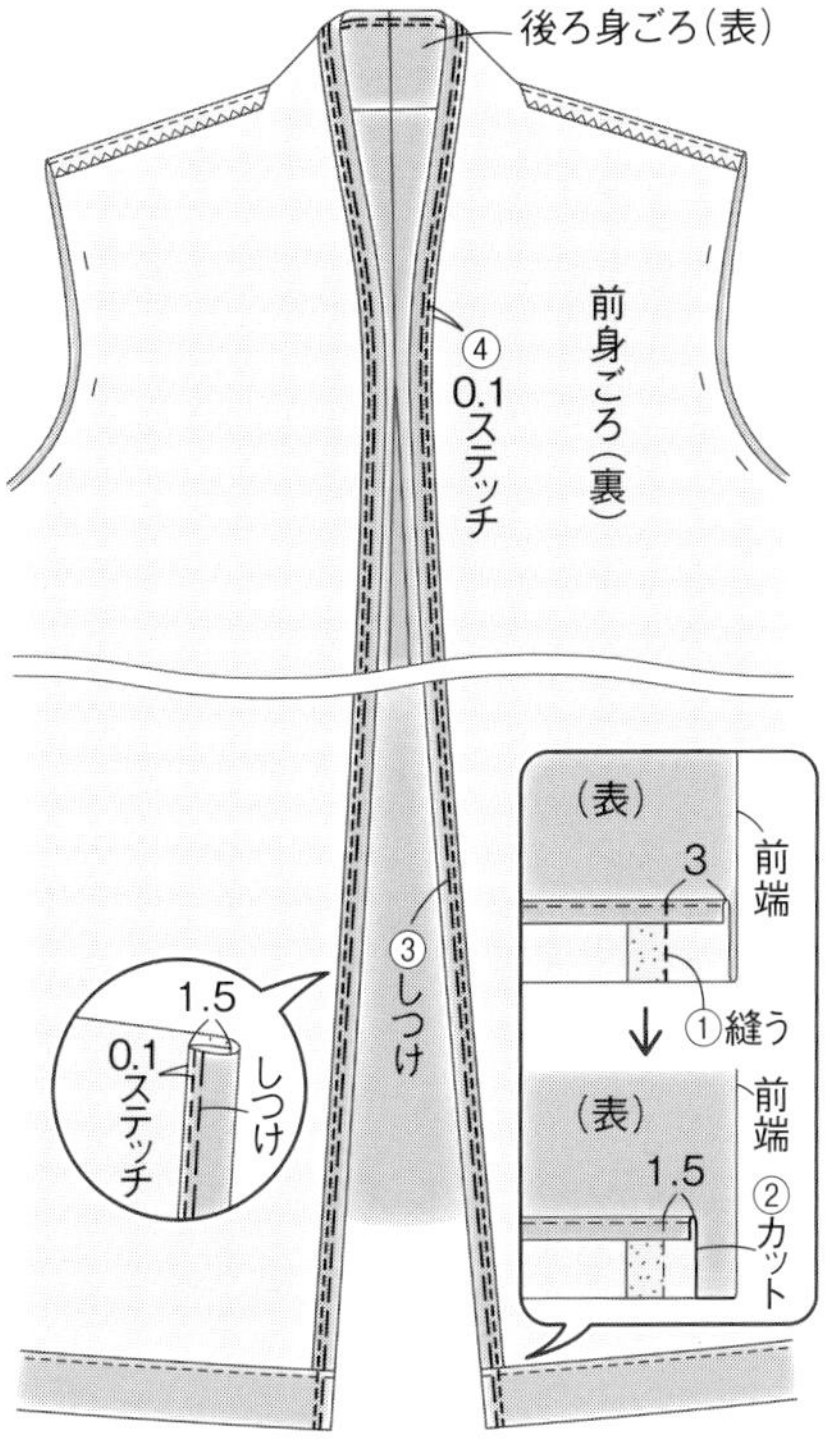

2 前すその縫い代を中表に折って前端を縫い(①)、縫い代の余分をカットする(②)。前端〜えり端の縫い代を身ごろの裏面に返し、1.5㎝幅の三つ折りにしてアイロンで整え、しつけをかける(③)。三つ折り端にステッチをかけ(④)、しつけを外す。

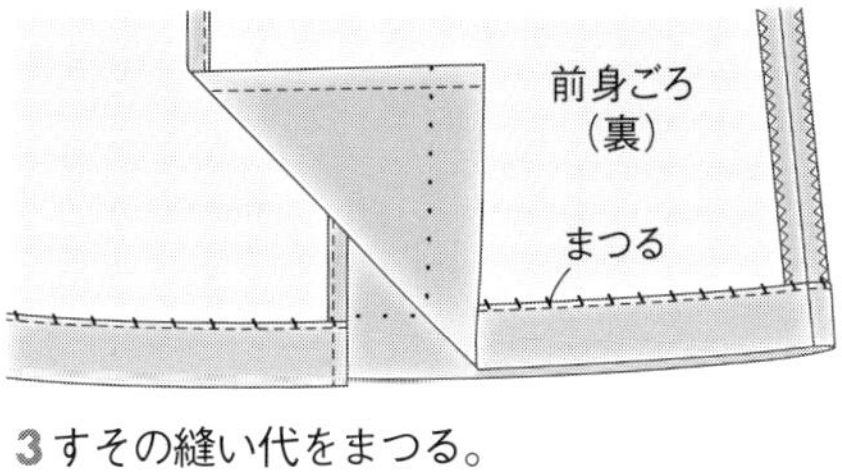

3 すその縫い代をまつる。

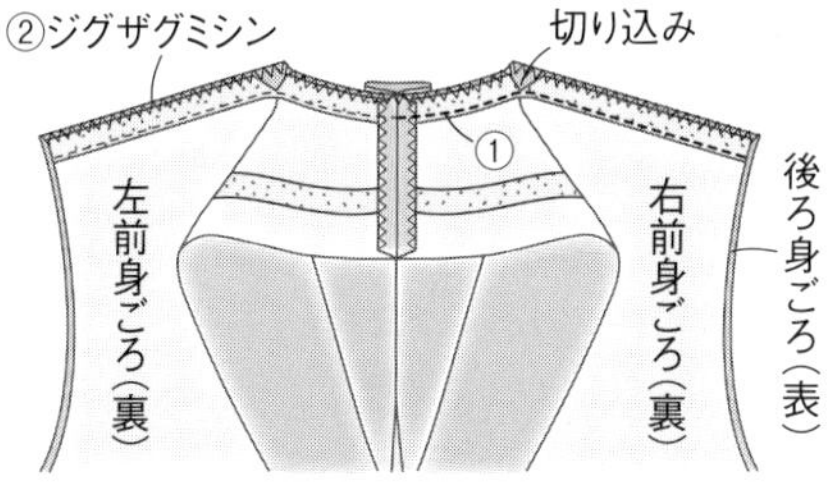

2 右えりぐり、右肩も**1**と同様の手順で肩先まで縫う(①)。縫い代は2枚一緒に肩先から肩先までジグザグミシンをかける(②)。

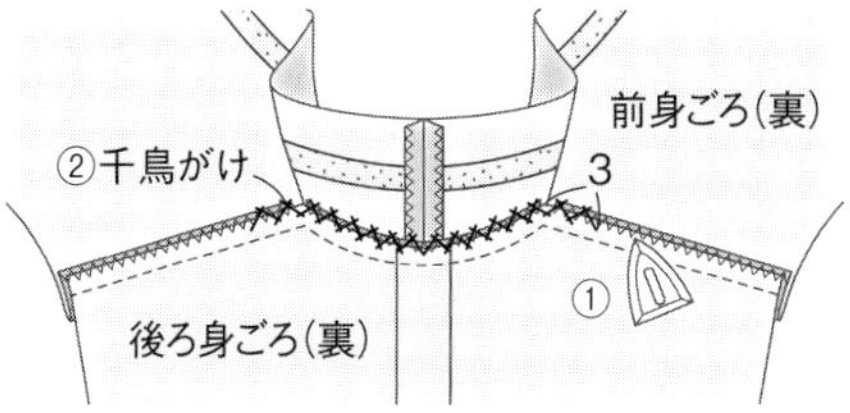

3 肩、えりぐりの縫い代を前身ごろ側にアイロンで倒し(①)、千鳥がけで前身ごろに縫い留める(②)。

4 わきを縫う

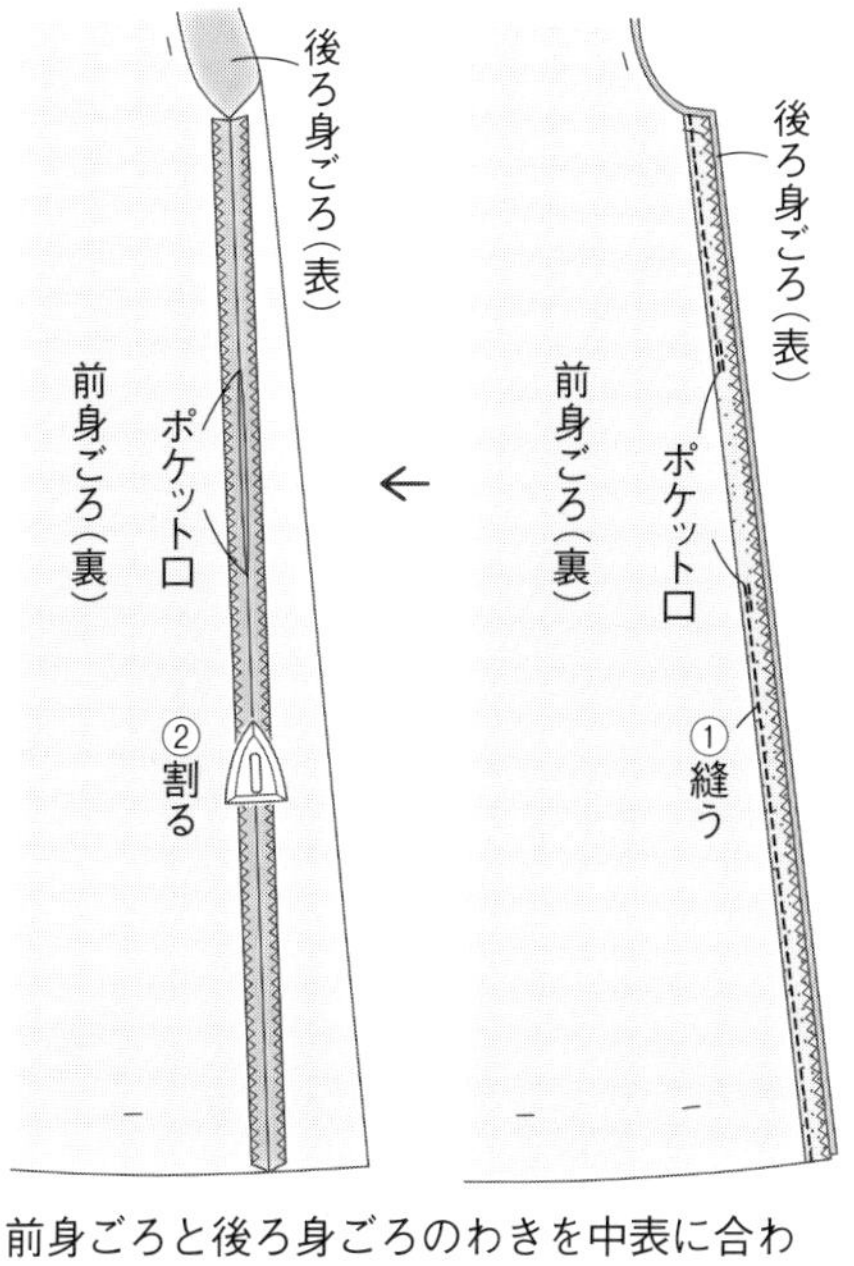

前身ごろと後ろ身ごろのわきを中表に合わせ、ポケット口を残して縫う(①)。ポケット口の上下で返し縫いをする。縫い代はアイロンで割る(②)。

昆布尚子
（こんぶ・ひさこ）

ソーイング作家、手芸家。
昔の着物地や海外のビンテージ布などを使い、
自由な発想で服やバッグを製作している。モダンでおしゃれなデザインと、
作りやすさ、仕立ての美しさを追求した作品に定評がある。
著書に共著『着物リメイクで大人のおしゃれ服』（世界文化社）など。
https://www.instagram.com/giotuki/

ブックデザイン	竹盛若菜
撮影	津久井珠美（カバー、p.2、7 〜 19、22 〜 27、30 〜 35、38 〜 49）
	ローラン麻奈（p.4 〜 6、20、21、28、29、36 〜 38）
スタイリング	池水陽子（p.4 〜 6、20、21、28、29、36 〜 38）
ヘア＆メイク	晴 千尋（カバー、p.2、8 〜 11、13 〜 19、22 〜 27、30 〜 35、39 〜 47）
	森 愛（p.12）
作り方解説・グレーディング	小島恵子
作り方トレース	たまスタヂオ
型紙トレース・レイアウト	ウエイド
校正	廣瀬詠子
編集	森田啓代、舟久保めぐみ（NHK出版）
撮影協力	omo、ビストロ BELLEVILLE ／ TOLBIAC、focalpoint、Yggd ／ remnant

組み合わせて楽しむ
昆布尚子の日々の手作り服

2023年4月25日　第1刷発行
2023年6月 5 日　第2刷発行

著者　昆布尚子

発行者　土井成紀
発行所　NHK出版
〒150-0042　東京都渋谷区宇田川町10-3
電話　0570-009-321（問い合わせ）
　　　0570-000-321（注文）
ホームページ　https://www.nhk-book.co.jp
印刷・製本　凸版印刷

Printed in Japan
ISBN978-4-14-031221-6 C2077